mémentos

APPRENDRE UTILE

Droit du travail 2022

François Duquesne
agrégé des facultés de droit, est Professeur des Universités et membre de l'UMR Droit, religion, entreprise et société (UMR 7354 DRES) de l'Université de Strasbourg.

Suivez-nous sur www.gualino.fr

Contactez-nous gualino@lextenso.fr

1, Parvis de La Défense
92044 Paris La Défense Cedex
ISBN 978-2-297-17255-4
ISSN 2680-073X

mémentos

APPRENDRE UTILE

François Duquesne

Droit du travail 2022

17e

Cours intégral et synthétique

Gualino
un savoir-faire de Lextenso

mémentos

APPRENDRE UTILE

- C'est un cours complet et synthétique avec des aides pédagogiques différenciées.
- Il correspond à un enseignement dispensé en Licence et Master.
- Il est entièrement rédigé de manière structurée, claire et accessible.
- Il est à jour de l'actualité la plus récente.

Présentation

Cette dix-septième édition du Mémentos Droit du travail présente les dernières évolutions de la matière qu'impriment la pratique revivifiée de la négociation collective ainsi que celle de la nouvelle instance unique de représentation du personnel mais qu'affectent également les séquelles de la crise sanitaire liée au Covid-19.

Elle renferme les nombreuses réformes qui intègrent les chantiers en cours :

– Ord. n° 2021-484 du 21 avril 2021relative aux modalités de représentation des travailleurs indépendants recourant pour leur activité aux plateformes et aux conditions d'exercice de cette représentation.

– Loi n° 2021-1018 du 2 août 2021 pour renforcer la prévention en santé au travail.

– Loi n° 2021-1104 du 22 août 2021 portant lutte contre le dérèglement climatique et renforcement de la résilience face à ses effets.

– Ordonnance n° 2021-1192 du 15 septembre 2021 portant réforme du droit des sûretés.

– Projet de loi ratifiant diverses ordonnances de la loi pour la liberté de choisir son avenir professionnel et portant diverses mesures d'ordre social (n° 2412).

Ainsi composé, ce *Mémentos Droit du travail* s'adresse aux étudiants du second cycle, de droit et d'AES, désireux d'acquérir une connaissance d'ensemble de la discipline ou de renforcer leurs acquis. À cet effet, il aborde la totalité des thèmes de Droit du travail de 3e année de licence et de 1re année de master. Le lecteur y trouvera la description du texte ainsi que de son contenu que complète la dernière jurisprudence. Il y puisera le moyen de prolonger sa réflexion sur des questions de grande actualité à l'aide de rubriques spécialement dédiées à cet usage (« Pour aller plus loin »).

L'ouvrage s'adresse également aux étudiants préparant des concours ou qui abordent un thème d'étude spécifique de la discipline qu'il leur est indispensable de resituer au sein de celle-ci.

Plan de cours

PLAN DE COURS

Chapitre 8 Le licenciement 121

Chapitre 9 Les modes de rupture autres que le licenciement

PARTIE 3
La participation

PLAN DE COURS

PARTIE 4
Les droits des salariés dans l'entreprise

Liste des principales abréviations

A.	Arrêté
ANI	Accord National Interprofessionnel
B.	Arrêt publié au bulletin des arrêts de la Cour de cassation à partir du 16 juin 2021
BOSS	Bulletin officiel de la Sécurité sociale
CDD	Contrat de travail à durée déterminée
CDI	Contrat de travail à durée indéterminée
CJUE	Cour de Justice de l'Union européenne
C. éduc.	Code de l'éducation
CGI	Code général des impôts
CJA	Code de justice administrative
C. mon. fin.	Code monétaire et financier
Cph	Conseil de prud'hommes
CPP	Code de procédure pénale
CEDH	Cour européenne des droits de l'homme
CESDHLF	Convention européenne de sauvegarde des droits de l'homme et des libertés fondamentales
CSE/CSEC	Comité social et économique/Comité social et économique central
CSEE	Comité social et économique d'établissement
CNIL	Commission Nationale de l'Informatique et des Libertés
COJ	Code de l'organisation judiciaire
CPF	Compte personnel de formation
CPT	Code des Postes et Télécommunication
CPC	Code de procédure civile
CRPA	Code des relations entre le public et l'administration
C. transp.	Code des transports
D.	Décret
DDHC	Déclaration des droits de l'homme et du citoyen
DGCCRF	Direction générale de la concurrence, de la consommation et de la répression des fraudes
Dir.	Directive européenne
DREETS	Direction Régionale de l'Économie, de l'Emploi, du Travail et des Solidarités
ETT	Entreprise de Travail temporaire
GPEC	Gestion Prévisionnelle des Emplois et des Compétences
OFII	Office Français de l'Immigration et de l'Intégration
OPA	Offre publique d'acquisition
P	Arrêt publié au bulletin des arrêts de la Cour de cassation jusqu'au 16 juin 2021
PSE	Plan de Sauvegarde de l'Emploi
QPC	Question prioritaire de constitutionnalité
R.	Arrêt analysé au rapport annuel de la Cour de cassation à partir du 16 juin 2021
RGPD	Règlement général sur la protection des données
RSE	Responsabilité sociale et environnementale des entreprises
TA	Tribunal administratif
T. confl.	Tribunal des conflits
TJ	Tribunal judiciaire
UES	Unité Économique et Sociale
URSSAF	Unions de recouvrement de sécurité sociale et d'allocations familiales
TUE	Traité sur l'Union européenne
TFUE	Traité sur le fonctionnement de l'Union européenne

Introduction

1. DÉFINITION DU DROIT DU TRAVAIL

1. Objet – On a coutume de dire que le Droit du travail régit les activités professionnelles accomplies dans un état de dépendance à l'égard d'autrui. Et de ce constat fondamental découlent bien des spécificités qui marquent de leur empreinte le Droit du travail par rapport aux autres branches du Droit. Le Droit du travail est avant tout celui qui saisit le travailleur dépendant par opposition au professionnel indépendant. Mais alors qu'en d'autres disciplines la situation du titulaire de droits est identifiée du seul point de vue patrimonial, le Droit du travail définit son domaine d'application sur la base de critères diversifiés.

2. Caractère – Le travailleur dépendant, au sens du Droit du travail, n'est pas seulement celui qui tire ses ressources d'une activité fournie par une autre personne. Il est également un travailleur sur lequel s'exerce un pouvoir en vue du bon accomplissement de cette activité. Le Droit du travail, en effet, n'a vocation à s'appliquer qu'aux relations professionnelles caractérisées par un état de dépendance juridique, et non pas seulement économique, d'un partenaire à l'égard de l'autre. De la sorte, il a pu être affirmé que le Droit du travail légitime l'exercice d'un pouvoir sur autrui et organise les conditions de cet exercice. Cette affirmation éclaire les principaux traits de la matière.

3. Finalité – Le Droit du travail forme un ensemble de règles dont l'objet est de garantir la protection du travailleur dépendant. Le caractère protecteur du Droit du travail découle directement de la nature fondamentalement déséquilibrée de la relation qui s'établit entre celui qui fournit l'activité et celui qui met à disposition sa force de travail. Ceci explique que la règle du travail crée des droits réservés au seul usage du travailleur, ou dont la sanction ne peut être mise en œuvre qu'à l'initiative de ce dernier. L'objectif de protection assigné au Droit du travail explique aussi que ses règles, le plus souvent, sont le résultat d'un rapport de force au sein de la société. Le Droit du travail est le produit des luttes sociales qui, de tout temps, et à des degrés divers, ont marqué son évolution. Il porte également, pour cette raison, les stigmates d'une immixtion de l'État dans la relation de travail. Car si le Droit du travail appartient pour une bonne part au droit privé, il relève aussi de la catégorie des Droits mixtes. Derrière cette appellation, se profile une nette imprégnation de la matière par le Droit public que manifeste, en particulier, l'intervention de l'administration sur le marché du travail ainsi que dans l'exécution de la relation de subordination.

Quelques dates importantes

25 oct. 1906	Décret instituant le ministère du Travail et de la Prévoyance sociale (René Viviani, premier ministre du Travail et de la Prévoyance sociale)
28 déc. 1910	Loi portant codification des lois ouvrières (livre Ier du Code du travail ; Livre II le 26 nov. 1912)
8 janv. 1966	Création du ministère des Affaires sociales (Jean-Marcel Jeanneney, ministre des Affaires sociales)
2 janv. 1973	Nouveau Code du travail
13 juill. 1973	Loi relative à la résiliation du contrat de travail à durée indéterminée (Georges Gorse, ministre du Travail, de l'Emploi et de la Population)
21 janv. 2008	Ratification de l'ordonnance du 12 mars 2007 relative au nouveau Code du travail
20 août 2008	Loi portant rénovation de la démocratie sociale et réforme du temps de travail (Xavier Bertrand, ministre du Travail, des Relations sociales, de la Famille et de la Solidarité)
22 sept. 2017	Ordonnances pour le renforcement du dialogue social prises sur habilitation de la loi n° 2017-1340 du 15 septembre 2017 (Muriel Pénicaud, ministre du Travail)
5 sept. 2018	Loi pour la liberté de choisir son avenir professionnel (Muriel Pénicaud, ministre du Travail)
2 août 2021	Loi pour renforcer la prévention en santé au travail (Elisabeth Borne, ministre du Travail)

2. DOMAINE DU DROIT DU TRAVAIL

4. Critère – Le domaine du Droit du travail est celui de la relation de travail subordonné. Il recouvre celui du contrat de travail que caractérise la subordination d'une partie par l'autre (critère d'ordre public : v. *infra*, n° 27). En ce contexte, la subordination désigne un rapport de direction et de contrôle. C'est sur son fondement exclusif, parfois présumé mais le plus souvent soumis à l'exigence de la preuve, que le travail dépendant doit être distingué d'autres situations parfois très proches.

A - L'objet de la subordination juridique

5. Définition – Au moyen du contrat de travail une personne s'engage à fournir une prestation à une autre, sous la subordination de laquelle elle se place, moyennant une rémunération.

Cette définition met en évidence le critère de la subordination juridique. Il revient au juge, et à lui seul, d'en apprécier l'existence en cas de litige. La subordination est révélée par la réalité de l'exécution de la tâche du travailleur. Ainsi, par exemple, la relation établie entre une société de production télévisuelle et des participants ne s'apparente pas à un jeu mais bien à une activité subordonnée (v. au sujet du jeu vidéo compétitif : L. n° 2016-1321, 7 oct. 2016, art. 102).

Pour aller plus loin

Selon le Conseil constitutionnel « Il y a lieu de ranger au nombre des principes fondamentaux du droit du travail, et qui comme tels relèvent du domaine de la loi, la détermination du champ d'application du droit du travail et, en particulier, les caractéristiques essentielles du contrat de travail » (Cons. const., n° 2019-794 DC, 20 déc. 2019, § 24).

6. Périmètre – De ce point de vue, il est possible de situer hors du salariat les stagiaires, ainsi que les bénévoles ou les personnes qui accomplissent une tâche d'entraide. Il en est encore ainsi pour les travailleurs indépendants (ex. contrat d'entreprise). À l'égard du mandataire social (par ex. un dirigeant de société), le problème est résolu en considération de la responsabilité qui pèse sur lui (indéfinie, elle exclut le cumul des fonctions sociales et du contrat). La loi attribue parfois au mandataire la qualité de salarié (par ex. : le VRP, art. L. 7313-1 et s.).

7. Adaptation – Relative et évolutive la subordination juridique s'adapte à la diversité des situations qui caractérisent le salariat (par ex. : avocats : D. n° 91-1197, 27 nov. 1991, art. 129). Les juges en ont adopté une définition tempérée car il n'est pas exclu que le salarié jouisse, dans l'exercice de sa tâche, d'une certaine indépendance technique (ex. enseignants, sportifs professionnels, médecins, etc.).

B - La preuve de la subordination juridique

8. Présomptions – Parfois le législateur présume l'existence du contrat de travail sous réserve de la preuve contraire (par ex. : journalistes professionnels : art. L. 7112-1 ; artistes du spectacle : art. L. 7121-3 ; sauf exception : par ex. : art. L. 7313-1), ou d'une déclaration spécifique (par ex. : pour le conjoint du chef d'entreprise, v. C. com., art. L. 121-4, al. 9 et arrêté du 6 août 2021 instituant une attestation sur l'honneur).

Mais des limites sont posées afin que, sous couvert d'une subordination de façade, il ne soit pas profité abusivement des garanties sociales attachées au statut de salarié.

Une présomption de non-salariat est instituée au sujet des personnes physiques inscrites aux différents registres ou répertoires professionnels ou à l'URSSAF. En outre, est présumé travailleur indépendant celui dont les conditions de travail sont définies exclusivement par lui-même ou par le contrat l'unissant au donneur d'ordre (présomption simple : art. L. 8221-6-1). Ces restrictions n'ont rien d'absolu car il ne faudrait pas non plus que l'employeur tente d'échapper à ses devoirs au moyen de fausses déclarations.

9. Preuve – En dehors de ces hypothèses, c'est au juge du fond, sous le contrôle de la Cour de cassation, qu'il revient de mettre en évidence la subordination. Il est recouru, en la matière, à la méthode du faisceau d'indices. C'est sur la personne qui invoque le caractère fictif du contrat que pèse la charge de la preuve tandis qu'il incombe à celui qui se prévaut du contrat de travail de prouver son existence.

Illustration

Indices déterminants : présence imposée sur un lieu et/ou sous un horaire de travail révélant l'existence d'un « service organisé » (Cass. soc., 17 nov. 2021, n° 20-13950).
Indices complémentaires : délivrance d'un bulletin de paie, utilisation exclusive du matériel mis à la disposition, absence de clientèle personnelle ainsi que certaines obligations (Cass. soc., 24 juin 2020, n° 18-26088 : géolocalisation d'un coursier) assorties de sanctions (manquement entraînant la suspension immédiate de la convention : Cass. soc., 8 sept. 2021, n° 19-18673). Doivent être déclarés salariés les travailleurs des plateformes d'intermédiation, dont l'intégration à un service de prestation créé et organisé par une société ainsi que l'activité dépendent de la plateforme, en l'absence de constitution d'une clientèle propre, qui ne fixent pas librement leurs tarifs et ne déterminent pas les conditions d'exercice de leur prestation (Cass. soc., 4 mars 2020, n° 19-13316 F) ; sur l'ébauche d'un statut au moyen d'une charte de responsabilité sociale, v. art. L. 7342-9 et D. 7342-7 ; au sujet des droits collectifs, v. *infra*, n°s 509 et 541. Ainsi s'affirme une « conception organisationnelle » de la subordination.

3. SOURCES DU DROIT DU TRAVAIL

10. Dualité – Le Droit du travail ne se contente pas d'être porteur de règles issues de la Loi. Il renferme d'autres sources sécrétées par le milieu professionnel et dont la coexistence est aujourd'hui profondément bouleversée.

A - La loi du travail

1) Bloc de constitutionnalité

11. PPNT – En tête de l'édifice législatif se situe le bloc de constitutionnalité au respect duquel veille le Conseil constitutionnel, notamment par la voie de la QPC (Const., art. 61-1). On peut y découvrir quelques principes « particulièrement nécessaires à notre temps » qui concernent directement le Droit du travail (par ex. : § 6 consacrant la liberté syndicale ou § 8 le droit à la participation de tout travailleur à la détermination de ses conditions de travail, etc.)[1].

2) Autres sources

12. Lois du travail – L'essentiel du Droit du travail est issu de la loi ordinaire. Selon l'ordre établi par la Constitution, il s'agit d'abord des règles provenant des traités internationaux, et parfois des normes qui en sont dérivées, puis des lois adoptées dans l'ordre interne.

1. A propos de la notion de « principe inhérent à l'identité constitutionnelle de la France », v. Cons. const., 15 oct. 2021, n° 2021-940 QPC.

a) *Normes internationales*

13. Organisation internationale du Travail – Au sein des normes internationales, une place à part doit être réservée au droit international du travail élaboré par l'OIT. La France, qui est membre de cette organisation, est tenue d'appliquer dans son propre ordre juridique, après ratification, les conventions que celle-ci édicte (v. par ex. la conv. n° 190 du 21 juin 2019). Il est fréquent que le juge social statue à la lumière de leurs stipulations (par ex. sur l'application directe en droit interne de l'article 10 de la Convention n° 158 ; v. *infra*, n° 351).

14. Droit social européen – Dans l'ordre non communautaire, il convient de mentionner la Convention européenne de sauvegarde des droits de l'homme et des libertés fondamentales (« principes généraux » du droit de l'Union : TUE, art. 6 § 3) ainsi que la Charte sociale européenne signée en 1961 (révisée en 1996) privée d'effet direct dans son ensemble[2]. On peut évoquer également le règlement « Rome I » du 17 juin 2008 (CE n° 593/2008), dont l'objet est de désigner le droit applicable lorsque le contrat de travail présente un caractère international.

Dans l'ordre communautaire, c'est sur le Traité de Lisbonne que prend appui la réglementation du travail. Un droit dérivé du travail (règlements et directives), produit de l'harmonisation des Droits nationaux, en est issu. Les thèmes abordés sont divers (emploi, hygiène et sécurité, égalité professionnelle, conciliation entre vie professionnelle et vie familiale, représentation des travailleurs, etc.) à la lumière d'objectifs que désignent les Chartes (v. 9 décembre 1989 et 7 décembre 2000 ; TUE, art. 6 § 1) dont certaines dispositions ont un effet direct (par ex. : art. 21, art. 27 et art. 31§ 2 de la Charte du 7 décembre 2000). Une Autorité Européenne du Travail (AET) a été instituée récemment afin de garantir les droits des salariés en situation de mobilité.

Pour aller plus loin

Le juge français est invité à privilégier une interprétation du droit national à la lumière du droit de l'Union avant même de s'assurer de l'effet direct de la norme qui en est issue. Cette interprétation s'opère en contemplation de l'ensemble du droit national. Elle ne saurait, conduire, cependant, à contredire le législateur ou à imposer une obligation à un particulier sur le fondement d'un texte européen qui n'a pas été transposé.

b) *Lois internes*

15. Codification – Un code entré en vigueur le 1er mai 2008 réunit la presque totalité de la loi du travail. Lorsqu'elle émane du gouvernement et relève du champ de la négociation nationale interprofessionnelle (ANI ; v. *infra*, n° 61), celle-ci fait l'objet d'une négociation préalable avec les interlocuteurs sociaux, sauf urgence motivée (art. L. 1 et s.). Le produit de cette négociation ne doit pas être assimilé aux prises de position commune des interlocuteurs sociaux dont la teneur ne s'impose pas au législateur.

---

2. Mais l'interprétation conforme est possible : Cass. soc., 29 juin 2011, n° 09-71107 P.

Plan du Code du travail

Le Code du travail comporte huit parties, divisées en Livres, Titres et Chapitres.
Chapitre préliminaire – Dialogue social ;
Partie I – Les relations individuelles de travail ;
Partie 2 – Les relations collectives de travail ;
Partie 3 – Durée du travail, salaire, intéressement, participation et épargne salariale ;
Partie 4 – Santé et sécurité au travail ;
Partie 5 – L'emploi ;
Partie 6 – La formation professionnelle tout au long de la vie ;
Partie 7 – Dispositions particulières à certaines professions ;
Partie 8 – Contrôle de l'application de la législation du travail.

La numérotation des articles est composée de quatre chiffres représentant la Partie, le Livre, le Titre et le Chapitre. Des mesures ont été récemment adoptées afin de rendre le Droit du travail plus accessible (par ex. art. L. 5143-1, *in fine*).

16. Contrôle – Le respect de la loi et des conventions et accords collectifs de travail est confié aux agents de contrôle de l'inspection du travail dont la mission s'exerce sous la protection d'un statut garantissant leur indépendance (Conv. OIT n° 81, art. 6, art. 15 et art. 17 : « Il est laissé à la libre décision des inspecteurs du travail de donner des avertissements ou des conseils au lieu d'intenter ou de recommander des poursuites » ; art. L. 8112-1, 1°) ainsi qu'à la DREETS aux pouvoirs très étendus (art. L. 8221-1).

Pour aller plus loin

En vue de l'application de ces dispositions, la loi du travail renvoie souvent à la convention collective qui en constitue le support ordinaire (Cons. const., 16 août 2007, n° 2007-556 DC § 7 ; v. *infra*, n° 64). Il ne doit donc être recouru au décret qu'en l'absence de négociation collective (Cons. const., 9 déc. 2004, n° 2004-507 DC § 11).

c) Jurisprudence

17. Juge du droit – En Droit du travail, la jurisprudence met au jour la volonté du législateur lorsque la loi n'est pas suffisamment claire et parfois même comble ses lacunes. Dans le silence de celui-ci, il est fréquent que les juridictions supérieures édictent des principes obligatoires (« principes généraux du droit » ou « principes fondamentaux »).

18. Juge du contrat de travail – Le CPH, juridiction professionnelle et paritaire est une juridiction dont la compétence est exclusive en Droit du travail (art. L. 1411-1). Ses juges sont nommés conjointement par le garde des Sceaux et le ministre chargé du Travail tous les quatre ans (art. L. 1441-1). Après un passage devant le bureau de conciliation et d'orientation, sont examinés par celui de jugement les différends liés à la conclusion, l'exécution ainsi que la rupture du contrat de travail entre employeur et travailleur, candidat à l'emploi ou déjà embauché et aussi, parfois, entre salariés (jusqu'à 5000 : D. n° 2020-1066, 17 août 2020).

Délais pour agir au CPH

Le délai d'action, en cas de litige relatif à l'exécution du contrat, est de deux ans (art. L. 1471-1). Mais il existe des délais spécifiques (v. *infra*, n°s 216 et 774), en cas de rupture (v. *infra*, n°s 343 et s.). La durée de la prescription est déterminée par la nature de la créance invoquée[3].

19. Organisation générale – La procédure devant le CPH est orale (art. R. 1453-3 ; v. cep. art. R. 1453-5 ; écrite à hauteur d'appel). La comparution personnelle n'est plus exigée (art. R. 1453-1) tandis que la représentation des parties est réglementée (obligatoire en appel). Un défenseur syndical exerce des fonctions d'assistance ou de représentation.

Sur le plan territorial, le conseil compétent est celui du lieu de l'établissement où travaille le salarié, celui de son domicile s'il exerce une activité hors de tout établissement, voire celui du lieu où l'engagement a été contracté, ou encore celui du lieu où l'employeur est établi[4] (art. R. 1412-1). Lorsque le contrat est international, des règles spécifiques ont vocation à s'appliquer au sein de l'Union européenne (règl. UE n° 1215-2012, 12 déc. 2012, art. 20 à 23).

20. Autres voies – La loi généralise la pratique de la médiation conventionnelle ainsi que celle de la convention de procédure participative (C. civ., art. 2062 à 2066). Elle permet désormais au juge d'enjoindre aux parties de rencontrer un médiateur (L. n° 2019-222, 23 mars 2019, art. 3).

B - Les sources sécrétées par le milieu professionnel

21. Diversité – Le Droit du travail a pour originalité de puiser son contenu dans des règles d'origine professionnelle dont il organise en partie l'édiction. En partie seulement, car le régime de la relation de travail est, avant tout, celui du droit commun des obligations tandis que coexistent d'autres sources non négociées.

1) Sources conventionnelles

22. Contrat individuel ou collectif – Le contrat de travail définit les droits et obligations essentiels de chacune des parties, exécuter la tâche et satisfaire au devoir d'obéissance pour le subordonné, fournir le travail et verser la rémunération du côté de l'employeur. Toutefois, il ne faudrait pas en déduire que l'ensemble de son contenu est discuté sur un strict pied d'égalité (par ex. le devoir d'obéissance n'est pas négociable). En outre, dès sa conclusion, le salarié est soumis à un statut composé, pour l'essentiel, de contrats qui présentent la particularité d'être collectifs (v. *infra*, n° 61).

2) Autres sources d'origine professionnelle

23. Recensement – On trouve encore d'autres normes sécrétées par la collectivité du travail le plus souvent sans négociation. La loi a rendu obligatoire l'élaboration d'un

---

3. Cass. soc., 30 juin 2021, n° 19-10161 B.
4. Cass. soc., 7 juill. 2021, n° 20-15064 : établissement distinct dirigé par un responsable titulaire d'un pouvoir de représentation de l'autorité centrale.

règlement intérieur d'établissement (art. L. 1311-2 ; v. *infra*, n° 253). Elle évoque parfois la coutume professionnelle (« usages de la profession », ou « pratiqués dans la localité » ; par ex. art. L. 1237-1, al. 2). Mais il existe, parallèlement, des usages d'entreprise qui recouvrent un avantage accordé aux salariés présentant un caractère de constance (une seule reconduction suffit), de fixité (précision ; absence de tout aléa) et de généralité (une catégorie cohérente du personnel).

Illustrations

Certaines questions, cependant, sont hors du champ de l'usage : par ex. période d'essai, mise en place des institutions du personnel, etc. La prévalence de la négociation d'entreprise compromet son existence (v. *infra*, Partie 1).

24. Pratique – L'usage d'entreprise est assimilé, en raison d'une identité de régime, aux engagements unilatéraux de l'employeur (C. civ., art. 1100-1) qui forment un ensemble assez disparate (par ex. art. L. 2242-4 ; v. *infra*, n° 75 et n° 900) et dont l'existence dépend parfois de l'absence ou de l'échec de la négociation collective (v. *infra*, n° 64).

Pour aller plus loin

Se distinguent de ces sources, les recommandations contraignantes émanant d'organisations patronales qui s'imposent à leurs adhérents à condition d'être précises et largement diffusées (par ex. en matière de salaire).

25. Sort – La dénonciation par l'employeur de l'avantage, quel qu'en soit l'objet ou la forme, doit simplement être précédée, sous peine d'ineffectivité de ses effets et d'inopposabilité aux salariés, d'une information écrite de ces derniers et de l'ensemble des représentants des syndicats et du personnel, ainsi que d'un délai de prévenance suffisant permettant l'ouverture de négociations éventuelles. Elle ne doit évidemment obéir à aucun mobile discriminatoire (par ex. afin d'empêcher la grève).

Pour aller plus loin

La portée de la pratique est parfois :
- réduite lorsqu'est conclue une convention collective portant sur son objet et ayant le même champ géographique. Il peut alors y avoir perte d'avantages pour les salariés sans dénonciation ;
- renforcée : au moyen d'une inscription au contrat de travail (« contractualisation ») ou dans une convention collective (« conventionnalisation »). Son exécution est alors simplement suspendue.

4. HIÉRARCHIE DES SOURCES EN DROIT DU TRAVAIL

26. Particularisme – Une autorité supérieure est accordée aux normes élaborées par les représentants de la Nation. Toutefois, pour l'essentiel, les rapports des sources du Droit du travail sont régis par un principe général de faveur propre à la matière.

A - Le rapport hiérarchique

27. Suprématie – Les normes internationales l'emportent sur les sources internes sous l'exigence de réciprocité. Toutefois, elles ne s'imposent pas au bloc de constitutionnalité qui domine tout l'édifice normatif, ce qui inclut les droits du travailleur qui s'y trouvent inscrits (v. *supra*, n° 11), tandis que certaines règles priment celles qui n'ont qu'une valeur supplétive. Dans ce dernier cas, il est fait souvent référence à l'ordre public « classique », « absolu », ou de « direction », ce qui évoque la contrainte sans dérogation possible (« à la loi » : C. civ., art. 6 ; « aux règles » : C. civ., art. 1102, al. 2 ; « aux dispositions » : art. L. 2251-1 ; par ex. compétence des juridictions, représentativité syndicale, mixité des listes de candidats aux élections d'entreprise, etc.).

Pour aller plus loin

L'habilitation qui est accordée aux négociateurs de mettre en œuvre les dispositions de la loi se heurte au caractère d'ordre public de ces dispositions ; v. par ex. Cass. soc., 12 juill. 2018, n° 16-26844 P.

B - Le principe de faveur

28. Orientation générale – Il est cependant permis de déroger à la norme sociale dans un sens plus favorable. Cette habilitation générale, qui a pris son essor sur le constat objectif de règles légales plus avantageuses (« ordre public social »), est consacrée par le Juge qui y décèle un principe général du droit ou un principe fondamental[5]. Une illustration en est donnée par le Code du travail dans les rapports entre la loi et les accords collectifs (art. L. 2251-1)[6]. Mais le domaine d'application du principe est beaucoup plus large (par ex. entre le contrat de travail et ces mêmes accords : art. L. 2254-1 ; ou entre usage et conventions) de sorte que l'on parle du « principe de faveur ».

29. Méthode de comparaison – Seul le salarié est en droit d'invoquer ce caractère plus favorable. Un cumul des droits et avantages étant exclu, une comparaison s'impose alors entre les normes en concours. Celle-ci s'opère, en principe, par catégories d'avantages (par ex. l'indemnisation du licenciement) de même objet (et non de même cause) pour l'ensemble des personnes soumises à un statut identique (comparaison objective : par ex. une clause à laquelle sont soumis le plus grand nombre de salariés et non un salarié en particulier).

30. Inflexions – La jurisprudence privilégie exceptionnellement une méthode plus globale dans le contexte d'un chômage de masse (ex. la suppression d'une prime contre l'engagement de ne pas licencier), ou en présence d'avantages rendus interdépendants[7]. Et la loi ouvre désormais la voie à des mises en comparaison de

5. CE, avis, ass. gén., 22 mars 1973 : Dr. soc. 1973, p. 514. Mais il ne s'agit pas d'un principe fondamental reconnu par les Lois de la République : Cass. soc., 29 janv. 2014, n° 13-40067 P.
6. Cass. soc., 23 sept. 2020, n° 18-23474 P.
7. Cass. soc., 19 févr. 1997, n° 94-45286 P et Cass. soc., 8 janv. 2020, n° 18-17708 P.

contenus « au moins équivalents » ce qui rompt avec la logique de l'avantage « supérieur » (v. *infra*, n° 132).

31. Substitution – Dans cette vue, est admise la conclusion d'accords collectifs majoritaires (v. *infra*, n° 108) dits de « performance collective » renfermant un engagement de maintien dans l'emploi par l'employeur en contrepartie de l'aménagement de la durée du travail, de la rémunération dont le contenu s'impose aux clauses du contrat de travail (art. L. 2254-2, III).

5. CADRES DE L'APPLICATION DU DROIT DU TRAVAIL

32. Secteur privé – Le domaine du rapport salarial s'étend aux employeurs soumis au droit privé. Les fonctionnaires échappent, par conséquent, à son emprise. Il en va différemment des personnels non statutaires qualifiés d'agents contractuels de droit public[8], ou appartenant au périmètre du service public à caractère industriel et commercial relevant du droit privé.

33. Identification – Le Code du travail évoque l'employeur lorsqu'il désigne le partenaire contractuel du salarié (par ex. : art. L. 4741-1 ; sauf exception par ex. : art. L. 1271-12). Il décrit parfois l'entreprise sociale à laquelle appartient ce dernier dès l'embauche.

A - L'employeur

1) Identification de l'employeur

34. Pouvoir – L'employeur est le titulaire des prérogatives à caractère économique couramment réunies sous l'appellation de « pouvoir de direction et d'organisation ». Différents fondements ont été avancés afin de justifier l'existence de ce pouvoir : la propriété des moyens de production, le contrat de travail lui-même. Il arrive que l'employeur soit expressément habilité par la loi à agir (par ex. : en matière disciplinaire). Toutefois, c'est encore plus sûrement dans les nécessités de l'organisation commune que son pouvoir trouve une justification.

35. Représentation – L'exercice des prérogatives de gestion fait généralement l'objet d'aménagements destinés à en parfaire les effets (par ex. : délégation de pouvoirs ; C. civ., art. 1153).

8. Certaines dispositions du Code du travail s'appliquent aux agents des entreprises dites « à statut » en raison de leur caractère plus avantageux. Il arrive également qu'elles leur bénéficient en tant que principes généraux (ex. droit au Salaire Minimal Interprofessionnel de Croissance – SMIC).

Pour aller plus loin

L'employeur jouit d'une totale liberté dans ses choix de gestion (par ex. : appréciation des aptitudes du salarié) en raison de la reconnaissance constitutionnelle de la libre entreprise. Sur d'autres terrains, les solutions sont dominées par le respect des droits et des libertés (v. *infra*, n° 260).

2) *Employeur unique ou pluralité d'employeurs*

36. Admission du prêt de main-d'œuvre – Le salarié, en principe, n'a qu'un employeur qui fournit le travail et en contrôle l'exécution. Exceptionnellement, il peut arriver qu'il en ait plusieurs soit en raison d'opérations particulières dont fait l'objet la fourniture de la tâche, soit en raison de ses choix. Il convient d'exclure comme illégales parmi ces opérations celles qui poursuivent un but lucratif entendu au sens de bénéfice, profit ou gain pécuniaire, tant pour le prêteur que pour l'utilisateur. Cela inclut, sous la menace de sanctions pénales (art. L. 8234-1 et L. 8243-1) et administratives (art. L. 8272-1 et s. ; par ex. fermeture de l'établissement), le prêt de main-d'œuvre pratiqué à titre exclusif (art. L. 8241-1), ou la fourniture de main-d'œuvre qui a pour effet de causer un préjudice au salarié (marchandage : art. L. 8271-1).

Pour aller plus loin

Le but lucratif est écarté lorsque l'entreprise prêteuse facture uniquement à l'utilisateur les salaires, charges sociales et frais professionnels correspondant à la mise à disposition (art. L. 8241-1, *in fine*). Au-delà, l'infraction est consommée : Cass. crim., 9 sept. 2020, n° 18-82746 P.

37. Régime du prêt – Sous ces restrictions, les prêts sans but lucratif sont désormais explicitement admis (art. L. 8241-1, al. 2 et L. 8241-2) lorsque l'emprunteur ne dispose pas de salariés dotés de la technicité recherchée ou des moyens suffisants afin d'y recourir[9]. Ce prêt ne modifie pas la situation contractuelle du travailleur qui conserve un employeur unique (ex. : pour la sanction des fautes).

De manière plus durable, est aussi admise la pratique des entreprises intermédiaires (art. L. 5132-7), des groupements d'employeurs (art. L. 1253-1 et s. ; par ex. art. D. 1253-45 et s.), ou des entreprises à temps partagé (art. L. 1252-1 et s.). La loi organise parfois des périodes d'immersion au cours de l'exécution du rapport de travail (art. L. 5135-1 et s.). Se développe, enfin, le portage salarial donnant lieu à la conclusion d'un contrat commercial entre l'entreprise de portage et un client ainsi que d'un contrat de travail entre cette entreprise et un salarié « porté » (art. L. 1254-1).

38. Régime du cumul d'emplois salariés – Au sein du secteur privé, la principale limite est l'interdiction d'effectuer des travaux au-delà de la durée maximale du travail (art. L. 8261-1 ; sauf exceptions : art. L. 8261-3), sous la menace de sanctions pénales (art. R. 8262-1). Des restrictions contractuelles sont également envisageables. Mais seul un défaut de régularisation de la part du salarié ou une dissimulation de la situation justifie la rupture du contrat à l'initiative de l'employeur. Celui-ci est alors tenu de

9. Cass. soc., 24 mars 2021, n° 19-20116.

payer l'ensemble des heures accomplies même au-delà de la durée maximale du travail.

39. Mobilité du salarié – En principe réglementée par le contrat de travail, la mobilité du travailleur s'accompagne soit d'une suspension, soit d'une rupture de la relation de travail. Dans le cas du détachement ou de l'expatriation, l'intéressé se trouve souvent transféré en vertu d'un accord entre deux sociétés parfois unies par un lien de filialisation.

40. Détachement – Seul a été défini par la loi le détachement sur le sol français dans le cadre d'une prestation de services d'un salarié travaillant habituellement pour le compte d'un employeur hors du territoire national. Ce détachement donne lieu, pendant les douze premiers mois, à l'application d'un socle de dispositions représentant des garanties minimales (par ex. rémunération au sens large), puis à l'application de l'ensemble des règles du Code du travail (sous quelques exceptions par ex. les règles de rupture ; art. L. 1262-4), ainsi qu'à la mise en œuvre de diverses déclarations sous la menace d'une amende administrative (art. L. 1262-2-1 et s.)[10].

B - L'entreprise sociale

1) Cadres juridiques

41. Déconcentration – Centre de toute activité économique, l'entreprise en Droit du travail, comme en d'autres disciplines, échappe à une définition unique. Du point de vue du salarié, elle est essentiellement le lieu de l'exécution de la tâche subordonnée. Ce lieu peut-être alors une simple division d'un ensemble plus vaste qui prend le nom d'établissement. Lorsqu'il est pourvu d'une autonomie de gestion (ex. art. R. 5212-1, al. 4), l'établissement s'apparente à la succursale du droit commercial car il n'est, en principe, pas doté de la personnalité juridique.

42. Regroupements – Il est possible également que le salarié soit appelé à exercer son activité au sein d'un périmètre élargi. On évoque, alors, l'unité économique et sociale (UES ; art. L. 2313-8), ou le groupe d'entreprises (art. L. 2331-1). Seule l'UES est identifiée à l'entreprise sociale par la loi. Elle réunit des personnes juridiquement distinctes, physiques (entreprise individuelle), ou morales, quelle que soit leur forme (sociétés commerciales, associations, etc.). Il importe peu que ces entités emploient ou non du personnel. Il est simplement exigé qu'elles jouissent d'une autonomie juridique ce qui exclut que l'UES soit constituée entre deux établissements d'une même entreprise, ou entre une entreprise et l'établissement d'une autre, voire entre plusieurs services d'une même entreprise. Mais cette exigence rencontre une exception au sein des groupes où une UES peut être reconnue entre des entités juridiquement distinctes non dotées de la personnalité morale[11]. Ainsi se fait jour la notion de succursale au sens du Droit du travail laquelle recouvre une communauté de travailleurs réunie en

10. Art. L. 1264-1. 4 000 euros par salarié détaché (8 000 € en cas de réitération dans les deux ans) ; plafond de 500 000 euros. Les formalités ont été assouplies en cas de détachement récurrent ou pour certaines activités (ex. : artistiques). En cas de non-paiement des amendes, une interdiction est encourue : v. art. R. 1263-11-3-1.

11. Cass. soc., 3 mars 2021, n° 19-20245.

raison de choix organisationnels et de gestion, placée sous l'autorité d'un responsable commun et relevant d'une représentation du personnel commune (ex. entité réalisant une activité au bénéfice d'autres entités).

Pour aller plus loin

L'objet de l'UES concerne essentiellement la représentation du personnel mais a été étendu à d'autres questions (par ex. v. *infra*, nos 401 et s.).

43. UES – En raison de sa finalité, l'UES inclut des entités de dimension réduite et requiert pour sa reconnaissance une double communauté d'intérêts et de travailleurs. Sont alors mis en évidence des participations, des contrôles financiers, des échanges techniques ou commerciaux, etc. Surtout, l'unité économique doit être placée sous un pôle unique de direction qui, avec la concentration entre les mêmes mains des pouvoirs de direction, se caractérise par la coordination de ses stratégies commerciales, économiques, financières et sociales. Il est donc indispensable que l'unité économique renferme, en son sein, l'entité juridique exerçant le pouvoir de gestion sur les salariés inclus dans son périmètre. Il est également essentiel qu'elle repose sur des activités similaires et/ou complémentaires. Quant à la communauté de travailleurs, sa caractéristique réside, le plus souvent, dans une certaine mutabilité des personnels qui la composent. Un tel élément implique une mobilité des salariés entre les différentes personnes constitutives de l'UES, accompagnée d'un maintien de leurs droits et avantages, sans rupture ni modification de leur contrat. Mais d'autres indices peuvent corroborer l'existence de l'unité sociale (similitude des conditions d'emploi ou de statut ; existence d'une direction des ressources humaines).

44. Groupe capitalistique – L'ensemble que forment les entreprises unies entre elles par des prises de participation financière prend le nom de groupe (C. com., art. L. 233-1, L. 233-3, I et II et L. 233-16)[12]. À l'intérieur de ce périmètre, des sous-ensembles peuvent être constitués. On évoque ici le groupe favorisant la préservation de l'emploi encore identifié à la sphère de reclassement qui réunit des entreprises dont « l'organisation, les activités ou le lieu d'exploitation assurent la permutation de tout ou partie du personnel » ce qui le situe aux frontières de l'UES (v. *infra*, nos 578 et s.). En cas de contestation de ce périmètre et, avec lui, celui du groupe de sociétés auquel adhère l'employeur, il appartient au juge de former sa conviction au vu de l'ensemble des éléments qui lui sont soumis, tant par l'employeur que par le salarié, et de déterminer si l'organisation du réseau auquel appartient l'employeur permet entre les sociétés adhérentes la permutation de tout ou partie du personnel[13].

45. Identification de l'employeur – Le fait qu'un cadre plus vaste que l'entreprise serve parfois de périmètre d'exécution aux droits individuels ou collectifs des salariés ne modifie pas les conditions d'établissement du rapport salarial. En effet, ni l'UES, ni le groupe n'ont la qualité d'employeur. À cet égard, l'entreprise demeure le cadre exclusif de la formation et de l'exécution du rapport de subordination. Le travailleur y

12. Il s'agit donc à très gros traits du groupe visé à l'article L. 2331-1, I du Code du travail qui sert de cadre d'implantation au comité de groupe, v. *infra*, n° 593 ; v. *infra*, n° 338.
13. Cass. soc., 30 sept. 2020, n° 19-13122 P.

trouve avantage puisque les différents dirigeants de l'UES ou du groupe ont souvent la qualité « d'employeurs conjoints » en raison de l'immixtion permanente de la société mère dans la gestion économique et sociale et la perte totale d'autonomie d'action de sa filiale. L'objectif est alors de mettre à leur charge divers devoirs comme le paiement de salaires, ou l'exécution de sanctions découlant de la méconnaissance de certaines obligations.

Pour aller plus loin

La jurisprudence, cependant, est devenue restrictive en la matière : ne suffirait pas le traitement de diverses commandes pour d'autres sociétés du groupe, des reprises d'actifs peu avantageuses, le prêt de machines, une délégation de gestion des ressources humaines, ou administrative et de la trésorerie : Cass. soc., 25 nov. 2020, n° 18-13769 P ; Cass. soc., 14 avril 2021, n° 19-18751 ; v. ég. hors groupe : Cass. soc., 29 sept. 2021, n° 20-18802.

2) Effectifs

46. Règles unifiées – Un cadre légal est désormais donné à l'ensemble des dispositions renvoyant à une condition de seuils (art. L. 1111-2 et L. 1251-54).

Sont inclus en totalité dans le décompte les salariés :

- sous CDI (y compris ceux assimilés à l'employeur en raison des pouvoirs qu'ils détiennent) ;
- à domicile et handicapés quelle que soit la date de leur engagement en cours de mois ;
- à temps partiel, quelle que soit la nature de leur contrat (avec ou sans limite de durée), décomptés, sauf accord plus favorable, pour un effectif calculé en divisant la somme des horaires inscrits dans leur contrat par la durée légale ou conventionnelle du travail.

Sont pris en compte, « au prorata de leur temps de présence au cours des douze mois précédents » : les travailleurs sous CDD ou intermittents, temporaires[14] ou mis à disposition par une entreprise extérieure sous réserve, pour ces derniers, d'être présents dans l'entreprise utilisatrice et d'y travailler depuis un an au moins, quelle que soit la nature juridique des liens avec celle-ci dès lors qu'il y a activité sur les mêmes lieux, partage de conditions de la tâche en partie communes susceptibles de générer des intérêts communs.

Sont purement et simplement exclus des effectifs, les apprentis ou les titulaires de contrats aidés (art. L. 1111-3) les stagiaires, les agents employés dans les conditions du droit public, ainsi que les personnes mises à disposition ou titulaires d'un contrat précaire qui remplacent un travailleur absent.

Remarque

Les titulaires de contrats uniques d'insertion (v. *infra*, n° 192) sont inclus aux fins d'apprécier le seuil de mise en place des instances représentatives du personnel (art. L. 2301-1).

14. Ils sont également pris en compte auprès de leur employeur ; sur les conditions : art. L. 1251-54. Au sein des entreprises de portage : art. L. 1254-29.

47. Régime – Un décompte des effectifs automatique en application des règles du Code de la sécurité sociale concerne désormais certaines dispositions du Code du travail (CSS, art. L. 130-1 et R. 130-1). L'effectif salarié annuel de l'employeur correspond alors à la moyenne du nombre de personnes employées au cours de chacun des mois de l'année civile précédente (par ex. art. L. 3121-33, I, 3° et L. 3121-38, al. 2, v. *infra*, n° 794 ; art. L. 5212-1, al. 3 et 4, v. *infra*, n° 210). Les mois au cours desquels aucun salarié n'est employé ne sont pas pris en compte (CSS, art. R. 130-1, I, al. 1er). Mais il y a des exceptions : par ex. en cas de changement d'employeur (CSS, art. R. 130-1, V).

48. Impact d'une évolution – Le franchissement à la hausse d'un seuil est pris en compte lorsque celui-ci a été atteint ou dépassé pendant cinq années civiles consécutives (CSS, art. L. 130-1, II, al. 1). En revanche, le franchissement à la baisse sur une année civile déclenche aussitôt le processus (CSS, art. L. 130-1, II, al. 2).

C - La modification du cadre de l'embauche

49. Ordre public – Le législateur tire conséquence des changements susceptibles d'intervenir dans la situation juridique de l'employeur. Il garantit la survie du contrat de travail en un tel contexte (art. L. 1224-1). Cette importante règle est consacrée par le droit européen (Dir. n° 2001/23/CE du 12 mars 2001).

1) Champ d'application de la règle

50. Généralisation – Le principe du maintien du contrat de travail s'impose en toute situation. Il s'applique à des entreprises, ou à des fractions d'entreprises, de droit privé ou de droit public (art. L. 1224-3). Il régit également les cas de transfert au sein d'un même groupe. La forme juridique (par ex. : association, GIE, etc.), l'organisation ou le fonctionnement (par ex. : en procédure collective) de la structure importe peu.

2) Conditions d'application de la règle

51. Critère – L'article L. 1224-1 du Code du travail s'applique même en l'absence de lien de droit entre les employeurs successifs, à tout transfert d'une entité économique conservant son identité et dont l'activité est poursuivie ou reprise.

Illustrations

En cas de succession de concessionnaires, de reprise en gestion directe du marché par le concédant, ou le client, de mise en location-gérance, de restitution du fonds à la suite de cette opération, ou d'un changement de locataire-gérant, etc.

52. Entité ; définition – L'entité doit être regardée comme un « ensemble organisé de personnes et d'éléments corporels ou incorporels ». Cet ensemble est tourné vers un but car il permet l'exercice d'une activité économique qui poursuit des intérêts propres. Il se trouve doté également d'une autonomie de gestion ce qui recouvre les structures permettant d'organiser et d'exécuter celle-ci. L'entité ne se réduit donc pas à une simple activité (par ex. en cas de simple externalisation de tâches). Des indices déterminants corroborent son existence : cession du matériel, conservation de la clientèle, maintien des possibilités d'emploi, transfert d'éléments incorporels, y compris, lorsqu'il se réalise de manière indirecte, etc. D'autres indices entrent en ligne de compte sans toutefois permettre à eux seuls d'identifier l'entité : maintien de l'activité au sein des locaux, transfert d'une marque, rachat des stocks, création d'un groupement d'intérêt économique sans reprise d'activité accompagnée de moyens et de personnels (C. com., art. L. 251-1), etc.

Pour aller plus loin

Cela soulève la question du sort des entreprises appartenant aux secteurs dits de main-d'œuvre car l'exécution d'un marché de services par un nouveau titulaire ne réalise pas le transfert d'une entité économique.

53. Entité ; poursuite – Il est indispensable que le fonds transféré demeure exploitable, que les conditions de l'activité n'aient pas été modifiées de manière trop importante à l'occasion de l'opération (par ex. partage des tâches entre deux entités) et qu'il n'y ait pas eu interruption prolongée de celle-ci.

54. Maintien conventionnel – L'employeur et le salarié, ou les interlocuteurs sociaux de la branche à titre exclusif (accord étendu : v. *infra*, n° 130 et n° 144), peuvent décider la continuation du contrat en l'absence d'entité. Un tel transfert est opposable au travailleur, après information et délai de réflexion suffisant, sous réserve de son accord exprès (C. civ., art. 1216 et s. et 1327 et s.). Il s'analyse en une révision du contrat dont le motif n'est pas économique.

3) Effets de la règle

55. Moment – Le changement d'employeur s'opère à la date du passage de l'entité en de nouvelles mains sans report possible[15]. Sont concernés les salariés qui concourent, pour l'essentiel de leurs tâches, à l'activité de l'entité mais aussi ceux qui, indirectement, contribuent à son autonomie en exerçant des fonctions d'organisation (selon le lieu d'exécution du travail, la situation au sein de l'organigramme, etc.). Leurs contrats sont alors maintenus dans toutes leurs stipulations.

Pour aller plus loin

Il peut arriver, à cette occasion, que le contrat soit déclaré divisible sous réserve, alors, que cela n'entraîne pas une détérioration des conditions de travail (Cass. soc., 30 sept. 2020, n° 18-24881 P).

56. Secteurs – En cas de transfert au secteur privé, le refus de la perte du statut par l'agent de droit public entraîne de plein droit la rupture de son contrat lorsqu'il n'est pas possible à l'entité de droit public de maintenir celui-ci ou d'offrir à l'intéressé un emploi en reprenant les conditions (art. L. 1224-3-1, *in fine ;* s'agissant du transfert au secteur public, v. art. L. 1224-3).

---

15. Cass. soc., 23 juin 2021, n° 18-24597 B.

57. Emprise de la règle – Toute opposition du salarié à son transfert produit les effets d'une démission à l'égard du cessionnaire, sous réserve que le contrat de travail n'ait subi aucune modification importante à cette occasion. Un licenciement est également envisageable à l'initiative du cédant (v. *infra*, n° 340).

Illustrations

Sont maintenus en vertu de l'article L. 1224-1 : l'ancienneté, la rémunération, la clause de non-concurrence (v. *infra*, n° 290), un congé sans solde, etc. Quant à la pratique, sous toutes ses formes, v. *supra*, n° 23, elle continue à s'appliquer (à la différence du règlement intérieur, v. *infra*, n° 253), sans qu'il y ait atteinte au principe d'égalité de traitement (y compris en cas d'application volontaire), jusqu'à ce qu'il soit décidé d'y mettre un terme.

58. Sort des dettes – Enfin, la loi garantit les droits salariaux du travailleur transféré en plaçant à la charge du nouvel employeur les obligations qui incombaient à l'ancien à la date du transfert (art. L. 1224-2). Cela requiert le constat d'une communauté de décision entre les employeurs successifs et l'absence de toute procédure de redressement ou de liquidation judiciaire.

PARTIE 1

La négociation collective

59. Le droit de la négociation collective occupe une place centrale au sein de la réglementation du travail dont il constitue un instrument majeur de l'évolution aux côtés de la loi. Ainsi, s'affirme le produit de la négociation des syndicats professionnels et des employeurs en des matières dont le champ ne cesse de s'étendre (Chapitre 1), dans le respect de règles de validité qui en garantissent la stabilité (Chapitre 2) et dans le souci d'un meilleur équilibre entre la pérennité du statut et les exigences de la libre concurrence entre les entreprises (Chapitre 3).

CHAPITRE 1

L'objet de la négociation collective

60. Champ étendu – Les dispositions relatives à la négociation collectives sont applicables aux employeurs de droit privé ainsi qu'à leurs salariés (art. L. 2211-1, al. 1er : professions libérales, agricoles, syndicats, etc.). Ces dispositions saisissent également les établissements publics qui emploient du personnel dans les conditions du droit privé[1]. À l'intérieur des différents périmètres de la discussion se développe, aux côtés d'une négociation collective dite libre, une négociation obligatoire en certaines matières.

1 • LES CADRES GÉNÉRAUX DE LA NÉGOCIATION COLLECTIVE

61. Périmètres de négociation – Le produit de la négociation collective est identifié à différentes sphères :

- l'accord national interprofessionnel (« ANI » ; art. L. 2231-1 et s. ; par ex. ANI portant diverses orientations sur les cadres, 28 févr. 2020) et qui constitue une source d'inspiration pour les auteurs de la loi (v. *supra*, n° 15) ;
- la convention de branche (art. L. 2241-1 et s.), niveau historique et directeur, où sont prises en compte les spécificités de l'activité exercée par un groupe de salariés dont dépend la reconnaissance de leur représentation par les syndicats (art. L. 2131-2, al. 1er ; v. *infra*, n° 509). C'est au sein de la branche que sont en priorité définies les conditions d'emploi et de travail (art. L. 2232-5-1, L. 2253-1 et L. 2253-2)[2] ;
- la convention d'entreprise qui désigne l'ensemble des accords conclus au sein de la collectivité du travail (art. L. 2232-11, al. 2), dans l'entreprise, l'établissement mais également le groupe d'entreprises (v. *supra*, n° 42). L'accord de groupe peut porter sur « des sujets communs » aux personnels des entreprises du groupe ce qui

1. Le statut ne peut être remis en cause par la convention ou l'accord. Il a vocation à être complété par ses stipulations : art. L. 2233-2 et L. 2233-3 ; v. Cass. soc., 14 nov. 2019, n° 18-13466.
2. Les termes « convention de branche » désignent encore les accords interbranches issus de la discussion entre secteurs d'activité (art. L. 2232-5, al. 2 ; par ex. art. L. 6314-1 *in fine* ; sur les conditions de validité de ces accords, v. *infra*, n° 105). Mais il y a également place pour un dialogue au sein de plusieurs secteurs d'activité (« multibranches »).

n'implique pas nécessairement la totalité d'entre elles[3]. Le régime de l'accord de groupe est celui des accords d'entreprise (art. L. 2232-34).

La loi a récemment consacré la pratique des accords interentreprises (art. L. 2232-36 à L. 2232-38 ; par ex. au sein de l'UES, v. *supra*, n° 43). Elle impose parfois la conclusion d'un accord à ce niveau dans le cadre d'une mutualisation des moyens (par ex. art. D. 4622-14) mais dont l'extension du champ répond à d'autres objectifs (unification des statuts : ex. à l'occasion de la sous-traitance).

62. Droit à la négociation ; manifestation – Dans le prolongement de l'affirmation du principe de participation (Préamb., Const. 27 oct. 1946, § 8), l'article L. 2221-1 du Code du travail proclame le droit de tout travailleur à la négociation collective dont l'accomplissement repose sur une obligation légale de négocier imposée aux partenaires sociaux au niveau de la branche, dans l'entreprise et parfois même au sein du groupe d'entreprises (v. *infra*, n° 73).

63. Champ de la négociation libre – Cette obligation se développe aux côtés d'une négociation dite libre au sein d'un très vaste champ qui recouvre les conditions d'emploi, de formation professionnelle et de travail ainsi que les garanties sociales des salariés (art. L. 2221-1). Cette énumération n'est d'ailleurs pas exhaustive (par ex. décisions économiques, organisation du travail ; par ex. exercice du droit syndical ; v. *infra*, n° 544). La convention aborde l'ensemble de ces sujets. De contenu plus réduit, l'accord collectif traite l'un ou l'autre d'entre eux (art. L. 2221-2).

Pour aller plus loin

En matière de négociation collective, le Conseil constitutionnel n'a pas hésité à rattacher la liberté contractuelle aux sixième et huitième alinéas du préambule de la constitution de 1946 (v. *supra*, n° 11) et à l'article 4 de la déclaration de 1789 (Cons. const., 29 nov. 2019, n° 2019-816 QPC).

64. Invitation et incitation – La négociation libre se déroule parfois à l'invitation du législateur qui permet la dérogation à ses dispositions. Mais elle peut aussi s'organiser en dehors de toute prescription particulière. Font également partie de ce champ, les situations où le défaut de négociation déclenche l'application de la loi (ex. art. L. 6315-1, III).

Pour aller plus loin

L'initiative de la discussion peut s'imposer à l'employeur lorsque la loi conditionne la décision de ce dernier à l'absence de négociation. Il est alors question de loyauté dans ce contexte (par ex. v. *infra*, n°s 94, 404, 589, 715 et 788).

---

3. Une détermination précise de son champ d'application est alors requise : Cass. soc., 10 avril 2019, n° 18-13781.

2. LA NÉGOCIATION DU CONTENU ET DE LA PÉRIODICITÉ DE LA CONVENTION DE BRANCHE

65. Triptyque – Un socle de règles impératives est établi par la loi en la matière. Sur ces bases, une « négociation d'adaptation » est possible et, en son absence, des règles supplétives s'appliquent.

A - Les règles impératives

66. Thèmes et fréquences – Les organisations liées par une convention de branche, signataires, adhérentes (v. *infra*, n° 141), ou, à défaut, par des accords professionnels se réunissent impérativement, au moins :

- une fois tous les quatre ans afin de négocier en matière de (art. L. 2241-1) : salaires et égalité professionnelle entre les femmes et les hommes (mesures de rattrapage ; outils d'action contre les harcèlements et agissements sexistes), mesures destinées à faciliter la conciliation entre la vie professionnelle et la vie personnelle des salariés proches aidants, conditions de travail, GPEC et effets de l'exposition aux facteurs de risques (art. L. 4161-1), insertion et maintien dans l'emploi des travailleurs handicapés, formation professionnelle ;
- une fois tous les cinq ans sur les classifications (sous l'objectif d'égalité et de mixité des emplois), l'épargne interentreprises lorsqu'il n'existe aucun accord conclu à ce niveau en la matière.

En outre, une négociation sur les modalités du temps partiel s'impose dès lors qu'au moins un tiers de l'effectif de la branche professionnelle occupe un emploi de ce type (art. L. 2241-2 ; v. *infra*, n° 800).

67. Principes généraux – La négociation doit être engagée sérieusement et loyalement (art. L. 2241-3 : informations préalables et réponses motivées aux propositions requises). À défaut, une commission mixte est réunie (art. L. 2261-20).

B - Le champ de la négociation d'adaptation

68. Initiative – À la demande d'une organisation d'employeur ou de salariés liés par une convention de branche, signataires, adhérents (v. *infra*, n° 141) ou, en son absence, par des accords professionnels, la loi encourage l'engagement d'une négociation d'adaptation.

69. Contenu – Il est alors négocié au moins sur le contenu et au moins sous la fréquence de chacun des thèmes impératifs (v. *infra*, n° 81), ainsi que sur les modalités de la négociation : calendrier et lieux, informations préalables, modalités de suivi des engagements, etc. La périodicité de la renégociation (v. *infra*, n° 149) peut être fixée entre quatre et cinq ans selon les thèmes abordés (art. L. 2241-6). À défaut de réunir ces éléments, l'accord issu de la discussion n'est pas applicable.

C - Les règles supplétives

70. Fréquences renforcées – En l'absence d'accord, ou lorsque celui-ci n'est pas complet, les organisations syndicales se retrouvent, à titre principal, une fois par an sur le thème des salaires et de l'objectif d'égalité entre les femmes et les hommes (art. L. 2241-8), ce qui inclut l'examen des données retraçant l'évolution de la situation de l'emploi dans la branche (par ex. main-d'œuvre précaire : art. L. 2241-9), celui des mesures de prévention envisagées ainsi que de l'évolution des salaires effectifs moyens par catégories professionnelles et par sexe.

71. Égalité salariale – L'accord visant à supprimer les écarts de rémunération fait l'objet d'un dépôt auprès de l'autorité administrative (v. *infra*, n° 113). À défaut, une commission mixte est réunie à l'initiative du ministre chargé du Travail afin que s'engagent ou se poursuivent les négociations (art. L. 2241-18).

Pour aller plus loin

- Tous les trois ans sur l'égalité professionnelle, la GPEC, notamment pour répondre aux enjeux de la transition écologique, l'insertion des handicapés, la formation (art. L. 2241-11 à L. 2241-14).
- Tous les cinq ans sur les classifications et l'épargne interentreprises en l'absence d'accord à ce niveau (art. L. 2241-15 et L. 2241-16).

3. LA NÉGOCIATION DU CONTENU ET DE LA PÉRIODICITÉ DE LA CONVENTION D'ENTREPRISE

72. Triptyque – Un socle de règles impératives est également établi par la loi au rang de l'entreprise. Sur ces bases, une négociation d'adaptation est encore possible et, en son absence, des règles supplétives s'appliquent.

Pour aller plus loin

- L'ensemble des négociations au niveau de l'entreprise (obligatoire ou non) peut être engagé au rang du groupe (art. L. 2232-33, al. 1er ; v. *infra*, n° 112). Il en va différemment au sein des autres regroupements d'entreprises sauf lorsque ceux-ci revêtent la nature d'une unité économique et sociale (en présence d'un délégué syndical : Cass. soc., 24 juin 2014, n° 13-10301 P).
- Les entreprises sont dispensées d'engager une négociation obligatoire lorsqu'un accord portant sur le même thème a été conclu au sein du groupe (art. L. 2232-33 *in fine* ; sur la base d'un accord d'adaptation : art. L. 2232-33, al. 2).

A - Les règles impératives

73. Thèmes – Dans les entreprises ou les établissements où sont constituées une ou plusieurs sections syndicales d'organisations représentatives (donc en présence d'un délégué syndical, v. *infra*, n° 540, ou d'un Conseil d'entreprise, v. *infra*, n° 559), l'employeur engage impérativement au moins une fois tous les quatre ans une négociation (art. L. 2242-1) :

- sur les salaires effectifs (salaires bruts et avantages), le temps de travail et le partage de la valeur ajoutée (sous la menace d'une pénalité : art. L. 2242-7) ;
- sur l'égalité professionnelle entre les femmes et les hommes (sous la menace d'une pénalité : art. L. 2242-8), portant notamment sur les mesures visant à supprimer les écarts de rémunération. L'accord relatif à l'égalité professionnelle fixe les objectifs de progression et les actions permettant de les atteindre et porte sur trois ou quatre domaines d'action selon l'effectif de l'entreprise (ex. : articulation entre l'activité professionnelle et la vie personnelle et familiale : art. D. 2242-2). La rémunération effective est obligatoirement comprise dans ces domaines ;
- une négociation sur la qualité de vie et des conditions de travail (sur la notion, v. ANI, 9 déc. 2020, art. 2.2 et v. *infra*, n° 83) ce qui recouvre l'accès à la formation et à la qualification (art. L. 6315-1 ; ex. : suivi d'au moins une action de formation, abondement du compte personnel de formation v. *infra*, n° 236, etc.)[4].

En outre, dans les entreprises et les groupes d'au moins trois cents salariés (et de dimension Communautaire occupant au moins 150 salariés en France) l'employeur engage, au moins une fois tous les quatre ans, une négociation sur la GPEC (art. L. 2242-2).

Pour aller plus loin

- Est posée la question de la mise en œuvre de l'obligation de négociation en présence du négociateur de substitution (v. *infra*, n° 94) lorsque le délégué syndical ou le Conseil d'entreprise fait défaut (sur l'admission d'une possibilité, v. Cass. soc., 14 avr. 2021, n° 19-23589 P) ;
- En certains cas, la loi impose des « rendez-vous » en l'absence de délégué syndical (par ex. art. L. 4162-1, I, v. *infra*, n° 83).

74. Écarts de rémunération – Lorsque les résultats atteints en matière salariale sont insuffisants, l'employeur est tenu d'inscrire un plan de rattrapage salarial à l'ordre du jour de la négociation (art. L. 1142-9 ; sous la menace d'une pénalité, v. *infra*, n° 760).

75. Modalités de la négociation – Tant que la négociation est en cours, l'employeur ne peut arrêter de décisions unilatérales concernant la collectivité des salariés, sauf urgence (art. L. 2242-4 ; ex. : dénoncer un accord collectif). Si, au terme de la négociation, aucun accord n'a été conclu, il est établi un procès-verbal reprenant, en leur dernier état, les propositions des parties et les mesures que l'employeur entend appliquer unilatéralement (art. L. 2242-5)[5].

76. Loyauté – Les accords collectifs d'entreprise sur les salaires effectifs ne peuvent être déposés auprès de l'autorité administrative (v. *infra*, n° 113), qu'accompagnés d'un procès-verbal d'ouverture des négociations portant sur les écarts de rémunération entre les femmes et les hommes. Ce procès-verbal atteste que l'employeur a engagé sérieusement et loyalement la discussion (art. L. 2242-6).

---

4. À défaut d'accord, l'employeur établit un plan d'action annuel (art. L. 2242-3). Une pénalité est encourue à ce titre : art. R. 2242-2, al. 1er et 2. Une procédure de rescrit lui est ouverte : art. L. 2242-9 et R. 2242-2-9.
5. Sur la portée de ce document : Cass. soc., 6 mars 2019, n° 17-21722.

77. Sanctions – Le fait de soustraire à l'obligation de négociation relative au salaire, à l'égalité professionnelle ainsi qu'à la GPEC est puni d'un emprisonnement d'une année et d'une amende de 3 750 euros (art. L. 2243-2). Mais seul est sanctionné le défaut d'engagement de la discussion.

B - Le champ de la négociation d'adaptation

78. Initiative – Au rang de l'entreprise comme de la branche, la loi encourage, à l'initiative de l'employeur ou à la demande d'une organisation syndicale de salariés représentative, une négociation d'adaptation (art. L. 2241-4 et L. 2242-10 et s.).

1) Thèmes de la négociation

79. Substrat – Sur le plan du contenu de l'accord, les parties sont libres de faire leur choix dès lors que les thèmes impératifs sont abordés (art. L. 2242-1 et L. 2242-2). En pratique, sont susceptibles d'être aménagés certains sous-thèmes tels que :

- la réduction du temps de travail ;
- le droit à la déconnexion (v. *infra*, n° 83) ;
- la prévention des effets de l'exposition aux facteurs de risques professionnels et les conditions de travail (v. *infra*, n° 83) ;
- la mobilité professionnelle ou géographique interne à l'entreprise (art. L. 2254-2 ; v. *infra*, n° 420) ;
- le congé de mobilité (art. L. 1237-18 ; v. *infra*, n° 464) ;
- la mise en place du temps partiel (v. *infra*, n° 800).

80. Autres clauses – Peut encore être déterminé le niveau de négociation par établissement ou groupe d'établissements (v. *supra*, n° 61).

2) Modalités de la négociation

81. Organisation – Doivent encore être prévus le calendrier et les lieux des réunions, les informations que l'employeur remet aux négociateurs (par ex. au sein de la BDESE) ainsi que les modalités de suivi des engagements souscrits (par ex. en associant le CSE). La durée de l'accord ne peut excéder quatre ans (sa périodicité dans la limite de quatre ans : art. L. 2242-12).

Remarque

Mais il n'est pas interdit de conclure un accord sur un thème déterminé (art. L. 2242-12 et L. 2242-13). Lorsque la périodicité retenue est différente de celle des règles supplétives, il convient de donner à cet accord le contenu de l'accord de méthode (FAQ négociation collective, minist. trav., Juill. 2020, n° 13).

C - Les règles supplétives

1) Thèmes de la négociation

82. Rémunération, temps de travail et partage de la valeur ajoutée dans l'entreprise (art. L. 2242-15) – Tous les ans est engagée une négociation sur les salaires effectifs, la durée effective et l'organisation du temps de travail, notamment la mise en place du travail à temps partiel, la réduction du temps de travail (ces thèmes sont négociables séparément), l'intéressement, la participation et l'épargne salariale (à défaut d'accord d'entreprise ou de branche comportant un ou plusieurs de ces dispositifs), un suivi de la mise en œuvre des mesures visant à supprimer les écarts de rémunération et les différences de déroulement de carrière entre les femmes et les hommes.

83. Égalité professionnelle entre les femmes et les hommes ; qualité de vie et des conditions de travail (art. L. 2242-17) – Sous la même fréquence annuelle est abordée l'articulation entre la vie personnelle et la vie professionnelle, les objectifs et les mesures permettant d'atteindre l'égalité entre les femmes et les hommes[6], celles relatives à l'insertion professionnelle et au maintien dans l'emploi des handicapés (art. L. 2242-18), l'exercice du droit d'expression des salariés (v. *infra*, n° 288), les modalités du droit à la déconnexion et les dispositifs de régulation de l'utilisation des outils numériques, la prévention des effets de l'exposition aux facteurs de risques professionnels (art. L. 2242-19), la qualité des conditions de travail, notamment la santé et la sécurité et la prévention des risques professionnels (art. L. 2242-19-1), le régime de prévoyance à défaut de couverture par un accord de branche ou un accord d'entreprise, les mobilités domicile travail lorsque cinquante salariés sont employés sur le même site (réduction des coûts ; incitation à l'usage de modes de transport vertueux ; prise en charge des frais : ex. forfaits de mobilité durable).

Pour aller plus loin

À défaut d'accord, des modalités spécifiques sur le droit d'expression trouvent d'application (art. L. 2281-1), un « plan de mobilité employeur » doit être établi (C. transp., art. L. 1214-8-2), mais une négociation séparée sur la prévention des effets de l'exposition au risque doit être engagée (art. L. 2242-19 et L. 4162-1)

84. GPEC – Dans les entreprises et les groupes (y compris communautaires) d'au moins trois cents salariés, l'employeur engage tous les trois ans une négociation sur la GPEC, notamment pour répondre aux enjeux de la transition écologique, ainsi que sur la mixité des métiers (art. L. 2242-20 et L. 2242-21 ; v. *infra,* n° 419).

2) Modalités de la négociation

85. Initiative – À défaut d'engagement de la discussion par l'employeur depuis plus de douze mois, pour chacune des négociations annuelles, et depuis plus de trente-six mois pour la négociation triennale, dès le terme de l'accord d'adaptation, celle-ci débute obligatoirement à la demande de toute organisation syndicale représentative (art. L. 2242-13, al. 5). Dans les quinze jours qui suivent, l'employeur convoque les parties.

86. Deux réunions – Lors d'une première réunion sont précisés le lieu et le calendrier de la ou des réunions suivantes(s) ainsi que les informations (par ex. au sein de la BDESE ; v. *infra*, n° 627) que l'employeur remettra aux négociateurs et la date de cette remise. Les discussions s'achèvent lors de la seconde.

6. Cette négociation s'appuie sur les données de la BDESE. Elle donne lieu à la désignation d'un expert (art. L. 2312-80 ; v. *infra*, n° 660).

CHAPITRE 2

L'accomplissement de la négociation collective

87. Légitimité et engagements – L'habilitation à négocier repose, du côté des représentants des salariés, pour l'essentiel, sur la mesure de l'audience électorale. La loyauté se situe au cœur du processus conduisant les parties à contracter sous de strictes conditions de validité posées par la loi.

1• LES PARTIES À LA NÉGOCIATION COLLECTIVE

88. Niveaux – La représentation des intérêts en présence est le fait, à titre principal, des organisations professionnelles d'employeurs et de salariés. Mais la loi reconnaît à un employeur seul la faculté de mettre en œuvre un accord au rang de l'entreprise (art. L. 2231-1, al. 3). En dehors de certains domaines (v. *infra*, n° 713), la loi laisse les interlocuteurs sociaux libres du niveau auquel ils souhaitent engager la discussion, entreprise ou établissement(s) (art. L. 2242-10 ; par ex. v. *infra*, n° 586). À défaut d'option collective, la détermination de ce niveau revient à l'employeur sous réserve qu'aucune opposition des organisations syndicales représentatives ne se soit exprimée de manière unanime au rang des divisions de l'entreprise[1].

A - La délégation patronale

89. Identification – La convention collective est signée par une ou plusieurs organisations (art. L. 2231-2) ou tout autre groupement d'employeurs y compris de nature associative (ex. : le MEDEF), ou un voire plusieurs employeurs pris individuellement.

Pour aller plus loin

Au rang de l'entreprise, la délégation de prérogatives fonde la pratique de la représentation de l'employeur (v. *infra*, n° 367). L'assistance est autorisée (rapp. durant l'entretien de licenciement v. *infra*, n° 361).

1. Cass. soc., 12 juill. 2016, n° 14-25794.

La signature de l'employeur dominant le groupe ne requiert aucun mandat des autres dirigeants afin que la convention ou l'accord prenne effet à ce niveau (art. L. 2232-31). À l'occasion de la discussion interentreprises, la loi désigne « les employeurs » sans plus de précision. La pratique pourrait s'inspirer ici de celle de l'Unité Économique et Sociale (UES) (v. *infra*, n° 686).

90. Représentativité éventuelle – Aucune exigence liée à la présence d'organisations patronales représentatives ne conditionne la participation à la discussion en dehors de l'hypothèse où la convention a vocation à être étendue et/ou élargie (v. *infra*, n° 144 ; art. L. 2261-19).

La représentativité des organisations patronales au rang interprofessionnel (art. L. 2152-4), de la branche (art. L. 2152-1), ou de plusieurs branches ayant des activités économiques proches ou identiques (art. L. 2152-6, al. 2), fait désormais l'objet d'une définition légale qui emprunte très largement à celle des syndicats de salariés (art. L. 2151-1 et s. et R. 2151-1 et s. ; v. *infra*, n° 529). Une liste est établie par le ministre du Travail (art. L. 2152-6, al. 1er ; v. au 7 juill. 2021 : MEDEF, CPME, U2P).

B - La délégation salariée

1) Règles générales

91. Tout travailleur – En vertu du principe de participation (Const. 27 oct. 1946, Préamb., § 8), l'ensemble des organisations représentatives affiliées à des confédérations différentes doit être convié à la table des négociations. Cette exigence est prescrite à peine de nullité. La pratique de la négociation « séparée » est donc interdite[2].

92. Validité – Il suffit alors qu'une seule parmi ces organisations ait signé l'acte. Dans l'entreprise, cette mission revient au délégué syndical ou à l'élu du personnel désigné en cette qualité au sein des entités de moins de cinquante salariés (art. L. 2143-6 ; v. *infra*, nos 605 et 675), ou encore, s'il a été institué, au Conseil d'entreprise (art. L. 2321-1 ; v. *infra*, n° 559)[3].

Pour aller plus loin

Un seul délégué ou deux lorsque la délégation en comporte plusieurs (art. L. 2232-17 ; ex. : catégoriel). Le délégué central ne jouit d'aucune priorité. La loi ne prévoit pas de présence extérieure, sauf usage ou accord plus favorable.

La participation à la négociation ne doit générer aucune perte de salaire. Elle ne s'impute pas sur le crédit d'heures de fonction (art. L. 2232-18 ; sur le crédit dédié de la section syndicale, v. *infra*, n° 548).

2. En présence d'éléments nouveaux, la réouverture de la discussion suppose une demande en ce sens : Cass. soc., 12 oct. 2006, n° 05-15069 P. Mais des discussions bilatérales intermédiaires sont admises : Cass. soc., 8 mars 2017, n° 15-18080 P.
3. En toute matière : PSE (v. *infra*, n° 384), plan de départ volontaire (v. *infra*, n° 467). Au sein de l'UES, v. *infra*, n° 559.

Les organisations représentatives à l'échelle des entreprises comprises dans le périmètre de l'accord de groupe sont habilitées à désigner des coordinateurs syndicaux choisis parmi les délégués du groupe à l'occasion de chaque négociation (la présence d'un délégué au sein de chaque entreprise n'est donc pas requise ; art. L. 2232-32)[4].

93. Exclusivité – La négociation d'entreprise n'a pas à être précédée d'une consultation du CSE y compris dans les matières qui intéressent la santé ou la sécurité (art. L. 2312-14, al. 2) à moins que l'application de la convention collective génère des mesures d'application ou d'adaptation locales entrant dans le champ des attributions générales de cette instance (v. *infra*, n° 620).

2) Règles particulières au niveau de l'entreprise

94. Substitution – Des modalités dérogatoires sont prévues pour la conclusion des accords d'entreprise (ou d'établissement), à titre exclusif (groupe exclu), lorsqu'il n'existe pas de délégué syndical, ou de Conseil d'entreprise.

Mais l'application de ces modalités est parfois écartée par la loi qui dispose que l'employeur décide seul en l'absence d'accord ou de délégué syndical (par ex. v. *supra*, n° 29 et *infra*, n°s 713, 916). Surtout, elle dépend de l'effectif que réunit l'entreprise.

95. Effectif inférieur à onze, ou compris entre onze et vingt salariés, en l'absence de membre élu du CSE – Deux modalités sont envisageables dans ce cadre :

- soit proposition directe aux salariés par l'employeur d'un projet d'accord ; ensemble des thèmes ouverts à la négociation (art. L. 2232-21 et s. et L. 2232-23) ; approbation par la majorité des deux tiers du personnel dans son ensemble (sur les modalités, v. art. R. 2232-10 et s.) ; à défaut : accord non écrit ;
- soit recours à un salarié mandaté (v. *infra*, n° 726) ; approbation par l'ensemble du personnel requise à la majorité des suffrages exprimés).

96. Effectif compris entre onze et moins de cinquante salariés (art. L. 2232-23-1) – En toute matière, au niveau de l'entreprise ou de l'établissement, au choix libre de l'employeur sans discussion préalable avec les syndicats :

- soit par un ou plusieurs salariés expressément mandatés (élus ou non élus)[5] par une ou plusieurs organisations représentatives (en priorité dans la branche ; un seul salarié par organisation) ; approbation par l'ensemble du personnel requise à la majorité des suffrages exprimés (sur les modalités : art. D. 2232-2 et s.) ; à défaut : accord non écrit ;
- soit par un ou des élus titulaires du CSE ; signature par ceux (mandaté(s) ou non) représentant la majorité des suffrages exprimés lors des dernières élections (au CSEC, v. art. L. 2232-23-1, al. 5) ; à défaut : accord non-écrit.

97. Effectif au moins égal à cinquante salariés, en présence d'un élu mandaté – En vertu d'une double priorité en faveur du mandatement et de l'élu du personnel : en toute matière sur mandatement d'une ou plusieurs organisations représentatives

4. Qui bénéficie du statut du délégué syndical, à titre exclusif.
5. Ne peuvent être mandatés les salariés assimilés (ex. : délégation de pouvoirs), ou apparentés à l'employeur (art. L. 2232-28).

(v. *supra,* n° 96 ; art. L. 2232-24 et D. 2232-2 et s.). Celles-ci sont informées par l'employeur de sa décision d'engager des négociations. Approbation par les salariés à la majorité des suffrages exprimés ; à défaut : accord réputé non-écrit ;

98. Effectif au moins égal à cinquante salariés, en l'absence d'élu mandaté – La conclusion de l'accord est alors offerte aux membres titulaires de la délégation du CSE (art. L. 2232-25) : champ de la discussion restreint aux mesures dont la mise en œuvre est subordonnée par la loi à un accord[6], à l'exception de ceux de méthode (v. *infra*, n° 388). Information des membres de la délégation du CSE par l'employeur ; réponse des élus souhaitant négocier dans le délai d'un mois et indication d'un éventuel mandatement (art. L. 2232-25-1). Signature requise par des membres de la délégation du personnel du CSE représentant la majorité des suffrages exprimés lors des dernières élections professionnelles (au CSEC, v. art. L. 2232-25, al. 2). À défaut, accord ou avenant réputé non-écrit ;

99. Effectif au moins égal à cinquante salariés en cas de refus de participation ou de carence aux élections – Conclusion en toute matière autorisée au niveau de l'entreprise ou de l'établissement, par un ou plusieurs salariés expressément mandatés par une ou plusieurs organisations représentatives (v. *supra*, n° 96 ; art. L. 2232-26 et D. 2232-2 et s.). Celles-ci sont informées par l'employeur de sa décision d'engager des négociations. Approbation par les salariés à la majorité des suffrages exprimés ; à défaut : accord réputé non-écrit.

Pour aller plus loin

En chacune de ces hypothèses, la loi aménage les conditions de la négociation (art. L. 2232-27 : crédit d'heures : art. L. 2232-27 ; temps de négociation ; information due) et soumet celle-ci à quelques principes de base (art. L. 2232-29 : indépendance des négociateurs vis-à-vis de l'employeur ; exigence de représentativité de l'auteur du mandatement ; élaboration conjointe du projet d'accord par les négociateurs, etc.).

2. L'INGÉNIERIE DE LA NÉGOCIATION

100. Loyauté – Le produit de la négociation fait l'objet d'un écrit (art. L. 2231-3) notifié par la partie signataire la plus diligente à l'ensemble des organisations syndicales représentatives (art. L. 2231-5). Avant d'atteindre ce résultat, un principe directeur de loyauté fonde la discussion des parties et se manifeste à travers diverses obligations.

A - Les accords relatifs à la méthode de négociation

101. Accord facultatif – Il en est ainsi à tous les niveaux de négociation (art. L. 2222-3-1, al. 1er ; objet et périodicité, échange d'informations, étapes de la discussion, crédits d'heures des négociateurs, etc.). Sauf stipulation en ce sens et en dehors de

6. On désigne, en ce cas, une habilitation précise du législateur : par ex. en matière d'aménagement de la durée du travail, v. *infra,* nos 813 et s.

toute déloyauté, la méconnaissance de ces engagements n'est pas de nature à entraîner la nullité de la convention (art. L. 2222-3-1, *in fine*).

102. Accord obligatoire – Est imposée la rédaction d'un préambule définissant les objectifs de la convention ainsi que son contenu à l'exclusion de toute autre obligation (art. L. 2222-3-3) ; sont encore imposées la détermination d'un calendrier ainsi que les modalités de prise en compte des demandes relatives aux thèmes de négociation émanant des organisations représentatives (art. L. 2222- 3).

Au rang de la branche, une clause conventionnelle s'impose afin d'organiser la négociation d'entreprise lorsqu'il n'a pas été recouru à l'accord facultatif à ce niveau (art. L. 2222-3-2, al. 1er).

Sous réserve d'une déloyauté manifeste, ces obligations ne sont pas sanctionnées par la nullité de la convention (art. L. 2222-3-2 et L. 2222-3-3).

B - Les accords-types

103. Faculté – Les accords de branche peuvent comporter des stipulations spécifiques à destination des entreprises de moins de cinquante salariés (art. L. 2232-10-1) ou prévoir de simples accord-types offrant des choix abandonnés à l'employeur. S'agissant de l'accord-type, sa mise en œuvre repose sur un engagement unilatéral de ce dernier après information des élus du personnel ainsi que les salariés par tous moyens. Cet engagement est exposé à dénonciation dans les conditions de droit commun (v. *supra*, n° 25), ou dans celles que prévoit l'accord.

Pour aller plus loin

Les conventions de branche ou les accords professionnels instituent des observatoires paritaires de la négociation d'entreprise ou d'établissement dont la mission accompagne l'édiction de la loi (art. L. 2232-10).

3. L'EXIGENCE D'UNE MAJORITÉ ÉLECTORALE

104. Double mesure – Les accords sont signés par des organisations représentatives de salariés satisfaisant à l'exigence d'audience électorale et qui répondent à une condition de majorité lors de la négociation (art. L. 2232-2 et s.).

A - Le niveau interprofessionnel et de la branche

105. Audience – À ce double niveau, le seuil requis est de 8 % (mesure en est prise tous les quatre ans par addition du nombre des suffrages exprimés au sein des entreprises ou lors des scrutins régionaux quel que soit le nombre de votants : art. L. 2122-9 et L. 2122-5). Au rang interprofessionnel, en outre, une représentativité dans les principales branches est requise (art. L. 2122-9 2°), tandis qu'à celui de la branche une présence territoriale équilibrée est seule imposée (art. L. 2122-5 2°).

106. Suffrages recueillis – Sur ces bases, l'accord interprofessionnel (art. L. 2232-2), ou l'accord de branche (art. L. 2232-6) doit être signé par une ou des organisations représentatives ayant rassemblé au moins 30 % des suffrages valablement exprimés. Cette mesure est pratiquée au premier tour des dernières élections d'entreprise en faveur d'organisations représentatives à ce niveau (art. L. 2122-9, 3° ; art. L. 2122-5, 3° et L. 2122-6)[7]. Ces règles s'appliquent également aux accords interbranches (art. L. 2232-7-1 : à l'échelle de chacune des branches).

Pour aller plus loin

Si le périmètre de l'accord collectif de branche n'a pas fait l'objet d'une mesure de représentativité, les négociateurs doivent solliciter le ministère du Travail à cette fin (Cass. soc., 10 févr. 2021, n° 19-13383 P). L'obligation « participe tant du respect du principe de concordance (v. *infra*, n° 538) que du principe de loyauté de la négociation collective ».

107. Absence d'opposition – L'opposition d'une ou de plusieurs organisations représentatives de salariés ayant recueilli la majorité des suffrages exprimés aux élections d'entreprise est de nature à priver de validité de l'accord (art. L. 2232-2 et L. 2232-6). Elle est notifiée par écrit motivé précisant les points de conflit (art. L. 2231-8) dans un délai de quinze jours à compter de sa date la plus tardive à l'ensemble des organisations représentatives de l'accord par la partie la plus diligente (v. *supra*, n° 100)[8] et communiquée aux signataires (avant l'issue du délai). Les accords frappés d'opposition sont réputés non-écrits (art. L. 2231-9)[9].

Pour aller plus loin

La représentativité reconnue à une organisation affiliée à une confédération catégorielle lui confère le droit de négocier toute disposition relative à la catégorie de salariés qu'elle a vocation à représenter (art. L. 2232-2-1 et L. 2232-7). Si cette organisation ne peut signer seule un accord concernant l'ensemble du personnel, il lui est loisible de participer avec d'autres à cette négociation.

B - Le niveau de l'entreprise et de l'établissement

108. Accord majoritaire – La validité d'un accord d'entreprise, d'établissement, de groupe ou interentreprises est subordonnée (sur l'audience requise à ce niveau v. *infra*, n°s 533 et s.) à sa signature par une ou plusieurs organisations représentatives ayant recueilli plus de 50 % des suffrages exprimés en faveur d'organisations représentatives[10] au premier tour des dernières élections des titulaires du CSE, quel que soit le nombre de votants (art. L. 2232-12, al. 1er).

7. V. arrêté du 28 juill. 2021 : CFDT : 31,01 % ; CGT : 26,59 % ; FO : 17,64 % ; CGC : 13,77 % ; CFTC : 11,00 %.
8. Notification qui ne conditionne ni la validité de l'accord, ni son applicabilité aux salariés.
9. Le maintien en vigueur d'un accord frappé d'opposition constitue un trouble manifestement illicite que le juge des référés a vocation à faire cesser.
10. Qui ont recueilli au moins 10 % des suffrages exprimés. Ces règles sont d'ordre public absolu : Cass. soc., 4 févr. 2014, n° 12-3333 P.

109. Accord minoritaire – Lorsque la signature émane de syndicats représentatifs ayant recueilli plus de 30 % mais moins de 50 % des suffrages (art. L. 2232-12, al. 2), un ou plusieurs de ces syndicats peut solliciter une consultation des salariés afin de valider l'accord (art. D. 2232-6, I). Cette demande est notifiée dans le délai d'un mois à compter de la signature aux autres organisations représentatives (art. D. 2232-6)[11]. Au terme du délai, l'employeur est en droit de demander l'organisation de la consultation (sans tarder cependant), en l'absence d'opposition de l'ensemble des organisations signataires (accord unanime).

110. Validation nécessaire – Si, à l'issue d'un délai de huit jours à compter d'une telle demande, ou de l'initiative de l'employeur, le taux de plus de 50 % n'est pas atteint mais que celui de plus de 30 % des suffrages exprimés l'est toujours, la consultation doit être organisée dans un délai de deux mois (art. L. 2232-12, al. 4, 5 et 8)[12]. Approuvé par les salariés de l'établissement, y compris ceux non couverts par l'accord[13], à la majorité des suffrages exprimés, l'accord est validé ; à défaut d'approbation, il est réputé non-écrit (sur le protocole spécifique et distinct du protocole préélectoral : art. L. 2232-12, al. 4, *in fine* et D. 2232-2).

Pour aller plus loin

- Ces règles s'appliquent aux syndicats catégoriels à l'égard de la catégorie du personnel qu'ils ont vocation à représenter (art. L. 2232-13). Mais alors ces seuls salariés doivent être consultés (*Cass. soc., 9 oct. 2019, n° 19-10816 P*).
- Elles sont écartées par le législateur en certaines situations où s'impose le score de plus de 50 % (par ex. v. *infra*, n° 385 et n°s 551 et s.).

111. Conseil d'entreprise – La validité de l'accord est subordonnée à sa signature par la majorité des membres titulaires élus du conseil ou par un ou plusieurs titulaires ayant recueilli plus de 50 % des suffrages exprimés lors des dernières élections professionnelles (art. L. 2321-9 et L. 2321-10).

C - Le niveau du groupe et interentreprises

112. Mise à l'échelle – Pour les accords de groupe (art. L. 2232-34) et les accords interentreprises (art. L. 2232-36) les suffrages obtenus sont appréciés au rang de l'ensemble des entreprises ou établissements compris dans le périmètre de l'accord. La consultation des salariés, le cas échéant, est également effectuée à l'intérieur de ce cadre (art. L. 2232-34 et L. 2232-38).

La représentativité est appréciée par addition de l'ensemble des suffrages obtenus dans les entreprises ou établissements concernés lors des dernières élections (accord interentreprises : art. L. 2232-37 ; accord de groupe lorsque le périmètre est différent de celui

11. La formalité n'affecte pas la régularité de la demande de sorte que l'employeur peut suppléer l'inertie d'un syndicat en procédant à sa place : Cass. soc., 9 oct. 2019, n° 19-10816 P, préc.
12. Un protocole préélectoral doit être conclu entre l'employeur et les organisations signataires ou non (v. art. D. 2232-6, II, D. 2232-3 et D. 2232-7).
13. Cass. soc., 9 oct. 2019, n° 19-10816 P, préc.

d'un accord conclu au cours du cycle électoral antérieur : art. L. 2122-4, al. 3 ; dans le cas contraire, art. L. 2122-44, al. 2).

4. LA PUBLICITÉ ET LE SUIVI DE LA NÉGOCIATION COLLECTIVE

113. Dépôt – Les accords collectifs de travail, ainsi que leurs avenants et annexes, sont déposés en deux exemplaires (une version papier et une version électronique : https :// www.teleaccords.travail-emploi.gouv.fr) par la partie la plus diligente auprès des services de l'emploi du lieu où l'accord a été signé (accord d'entreprise), ou auprès du ministre du travail (accord de branche). Il en est remis également un exemplaire au secrétariat-greffe désormais fusionné du CPH et du TJ (D. n° 2019-914, 30 août 2019) du lieu de conclusion.

Des dispositions particulières doivent être respectées au sein des entreprises dépourvues de délégué syndical (art. L. 2232-29-1) ainsi qu'à l'égard des accords portant sur les écarts de rémunération (v. *supra*, n°s 94 et 76).

114. Impact – Les textes conventionnels sont applicables à partir du jour qui suit leur dépôt (art. L. 2261-1 ; sur l'opposition majoritaire et ses effets, v. *supra*, n° 107). Toutefois des stipulations contraires pourraient avancer ou reculer. Ils définissent les conditions de leur suivi et comportent des clauses de rendez-vous (art. L. 2222-5-1 ; obligation non sanctionnée par la nullité).

115. Diffusion – Les conventions de branche, de groupe, interentreprises, d'entreprise et d'établissement, systématiquement anonymisées, sont rendues publiques et versées dans une base de données nationale dont le contenu est publié en ligne dans un standard ouvert et aisément réutilisable (art. L. 2231-5-1)[14].

Pour aller plus loin

- L'anonymisation est écartée en présence d'une volonté contraire des parties.
- La publication est exclue en certains cas par la loi (ex. accord PSE) ou, pour une fraction de la convention, sur accord des signataires. L'employeur peut occulter des éléments portant atteinte à ses intérêts stratégiques.

116. Information des salariés – Il appartient à l'accord de branche de fixer les modalités d'information du personnel sur le statut collectif qui lui est applicable (art. L. 2262-5). À défaut, l'employeur en procure un exemplaire aux élus ainsi qu'aux délégués syndicaux. Il en tient également un à la disposition des salariés, le cas échéant sur l'intranet s'il existe et informe ceux-ci par tout moyen de son existence (art. R. 2262-3). Doit en outre être rédigée par ses soins une note visant les accords applicables, y compris de manière volontaire, le lieu de leur consultation, ainsi que les modalités de leur conclusion (une sanction pénale est encourue : art. R. 2263-1 ; sur le plan civil : inopposabilité au salarié ; par ex. pour une période d'essai).

14. Les accords nationaux sont en outre publiés au Bulletin Officiel des Conventions Collectives (BOCC).

CHAPITRE 3

L'impact de la négociation collective

117. Emprise – La convention collective de travail produit des effets importants à l'intérieur d'un champ d'application qu'il appartient à ses signataires de déterminer et en vertu d'un rapport aux autres sources de la règle du travail profondément rénové.

1 • LE DOUBLE EFFET DE LA NÉGOCIATION COLLECTIVE

118. Effet contractuel – La convention collective s'impose à ses auteurs, car elle repose sur un échange de volontés et présente, de ce fait, la nature d'un contrat dont elle emprunte le régime. Ses signataires sont tenus de ne rien faire qui compromette son exécution loyale (art. L. 2262-4). Ils peuvent obtenir en justice le respect des engagements contractés voire, le cas échéant, des dommages-intérêts, mais non, dans ce cadre, une réparation au profit de salariés déterminés (art. L. 2262-11).

Remarque

Toute personne « liée » par une convention jouit des mêmes droits (art. L. 2262-12). Mais le fondement de la revendication n'est pas contractuel (v. *infra*, n° 119 ; au sujet du CSE, v. *infra*, n° 639). En outre, le salarié altruiste peut toujours revendiquer l'application collective de l'accord devant le TJ.

119. Effet réglementaire – La convention est opposable aux salariés de manière impérative et automatique, quelle que soit la nature leur activité, quoiqu'il n'y ait pas eu consentement de leur part et sans intégration à leur contrat de travail[1]. Elle présente alors un caractère réglementaire ce qui explique aussi que certaines prérogatives détenues par le contractant à son égard soient dévolues à des tiers (par ex. action en nullité ou révision d'un syndicat non-signataire ; v. *infra*, n°s 121 et 149), que le juge soit amené, lorsque la demande lui en est faite, à déterminer lui-même, et par tous moyens, son contenu et que l'inspecteur du travail veille à son respect. La convention doit d'ailleurs être interprétée comme la loi, c'est-à-dire, d'abord, en respectant la

1. Cass. ass. plén., 23 oct. 2015, n° 13-25279 P.

lettre du texte, ensuite en tenant compte d'un éventuel texte législatif ayant le même objet et, en dernier recours, en utilisant la méthode téléologique consistant à rechercher l'objectif social du texte[2].

Pour aller plus loin

Cet effet réglementaire est très puissant. Ainsi, un accord collectif prévoyant son application rétroactive ne peut priver un salarié des droits qu'il tient du principe d'égalité de traitement pour la période antérieure à l'entrée en vigueur de l'accord quoique son contrat ait été rompu avant ce moment (Cass. soc., 13 janv. 2021, n° 19-20736 P).

120. Amplification – Les organisations syndicales, signataires ou non d'un accord, peuvent toujours intervenir à l'instance engagée par un groupement ou un salarié à raison de l'intérêt collectif que la solution du litige présente pour leurs membres (art. L. 2262-10), ou agir au profit d'un adhérent (art. L. 2262-9 : information de l'adhérent requise sans formalité particulière). Mais ces démarches sont susceptibles de s'absorber dans la défense de l'intérêt de la profession par le syndicat (art. L. 2132-3, v. *infra*, n° 519 ; par ex. après une dénonciation qui rompt le lien contractuel).

121. Privation d'effets – Tous les syndicats qui ont participé à la négociation ont vocation à invoquer la nullité absolue de l'accord ou de la convention irrégulière même s'ils ne l'ont pas signé[3].

De manière générale, c'est à celui qui conteste un accord de démontrer que celui-ci n'est pas valide (art. L. 2262-13). Son action en nullité (à titre exclusif) est enfermée dans le délai de deux mois (art. L. 2262-14 ; l'exception de nullité demeure libre).

Pour aller plus loin

À compter de la notification de l'accord d'entreprise pour les syndicats disposant d'une section ou de sa publicité pour les salariés ; à compter de son inscription au sein de la base de données nationale, en général. Pour les autres syndicats : à compter du moment où ils en ont valablement eu connaissance (Cons. const., 21 mars 2018, n° 2018-761 DC).

Le juge est tenu de rendre sa décision dans les six mois. Il apprécie la conformité de l'accord en cause au regard des dispositions légales et réglementaires en vigueur lors de sa conclusion[4]. Les effets de cette décision peuvent être modulés dans le temps et/ou être privés de caractère rétroactif compte tenu de leur importance (art. L. 2262-15). Il appartient alors au juge de mettre au jour l'existence d'un intérêt général l'autorisant à encadrer l'impact de l'annulation de la clause[5].

---

2. Cass. soc., 25 mars 2020, n° 18-12467 P et Cass. soc., 14 avril 2021, n° 19-26340. Il existe au niveau interprofessionnel (art. L. 2232-4) et de la branche (art. L. 2232-8) des commissions paritaires permanentes d'interprétation qui peuvent rendre un avis sur une difficulté sérieuse se posant dans de nombreux litiges à la demande du juge (art. L. 2232-9). Ces avis ne lient pas ce dernier qui peut néanmoins les faire siens : Cass. soc., 27 mai 2020, n° 19-10886.
3. Ex. : Cass. soc. 9 juill. 1996 n° 95-13010 P : indétermination de l'objet et condition potestative.
4. Cass. soc., 23 sept. 2020, n° 18-23474 P, préc.
5. Cass. soc., 13 janv. 2021, n° 19-13977 P : nombre de salariés concernés et temps écoulé, complexité d'une application rétroactive. Un délai raisonnable de négociation peut être accordé aux parties.

Le délai de deux mois ne s'applique pas aux accords de méthode (v. *infra*, n° 384), PSE (v. *infra*, n° 385), ou portant plan de départ volontaire (v. *infra*, n° 467). D'autres contentieux échappent à l'ensemble de ces règles (ex. rapports entre conventions).

2. LE CHAMP D'APPLICATION DE LA CONVENTION OU DE L'ACCORD

122. Affiliation – L'application dans l'entreprise des conventions de niveau supérieur à celle-ci est conditionnée par l'affiliation initiale de l'employeur aux organisations syndicales signataires ou adhérentes[6]. L'affiliation des salariés est indifférente.

123. Choix des parties – Les champs territorial, professionnel et temporel de la convention sont déterminés par les parties signataires :

- sur le plan territorial, l'entreprise est soumise à la convention dont elle intègre le périmètre. Lorsque l'entreprise est divisée en établissements, la stabilité de l'entité ainsi que son organisation propre justifient l'application d'une convention spécifique à l'établissement situé en dehors de la zone géographique du siège social[7] ;
- sur le plan professionnel, c'est l'activité économique qui sert de repère tandis que la nomenclature de l'INSEE « NAF » ne fournit qu'une simple indication à ce titre. Les fonctions exercées par le travailleur ne sont pas prises en considération, pas plus que les mentions portées sur le bulletin de paie ;
- en revanche, au plan individuel, la désignation d'une convention plus favorable sur ce document crée une présomption simple d'application (art. R. 3243-1, 3°). Une telle mention ne contractualise cependant que le principe du bénéfice de l'accord et non ses stipulations.

124. Activité principale – Lorsque l'entreprise développe diverses activités, il convient de sélectionner celle qui occupe le plus grand nombre de personnes, ou représente le chiffre d'affaires le plus important (art. L. 2261-2) selon la méthode du faisceau d'indices. Toutefois, la jurisprudence admet parfois l'application de plusieurs conventions correspondant à des activités nettement différenciées et s'exerçant dans un centre autonome. Différents éléments sont ici pris en compte : lieu distinct, personnels et matériels propres, pouvoir de décision[8].

Pour aller plus loin

Les clauses de départage conventionnel permettent à l'entreprise d'opter entre deux conventions (art. L. 2261-2, al. 2).

---

6. Cass. soc., 23 janv. 2019, n° 17-17639. Le changement d'affiliation ne modifie pas la situation à moins que l'activité de l'entreprise n'évolue à son tour.
7. Cass. soc., 5 oct. 2016, n° 15-10148.
8. Cass. soc., 20 juill. 1982, n° 80-40890 P ; Cass. soc., 4 déc. 2019, n° 18-16041 P. Il ne s'agit pas de l'établissement au sens du CSE : Cass. soc., 27 mai 2021, n° 20-10476.

125. Application dans le temps – La convention est conclue pour cinq années sauf stipulations particulières (art. L. 2222-4 ; fixant une autre durée, ou écartant toute limite). À l'issue de cette période, elle cesse de produire effet.

Elle s'applique immédiatement aux salariés présents dans l'entreprise à la date de son entrée en vigueur, quelle que soit celle d'embauche. Ces derniers ne peuvent jamais y renoncer, sauf stipulation contractuelle plus favorable. Elle peut prévoir le bénéfice d'avantages de manière retroactive (v. *supra*, n° 119).

3. LE CADRE HIÉRARCHIQUE DE LA NÉGOCIATION COLLECTIVE

126. Évolution – Les rapports entre les accords collectifs, selon le niveau de leur discussion, font l'objet de règles particulières sur le fondement de principes qui ont connu de profondes mutations.

A - Le principe de primauté : les rapports entre conventions et accords de champs différents

127. Accords supérieurs – Une convention de branche ou un accord professionnel ou interprofessionnel peut comporter des stipulations moins favorables aux salariés que celles qui leur sont applicables en vertu d'une convention ou d'un accord couvrant un champ territorial ou professionnel plus large (art. L. 2252-1). Cette primauté se heurte à la stipulation de l'accord supérieur qui écarte expressément toute dérogation[9].

128. Accord d'entreprise – Avant 2017, s'était peu à peu imposée la primauté de l'accord d'entreprise sur celui de branche (L. n° 2004-391 et n° 2008-789) ce qui avait pour effet de rompre tout lien hiérarchique entre ces niveaux de négociation d'abord en certains domaines (ex. : durée du travail) puis sous quelques limites (socle de règles soustraites à cette primauté : ex. : salaires minima, classifications, égalité professionnelle, etc.).

Pour aller plus loin

Cette évolution s'est accompagnée d'une nouvelle définition des rapports de la convention collective et de la loi. Certaines matières ont fait l'objet d'une présentation en trois parties : l'une consacrée à des règles impératives parfois susceptibles d'être améliorées en vertu du principe de faveur ; la seconde relative à des règles offertes à la négociation dans le respect des règles impératives ; la troisième, enfin, recouvrant des dispositions supplétives qui trouvent application en sus des règles impératives (v. *infra*, n°s 610 et s. et n° 777).

9. Par ex. art. 12, ANI du 19 juill. 2015 étendu relatif au télétravail. Les parties adaptent les stipulations de la convention antérieure moins favorables aux salariés si une stipulation de la convention de niveau supérieur le prévoit expressément. La révision est alors imposée par la loi.

B - Le principe de prévalence : les rapports entre l'accord d'entreprise et l'accord de branche ou l'accord couvrant un champ plus large

129. Deux approches – Plus récemment (Ord. n° 2017-1386, 22 sept. 2017), un nouveau fondement a été donné à l'autonomie de la négociation d'entreprise. Il n'est dès lors plus question de primauté mais de « prévalence ».

Pour l'essentiel, la définition du champ de cette prévalence est placée entre les mains du législateur. Il existe, cependant, dans un périmètre plus réduit, une prévalence d'origine conventionnelle.

1) Champ de la prévalence légale de l'accord de branche (« groupe 13 »)

130. Principe – Un accord ou une convention de branche ou un accord couvrant un champ territorial ou professionnel plus large[10], qui a vocation à définir les conditions d'emploi et de travail des salariés, prévaut sur les accords d'entreprise (au sens de l'article L. 2232-11, al. 2 : d'établissement ou de groupe), quelle que soit leur date de conclusion (antérieur ou postérieur)[11], en certains domaines sensibles très précisément énumérés (art. L. 2253-1, *in fine* : « groupe 13 »).

131. Objet – Ce champ couvre les matières suivantes : salaires minima hiérarchiques incluant les primes[12], classifications, certaines mesures relatives à la durée du travail, à la répartition et à l'aménagement des horaires (v. *infra*, n° 778 et s.), aux contrats précaires (v. *infra*, n° 180 et s.), au contrat de chantier ou d'opération (v. *infra*, n° 170), en matière d'égalité entre les femmes et les hommes, ainsi qu'à l'égard du renouvellement de la période d'essai (v. *infra*, n° 244), etc.

Parmi ces matières, il convient de tenir compte de la position d'exclusivité dont jouit parfois la convention de branche (ex. art. L. 2253-1 6° : temps de travail ; art. L. 2253-1 7° et 12° : travail précaire, etc.).

Pour aller plus loin

Pour l'essentiel, et sous cette réserve, la comparaison intervient en matière de salaires minima hiérarchiques, de classification, de garanties collectives complémentaires et d'égalité professionnelle entre femmes et hommes (art. L. 2253-1, 1°, 2°, 5° et 9°).

132. Comparaison – Cette prévalence légale trouve cependant une limite lorsque l'accord d'entreprise renferme des garanties « au moins équivalentes » (et non plus seulement supérieures) ce qui déborde le cadre étroit du principe de faveur (v. *supra*, n° 29).

La prévalence est appréciée par ensemble de garanties se rapportant « à la même matière » en des termes similaires à ceux de la comparaison que déclenche l'application

---

10. Si l'accord de champ plus large ne l'interdit pas, c'est l'accord de branche qui s'imposera ses clauses moins favorables à l'accord d'entreprise ce cas (v. *supra*, n° 127).
11. Dès le 1er janvier 2018 et le 1er janvier 2019, au plus tard, lorsque les interlocuteurs sociaux souhaitent conserver la primauté de l'accord de branche.
12. CE, 7 oct. 2021, n° 433053.

du principe de faveur[13]. Mais cela est susceptible de conduire à une mise en perspective d'avantages de nature différente (ex. classifications et salaires minima hiérarchiques) en vue d'une comparaison plus « globale » (v. *supra*, n° 29). À ce titre, les parties peuvent être tentées d'intégrer des thèmes au « groupe 13 » (sur le rôle du préambule de l'accord, v. *supra*, n° 102)[14].

2) Champ de la prévalence conventionnelle de l'accord de branche (« groupe 4 »)

133. Prévision – En d'autres domaines, en revanche, la prévalence de la convention de branche et de l'accord couvrant un champ territorial ou professionnel plus large requiert une stipulation expresse de ses auteurs (art. L. 2253-2 : « groupe 4 ») : prévention des effets de l'exposition aux facteurs de risques professionnels (art. L. 4161-1), maintien dans l'emploi des handicapés, effectif à partir duquel les délégués syndicaux peuvent être désignés, leur nombre et la valorisation du parcours syndical, primes pour travaux dangereux ou insalubres.

134. Restrictions – Cette prévalence se trouve circonscrite aux accords d'entreprise conclus postérieurement. Son cadre est donc plus réduit que celui de la prévalence légale. Mais elle se heurte également au constat des garanties « au moins équivalentes » de l'accord local appréciées par ensemble de garanties se rapportant "à la même matière" (v. *supra*, n° 132).

135. Supplétivité – Lorsque l'accord de branche fait défaut (« groupe 13 »), ou lorsqu'il ne contient pas de clause (« groupe 4 »), l'accord d'entreprise s'applique dans le respect des règles d'ordre public, sous réserve de certaines compétences exclusives, et ce, même en présence de dispositions supplétives.

Lorsque l'accord d'entreprise fait défaut, celui de branche joue un rôle supplétif (DGT, Bilan de la négociation collective 2017, p. 205).

3) Champ de la prévalence de l'accord d'entreprise sur les avantages de « même objet »

136. Généralisation – En dehors de ces domaines, les stipulations de l'accord d'entreprise conclu antérieurement ou postérieurement à la date d'entrée en vigueur de la convention de branche et couvrant un champ territorial ou professionnel plus large prévalent sur celles ayant le même objet prévues par cette convention (art. L. 2253-3)[15].

137. Même objet – Le régime de la comparaison de l'avantage s'apparente donc à celui qu'impose le respect du principe de faveur (v. *supra*, n° 29 ; par ex., au sujet des clauses salariales : art. L. 2253-4).

---

13. En ce sens, DGT, Bilan de la négociation collective 2017, p. 205 ; FAQ négociation collective, minist. trav., Juill. 2020, n° 5. La question est alors de déterminer si cette comparaison doit demeurer objective pour « l'ensemble des salariés » (en ce sens : Bilan de la négociation collective 2017, p. 202 et s.).
14. Par ex. les primes et accessoires inclus dans les minima hiérarchiques : CE, 7 oct. 2021, n° 433053, préc.
15. Cons. const., 7 août 2008, n° 2008-568 ; par ex. Cass. soc., 1er mars 2017, n° 16-10047 P.

Pour aller plus loin

À l'intérieur de ce champ, le Code du travail écarte parfois la négociation d'entreprise au profit de celle de branche : par ex., recours aux emplois saisonniers (par ex. : art. L. 1242-2, 3°).

138. Supplétivité – En l'absence d'accord d'entreprise, la convention de branche et l'accord couvrant un champ territorial ou professionnel plus large s'appliquent (par ex. art. L. 3132-14).

C - Les règles de substitution des conventions ou des accords

139. Unification du statut – Une grande souplesse affecte les rapports entre certains niveaux de négociation. Ainsi, il est possible de substituer aux stipulations de même objet (v. *supra* B) conclues antérieurement, ou postérieurement, plus favorables ou moins favorables : dans les établissements, celles des accords d'entreprise sur prévision expresse de l'accord d'entreprise (art. L. 2253-6) ; dans les entreprises ou établissements, celles des accords de groupe si ceux-ci le prévoient expressément (art. L. 2253-5 ; v. ég. celles des accords interentreprises dans les entreprises ou établissements : art. L. 2253-7). Il n'est ici question que de substitution provisoire.

4. L'AMPLIFICATION DE L'IMPACT DE LA NÉGOCIATION COLLECTIVE

140. Décision – La portée de la convention ou de l'accord est parfois renforcée sur la décision des parties ou celle de l'administration du travail.

A - Les effets d'une adhésion ultérieure à la convention ou à l'accord

141. Choix – Peuvent adhérer à une convention de travail, toute organisation représentative de salariés ainsi que toute organisation syndicale, association ou groupement d'employeurs, voire tout employeur pris individuellement (art. L. 2261-3 ; par ex. à l'accord d'entreprise : art. L. 2261-7-1, al. 2).

L'adhésion dans le champ d'application de la convention procure les mêmes droits qu'au signataire (art. L. 2261-4 ; par ex. : dénonciation).

142. Modalités – L'adhésion est notifiée aux signataires et fait l'objet du dépôt. Elle peut conduire à une modification du champ d'application de l'accord, ce qui implique alors une renégociation.

Remarque

L'adhésion à une organisation ou à un groupement signataire, qu'il appartient au juge de vérifier, emporte les conséquences de l'adhésion à l'accord lui-même. En tous les cas, elle ne produit d'effet qu'à partir de sa date.

143. Fin – Le retrait déclenche, en principe, les conséquences d'une dénonciation (situation à ne pas confondre avec la démission de l'employeur de l'organisation signataire qui ne produit aucun effet en dehors du changement d'activité).

B - Les effets de l'extension et de l'élargissement de la convention ou de l'accord de branche

144. Conservation du champ – À la demande d'une organisation syndicale représentative ou à l'initiative du ministre chargé du Travail, les dispositions d'une convention de branche, d'un accord professionnel ou interprofessionnel, conclu par au moins une organisation patronale représentative, peuvent être rendues obligatoires par arrêté ministériel pour tous les salariés et employeurs compris dans le champ d'application de ladite convention ou dudit accord (extension : art. L. 2261-15 et s.). Une telle décision requiert l'avis motivé de la commission nationale de la négociation collective et l'absence d'opposition dans le délai d'un mois à l'accord d'une organisation patronale reconnue représentative[16]. Elle peut avoir un effet sur les clauses de l'accord (art. L. 2261-23-1) mais non sur son champ d'application. L'accord s'applique alors à tout employeur compris dans son périmètre[17].

145. Extension du champ – En revanche, la décision d'élargissement produit ce type d'effet en cas d'absence ou de carence des organisations syndicales se traduisant par une impossibilité persistante de conclure dans une branche d'activité ou un secteur professionnel et/ou territorial déterminé (art. L. 2261-17).

La fusion des périmètres est encore envisageable (art. L. 2261-32, I)[18]. Les partenaires sociaux ont alors un délai afin d'harmoniser leurs stipulations conventionnelles avant que ne s'impose à eux la convention issue de la fusion (art. L. 2261-33).

Pour aller plus loin

Lorsque l'accord étendu déroge à une disposition du Code du travail sur l'habilitation expresse de ce dernier, la violation de ses stipulations tombe sous le coup des sanctions pénales prévues en cas de défaut d'application de la loi (art. L. 2263-1).

16. Dont les entreprises adhérentes emploient plus de 50 % de l'ensemble des salariés des entreprises adhérant aux organisations représentatives : MEDEF : 66,3 % ; CGPME : 28,64 % ; U2P : 5,03 %.
17. Cass. soc., 27 nov. 2019, n° 17-31442 P : le juge judiciaire n'a pas à vérifier que l'employeur, compris dans le champ d'application professionnel et territorial de l'accord en est signataire ou relève d'une organisation patronale représentative dans le champ de l'accord et signataire de celui-ci.
18. CE, 1er juill. 2021, n° 435510.

C - Les effets de l'application volontaire de la convention ou de l'accord

146. Volonté – L'employeur est en droit de faire application d'une convention en dehors de son domaine à titre d'engagement ou d'usage (par ex., au moyen d'une référence dans le bulletin de paie), ou encore par voie de stipulation contractuelle. Celle-ci prime alors les autres sources si son contenu est plus favorable et s'il peut être établi une manifestation de volonté claire et non équivoque en ce sens[19].

147. Limites – La convention choisie est parfois inadaptée aux réalités de l'accomplissement de la tâche. Surtout, elle est exposée à une dénonciation unilatérale (v. *supra*, n° 25)[20], ou à la révision du contrat individuel (v. *infra*, n° 293). Son application conduit également à l'édification de garanties déconnectées des évolutions qui affectent son contenu, notamment par voie d'avenant (sauf engagement précis de l'employeur sur ce point) ou en raison d'une dénonciation des parties (v. *infra*, n° 152).

5 • LES ÉVÉNEMENTS AFFECTANT L'APPLICATION DE LA CONVENTION OU DE L'ACCORD COLLECTIF

148. Érosion – La convention collective peut être révisée dans son contenu. Plus radicalement encore, à l'égard de ses effets, sa dénonciation et sa mise en cause sont susceptibles de survenir ou sa caducité constatée.

A - La révision de la convention ou de l'accord

149. Négociation – Les avenants de révision des conventions, quel que soit leur niveau, sont négociés et conclus dans les mêmes conditions que ces conventions (art. L. 2261-7-1, II ; art. L. 2232-16, al. 2).

Au cours d'un même cycle électoral, la révision ne peut être le fait que d'un ou plusieurs syndicats de salariés représentatifs (à ce moment)[21] dans le champ considéré et signataires ou adhérents.

Après de nouvelles élections, il importe peu que le ou les syndicats de salariés soient signataires ou adhérents pourvu qu'ils soient représentatifs à l'intérieur de ce champ (art. L. 2261-7-1, I).

150. Modalités – La négociation de révision doit être accomplie selon les règles qui ont été définies par la convention sous peine de nullité (art. L. 2222-5). Elle n'a pas à être précédée d'une consultation du CSE (art. L. 2312-14, al. 2 ; v. *supra*, n° 93).

---

19. Cass. soc., 4 mars 2020, n° 18-11585 P.
20. Par exemple en raison de la conclusion d'un accord collectif moins favorable.
21. L'organisation de salariés signataire d'un accord d'entreprise qui n'est plus représentative pour la durée du cycle électoral au cours duquel la révision est envisagée ne peut pas s'opposer à la négociation : Cass. soc., 21 sept. 2017, n° 15-25531 P.

Pour aller plus loin

- Au sein des entreprises de moins de onze salariés ou de onze à vingt sans élus (art. L. 2232-21, al. 1er), ce qui inclut les situations où l'effectif a été réduit depuis la signature initiale avec le délégué syndical (art. L. 2232-22-1), l'employeur (et lui seul) peut proposer un avenant de révision (art. L. 2232-22).
- Dans les autres hypothèses (entreprise de onze à quarante-neuf salariés ou d'au moins cinquante salariés sans délégué syndical), la révision est le fait des signataires (art. L. 2232-23-1, II, al. 1 à 3 ; art. L. 2232-24 à L. 2232-26 : élus, salariés mandatés).

En tout état de cause, le délégué syndical est toujours habilité à négocier l'avenant de révision (art. L. 2232-16). Il ne devrait pas en être autrement pour le Conseil d'entreprise (art. L. 2321-1).

151. Impact – La convention révisée se substitue de plein droit à l'accord initial (art. L. 2261-8)[22]. Elle ne produit effet que pour l'avenir ce qui distingue l'avenant modificatif de l'avenant interprétatif (ou rectificatif) dont l'objet est d'éclairer le sens de la convention[23].

B - La dénonciation de la convention ou de l'accord

1) Conditions

152. Intégralité – La convention collective de travail à durée indéterminée peut être dénoncée par les parties signataires, quelles qu'elles soient (art. L. 2261-9 et L. 2232-16, al. 2). Il s'agit alors d'une remise en cause de la totalité de ses stipulations et non d'une partie d'entre elles (v. *supra*, n° 149).

153. Modalités – La convention énonce fréquemment les modalités de sa dénonciation, en particulier, la durée de préavis requise. En l'absence de stipulation expresse, celle-ci est fixée à trois mois. La dénonciation est notifiée par son auteur aux autres signataires et donne lieu à dépôt et publicité. Aucune motivation n'est exigée, à moins que la convention en prévoie une. Faute d'accomplissement de ces formalités, elle demeure en vigueur.

La consultation du CSE est exclue (art. L. 2312-14, al. 2 ; v. *supra*, n° 93). Mais un questionnement des élus du personnel au titre de l'alerte en matière économique peut être déclenché à ce moment-là (art. L. 2313-63)[24].

Pour aller plus loin

- Au sein des entreprises de moins de onze salariés ou de onze à vingt sans élus, la dénonciation est le fait de l'employeur ainsi que des salariés représentant les deux tiers du personnel (art. L. 2261-9 à L. 2261-13). Ces méthodes sont utilisables quelle que soit l'identité du signataire initial (art. L. 2232-22-1).

22. Cass. soc., 28 juin 2018, n° 17-16499 : les salariés engagés postérieurement à l'entrée en vigueur d'un accord de substitution ne peuvent revendiquer, au titre du principe d'égalité de traitement, le bénéfice des dispositions de l'accord collectif antérieur ; sur la réduction du champ du principe d'égalité de traitement, v. *infra*, n° 763.
23. Cass. soc., 9 oct. 2019, n° 18-19085.
24. Cass. soc., 12 sept. 2018, n° 17-18027.

- Les salariés mandatés ainsi que les élus (mais sous réserve des thèmes abordés) peuvent dénoncer l'accord qu'ils l'aient ou non conclu (art. L. 2232-23-1, L. 2232-24 à L. 2232-26 : « des accords... »).
- Le délégué syndical est habilité à dénoncer celui-ci en toute hypothèse (art. L. 2232-16). Il ne devrait pas en être autrement pour le Conseil d'entreprise (art. L. 2321-1).

2) Portée de la dénonciation

154. Dénonciation de la totalité des signataires employeurs ou salariés – Dans cette hypothèse, l'accord continue de produire effet, soit jusqu'à l'entrée en vigueur de la convention ou de l'accord qui lui est substitué soit, à défaut, pendant une durée d'un an à compter de l'expiration du délai de préavis de trois mois (art. L. 2261-10, al. 1er). Sa disparition n'est donc pas immédiate. À l'opposé, son maintien indéfini ne saurait être aménagé par le jeu d'une clause contractuelle imprécise.

Remarque

Lorsque l'un des groupements de salariés signataires perd sa représentativité dans le champ de l'accord, la dénonciation n'emporte d'effets que si elle émane d'une ou plusieurs organisations syndicales représentatives de salariés ayant recueilli la majorité des suffrages exprimés (art. L. 2261-10, *in fine*).

155. Renégociation – Une nouvelle négociation est appelée à s'engager, à la demande de l'une des parties, au plus tôt, dès le début de préavis de trois mois, au plus tard, à la fin de celui-ci (art. L. 2261-10, al. 2). L'accord issu de cette négociation a vocation à s'appliquer dès sa conclusion et avant la fin du préavis[25].

L'ensemble des organisations syndicales représentatives (s'il en existe encore) doit être convié à la discussion sous peine de nullité[26]. L'absence de proposition émanant de l'employeur ne conduit pas au maintien de la convention dénoncée.

156. Impact – La négociation peut aboutir à un accord d'adaptation moins favorable ou à un accord partiel renvoyant, pour le surplus, à une négociation ultérieure. Les avantages issus de l'ancien accord disparaissent, au plus tôt, avant l'issue du préavis (art. L. 2261-10, al. 2). Une clause aménageant leur survie est admise car elle ne porte pas atteinte au principe d'égalité salariale. La nouvelle rédaction de l'accord s'impose au salarié (par ex. : en matière de rémunération).

157. Dénonciation par une partie des signataires employeurs ou salariés – Dans ce cas, la dénonciation ne fait pas obstacle au maintien en vigueur de la convention entre les autres parties (cette situation peut aboutir au passage sous le seuil des 50 % : art. L. 2261-11), ou à la modification du champ de l'accord (dénonciation par un signataire représentatif sur une partie du domaine professionnel : art. L. 2261-12).

25. Cass. soc., 6 juin 2018, n° 16-22361 P.
26. Le refus de discuter de l'employeur ne conduit pas à prolonger la survie de l'accord dénoncé : Cass. soc., 20 avril 2017, n° 15-28789 P.

Il convient alors d'appliquer les règles de la dénonciation aux parties qui ne souhaitent plus l'application de la convention.

3) Maintien de la rémunération antérieure

158. Ordre public – Si, à l'issue de la période de survie (art. L. 2261-13, *in fine*), la convention n'a pas été remplacée, ou l'a été pour certains secteurs d'activité seulement (dans le cas de l'accord de branche) les salariés en fonction à la date de la dénonciation conservent le bénéfice de leur rémunération antérieure (art. L. 2261-13, al. 1er)[27]. En revanche, les nouveaux embauchés pendant la période de préavis et de maintien provisoire se voient appliquer l'accord à titre temporaire mais ne bénéficient pas de la survie de cet avantage sans qu'il soit possible d'invoquer ici une rupture d'égalité de traitement. Aucune stipulation ne peut écarter une telle disposition.

159. Quantum – Par rémunération antérieure, on entend une rémunération entrant dans l'assiette des cotisations sociales dont le montant annuel, pour une durée de travail équivalente à celle prévue par le contrat de travail, ne peut être inférieur à la rémunération versée lors des douze derniers mois qui précèdent la cessation des effets de l'accord dénoncé. Cette garantie prend la forme d'une indemnité différentielle entre le montant de la rémunération qui était due au salarié en vertu de l'accord dénoncé, de son contrat et de la rémunération résultant, le cas échéant, d'un nouvel accord ce qui signifie qu'elle est due même si une négociation a finalement eu lieu après la période de survie. Une comparaison entre le statut et la garantie est alors nécessaire.

Pour aller plus loin

Le nouvel accord, au moyen d'une clause, serait susceptible de conserver aux salariés leurs avantages individuels acquis (avantages déjà ouverts et bénéficiant individuellement aux intéressés ; ex. : rémunération des temps de pause ; ex. : jour supplémentaire de congé en cas de perte d'un jour férié, etc.).

C - La mise en cause de la convention ou de l'accord

1) Survie provisoire

160. Régime – Lorsque l'application d'une convention est mise en cause, celle-ci continue temporairement de produire effet avant de disparaître. Toutefois, comme dans l'hypothèse de la dénonciation, la loi organise le maintien de la rémunération qui en est issue s'il n'y a pas négociation de substitution (art. L. 2261-14, al. 1er).

161. Situations – Sont ici visées, de manière non exhaustive, des hypothèses de fusion, cession, scission, situations qui rappellent le changement d'employeur (v. *supra*, n° 49) et auxquelles il est possible d'associer celle du transfert partiel. La restructuration s'entend également d'un changement d'activité qui diffère de la simple substitution d'employeur et atteint directement le champ de l'accord de branche.

27. Cass. soc., 10 nov. 2021, n° 21-17717 B.

D'autres circonstances encore sont de nature à affecter l'application de la convention comme la disparition de l'une ou des parties signataires dont l'impact est définitif au sein de la branche, de l'entreprise ou du groupe[28].

162. Impact – Toutefois, contrairement à la solution admise dans l'hypothèse de la dénonciation, les travailleurs embauchés durant la période de survie de la convention ne bénéficient pas de celle-ci. Sous cette réserve, le maintien provisoire est imposé quoique la convention soit devenue caduque.

2) Négociation d'un accord de substitution

163. Renégociation – La loi invite les interlocuteurs sociaux à conclure une nouvelle convention (partielle, plus ou moins favorable) afin d'éviter tout vide conventionnel (art. L. 2261-14, *in fine*). L'ancien accord trouve alors application jusqu'à l'entrée en vigueur de la convention ou de l'accord qui lui est substitué. Il est souvent négocié, à cette occasion, une clause dite de reprise des avantages dont la portée doit être soigneusement précisée. En l'absence d'accord de substitution, celui d'origine disparaît[29].

164. Ordre public – Seule la rémunération antérieure (v. *supra,* n° 158) est conservée à l'expiration du délai d'un an, ou du délai supérieur qui a été stipulé (art. L. 2261-14, al. 2). Les salariés embauchés durant la période de survie provisoire sont évidemment écartés de ce bénéfice.

Lorsque la mise en cause concerne une convention à durée déterminée, le maintien de la rémunération est exclu lorsque le terme est antérieur à la date à laquelle cette convention cesse de produire ses effets. Il subsiste jusqu'au terme de la convention dans le cas contraire (art. L. 2261-14, al. 3).

Pour aller plus loin

Sous réserve que seul un changement d'employeur soit envisagé (et non un changement d'activité), peuvent être conclus deux types d'accords :
- à titre conservatoire, un accord transitoire (trois ans) au bénéfice des salariés exposés au transfert (accord de transition : art. L. 2261-14-2). Si l'opération se réalise, cet accord a vocation à combler les vides statutaires mais ne se substitue pas à celui de l'entité d'accueil qui trouve application à l'expiration du délai de trois ans (v. *infra,* 3) ;
- aux fins de substitution, un accord remplaçant celui mis en cause et révisant celui applicable au sein de l'entité où s'opère le transfert (accord de substitution : art. L. 2261-14-3) entre les employeurs et les organisations de salariés représentatives[30] (art. L. 2261-14-3). Cet accord demeure en vigueur pour cinq ans ou la durée qu'il prévoit.

3) Situation de conflit conventionnel

165. Négociation obligatoire – Il est possible que le repreneur applique à ses subordonnés un accord qui n'est pas celui du cédant. Cet accord ne vaut pas négociation de

28. Cass. soc., 13 oct. 2016, n° 14-18905 P (fusion entre syndicats).
29. Sur la possibilité pour l'employeur d'arrêter une décision : Cass. soc., 10 nov. 2021, n° 21-17717 B, préc.
30. Audience appréciée dans chaque entreprise concernée : art. L. 2261-14-4.

substitution au sens de la loi. Dans cette hypothèse encore, une discussion doit être tentée[31]. Au terme de la période de survie provisoire, faute de nouvel accord, les salariés transférés conservent leur rémunération antérieure (v. *supra*, n° 158). Leurs droits entrent en comparaison avec les dispositions de la convention du repreneur devenue immédiatement applicable (sur la méthode, v. *supra*, n° 29). Outre le fait que le statut d'accueil peut comporter une clause de maintien des avantages rémunératoires de plus large portée, le travailleur est toujours fondé à invoquer ses stipulations plus favorables à compter du moment où il est passé au service du repreneur, même si la convention mise en cause continue à produire temporairement effet. Et il est loisible au nouvel employeur de faire une application volontaire des clauses plus favorables de la convention du cédant[32]. Le recours à une négociation anticipée est ici recommandé (v. *supra*, n° 164).

D - La caducité

166. Impossibilité d'exécution – La convention collective peut devenir caduque si l'un de ces éléments essentiels disparaît (C. civ., art. 1186, al. 1). Il en est ainsi du fait de la perte de son objet[33]. Mais encore faut-il que son exécution soit devenue réellement impossible ce qui n'est pas toujours le cas[34] (au sujet de l'accord de mise en place du CSE, v. *infra*, n° 586).

À la différence de la nullité, la caducité ne produit aucun effet rétroactif car la convention est valable dès l'origine. Toute personne intéressée est susceptible de s'en prévaloir. Elle peut donner lieu à des restitutions.

31. Cass. soc., 13 oct. 2016, n° 14-25411 P : l'employeur entrant ne peut subordonner le bénéfice, dans l'entreprise d'accueil, des avantages collectifs, qu'ils soient instaurés par voie d'accords collectifs, d'usages ou d'un engagement unilatéral, à la condition que les salariés transférés renoncent à leurs droits.
32. Cass. soc., 24 mars 2021, n° 19-15920 P.
33. Cass. soc., 17 juin 2003, n° 01-15710 P.
34. Cass. soc. 26 juin 2019, n° 18-10953 P : au sujet du versement d'une prime bénéficiant d'un allégement de cotisations en application de la loi.

PARTIE 2

Le contrat de travail

167. L'affirmation du principe de la force obligatoire des conventions dans le rapport de travail et l'encadrement progressif de leur finalité ont marqué la fin du xxe siècle. Le contrat de travail est désormais le cadre exclusif de la relation de travail subordonnée. Il est également un instrument au service de la protection des intérêts individuels du salarié dont la subordination à l'égard de l'employeur doit être strictement justifiée par la nature de la tâche accomplie et proportionnée à la poursuite de cet objectif.

Toutefois, il serait vain de penser que le contrat de travail fonde l'ensemble des liens tissés entre les parties à la relation de travail. S'il permet de justifier la soumission du salarié à l'autorité de l'employeur, il n'apporte aucune explication à la détention par ce dernier d'un pouvoir à l'égard des membres de la collectivité du personnel. Ce sont alors les nécessités de l'organisation, qu'impose le développement d'une activité en commun, qui désignent la place occupée par les différents acteurs de la relation de travail au sein de l'entreprise.

CHAPITRE 4

Le choix d'un type de contrat de travail

168. Principe et exception – Le contrat de travail à durée indéterminée est la forme normale et générale de la relation de subordination (art. L. 1221-2, al. 1er). Mais il est admis que le contrat puisse comporter un terme fixé avec précision dès sa conclusion ou résultant de la réalisation de son objet (art. L. 1221-2, al. 2).

1. LE RECOURS AU CONTRAT DE TRAVAIL À DURÉE INDÉTERMINÉE

169. Principe – Le Code du travail rappelle à de nombreuses reprises que la forme normale d'occupation du salarié au sein de l'entreprise est le contrat conclu sans limite de durée (art. L. 1221-2, al. 1er et L. 1242-1)[1]. La requalification sous cette forme de convention menace d'ailleurs le contrat de travail affecté d'un terme irrégulier (art. L. 1221-2, al. 2).

170. Variétés – Les politiques de lutte contre le chômage ont conduit à une rénovation du régime de l'emploi sans limite de durée désormais conçu dans un cadre temporel plus restreint. À ce titre, de nouveaux types de contrats ont vu le jour pour la durée d'un chantier, ou d'une opération dont l'objet est précisément défini (art. L. 1223-8 ; v. aussi *infra*, n° 189). L'achèvement du chantier, ou la réalisation de la tâche convenue, marque alors l'issue de la relation de travail (art. L. 1236-8 ; accord de branche étendu requis : art. L. 1223-9 ; à défaut, usage habituel au 1er janvier 2017 ; au sujet du CDI d'insertion « senior » ; v. *infra*, n° 193).

2. LE RECOURS AU CONTRAT DE TRAVAIL À DURÉE DÉTERMINÉE

171. Régime – Les contrats affectés d'un terme obéissent à des règles communes que complètent des dispositions particulières à certaines catégories.

1. Mais le fait de recourir de manière récurrente à des remplacements n'induit pas, en soi, l'absence de raison objective : Cass. soc., 14 févr. 2018, n° 16-17966 P.

A - Les règles communes

172. Critère – On entend par contrats à durée déterminée l'ensemble des modes de mise au travail organisée par la loi sous la forme du recours à des conventions affectées d'un terme qui échappent aux règles gouvernant la rupture des contrats de travail conclus sans limite de durée (art. L. 1232-2).

Pour aller plus loin

Les élus du personnel sont consultés sur ce sujet (en cas d'abus, v. art. L. 2312-70). En outre, tout dispositif d'information sur les postes disponibles doit être appliqué aux salariés à durée déterminée afin de favoriser leur embauche.

1) Mise en œuvre

173. Cas d'exclusion – La conclusion d'un contrat comportant un terme est parfois interdite (art. L. 1242-2 et L. 1251-6 pour le travail temporaire) : remplacement d'un gréviste ou glissement de poste à poste ; travaux dangereux, tâche occasionnelle, absorption d'un accroissement temporaire d'activité pendant plus de trois mois sur des emplois supprimés au moyen d'un licenciement économique depuis moins de six mois sauf « commande exceptionnelle à l'exportation ».

174. Motifs généraux – En dehors de ces hypothèses, un seul motif (précis)[2] doit être énoncé à la date de la conclusion ou du renouvellement de l'acte. Son évocation fixe les limites d'un éventuel litige. Sa démonstration incombe à l'employeur.

À titre principal, il s'agit du remplacement, total ou partiel, différentes causes étant acceptées (maladie, maternité, congés, passage provisoire à temps partiel, v. ég. B). L'embauche de substitution n'est possible que si la personne remplacée a la qualité de salarié et que celle-ci a libéré provisoirement son emploi (absence ; transfert de poste). Le remplacement de plusieurs absents par la voie de contrat unique, en principe, est interdit. Mais la loi l'autorise à titre expérimental[3]. Celui du chef d'entreprise ou de son conjoint est permis.

Pour aller plus loin

Afin de favoriser la réalisation de certains projets dont la durée est incertaine, un contrat s'adresse aux cadres chargés d'une mission précise (art. L. 1242-2, 6° ; indication de la durée prévisible exigée : art. L. 1242-12-1).

Il est également question « d'un accroissement temporaire de l'activité de l'entreprise » fondé sur un aléa non exceptionnel (toute programmation étant cependant exclue)[4]

2. « une réorganisation du service commercial » n'est pas précis : Cass. soc., 15 sept. 2021, n° 19-23909.
3. Art. 53, loi n° 2018-771 du 5 sept. 2018 et D. n° 2019-1388, 18 déc. 2019 fixant la liste des secteurs d'activité autorisés : remplacement simultané de plusieurs salariés à temps partiel ; remplacements successifs de plusieurs salariés à temps partiel ou à temps plein.
4. Cass. soc., 8 sept. 2021, n° 20-16324 : opération n'emportant aucune affectation ou commande définitive. Il appartient à l'employeur d'établir, par comparaison avec l'activité normale et permanente de la société, qu'il ne peut faire face à l'augmentation avec son effectif permanent : Cass. soc., 8 sept. 2021, n° 20-13363.

étendu à l'ensemble des tâches de cette dernière ce qui n'implique pas que le salarié soit affecté à des missions en lien direct avec le surcroît de travail, ou d'une commande exceptionnelle à l'exportation. Peut encore être évoqué l'accomplissement de travaux urgents liés à la sécurité, l'attente de l'entrée en service d'un salarié, ou le remplacement avant suppression définitive du poste.

175. Motifs spécifiques – Entrent dans le champ du recours, les emplois à caractère saisonnier ou ceux, temporaires par nature, appartenant à certains secteurs d'activité définis par décret, ou par voie d'accord étendu. Les premiers sont appelés à réapparaître chaque année selon une périodicité à peu près fixe en fonction du rythme des saisons ou de modes de vie collectifs (art. L. 1242-2, 3° ; v. A. du 5 mai 2017). Pour les seconds, il doit être « d'usage constant » de ne pas recourir au contrat de travail à durée indéterminée (art. D. 1242-1 et D. 1251-1 ; par ex. entre producteurs et artistes interprètes) ce qu'il revient au juge de déterminer au niveau du secteur d'activité auquel se rattache l'activité principale de l'entreprise. Il s'agit en outre de s'assurer que le recours à l'utilisation de contrats successifs est justifié par des raisons objectives au moyen d'indices concrets et précis établissant le caractère par nature temporaire de la tâche ce qu'il incombe à l'employeur de prouver. S'appliquent alors à ces contrats des règles spécifiques (durée, terme imprécis, période minimale, etc.).

176. Politique de l'emploi – La loi aménage enfin deux cas de recours généraux en vue de l'embauche de personnes sans emploi, ou qui désirent une formation (art. L. 1242-3 1°, 2°, 3° et 4° ; par ex. lorsque l'employeur confie des activités de recherche au salarié : v. C. de la recherche, art. L. 412-3), ou permettant l'accès au travail durant la période de transition professionnelle (v. *infra*, n° 364 ; ex. « CDD senior »).

2) Statut du salarié

177. Principe – L'égalité de traitement est imposée entre les membres de la collectivité du travail, quelle que soit la durée du contrat qui les lie à l'employeur (art. L. 1242-14). Il est cependant difficile d'envisager une stricte égalité à l'égard de droits sociaux évalués, pour la plupart, en considération de l'ancienneté.

Pour aller plus loin

Il en est ainsi en matière de rémunération (art. L. 1242-15 ; sanctions pénales : art. L. 1248-8) sous réserve de la qualification professionnelle.

178. Adaptation – Ces difficultés conduisent, en d'autres domaines, à neutraliser la condition tenant à la présence dans l'entreprise (ex. : congés payés), ou à garantir le bénéfice de certains droits et avantages sociaux (tickets repas, vestiaires, etc.).

B - Les règles propres aux contrats de travail à durée déterminée

179. Terme précis – Le CDD « doit comporter un terme fixé avec précision dès sa conclusion » (art. L. 1242-7). Il revient à l'accord sectoriel étendu (v. *supra*, n° 130) de prévoir le nombre maximal de ses renouvellements possibles sous réserve que ce nombre n'ait ni pour objet, ni pour effet de pourvoir durablement un emploi lié à l'activité normale et permanente de l'entreprise (art. L. 1243-13)[5]. En l'absence d'accord, il peut être renouvelé deux fois sans excéder la durée maximale, y compris la période initiale (art. L. 1243-13-1). Les conditions de renouvellement sont précisées par écrit ou font l'objet d'un avenant soumis au salarié avant le terme prévu (règle impérative).

La suspension du contrat ne fait pas obstacle à son échéance. En dehors du travail temporaire (art. L. 1251-30, v. *infra*, n° 187), il n'existe pas de cause légale de prorogation du terme (par ex. : maladie, maternité, grève, etc.).

180. Durée totale – Il revient encore à l'accord sectoriel étendu de fixer la durée « totale » du contrat (art. L. 1242-8, sous la réserve générale, v. *supra*, n° 179). À défaut de stipulation, cette durée, renouvellement inclus, est de dix-huit mois (accroissement d'activité) ou, par exception, de neuf mois en cas d'attente de l'entrée en service effectif d'une personne recrutée par CDI, ou de travaux urgents (mesures de sécurité).

Une durée exceptionnelle de vingt-quatre mois peut être prévue dans certains cas (par ex. contrat exécuté à l'étranger ; par ex. départ anticipé d'un salarié dont le poste est supprimé, survenance d'une commande exceptionnelle à l'exportation avec une période minimale de travail de six mois et l'obligation de consulter le CSE).

Pour aller plus loin

Durées spécifiques : par ex. contrats aidés (v. *infra*, n° 192) ; embauche de personnes sans emploi ; contrat à objet défini : entre dix-huit et trente-six mois non renouvelable (art. L. 1242-8-2). Certains CDD ont un régime propre : par ex. CDD « joueur professionnel » (D. n° 2017-872).

181. Terme imprécis – Pour les contrats de remplacement comportant obligatoirement l'indication d'une durée minimale (et parfois maximale : par ex. : « la durée du congé maternité »), l'issue du contrat se situe à la fin de l'absence, prolongée ou non, quel qu'en soit le motif[6], après information dans un délai raisonnable (l'écrit n'est pas nécessaire) ou au moment de la réalisation de l'objet pour lequel ils ont été conclus. Les contrats dits de remplacement sont susceptibles de débuter avant l'absence et leur terme d'être reporté jusqu'au surlendemain du jour du retour de l'absent dans l'emploi. Ils s'achèvent à ce moment, ou encore en cas de cessation définitive de l'activité du titulaire de la tâche. D'autres contras ne comportent pas nécessairement de terme précis (saisonnier, d'usage avec une durée minimale). Cette possibilité est parfois exclue (accroissement temporaire d'activité ; commande exceptionnelle, travaux urgents, départ définitif avant suppression du poste, etc.).

182. Poursuite après l'échéance du terme – Dans cette hypothèse, le contrat est soustrait de plein droit à toute limite de durée (art. L. 1243-11, al. 1er) et le travailleur conserve son ancienneté. Des atténuations sont parfois apportées à cette règle

5. Sur le caractère global et concret de l'analyse des circonstances : Cass. crim., 8 juin 2021, 20-83574.
6. Retour de l'absent à temps partiel : Cass. soc., 23 nov. 2016, n° 14-10652 P. Y compris en cas glissement : Cass. soc., 24 juin 2015, n° 14-12610 P (le contrat prend fin au retour de l'absent).

(v. *infra*, n° 722) qui connaît trois exceptions : le remplacement (dès l'origine), les emplois saisonniers et les emplois dits d'usage (art. L. 1244-1).

183. Succession de contrats sur un même poste – Une telle succession est admise (quelle que soit l'identité du salarié) sous réserve d'une période d'attente définie par accord sectoriel étendu (art. L. 1244-3). À défaut d'accord, cette période est équivalente au tiers de la durée du contrat ou à la moitié de la durée de ce contrat (si celle du premier contrat est au moins égale à quatorze jours ; ou inférieure à quatorze jours ; art. L. 1244-3-1)[7].

Remarque

Ces délais ne s'appliquent pas lorsque le poste est différent (quoique le salarié soit le même). Il est alors recommandé de respecter un délai raisonnable.
La violation des dispositions légales ou conventionnelles relatives à la durée du contrat est exposée à des sanctions pénales (art. L. 1248-5, art. L. 1248-10 et art. L. 1248-11).

184. Exceptions – Des exceptions à la règle d'attente sont définies par accord sectoriel étendu (art. L. 1244-4)[8]. À défaut, la loi écarte celle-ci : en cas de rupture anticipée du contrat du fait du travailleur, de refus d'un renouvellement par ce dernier ou de rupture de la période d'essai, de remplacement en cas de nouvelle absence du remplacé à titre exclusif, de travaux urgents nécessités par des mesures de sécurité, d'emplois dits d'usage ou saisonniers etc. : art. L. 1244-1[9]. Pour ces derniers, une reconduction au titre de la saison suivante, avec ou sans garantie de durée identique, est admise sous certaines conditions (art. L. 1244-2 et L. 1244-2-2). Il est possible, également, de prévoir par accord collectif une simple priorité d'embauche d'une année sur l'autre sans effet sur la nature de la relation de travail.

185. Requalification éventuelle – La poursuite du contrat sans limite de durée peut encore être la conséquence d'une décision du CPH.

Situations

Violation des règles relatives :
- à sa conclusion, son contenu (ex. : absence de signature sauf mauvaise foi du salarié) ainsi qu'aux cas et interdictions de recours ;
- à son terme et à sa durée, à sa poursuite, sa succession et son renouvellement.

En principe, seul le salarié est en droit de saisir le CPH aux fins d'obtenir la requalification-sanction établie dans son seul intérêt (pas de renonciation à l'action par avance). Le juge ne peut se prononcer d'office à ce sujet. Au choix du demandeur, l'affaire est portée directement devant le bureau de jugement. En tous les cas, il est statué au fond

---

7. Jours d'ouverture de l'entreprise et renouvellement du contrat inclus : règles impératives.
8. Par ex. CE, 19 mai 2021, n° 426825 : entre deux contrats successifs dont l'un est conclu pour motif d'accroissement temporaire de l'activité.
9. Cass. soc., 17 nov. 2021, n° 20-18336 B. En tous les cas, une succession de contrats, sans délai de carence, n'est licite, pour un même salarié et un même poste, que si chacun d'entre eux a été conclu pour l'un des motifs légaux : Cass. soc., 10 oct. 2018, n° 17-18294 P.

(et non en référés) dans le délai d'un mois suivant la saisine. La décision du CPH est alors exécutoire à titre provisoire. Elle ne porte que sur le terme du contrat (et non sur ses stipulations : ex. : salaires).

Pour aller plus loin

L'action est soumise à la prescription biennale lorsque les formalités de conclusion n'ont pas été respectées (art. L. 1471-1) : Cass. soc., 29 janv. 2020, n° 18-15359 P. Le délai court à compter :
- de la conclusion du contrat ou du premier jour d'exécution du second de ces contrats en l'absence d'une mention (Cass. soc., 3 mai 2018, n° 16-26437 P), ou en cas de violation du délai de carence (Cass. soc., 5 mai 2021, n° 19-14295 P) ;
- du terme du contrat ou du dernier contrat lorsque l'action est fondée sur le motif de recours (Cass. soc., 29 janv. 2020, n° 18-15359 P, préc. et Cass. soc., 30 juin 2021, n° 19-16655 B).

186. Indemnisation – Il est alors accordé automatiquement au travailleur une somme unique (quel que soit le nombre de contrats concernés) qui ne peut être inférieure au salaire (y compris les accessoires) du dernier mois (sauf poursuite au-delà du terme). Le salarié peut en outre prétendre aux indemnités ordinaires de rupture du contrat sans limite de durée si la relation n'est pas poursuivie[10]. Un droit à reconstitution de carrière et régularisation de la rémunération est ouvert.

C - Les règles propres au contrat de travail temporaire

187. Prêt de main-d'œuvre à titre onéreux autorisé – La loi entoure cette pratique de strictes conditions (activité exclusive, déclaration auprès de l'autorité administrative, présentation d'une garantie financière (en pourcentage du chiffre d'affaires ; au minimum 131 178 euros pour l'année 2021) dont la violation justifie l'application des sanctions du prêt illicite ou de marchandage (v. *supra*, n° 36).

188. Supports – Le travail temporaire repose sur deux conventions bien distinctes. L'une est conclue par l'employeur (ETT) et l'utilisateur de la main-d'œuvre, il s'agit du contrat de mise à disposition, simple contrat commercial. L'autre unit l'ETT au salarié, on évoque alors le contrat de mission qui est un contrat de travail :

– ***le contrat de mise à disposition*** est passé par écrit sous peine de nullité absolue (art. L. 1251-42). Il renferme un certain nombre de mentions obligatoires : motif, caractéristiques du poste de travail (par ex. facteurs de risques : art. R. 4161-5), terme et lieu de la mission, montant de la rémunération, etc. En cas d'irrégularité, il est nul de nullité absolue tandis que des sanctions pénales sont encourues. Sauf fraude du salarié, la relation de travail est alors établie sans limite de durée avec l'utilisateur (qui rembourse à l'ETT les salaires versés mais se trouve dispensée du prix de la prestation) ;

10. Le droit à l'emploi (qui n'est pas une liberté fondamentale) ne justifie pas le maintien au-delà du terme de la mission dans l'attente de la décision de requalification : Cass. soc., 21 sept. 2017, n° 16-20270 P. Les périodes interstitielles sont rémunérées si le travailleur est resté à disposition de l'employeur : Cass. soc., 5 mai 2021, n° 19-16884.

– ***le contrat de mission*** reproduit impérativement les clauses et mentions que renferme celui de mise à disposition auxquelles s'ajoutent la qualification professionnelle du salarié, l'éventualité d'une période d'essai, etc. (art. L. 1251-16). La loi prescrit également à l'employeur d'y indiquer que l'embauche par l'utilisateur à l'issue des missions n'est pas interdite. Lorsque tel est le cas, la durée de celles-ci, effectuées au cours des trois mois précédant, est prise en compte pour le calcul de l'ancienneté. Elle est déduite de la période d'essai.

Remarque

Durant la mission, cependant, seul l'utilisateur est responsable des conditions d'exécution du travail et, en particulier, des règles relatives à sa durée, au repos hebdomadaire, aux jours fériés, ainsi qu'à la santé et à la sécurité (art. L. 1251-21 et s. par ex. : Cass. soc., 17 févr. 2021, n° 19-14812 P).

189. CDI éventuel – Il est désormais permis aux entreprises de travail temporaire de proposer un CDI à leurs salariés d'une durée totale de 36 mois (art. L. 1251-58-6) comportant des phases d'exécution des missions et des périodes dites d'intermission assimilées à du temps de travail effectif (art. L. 1251-58-2).

Pour aller plus loin

Les règles sont comparables à celles qui s'appliquent au CDD (v. *supra*, B). L'accord sectoriel étendu de l'utilisateur est donc susceptible de déterminer la durée totale du contrat (art. L. 1251-12), à l'instar des modalités de son renouvellement (art. L. 1251-35) ou de la mise en œuvre du délai de carence (art. L. 1251-36 et s.).

190. Requalification ; utilisateur – Le salarié peut être employé en violation caractérisée des dispositions relatives aux cas de recours (sur le délai de l'action, v. *supra*, n° 185), dont l'utilisateur est tenu de démontrer la réalité, ou des dispositions relatives au terme et au renouvellement (excepté le délai de carence) du contrat dont la durée doit être appréciée mission par mission (art. L. 1251-40). Dans ces hypothèses exclusivement, la requalification en contrat de droit commun peut être sollicitée auprès l'utilisateur.

191. Requalification ; ETT – Bien que la loi ne le prévoie pas explicitement, l'intérimaire (à titre exclusif) peut aussi obtenir cette requalification de son employeur qui n'a pas respecté ses obligations lors de l'établissement du contrat de mission (par ex. exigence de l'écrit, qui est d'ordre public, mention de la qualification ou du terme de la mission ou encore du motif du recours, etc.). La requalification conduit alors le travailleur à intégrer la collectivité de l'entreprise d'intérim (sans indemnité de requalification). Un droit à réparation est ouvert, notamment en cas de rupture du lien contractuel.

Pour aller plus loin

Une action séparée du salarié sur le fondement d'infractions différentes est donc permise. En outre, si l'utilisateur ne peut faire valoir des manquements de l'ETT au titre de sa responsabilité contractuelle, le juge doit apprécier souverainement si de tels manquements peuvent être imputés à cette dernière dans l'établissement des contrats de mise à disposition (Cass. soc., 14 févr. 2018, n° 16-21940 P).

3. LE RECOURS AU CONTRAT DE TRAVAIL AIDÉ

192. Notion – On entend par contrat aidé, l'ensemble des contrats à durée indéterminée ou à durée déterminée que sous-tend une convention signée entre l'État, le salarié et l'entreprise en vue d'accorder des avantages à cette dernière en contrepartie de l'emploi créé. Tel est l'objet, depuis longtemps, du contrat d'apprentissage qu'ont suivi d'autres formes d'accès à l'emploi dans l'objectif de dispenser à des travailleurs, ayant satisfait à l'obligation scolaire, une formation générale, théorique et pratique, qualifiante sur le plan professionnel (art. L. 6211-1 ; rapp. du contrat de professionnalisation : art. L. 6325-1 et s.). À ce titre, le contrat d'apprentissage entre désormais dans le champ de la formation professionnelle (v. *infra*, n° 234).

193. Variétés – Divers contrats ont été développés dans le cadre du Parcours – Emploi-Compétences (PEC) sur ce modèle tel le contrat unique d'insertion (« ***contrat initiative emploi*** » : art. L. 5134-65 et « ***contrat d'accompagnement dans l'emploi*** » : art. L. 5134-20), comportant, lorsqu'il est conclu pour une durée indéterminée (art. L. 6324-1), une période de professionnalisation obligatoire laquelle conditionne alors son existence (par ex. art. L. 5134-114 et s.). Il est question également du contrat à durée indéterminée d'inclusion (CDII) « senior » offert aux personnes âgées d'au moins 57 ans rencontrant des difficultés sociales et professionnelles particulières (art. D. 5132-10-5 et s.).

Pour aller plus loin

Le Code du travail s'applique à ces contrats et le contentieux que cela suscite est porté devant le CPH quoique l'employeur soit une collectivité publique. En revanche, il appartient au juge administratif de se prononcer sur la convention liant ce dernier à l'État ainsi que sur les incidences d'une éventuelle requalification du contrat.

CHAPITRE 5

La création du rapport salarial

194. **Processus** – La création du rapport salarial requiert la mise en relation du salarié et d'un employeur au seuil de l'embauche dont découle la signature du contrat de travail. S'ouvre alors une période au cours de laquelle les parties se voient offrir la possibilité d'évaluer leurs choix respectifs : la période d'essai.

1 • LE RECRUTEMENT DU SALARIÉ

195. **Offre et demande** – Toute personne physique ou morale est autorisée, à titre habituel, à fournir des services visant à rapprocher offres et demandes d'emploi (art. L. 5321-1). Cette activité ne conduit nullement la personne physique ou morale qui s'y livre à devenir partie aux relations de travail susceptibles d'être établies à l'occasion de son intervention. Elle se distingue, pour cette raison, de celle de l'intérim (art. L. 1251-1).

A - L'offre et la demande d'emploi

196. **Régime** – La recherche du candidat obéit désormais à quelques principes simples tandis que l'information liée à l'embauche tend à s'unifier.

1) Recherche du candidat

197. **Pôle emploi** – Le service public de l'emploi exerce l'ensemble des missions liées à la recherche d'emploi et le service de l'allocation-chômage dans l'attente de l'embauche (art. L. 5312-1). Il est secondé par ses filiales ainsi que d'autres acteurs du secteur public (par ex. maisons de l'emploi), agréés ou conventionnés (par ex. Association pour l'Emploi des Cadres). Le service public de l'emploi est aujourd'hui concurrencé par les bureaux privés ainsi que par les entreprises de travail intérimaire, ou à temps partagé, dont l'activité de placement a été autorisée (par exception au principe d'exclusivité). L'employeur n'est pas tenu de signaler les places vacantes au sein de l'entreprise (l'embauche directe est possible). En revanche, tout salarié recherchant un emploi doit requérir son inscription auprès du service public de l'emploi.

198. **Placement** – Les bureaux payants sont licites (art. L. 5321-1, al. 2) à condition que la gratuité soit respectée au profit du travailleur (art. L. 5321-3 et L. 5324-1 ; sauf

exception : par ex. spectacle). Des annonces peuvent être déposées dans la presse ou tout autre moyen de communication payant pour l'auteur de l'offre (par ex. internet). La publicité, en ce domaine, est permise (art. L. 5331-1 et s.). Les offres d'emploi doivent être datées, rédigées en langue française sans mention d'une limite d'âge supérieure (sauf exception : art. R. 1142-2 et R. 1142-1). Sont prohibées, les publications discriminatoires ou comportant des allégations fausses et susceptibles d'induire en erreur (ex. existence et disponibilité de l'emploi). Enfin, il est interdit, par voie de publicité abusive, d'attirer des mineurs vers des professions artistiques dont est souligné le caractère lucratif.

199. Contrôle – L'inspecteur du travail ainsi que les agents de la DGCCRF sont habilités à rechercher et constater les infractions à ces règles (art. L. 5333-1 ; sanction pénale encourue : art. R. 5334-1). La fermeture de l'organisme pour une durée n'excédant pas trois mois peut également être décidée (art. L. 5323-1).

2) Informations liées à l'embauche

a) Supports

200. DPAE – L'ensemble des déclarations et demandes relatives à l'embauche fait désormais l'objet d'une déclaration unique : la déclaration préalable à l'embauche. Cette déclaration renferme un certain nombre d'informations permettant d'identifier les parties ainsi que d'autres éléments importants de la relation de travail (nature et durée du contrat, existence d'une période d'essai, etc. : art. R. 1221-1). La DPAE est réalisée par l'employeur, au plus tôt, dans les huit jours prévisibles précédant l'embauche et, au plus tard, le dernier jour ouvrable avant ce moment lorsqu'il est recouru à un formulaire papier.

Illustrations

Il y est procédé par voie électronique (au-delà de 50 déclarations au cours de l'année civile précédente), ou au moyen d'un formulaire (en deçà de ce volume). L'indisponibilité de l'une de ces modalités ne crée aucune dispense.

201. Formalités – Dans les cinq jours ouvrables suivants, un document accusant réception est retourné à l'employeur par l'organisme de recouvrement des cotisations sociales. À défaut de contestation dans les deux jours ouvrables, il vaut preuve de la DPAE (art. R. 1221-7). Une copie de la déclaration ou de l'accusé de réception doit alors être remise au salarié, en principe (art. R. 1221-9 : obligation réputée satisfaite dès lors que l'intéressé dispose d'un contrat de travail écrit, accompagné de la mention de l'organisme destinataire de la déclaration). L'accomplissement de ces formalités fait l'objet de contrôles (art. R. 1221-12 et CSS, art. R. 243-14) sous la menace de sanctions spécifiques (amende civile et pénale : art. R. 1221-13 et R. 1227-1) et de la poursuite pour travail illégal (v. *supra*, n° 36).

Il existe d'autres modalités de déclaration pour les employeurs qui ne sont que de simples particuliers (chèque emploi-service universel – CESU : art. L. 1271-1 et CSS, art. D. 133-17), ou pour les entreprises de très petite dimension (« emploi-service entreprise » : TESE).

b) Répression du travail dissimulé

202. Définition – La loi réprime toute dissimulation d'une activité[1] ou d'un emploi, sous réserve qu'il y ait eu travail effectif, aujourd'hui étendue à la violation intentionnelle des obligations déclaratives en matière d'embauche ou fiscale qu'il y ait ou non eu constitution d'un avantage (art. L. 8221-5)[2]. Ces comportements relèvent du travail dissimulé, délit pénal pour les personnes recourant de manière volontaire, directement ou non, aux services de travailleurs exerçant une activité dans ces conditions (art. L. 8221-1 et s. et R. 8254-1).

203. Poursuites et sanctions – Le contrôle et la recherche de l'infraction sont facilités. Ils ont été confiés à divers agents publics qui disposent de pouvoirs importants du fait de la levée du secret professionnel ainsi que de l'ouverture du droit de communication aux données et supports informatisés élargi aux tiers (art. L. 8271-1-2 et CSS, art. L. 114-16-3).

De sévères sanctions sont encourues. Elles visent principalement l'employeur, le donneur d'ordre ou l'utilisateur de la main-d'œuvre (sanction pénale, redressement social, fermeture administrative pendant trois mois au maximum, privation d'aides publiques, etc.). La sanction affecte aussi le salarié à l'égard des garanties sociales exclusivement.

204. Indemnisation – Sur le plan individuel, la fin de la relation professionnelle s'accompagne du versement d'une indemnité forfaitaire dont le montant s'élève à six mois de salaire, quelle que soit la qualification de la rupture[3]. Les sommes et indemnités dues au salarié doivent lui être versées dans un délai de trente jours à compter du constat de l'infraction (sur l'information du travailleur : art. R. 8252-1).

B - Le candidat à l'embauche

1) Âge d'admission au travail

205. Majorité professionnelle – L'âge minimum requis pour l'embauche est celui de la libération des obligations scolaires (art. L. 4153-1 et R. 4743-5 : amende de 1 500 euros) sauf exceptions : apprentissage ; établissements où ne sont employés que les membres de la famille sous la direction du père de la mère, ou du tuteur ; travaux légers pendant les vacances entre quatorze et seize ans, etc.

206. Capacité professionnelle – Le mineur non émancipé est habilité à conclure seul son contrat sous réserve d'une autorisation. Il jouit d'une capacité spécifique (perception des salaires, action en justice, participation aux élections professionnelles). Des dispositions particulières s'appliquent à lui (v. *infra*, n°s 779 et s.).

---

1. Envisagée de manière très extensive : non-déclaration d'une partie du chiffre d'affaires, ou des revenus, continuation d'activité après radiation, déclaration volontairement minorée, etc.
2. Par ex. au titre d'une fausse entraide familiale : Cass. crim., 26 mai 2021, n° 20-85118 P.
3. Cette somme se cumule avec d'autres indemnités (ex. de licenciement ou de congés payés). Il importe peu que le contrat se soit poursuivi sur le même site.

2) *Emploi des salariés étrangers*

207. Conditions – En vue de son entrée en France, le travailleur étranger, à l'exclusion des ressortissants européens, doit présenter un contrat visé par l'autorité administrative ou une autorisation de travail pour les séjours professionnels d'une durée supérieure à trois mois (art. L. 5221-1 et s.)[4]. À ces conditions, a été ajoutée, en cas d'installation durable, celle d'une connaissance suffisante de la langue française (art. L. 5221-3). Il appartient à l'employeur de présenter « pour tout nouveau contrat de travail » (art. R. 5221-1) une demande au Préfet qui se détermine au regard d'un certain nombre de critères (art. R. 5221-20).

208. Contrôles – Toute personne qui se propose d'employer un salarié, directement ou indirectement (donneur d'ordre), est tenu d'en vérifier la nationalité ainsi que les titres (art. L. 8251-1 et L. 8256-2)[5]. Nul ne peut engager une personne qui en serait dépourvue. Une sanction pénale est encourue (art. L. 8256-7-1). Le fait pour le travailleur de ne pas se conformer à la législation constitue un motif de rupture de la relation professionnelle à condition que l'auteur de l'embauche n'y ait pris aucune part. La bonne foi de ce dernier est d'ailleurs exclusive de sanction. Il en est encore ainsi en cas de retrait d'autorisation[6].

En revanche, la rupture du contrat conclu dans des conditions irrégulières entraîne, que l'employeur soit ou non informé de la situation, le versement de la rémunération ainsi que de ses accessoires, d'une indemnité forfaitaire égale à trois mois de salaire (sauf dispositions plus favorables et sans cumul), à laquelle s'ajoute une indemnité de préavis, même si celui-ci ne peut être exécuté[7].

Pour aller plus loin

La loi reconnaît aux syndicats le droit d'exercer en justice les actions nées en faveur des travailleurs étrangers en leurs lieu et place (art. L. 8255-1 ; v. *infra*, n° 521).

209. Accueil – L'employeur qui désire faire entrer de la main-d'œuvre étrangère en France est libre de procéder à la recherche d'un candidat. L'OFII est cependant chargé par la loi de prendre en charge toute personne titulaire, pour la première fois, d'un titre de séjour.

3) *Emplois réservés*

210. Priorité – Parmi les obligations dont est tenu l'employeur à l'égard de certaines catégories de salariés, la principale concerne les travailleurs handicapés (CASF, art. L. 114). En vertu de cette obligation, tout employeur occupant au moins vingt salariés est tenu d'embaucher ces personnes dans la proportion de six pour cent du total de

4. Qui peut être retirée si un certificat médical n'a pas été délivré dans les trois mois de cette autorisation (art. L. 5221-5 *in fine*). Des dispenses sont prévues par ex. pour l'étranger qui entre en France afin d'y exercer une activité salariée d'une durée inférieure ou égale à trois mois (art. L. 5221-2-1, al. 2).
5. À moins que l'étranger soit inscrit auprès de Pôle emploi. Une contribution forfaitaire est due (art. L. 8253-1 : 5 000 fois le minimum garanti/15 000 fois en cas de récidive ; v. CESEDA, art. L. 822-3).
6. Suivi immédiatement d'un licenciement : Cass. soc., 3 avril 2019, n° 17-17106 P.
7. Toute privation suppose la démonstration de la faute grave que ne constitue pas la seule irrégularité de l'emploi ; en revanche, en cas de fraude : Cass. soc., 18 févr. 2014, n° 12-19214 P.

ses effectifs (art. L. 5212-1 et s. et R. 5212-1 ; taux révisable tous les cinq ans)[8] et, à cette occasion, de prendre les mesures appropriées afin de permettre aux travailleurs handicapés d'accéder ou de conserver un emploi correspondant à leur qualification (art. L. 5213-6). L'exécution de ces devoirs est soumise au principe de proportionnalité au regard des moyens dont dispose l'entreprise et compte tenu des aides reçues de l'État.

211. Exécution – L'employeur qui entre dans le champ de l'obligation légale doit se mettre en conformité avec celle-ci, au terme d'un délai maximum de trois ans, directement auprès de l'URSSAF. Toutefois, il lui est loisible de s'en acquitter partiellement par d'autres moyens : contribution financière (art. D. 5212-20), application d'un accord de branche, de groupe, d'entreprise ou d'établissement agréé prévoyant la mise en œuvre d'un programme annuel ou pluriannuel en faveur des travailleurs handicapés (v. art. R. 5212-14 et s.), etc.

C - La procédure de recrutement

212. Deux principes – Au seuil de l'embauche, il est imposé à l'employeur de s'abstenir de toute discrimination dans l'usage des critères de sélection (v. DGT, étude n° 293, 16 nov. 2021) et de se comporter de manière transparente et pertinente lors de la mise en œuvre des pratiques d'évaluation.

1) Principe de non-discrimination

213. Critères exclus – Il est interdit de « mentionner ou faire mentionner dans une offre d'emploi (...) le sexe, sauf exception, ou la situation de famille du candidat recherché » (art. L. 1142-1 1°). Il est également interdit de refuser d'embaucher pour ces mêmes raisons sous la menace d'une sanction pénale (art. L. 1142-1 2°). Ces prohibitions s'étendent à d'autres éléments qu'énonce l'article 1er de la loi n° 2016-1547 du 18 novembre 2016 auquel renvoie l'article L. 1132-1 du Code du travail et que reprend l'article 225-1 du Code pénal[9].

214. Interdiction des discriminations – De manière générale, la loi prohibe toute situation dans laquelle une personne est traitée de manière moins favorable qu'une autre ne l'est, ne l'a été ou ne l'aura été dans une situation comparable (discrimination directe). Elle prohibe également le recours à des critères ou pratiques neutres en apparence, mais susceptibles d'entraîner un désavantage particulier pour des personnes par rapport à d'autres (discrimination indirecte).

8. Tout employeur doit déclarer l'effectif total des personnes handicapées qu'il emploie effectivement. Sur le décompte particulier des salariés dans ce cas (art. D. 5212-1 et D. 5212-3 et v. *supra*, n° 47).
9. Les articles 225-1 à 225-4 du Code pénal sont d'ailleurs portés par tout moyen à la connaissance des personnels (art. L. 1142-6).

Mobiles illicites

Origine, sexe, situation de famille, grossesse, apparence physique, particulière vulnérabilité résultant de la situation économique, apparente ou connue de son auteur, patronyme, lieu de résidence ou de domiciliation bancaire, état de santé, perte d'autonomie, handicap, caractéristiques génétiques, mœurs, orientation sexuelle, identité de genre, âge, opinions politiques, activités syndicales, capacité à s'exprimer dans une langue autre que le français, appartenance ou non-appartenance, vraie ou supposée, à une ethnie, une nation, une prétendue race ou une religion déterminée (par ex. CJUE, 11 sept. 2018, n° C-68/17). Sont encore visés : le signalement d'une alerte (v. *infra*, n° 288), ainsi que le fait d'avoir subi ou refusé de subir un harcèlement moral (art. L. 1152-2)[10], ou sexuel (agissements, même non répétés : art. L. 1153-2 ; comportement étendu à tout agissement à connotation sexuelle : L. n° 2008-496, art. 1er) ou encore d'avoir témoigné ou relaté de tels agissements (art. L. 1152-2 et L. 1153-3).

215. Garanties – Aucune personne ne peut être écartée d'une procédure de recrutement pour l'une de ces raisons. Un label « diversité » est décerné aux entreprises vertueuses. Le dispositif a été complété par l'usage désormais facultatif du curriculum vitae anonyme (art. L. 1221-7) ainsi que par l'exigence d'une formation à la non-discrimination accordée aux personnels concernés (art. L. 1131-2).

216. Action – Le salarié est autorisé à agir en justice dans le délai maximal de cinq ans à compter de la révélation de la discrimination (art. L. 1134-5)[11], ce qui n'interdit pas la prise en considération des faits couverts par la prescription au titre d'éléments de conviction. Lorsque la discrimination s'est poursuivie tout au long de la carrière du salarié, elle se fonde sur des faits qui n'ont pas cessé de produire leurs effets avant la période non atteinte par la prescription[12]. Quant au préjudice, il est réparable en sa totalité.

Pour aller plus loin

En cas de discrimination fondée sur un même motif et imputable à un même employeur, une action de groupe peut être déclenchée devant le tribunal judiciaire ou devant la juridiction administrative (CJA, art. L. 77-1 et s.) par une organisation syndicale représentative (art. L. 1134-7, al. 1er). Cette action conduit à la réparation des préjudices subis après la demande par les personnes remplissant les critères de rattachement au groupe et ayant adhéré à celui-ci.

217. Preuve – Confronté à la difficulté de se ménager des preuves, le candidat qui s'estime victime d'une discrimination peut se limiter à présenter au juge civil des faits laissant entrevoir l'existence de celle-ci (art. L. 1134-1)[13] ou permettant de présumer

10. Les salariés sont autorisés par la loi à dénoncer les agissements de harcèlement moral après avoir qualifié ceux-ci : Cass. soc., 13 sept. 2017, n° 15-23045 P.
11. Cass. soc., 30 juin 2021, n° 19-14543 B : faits de discrimination commis en application d'un accord collectif.
12. Cass. soc., 31 mars 2021, n° 19-22557 P ; Cass. soc., 23 juin 2021, n° 20-10020. En matière de harcèlement moral : Cass. soc., 9 juin 2021, n° 19-21931 P (prise en compte de faits antérieurs au point de départ du délai de prescription).
13. Cass. soc., 5 févr. 2020, n° 18-22399 : proximité d'un licenciement et d'un courriel relatif à l'état de santé en relation avec les conditions de travail. La pratique du testing facilite la réunion des éléments de preuve (C. pén., art. 225-3-1 ; art. 180 de la loi n° 2017-86 du 27 janv. 2017).

qu'il a signalé une alerte dans le respect de la loi (art. L. 1132-3-3, al. 3). C'est alors à l'employeur de démontrer que sa décision est justifiée par des éléments objectifs. Quant au juge, il lui est demandé de former sa conviction après avoir ordonné, en cas de besoin, toutes les mesures d'instruction qu'il estime utiles[14] et vérifié que celles-ci sont indispensables à la protection du droit à la preuve et proportionnées au but poursuivi[15]. Le doute qui subsiste est supporté par l'employeur. La démarche en justice est également prémunie contre tout risque de représailles disciplinaires (art. L. 1132-3 et L. 1134-4). Est ainsi exposée à la nullité, la mesure prise à l'encontre du témoin ou de l'auteur de l'action (sur l'impact de la mauvaise foi du salarié, v. *infra*, n° 289).

218. Sanction – Toute disposition ou tout acte contraire à la prohibition des discriminations est nul de plein droit. En pratique, il n'est pas possible de contraindre l'employeur à procéder à l'embauche. Une indemnisation, le plus souvent, est donc seule envisageable. Sur le plan pénal, l'auteur de la discrimination, personne physique ou morale, encourt une sanction renforcée (C. pén., art. 225-2 : 45 000 euros d'amende et trois ans d'emprisonnement)[16]. S'il n'y a pas de poursuites répressives, une amende transactionnelle peut être prononcée par le défenseur des droits.

219. Objectif légitime – Il n'est cependant pas fait obstacle « aux différences de traitement (...) lorsqu'elles répondent à une exigence professionnelle essentielle et déterminante et pour autant que l'objectif soit légitime et l'exigence proportionnée » (art. L. 1133-1 ; par ex. au profit des handicapés). Les moyens de réaliser un tel but doivent être « nécessaires et appropriés » (par ex. sexe ou âge : art. L. 1133-2 ; état de vulnérabilité économique : art. L. 1133-6)[17] et mis en œuvre dans des conditions non-discriminatoires.

2) Principe de transparence et de pertinence des méthodes d'évaluation

220. Proportionnalité – Il est interdit à l'employeur de porter aux droits et libertés du candidat à l'emploi, comme de tout salarié, des restrictions qui ne seraient pas justifiées par la nature de la tâche à accomplir ni proportionnées au but recherché (art. L. 1121-1).

> ***Illustrations***
>
> Un « lien direct » doit donc exister entre le questionnement et la tâche à remplir (art. L. 1221-6). Ce lien décrit un contenu et impose également une mesure à l'aune du principe qui vient d'être rappelé.
>
> Sont exclus du champ : le dossier scolaire, ou le casier judiciaire (à l'exception du B.3), la situation de famille, la vie affective, les activités syndicales, ou spirituelles, etc.

---

14. Contrôle approfondi : Cass. soc., 24 sept. 2014, n° 13-10233 P. Sur l'application de l'article 145 du CPC : Cass. soc., 22 sept. 2021, n° 19-26144 B.
15. Cass. soc., 16 déc. 2020, n° 19-17637 P.
16. À l'exclusion de la discrimination indirecte : Cass. crim., 8 juin 2021, n° 20-80056 P.
17. Sur l'objectif légitime : Cass. soc., 17 mars 2015, n° 13-27142 P (attentes de la clientèle exclue).

221. Transparence et pertinence – Les méthodes retenues sont portées à la connaissance du candidat tandis que leur utilisation doit tendre vers une exigence d'efficacité au regard de la finalité poursuivie (art. L. 1221-8). En outre, aucune information personnelle ne peut être collectée par un dispositif qui n'a pas été porté préalablement à la connaissance de l'intéressé (art. L. 1221-9 ; dans l'exercice des fonctions, v. *infra*, n° 279)[18]. La loi, cependant, ne fournit pas une liste des techniques admises ou exclues. Mais certains moyens doivent être écartés, *a priori* (par ex. tests de dépistages divers, recours aux empreintes génétiques).

222. Bonne foi – Il est demandé au candidat de répondre de bonne foi aux questions qui lui sont posées (art. L. 1221-6 et L. 1222-2). Encore faut-il pour cela que ces questions satisfassent aux exigences de la loi.

Pour aller plus loin

Il n'existe aucun devoir d'explication à la charge de l'employeur lorsqu'un candidat est préféré à un autre. Mais le silence conservé sur une demande de justification pourrait, au vu des circonstances, constituer un élément laissant présumer l'existence d'une discrimination (CJUE, 19 avril 2012, n° C-415/10).

2. LA CONCLUSION DU CONTRAT DE TRAVAIL

223. Droit commun – Le contrat de travail peut être constaté dans les formes qu'il convient aux parties contractantes d'adopter (art L. 1221-1). Le Code du travail, cependant, renferme de multiples tempéraments à ce principe[19].

A - Les conditions de forme

1) Contrat à durée indéterminée de droit commun

224. Consensualisme – Le CDI est conclu sans exigence de forme particulière (C. civ., art. 1172), sauf exceptions (v. *supra*, n° 170). L'exigence de porter à la connaissance du salarié les « éléments essentiels de la relation de travail » au stade de l'embauche, qu'impose le droit européen (Dir. 2019/1152 du 20 juin 2019, art. 4, et art. 5 § 1), est réputée satisfaite par l'indication sur le bulletin de paie, à défaut de convention collective, de la référence aux dispositions légales relatives à la durée des congés payés et de préavis.

2) Contrat à durée déterminée

225. Écrit – Le CDD doit comporter la mention précise de son motif quel qu'il soit (art. L. 1242-12, al. 1er). Il désigne également le poste de travail, l'emploi occupé ou la

18. Cass. soc., 22 sept. 2021, n° 20-10843.
19. Il n'existe plus de visite médicale d'embauche. Une simple visite d'information et de prévention lui est substituée sauf poste à risque (art. L. 4624-1 et L. 4624-2). Mais une visite est organisée à mi-carrière : art. L. 4624-2-2.

nature des activités auxquelles participe le travailleur intéressé durant son séjour dans l'entreprise ainsi que le nom et la qualification de celui qu'il remplace, le cas échéant[20].

Autres mentions

Sont encore insérées : la date d'échéance et la possibilité de renouvellement lorsqu'un terme précis est fixé, la durée minimale (v. *supra*, n° 181), la période d'essai, la convention collective applicable, le montant de la rémunération et de ses différentes composantes, etc.

226. Transmission – Revêtu de l'ensemble de ces éléments, le contrat doit être remis à son titulaire, au plus tard, dans le délai de deux jours pleins suivant l'embauche sous la menace du versement d'une indemnité d'un mois de salaire maximum (art. L. 1245-1 et L. 1251-40).

227. Sanctions – Lorsque l'employeur procède au recrutement sans respecter l'exigence légale de l'écrit et du motif, il s'expose à une sanction pénale (amende de 3 750 euros : art. L. 1248-6 et L. 1254-2, al. 1er) et civile. À ce titre, il se trouve lié au travailleur par un contrat sans limite de durée, sauf mauvaise foi ou intention frauduleuse de ce dernier (art. L. 1245-1).

La jurisprudence a étendu le champ de cette requalification (par ex. identification du salarié, signature, mentions relatives à la durée du contrat, etc.).

3) Langue et preuve du contrat

228. Principe – Le français est la langue du contrat de travail (art. L. 1221-3. rapp. L. 1321-6)[21]. Les parties sont invitées à éviter tout terme étranger, sauf impossibilité de procéder autrement et sous réserve, dans ce cas, « d'une explication » (sous peine d'inopposabilité au travailleur ; sanction pénale : art. L. 1121-3).

229. Facilités probatoires – Quant à la preuve de l'acte, elle requiert le plus souvent l'écrit en raison de la valeur de l'engagement (C. civ., art. 1359 ; sur la preuve électronique : C. civ., art. 1366 et 1367). L'admission du commencement de preuve par écrit et de la preuve complémentaire administrée par tous moyens est cependant facilitée (C. civ., art. 1361 ; par ex., un bulletin de paie) tandis que le juge reconnaît aisément que le salarié se trouve dans l'impossibilité physique ou morale de se procurer un écrit (C. civ., art. 1360).

B - Les conditions de fond

1) Capacité et consentement

230. Droit commun – Sur le plan substantiel, ce sont les exigences du Code civil qui régissent la formation du contrat de travail (art. L. 1121-1 ; C. civ., art. 1128 et s.) :

---

20. Cass. soc., 20 janv. 2021, n° 19-21535 P : la mention de la catégorie de « personnel navigant commercial » ne suffit pas.
21. Mais des travailleurs étrangers peuvent intervenir pour l'exécution d'un marché sans être tenus d'utiliser ou de maîtriser la langue française : CE, 8 févr. 2019, n° 420296.

- capacité juridique (C. civ., art. 1145) ; consentement effectif dès qu'il y a eu accord sur la nature de la tâche et la rémunération (C. civ., art. 1118). Une obligation d'information (sous la menace d'une nullité) pèse désormais sur celui qui détient une information dont l'importance est déterminante pour son partenaire (C. civ., art. 1112-1).

Pour aller plus loin

Du point de vue de l'auteur de l'embauche, l'exigence de capacité soulève la question de la validité des délégations de pouvoirs accordées à cet effet (Cass. soc., 4 nov. 2015, n° 13-14412 : absence d'écrit et appartenance à l'entreprise de son titulaire), ainsi que celle de l'apparence dont peut légitimement se prévaloir le salarié afin de prétendre être embauché (C. civ., art. 1156, al. 1er).

231. Moment et localisation – Le contrat est formé à la date et au lieu où l'acceptation parvient à l'offrant (C. civ., art. 1121 ; en cas de recours à l'offre électronique, v. C. civ., art. 1127-2)[22]. Avant cet instant, de simples pourparlers peuvent être rompus sans conséquence, sauf faute (C. civ., art. 1112). En revanche, la promesse unilatérale d'embauche par laquelle est offerte (à personne dénommée) la possibilité d'opter pour la conclusion du contrat et renfermant l'indication de l'emploi, la rémunération proposée ainsi que la date d'entrée en fonction vaut engagement irrévocable de la part de son auteur (C. civ., art. 1124)[23]. Quant à la promesse synallagmatique, elle présente la valeur d'un contrat de travail.

232. Sanction – À défaut de consentement ou en présence d'un consentement vicié, le contrat est nul de nullité relative (C. civ., art. 1130 à 1144) et le travailleur indemnisé (mais non rémunéré). Il est possible que l'acceptation ait été donnée par erreur excusable (de droit ou de fait). Celle de l'employeur ne produit effet que si elle résulte d'une tromperie constitutive d'un dol (C. civ., art. 1139 ; par ex. faux diplômes mais non des informations inexactes). La nullité relative serait susceptible encore d'être encourue au titre de l'abus de dépendance dans laquelle se trouve le travailleur (C. civ., art. 1143).

2) Contenu certain et licite

233. Double exigence – Outre la mention de la prestation attendue, l'exigence de conformité à l'ordre public enserre les clauses du contrat de travail (C. civ., art. 1162 et s.) sous la menace d'une nullité (C. civ., art. 1102). Dans la mesure où certaines de ces clauses sont soustraites à la négociation et déterminées à l'avance, leur régime s'apparente à celui du contrat d'adhésion (C. civ., art. 1110). Quelques stipulations sont d'ailleurs purement et simplement interdites (par ex. celle d'engagement automatique de responsabilité). D'autres sont soumises à de strictes conditions en contemplation du principe de proportionnalité (art. L. 1121-1 : domiciliation ; art. L. 1222-5 : exclusivité, etc.).

22. Quel que soit le changement intervenu en la personne de l'employeur auteur de l'offre : Cass. soc., 30 mai 2018, n° 17-10888 P.
23. Cass. soc., 23 sept. 2020, n° 18-22188 : faute de prévoir un droit d'option et si l'employeur exprime la volonté d'être lié en cas d'acceptation, il s'agit d'une offre pure et simple.

234. Qualification professionnelle – L'affectation du salarié à un poste correspondant à sa qualification professionnelle entre dans le champ de l'objet du contrat de travail. Cette qualification dépend de l'appartenance à l'une des catégories de base, ouvriers, employés, agents de maîtrise ou cadres. Seules la nature et la réalité des conditions d'accomplissement de la tâche permettent de déterminer avec certitude une telle appartenance (par ex. l'autorité du cadre). Il revient aux conventions de branche d'établir les certificats de qualification professionnelle sur la base de critères objectifs (art. L. 6312-2).

235. Progression – Tout au long de sa vie professionnelle, le travailleur peut acquérir une qualification nouvelle ou améliorer celle qu'il a acquise en vue de progresser d'au moins un niveau (art. L. 6111-1 et L. 6111-3 et s.). Dans ce but, il a accès à la formation professionnelle dont la loi définit le contenu ainsi que les finalités (art. L. 6313-1). L'action de formation désigne tout parcours pédagogique permettant d'atteindre un objectif professionnel (art. L. 6313-2 : adaptation à l'évolution de l'emploi, mobilité professionnelle, etc. ; au sujet de la santé et de la sécurité, v. *infra*, n° 846).

236. Droits ouverts – En pratique, le salarié dispose d'un compte personnel d'activité (art. L. 5151-1) qui lui est ouvert dès qu'il accède au marché du travail et jusqu'à son décès. Ce compte renferme l'ensemble des droits nécessaires à la sécurisation de son parcours, le compte professionnel de prévention (C2P ; v. *infra*, n° 845), le compte d'engagement citoyen (art. L. 5151-7 et D. 5151-14 et s.) et surtout le compte personnel de formation (CPF) lui permettant de faire le choix de sa formation et de financer celle-ci directement (art. L. 6111-1 et D. 6323-22 ; art. L. 6323-2 et D. 6323-3-1)[24].

Pour aller plus loin

Le montant du crédit annuel de base du CPF est fixé à 500 € dans la limite d'un plafond de 5 000 € (art. R. 6323-1). Il peut être augmenté en certaines circonstances ou par accord d'entreprise (art. L. 6323-14 et s.). Le compte finance les actions permettant d'acquérir le socle de connaissances et de compétences (art. L. 6323-6 I ; sur les actions, v. art. D. 6323-6 et s.), celles que sanctionnent les certifications enregistrées aux répertoires[25].

Le travailleur bénéficie en outre d'un entretien professionnel (tous les deux) ainsi que d'un bilan tous les six ans (art. L. 6315-1, I, al. 1er)[26]. Enfin, dans le but de favoriser le développement de ses compétences, il lui est offert, sous certaines conditions, un droit à une période de mobilité mise en œuvre avec l'accord de l'employeur (art. L. 1222-12 et s.).

24. Ces comptes sont désormais alimentés en euros : 15 euros/heure (D. n° 2018-1153).
25. « France compétences » est l'instance qui reçoit les fonds de la formation professionnelle collectés par les Urssaf et reverse ceux-ci aux financeurs (art. L. 6123-5 et s ; art. R. 6123-5). Elle est en outre chargée de tenir à jour le répertoire national des certifications professionnelles (art. L. 6113-1).
26. À défaut, des sanctions sont encourues qui conduisent à abonder le CPF (sur le décompte des effectifs, v. *supra*, n° 47).

3. L'ESSAI

237. Notion – L'essai est une période au cours de laquelle le contrat de travail peut être rompu sans formalité par chacune des parties (art. L. 1221-20). En pratique, l'essai fournit à l'employeur la possibilité d'évaluer les aptitudes de la personne recrutée au regard, notamment, de son expérience. Il ne peut y avoir essai que s'il y a accomplissement d'un travail dans un rapport de subordination et lorsqu'une faculté de résiliation réciproque est prévue.

238. Moment – L'essai se situe donc au commencement de l'exécution du contrat ce qui suppose que celui-ci ait débuté dans son accomplissement, quelle que soit la nature de la tâche qui a été confiée au travailleur. Pour cette raison, il doit être distingué du test professionnel qui se place avant la conclusion de l'acte et au cours duquel le salarié ne se trouve pas soumis aux conditions normales d'activité.

L'essai est exclu entre la fin d'un contrat et la conclusion immédiate d'un autre, ou à l'occasion de la signature d'un avenant, quelle que soit la forme du rapport professionnel initial (par ex. agent commercial devenu VRP), si l'emploi à pourvoir est identique (art. L. 1231-2). En revanche, il peut être envisagé lorsque le travailleur revient dans l'entreprise quelque temps après la rupture de la relation de travail.

Pour aller plus loin

Au sein du groupe, l'essai s'impose s'il y a embauche dans une autre entreprise à moins que le salarié ait été placé par une société mandataire auprès des membres du groupe. Le retour dans la même entreprise exclut l'essai.

A - Les sources de l'essai

239. Information – La période d'essai ne se présumant pas (art. L. 1221-23), il appartient à celui qui s'en prévaut d'apporter la preuve de ses affirmations. Le salarié est obligatoirement informé de son existence dans le contrat individuel ou la lettre d'engagement. À défaut, elle ne lui serait pas opposable. Sauf dispositions légales spécifiques, il est prévu que le CDI peut comporter une période d'essai dont les durées maximales et le renouvellement sont précisés par la loi (art. L. 1221-19 et L. 1221-21).

240. Réglementation – Pour certains contrats, ou catégories particulières de travailleurs, il arrive que la pratique de l'essai soit réglementée (par ex. pour les VRP : art. L. 7313-5). Le CDD ou temporaire peut ainsi comporter une période de ce type (art. L. 1242-10 et L. 1251-14)[27].

Hormis ces hypothèses, seules les conventions contraignantes fondent le recours à l'essai, à l'exclusion de l'usage, ou de tout document interne à l'entreprise dépourvu de valeur juridique.

---

27. Lorsqu'il y a embauche du salarié précaire, la durée des missions effectuées est déduite de la période d'essai (art. L. 1243-11 et L. 1251-38) : Cass. soc., 9 oct. 2013, n° 12-12113 P.

B - La durée de l'essai

1) Durée initiale de l'essai

241. Fixation – Il existe une durée maximale d'essai qui s'impose en vertu de la loi de manière impérative à tous les accords collectifs et tous les contrats de travail individuels à durée indéterminée, quelle que soit leur date de conclusion. Cette durée est établie par catégorie professionnelle (art. L. 1221-19) : deux mois pour les ouvriers et les employés, trois mois pour les agents de maîtrise et les techniciens, quatre mois pour les cadres.

Pour aller plus loin

Ces durées sont primées par les accords collectifs de branche (et non d'entreprise) antérieurs à la loi du 25 juin 2008 (n° 2008-596) et prévoyant des durées supérieures (*Cass. soc., 31 mars 2016, n° 14-29184 P*). Le contrat de travail, les lettres d'engagements ainsi que les accords collectifs conclus après l'entrée en vigueur de cette loi peuvent cependant prévoir des périodes plus brèves, voire même aucune période d'essai (art. L. 1221-22).

La durée des stages est prise en compte dans le décompte de l'essai (art. L. 1221-24).

242. Comparaison – En pratique donc, il importe toujours de confronter la durée prévue par la loi et celle que renferme le contrat de travail ou un accord collectif[28]. De même, la confrontation s'impose entre la loi et un accord de branche conclu après son entrée en vigueur. L'accord d'entreprise prévaut sur l'accord de branche en cette matière (v. *supra*, n° 136 ; pour une exception, v. *infra*, 2).

243. Calcul – De manière générale, la durée de l'essai est soumise au principe de proportionnalité. Et bien que la jurisprudence ne fasse pas directement référence à ce principe, elle s'en inspire lorsqu'elle indique que la période d'essai doit être justifiée par la finalité qui lui est assignée au vu de la nature de l'emploi et des fonctions occupées par le salarié[29].

2) Prolongation de la durée de l'essai

244. Restrictions – La période d'essai n'est renouvelable qu'une seule fois ce qui affecte la pratique des reconductions multiples. Cela suppose que le principe du renouvellement ait été prévu par un accord étendu (art. L. 1221-21 qui prévaut ici sur l'accord d'entreprise ; v. *supra*, n° 130) et sa possibilité indiquée dans le contrat ou la lettre d'engagement (art. L. 1221-23). Les périodes totales d'essai (renouvellement compris) ne peuvent respectivement dépasser quatre mois (pour les ouvriers et les employés), six mois (pour les agents de maîtrise et les techniciens) et huit mois (pour

28. À la date de la conclusion et par référence à la convention collective mentionnée dans le contrat de travail : Cass. soc., 16 mai 2012, n° 11-11100 P.
29. Sur l'exigence du caractère raisonnable en application de la convention n° 158 de l'OIT : Cass. soc., 7 juill. 2021, n° 19-22922 B (au regard des fonctions). Jugé déraisonnable : Cass. soc., 11 janv. 2012, n° 10-17945 (un an) ; jugé raisonnable : Cass. soc., 12 nov. 2020, 18-24111 (neuf mois).

les cadres)[30]. Le renouvellement ne peut être tacite ou résulter de la seule poursuite du travail. La rédaction d'un écrit commun est imposée à cette occasion. Le non-respect de cette formalité rend l'engagement des parties définitif.

Pour aller plus loin

La prolongation, cependant, est automatique lorsque l'exécution de l'essai a été affectée par la maladie ou un accident du travail. Le congé annuel (v. *infra*, n° 829) suspend l'exécution de la période d'essai à la condition que le salarié soit lui-même en congé, à l'instar d'une simple absence (par ex. prise de jours de RTT), etc.

C - La rupture de l'essai

245. Liberté – L'essai peut être rompu à tout moment de manière explicite par chacune des parties pourvu qu'il y ait eu commencement d'exécution du travail à la date de la rupture. Il n'y a donc pas lieu de respecter les règles du licenciement (sous quelques réserves : maladie professionnelle et maternité), ou celles de la résiliation anticipée du contrat de travail à durée déterminée (art. L. 1235-1 et L. 1243-1 et s., v. *infra*, n° 495). Seule s'applique impérativement la garantie de défense en matière disciplinaire (v. *infra*, n° 275).

246. Préavis – Cette exigence est propre au contrat conclu sans limite de durée, ou au CDD comportant un essai d'au moins une semaine (art. L. 1221-25 et s.) :

- rupture à l'initiative de l'employeur : vingt-quatre heures en deçà de huit jours de présence ; quarante-huit heures entre huit jours et un mois ; deux semaines après un mois ; un mois après trois mois. Ces délais ne peuvent avoir pour effet de prolonger la période d'essai au-delà des maxima prévus[31] ;
- rupture à l'initiative du salarié : quarante-huit heures pour un essai de huit jours et plus ; vingt-quatre heures en deçà de huit jours.

Pour aller plus loin

La convention collective ou le contrat individuel aménage souvent les conditions de la révocation de l'essai, notamment, en imposant un recours à l'écrit.

247. Abus – Il est question ici d'un détournement de l'essai en contemplation de sa finalité dont, le plus souvent, l'employeur se rend auteur. Au salarié incombe alors la charge de démontrer l'abus afin d'obtenir des dommages et intérêts (en cas de discrimination, v. *supra*, n° 217)[32].

30. Les accords de branche étendus conclus avant l'entrée en vigueur de la loi n° 2008-596 continuent à s'appliquer sur ce point (v. *supra*, n° 241). La prolongation de la durée de l'essai est parfois réglementée par le Code du travail : par ex. art. L. 5134-103.
31. En cas de non-respect, une indemnité compensatrice est due sauf faute grave du salarié (art. L. 1221-25, *in fine*). Une dispense d'exécution indemnisée est autorisée. La poursuite au-delà du terme donne lieu à un nouveau contrat à durée indéterminée (mais non à la violation du délai de préavis).
32. À l'exclusion des indemnités versées au titre du licenciement illicite : Cass. soc., 7 févr. 2012, n° 10-27525 P. Sur l'exclusion des règles relatives à la nullité du licenciement : Cass. soc., 9 janv. 2019, n° 17-31754.

Différents facteurs entrent en considération : nature de l'emploi occupé, expérience, âge, ou encore raisons qui animent l'auteur de la rupture. Seul un motif inhérent à la personne du salarié peut justifier la fin de l'essai (art. L. 1221-20). Une fois décidée par l'employeur, celle-ci ne peut être rétractée sans l'accord libre et non équivoque du travailleur. L'issue de la relation se situe à la date où l'employeur a manifesté l'intention de rompre l'essai.

Illustration

Facteurs d'abus : brièveté de la période (deux jours pour une durée d'un mois), eu égard à l'ancienneté du salarié dans le type d'emploi, motifs étrangers à l'appréciation des compétences, ou proximité d'un renouvellement. Il en est encore ainsi de la connaissance par l'employeur d'un obstacle à l'exécution du travail lors de l'embauche ou du renouvellement de l'essai.

248. Limites – Il ne faudrait pas déduire de ces exemples que l'employeur est tenu de motiver la rupture du contrat en cours, ou à l'issue de l'essai. Puisque les formalités du licenciement sont exclues, il n'est pas possible de lui imposer l'énonciation d'une justification. Si l'abus est invoqué, le seul moyen permettant d'échapper à la condamnation est l'évocation de la véritable raison du congé donné au salarié. Et d'ailleurs, des griefs commis pendant l'essai peuvent servir de fondement au licenciement ultérieur.

CHAPITRE 6

La discipline dans l'entreprise

249. Organisation collective – Au sein de la collectivité du travail, l'exigence de bon ordre s'exprime dans un corps de dispositions dont la loi définit le contenu impératif. Il s'agit du règlement intérieur incarnation du pouvoir disciplinaire de l'employeur auquel le salarié se trouve soumis en vertu de son devoir d'obéissance.

1• LE POUVOIR DISCIPLINAIRE DE L'EMPLOYEUR

250. Champ – Les frontières du pouvoir disciplinaire épousent celles du rapport de subordination. À l'intérieur de celles-ci, des règles précises fondent l'exercice du pouvoir de prononcer une sanction à l'encontre du salarié.

A - Le périmètre d'exercice du pouvoir disciplinaire

251. Critère – Seul est exposé à la répression disciplinaire le manquement du travailleur aux obligations qui lient celui-ci à l'employeur. Il s'en déduit que la sanction trouvant son origine dans l'exercice d'une liberté, ou d'un droit, est illégale.

Illustrations

Une telle mesure ne peut être déclarée légitime que s'il existe un trouble objectif et caractérisé au sein de la collectivité du travail (par ex. une condamnation pénale). Il ne s'agit plus alors de répression disciplinaire (Cass. soc., 24 oct. 2018, n° 17-16099). Et encore faut-il qu'il y ait atteinte à une liberté ou à un droit : par ex. Cass. soc., 7 juill. 2021, n° 20-16206 B (respect du principe de laïcité).

252. Vie personnelle – Qu'en est-il en dehors du travail ? L'exigence d'un manquement aux obligations découlant du contrat de travail impose de définir avec précision le contenu de ces obligations. Ainsi, par exemple, la dissimulation par le salarié d'un fait en rapport avec ses activités professionnelles ne peut constituer une déloyauté que si elle présente une incidence sur l'exercice des fonctions. Mais le champ des devoirs du salarié s'étend parfois en considération des enjeux (ex. l'altercation sur la voie publique à propos de l'aptitude du travailleur en présence de membres du personnel).

B - Le fondement réglementaire du pouvoir disciplinaire

253. Habilitation – Le règlement intérieur est l'expression des prérogatives que la loi confie au dirigeant d'entreprise en vue de fixer les prescriptions générales et permanentes applicables à la collectivité de son personnel qui s'imposent aux salariés mais aussi à son auteur (art. L. 1321-3).

Pour aller plus loin

L'employeur n'étant pas tenu d'établir une liste des fautes disciplinaires (art. L. 1321-1, v. *infra,* n° 266), il ne peut être affirmé qu'il existe une légalité des délits et des peines dans l'entreprise. D'un autre côté, il arrive que la loi soumette à sanction certains agissements (par ex. art. L. 1153-5). De la sorte, le pouvoir cède la place à un simple « droit-fonction ». Le Juge administratif reconnaît d'ailleurs à l'employeur un « pouvoir » réglementaire en dehors du domaine du règlement intérieur (CE, 11 juin 1999, n° 195706).

1) *Régime du règlement intérieur*

a) Normes réglementaires d'entreprise

254. Acte réglementaire de droit privé[1] – Le règlement intérieur réunit l'ensemble des prescriptions générales et permanentes émanant de la seule volonté de l'employeur (art. L. 1321-1 3°). Sur le plan individuel, il en résulte que le règlement s'applique à tous les salariés présents ou non dans l'entreprise (par ex. aux travailleurs à domicile), y compris à ceux embauchés après son entrée en vigueur, sans qu'il soit nécessaire de recueillir leur consentement. Il en découle encore que sa révision n'emporte aucune modification du contrat de travail[2]. Rien n'interdit aux partenaires sociaux d'en définir le contenu. C'est encore le principe de faveur qui doit gouverner les rapports entre ces différents supports sous réserve que le règlement intérieur, en raison de sa nature, demeure subordonné à tous les autres.

Pour aller plus loin

Comment, sur ce terrain, identifier ce qui est plus favorable (v. *supra*, n° 29) ? Il semble, en l'occurrence, que le critère se situe dans la contrainte que fait peser sur le travailleur la menace d'une sanction nouvelle.

b) Établissement du règlement intérieur

255. Seuil – L'élaboration d'un règlement intérieur est obligatoire au sein de toute entreprise ou établissement réunissant au moins cinquante salariés, quelle que soit sa forme ou son objet (art. L. 1311-1 et L. 1311-2 ; sur le déclenchement de l'effet de seuil, v. art. R. 1321-5 et *infra*, n° 579). Le projet, rédigé en français, est soumis pour simple avis au CSE et fait l'objet de mesures de publicité avant son entrée en vigueur (art. L. 1321-6 et L. 1321-4). Parallèlement, il est communiqué à l'inspecteur du travail.

---

1. Cass. soc., 25 sept. 1991, n° 87-42396 P.
2. En cas de transfert d'entreprise, le repreneur est tenu d'élaborer un nouveau règlement : Cass. soc., 31 mars 2021, n° 19-12289 P.

Le texte définitif devient applicable un mois après la dernière publicité opérée par tout moyen d'information et dépôt au greffe du CPH (art. R. 1321-1)[3]. À défaut d'accomplissement de l'une ou l'autre de ces formalités, les obligations que renferme le règlement ne sont pas opposables au salarié mais celui-ci est autorisé à s'en prévaloir (par ex. pour contester une sanction).

Pour aller plus loin

Ces modalités s'imposent également lors de la rédaction de notes de service, de circulaires, ou de chartes d'entreprises (v. *infra* 2), lorsqu'elles constituent des adjonctions au règlement (prescriptions générales et permanentes ; par ex. Cass. soc., 10 nov. 2021, n° 20-12327), sauf urgence (par ex. en cas d'atteinte à la santé ou à la sécurité).

2) Contenu du règlement intérieur

a) Contenu obligatoire

256. Santé et sécurité – Le règlement contient obligatoirement les mesures d'application en matière de santé et de sécurité et « notamment » les instructions issues du Code du travail ainsi que l'invitation faite au salarié de participer au rétablissement de la sécurité et de la santé au travail. Certaines d'entre elles sont exclues car dotées d'un régime propre (v. par ex. les consignes d'incendie). En revanche, la fixation d'autres prescriptions est parfois tolérée à ce titre (par ex. art. R. 4228-20, al. 2 : boissons alcoolisées).

257. Discipline – La règle disciplinaire se caractérise par le fait qu'elle est source d'obligations assortie de sanctions. Elle se manifeste encore dans les conditions de généralité et de permanence auxquelles elle se trouve soumise. Sur cette base, la discipline recouvre la définition de « l'échelle et la nature des sanctions »[4] à l'exclusion de celles dont la loi décrit le régime (ex. le licenciement).

Pour aller plus loin

On évoque encore à ce titre l'inscription de certaines chartes dites « éthiques » (Circ. DGT n° 2008-22, 19 nov. 2008) ou « de déconnexion » (v. *supra*, n° 83). Mais un simple guide mémento, ou un document interne à l'entreprise, se bornant à expliciter les règles de droit ne revêt aucune portée normative : Cass. soc., 27 mai 2021, n° 19-16117 P.

258. *Nulla poena* – L'employeur est donc dispensé de dresser une liste des fautes dont l'appréciation lui revient en propre. En revanche, il est tenu d'indiquer le régime de base des sanctions encourues (ex. leur durée). À défaut, il ne pourrait pas prononcer celles-ci[5]. Le règlement comporte, enfin, des dispositions rappelant les droits de la défense des salariés, les dispositions relatives au harcèlement moral

---

3. Cette disposition est applicable en cas de modification ou de retrait des clauses du règlement intérieur : Cass. soc., 23 juin 2021, n° 19-15737 B.
4. Les salariés non liés à l'employeur par un contrat ne sont pas concernés : CE, 12 juill. 1990, n° 85823 ; sauf transfert d'autorité : Cass. soc., 23 mars 2016, n° 14-14811 P.
5. En dehors du licenciement : Cass. soc., 23 mars 2017, n° 15-23090 P (peu important la fixation par la convention collective ; mais celle-ci peut également y procéder).

et sexuel ainsi qu'aux agissements sexistes (art. L. 1142-2-1). Des règles spécifiques s'imposent parfois aux grandes entreprises au titre de la lutte contre la corruption (par ex. art. 17, II, 1° de la loi n° 2016-1691).

b) Contenu facultatif

259. Caractère limitatif – Certaines clauses peuvent être ajoutées par l'employeur à ce contenu obligatoire dès lors qu'elles visent le lieu de travail et répondent à un impératif de santé (par ex. au sujet du tabagisme ou du vapotage). En revanche, toute clause étrangère au domaine impératif, ou au contenu facultatif, sous les réserves qui viennent d'être indiquées, doit être exclue du règlement (par ex. une clause de mobilité). Il est procédé à son éviction sans aucune formalité à moins qu'elle ne prenne la forme d'un engagement unilatéral de l'employeur (par ex. le versement d'une prime ; v. *supra*, n° 25).

3) Respect des droits et des libertés

260. Proportionnalité – Le règlement ne doit pas porter atteinte aux droits et aux libertés (par ex. une clause de « conflit d'intérêts » imposant la dénonciation à l'employeur de toute activité civique, politique, etc.). Seules sont déclarées acceptables les atteintes justifiées par la nature de la tâche à accomplir et proportionnées au but recherché (art. L. 1321-3 2°).

Illustrations

Par ex. l'exclusion absolue de la consommation d'alcool limitée à certains postes formulée à partir du document unique d'évaluation des risques (CE, 8 juill. 2019, n° 420434).

261. Convictions – Sous ces conditions, la restriction de la manifestation des convictions justifiée par l'exercice d'autres libertés et droits fondamentaux, ou par les nécessités du bon fonctionnement de l'entreprise, peut être inscrite au règlement (art. L. 1321-2-1). Cela implique qu'elle le soit à destination des seules personnes se trouvant en contact avec les clients[6]. En présence du refus de s'y conformer, la proposition d'un poste de travail n'impliquant pas de contact visuel doit précéder le licenciement[7].

262. Hors règlement – Mais l'objectif légitime de sécurité du personnel et des clients de l'entreprise peut justifier des restrictions aux droits des personnes et aux libertés individuelles et collectives. Il permet à l'employeur, même en l'absence de clause inscrite en ce sens au sein du règlement intérieur, d'imposer aux salariés une apparence neutre lorsque celle-ci est rendue nécessaire en considération d'une exigence professionnelle, essentielle et déterminante[8]. À défaut, une discrimination directe serait susceptible de lui être imputée.

6. Ce qui soumet la pratique à l'exigence d'éléments objectifs légitime en application du régime des discriminations indirectes, v. *supra*, n° 214.
7. Cass. soc., 22 nov. 2017, n° 13-19855 P ; CJUE, 14 mars 2017, n° 157/15.
8. Cass. soc., 8 juill. 2020, n° 18-23743 P : port de la barbe ; Cass. soc., 14 avril 2021, n° 19-24079 P : voile. Sur possibilité de poursuivre un objectif de neutralité à partir de la démonstration d'un besoin véritable en considération des attentes légitimes des clients ou des usagers : CJUE, 15 juill. 2021, aff. C-804/18 et C-341/19.

4) Contrôle du règlement intérieur

263. Inspecteur du travail – Le retrait, l'ajout ou la modification d'une clause peut être exigé par voie de décision motivée (sous peine d'amende : art. R. 1323-1). Une simple information du CSE est alors exigée (art. L. 1322-2)[9]. Ce contrôle peut être accompli à tout moment. Mais l'inspecteur n'est pas en droit de procéder lui-même aux corrections (art. L. 1322-1). Il s'en déduit que la saisine de l'administration du travail ne paralyse pas l'entrée en vigueur du règlement[10].

Un recours hiérarchique est ouvert auprès de l'administration du travail et de l'emploi (le silence vaut acceptation) puis devant le ministre du Travail (art. L. 1322-3 ; dans cet ordre). Quant au juge administratif, il peut être saisi de l'une de ces décisions.

Pour aller plus loin

L'employeur est en droit de saisir l'inspecteur de toute demande d'appréciation de la conformité du règlement en l'absence de décision expresse déjà prise sur ce point (art. L. 1322-1-1 et art. R. 1321-6).

264. Juge judiciaire – Le règlement est soumis à l'examen du TJ en vue de son annulation totale ou partielle. Cela suppose, toutefois, que l'inspecteur du travail ne se soit pas prononcé sur sa validité (approbation générale ou injonction). Quant au CPH, il est autorisé, à l'occasion d'un litige individuel portant sur la légitimité d'une sanction disciplinaire, à écarter simplement une clause du règlement qu'il estime illicite.

De manière générale, le CPH n'est pas lié par les clauses du règlement. Encore faut-il bien délimiter la portée de cette affirmation. Le juge est certes tenu d'appliquer toute disposition qui se révèle plus favorable que la loi sur ce terrain. Il n'est cependant jamais lié par le règlement illicite, la qualification de la faute ou celle de la sanction choisie par l'employeur (CPC, art. 12).

C - Le pouvoir de sanction

265. Création – En Droit du travail, ni la faute du salarié, ni la sanction dont celui-ci se trouve menacé, ne font l'objet d'une définition légale.

1) Contours de la faute disciplinaire

a) Absence de définition légale

266. Critère – La faute disciplinaire consiste parfois en un manquement aux obligations contractuelles mais peut également avoir un autre objet. On désigne alors des agissements qui enfreignent les prescriptions du règlement intérieur, de la convention collective, ou de tout élément du statut qui découle de l'exécution du travail subordonné (par ex. une charte informatique).

9. La consultation est exclue : Cass. soc., 23 juin 2021, n° 19-15737 P.
10. Le silence conservé par l'inspecteur à cette occasion ne s'analyse donc pas en une approbation implicite de son contenu : CE, 21 oct. 1994, n° 137639.

Pour aller plus loin

La qualification des faits relève donc bien de l'employeur (art. L. 1331-1 ; Cass. soc., 24 nov. 2021, n° 20-18143). Il s'en déduit que si la réalité de la faute invoquée est mise en cause, la mesure prise est nécessairement injustifiée, sans rattrapage possible, par son auteur ou par le juge.

b) Faute et écoulement de temps

267. Prescription des faits – L'acte qui initie la procédure disciplinaire est accompli moins de deux mois (sauf disposition plus favorable) après la découverte des faits (art. L. 1332-4 ; flagrant délit, preuve indirecte, poursuites pénales ; la preuve incombe à l'employeur). Le délai s'écoule à compter de la connaissance de ces faits par toute personne ayant autorité sur le salarié (même privée du pouvoir de poursuite)[11]. On entend ici une connaissance exacte et complète de leur réalité, de leur nature et de leur ampleur ainsi que de l'identification de leur auteur[12].

Le délai de deux mois peut être dépassé en cas de réitération ou de récidive[13]. En ces dernières hypothèses, sa neutralisation requiert une identité entre les faits.

268. Décompte – L'entretien préalable de la procédure disciplinaire interrompt son écoulement à l'instar des poursuites pénales si elles ont été engagées dans les deux mois[14]. Un délai de même durée débute après interruption. En cas de poursuites répressives, cet effet se produit à compter de la décision judiciaire définitive sur la sanction pénale, ou sa connaissance par l'employeur lorsque celui-ci n'est pas partie à la procédure répressive. Quant à la suspension, elle résulte, par exemple, d'une demande de résolution judiciaire du salarié (v. *infra*, n° 486) mais non d'une seconde convocation à un entretien. Le même délai reprend alors son cours après l'événement suspensif.

2) Notion de sanction disciplinaire

269. Contours – Le Code du travail ne fournit pas de liste des sanctions et s'en remet, sur ce point, aux prescriptions du règlement intérieur (art. L. 1331-1). Tout au plus, exclut-il les observations verbales à ce titre, auxquelles la jurisprudence identifie de simples rappels à l'ordre. En revanche, sont désignés les critères permettant d'identifier la gravité de la mesure qui s'apprécie au regard de son impact sur la présence du salarié dans l'entreprise (par ex. une mise à pied qui interdit l'accès au poste, ou un licenciement), sur sa carrière, ou sa rémunération (par ex. une mutation ; une rétrogradation).

---

11. Cass. soc., 23 juin 2021, n° 20-13762 B : formateur.
12. Cass. soc., 12 juin 2019, n° 18-11145. En cas d'enquête ou d'audit, à l'issue du processus de vérification : Cass. soc., 27 mai 2009, n° 08-41474.
13. Il n'est pas affecté dans son écoulement par la maladie ou le congé maternité.
14. Mais non de l'ouverture d'une enquête préliminaire ou de la signature d'une rupture conventionnelle (v. *infra*, n° 459).

Pour aller plus loin

Durant la période de mise à pied, dont la durée maximale est fixée par le règlement ou l'accord collectif sous peine de nullité, le contrat de travail est suspendu. Le travailleur ne peut se présenter à l'embauche sous peine de commettre une faute grave. Il lui est loisible, cependant, d'exercer un mandat de représentation du personnel.

270. Casuistique – Toute mesure ne présentant pas les incidences qui viennent d'être décrites n'est pas nécessairement exclue du droit disciplinaire (par ex. un avertissement invitant à l'accomplissement de la tâche). L'enjeu est avant tout d'ordre procédural car si le dirigeant déclenche le processus, il doit en respecter toutes les formalités[15].

Il est parfois difficile d'évaluer ce qu'est une sanction. Tout dépend des circonstances :

- exclue par ex. pour de simples reproches, un contrôle d'aptitude après une maladresse, le changement des conditions de travail dans le seul objet d'assurer la sécurité[16], un compte rendu d'entretien ;
- admise pour une demande d'explication écrite aux termes d'une procédure statutaire, etc.).

La privation d'un droit constitue généralement une sanction à la différence d'un refus d'une promotion ne reposant sur aucun engagement antérieur, ou de l'abandon d'un programme de formation aux conditions duquel le salarié ne satisfait plus.

271. Individualisation – L'employeur est libre d'imposer une mesure différente à deux salariés auteurs d'une faute identique sous réserve qu'aucun détournement de pouvoir ou discrimination n'ait été commis à cette occasion et que la différence de traitement se justifie par des éléments objectifs. Rien ne lui interdit, en outre, de renoncer à une décision ayant fait l'objet de l'engagement d'une procédure pourvu qu'il n'y ait ni légèreté blâmable, ni intention malveillante de sa part. Il n'est pas tenu de surseoir à sa décision dans l'attente de la décision du juge répressif auquel ont été soumis les faits (art. L. 1332-4, al. 1er).

272. Ordre public – Certaines sanctions, cependant, demeurent interdites telles les retenues salariales directement pratiquées en raison d'un comportement fautif que cela soit sur décision de l'employeur, ou en application d'un accord individuel ou collectif (art. L. 1331-2)[17].

273. Prescription – Enfin, le temps qui passe s'oppose parfois au prononcé de la décision disciplinaire. Le Code du travail enferme dans un délai de trois ans la possibilité de rappel d'une mesure dont la notification a été expédiée en vue d'aggraver la répression de comportements, ou d'actes, identiques (art. L. 1332-5). Cela inclut les faits de plus de trois ans utilisés à l'appui de cette sanction.

274. *Ne bis in idem* – Il est également interdit de sanctionner deux fois un même fait. Si l'employeur ne fait état d'aucun grief nouveau à l'appui d'une nouvelle sanction (et

---

15. Cass. soc., 9 oct. 2019, n° 18-15029 P (choix de la procédure lourde au seuil d'un simple avertissement).
16. Cass. ass. plén., 6 janv. 2012, n° 10-14688 P (pas de sanction) ; Cass. soc., 8 oct. 2014, n° 13-13673 P (sans modification durable du contrat de travail : pas de sanction).
17. Sauf exception légale ; par ex. C. mon. fin., art. L. 511-84, al. 1er.

non du simple rappel d'une plus ancienne), celle-ci doit être regardée comme dépourvue de fondement. De même, lorsque informé des faits reprochés au salarié l'employeur (ou la personne ayant autorité sur ce dernier)[18] choisit de sanctionner seulement certains d'entre eux, il épuise son pouvoir disciplinaire à l'égard de ceux non retenus. Il en est encore ainsi lorsqu'il annule une sanction.

3) Procédures disciplinaires

a) Formalités de base

275. Droits de la défense – La loi impose la notification écrite et motivée au salarié de la décision avant son exécution (art. L. 1332-1). La mise en œuvre de cette obligation se renforce en présence d'une mesure qui affecte la présence du travailleur dans l'entreprise, sa carrière ou sa rémunération[19].

276. Formalités – La procédure à suivre, lorsque l'étape de l'enquête est franchie, est alors, en principe, celle du licenciement sous quelques précisions :

- convocation écrite/électronique (avec l'accord du salarié) ; envoi ou remise ; indication de la sanction non requise ; mention de la faculté d'assistance limitée à un autre membre de l'entreprise ; délai de préparation suffisant ;
- entretien ; sur l'assistance du salarié, v. *infra*, n° 361 ;
- notification motivée par lettre recommandée ; le courrier électronique (CPT, art. L. 100 : qualifié au sens du règlement eIDAS ; sous réserve du consentement recueilli préalablement du salarié) et la remise contre décharge requièrent l'accord du salarié (art. R. 1332-2). L'auteur de la notification est la personne qui a autorité sur celui-ci à la date des faits. Il accomplit cette formalité dans un délai qui ne peut, en principe, être inférieur à deux jours ouvrables et excéder un mois (art. L. 1332-2 et R. 1332-3). La violation de ce délai s'oppose à la sanction des faits[20].

Pour aller plus loin

La prolongation ne s'impose que dans l'intérêt du salarié en vue de pratiquer des investigations complémentaires (Cass. soc., 13 févr. 2019, n° 17-13749), ou lorsqu'une procédure conventionnelle est instituée sous réserve, alors, que le travailleur soit informé de sa mise en œuvre.

b) Éventualité d'une mise à pied conservatoire

277. Conditions – La mise à pied disciplinaire se distingue de la mise à pied conservatoire, mesure de sauvegarde justifiée par le risque que fait courir à l'entreprise la présence du salarié en son sein. Il s'en déduit qu'une telle mesure doit être signifiée par écrit avec le projet de sanction, ou dans un délai raisonnable (quelques jours), sous peine de se trouver requalifiée en mise à pied disciplinaire. Seule importe donc l'immédiateté de l'engagement de la procédure à moins que les faits reprochés

---

18. Cass. soc., 23 juin 2021, n° 19-24020 B : infirmière coordinatrice qui n'est pas l'employeur mais qui est la supérieure hiérarchique et a connaissance des faits.
19. Cass. soc., 22 sept. 2021, n° 18-22204 B : par ex. lorsque des dispositions d'une convention collective, instituant une garantie de fond, subordonnent le licenciement d'un salarié à l'existence de deux sanctions antérieures.
20. Sur la nullité de la sanction pour violation du délai : Cass. soc., 9 oct. 2019, n° 18-15029 P.

donnent lieu à l'exercice de poursuites pénales, ou qu'un délai ait été nécessaire, dans l'intérêt du salarié, afin de mener une enquête sur les faits reprochés.

278. Effets – La mise à pied conservatoire entraîne la suspension du contrat. Elle prive le travailleur de sa rémunération à condition que celui-ci se soit rendu auteur d'une faute grave[21] et s'oppose à ce que soit sanctionné un nouveau manquement commis pendant son exécution. Elle demeure facultative car son absence n'empêche pas l'employeur d'invoquer la faute grave à l'appui d'une sanction. Et le fait qu'elle soit ordonnée n'implique pas que le licenciement ait un caractère disciplinaire. Seule la lettre de motivation permet de qualifier la mesure à l'encontre du travailleur.

c) Recherche des preuves dans l'entreprise

279. Prérogatives – Un droit d'enquête est reconnu à l'employeur dans le respect des droits de la personne poursuivie[22]. Ce droit se distingue de la collecte d'informations personnelles et n'est pas soumis aux mêmes règles[23]. En effet, la loi habilite l'employeur à contrôler l'activité de ses subordonnés (art. L. 1222-4). Mais l'usage de la preuve recueillie à cette occasion n'est autorisée que si les intéressés ont été informés de manière effective et à l'avance de l'existence du contrôle et les élus du personnel consultés à ce sujet[24]. La loi n'établit pas la liste des moyens autorisés ou prohibés (v. circ. DGT n° 2008-22, 19 nov. 2008). Il peut s'agir de matériels dont la finalité n'est pas la surveillance et qui sont utilisés dans ce but (par ex. afin de contrôler les fraudes à un péage autoroutier). Un tel usage doit alors clairement être mise au jour[25]. Il est exigé, en revanche, que les méthodes ou techniques soient justifiées et proportionnées au regard de la finalité poursuivie et utilisées sans stratagème (par ex. des lettres piégées) ou de manière déloyale[26]. C'est ainsi, par exemple, que la fouille requiert l'accord du salarié ainsi que l'avertissement sur le droit de s'y opposer ou d'exiger la présence d'un témoin. C'est ainsi encore que l'usage des badgeuses photo systématique sur le lieu de travail se heurte au principe de minimisation (art. 5-1 c du Règlement général de protection des données n° 2016/679)[27].

---

21. L'employeur peut décider de verser la rémunération sans effet sur la qualification de la mesure. Et s'il renonce à la sanction, il doit restituer les salaires prélevés. Lorsque la faute grave n'est pas vérifiée, la mise à pied conservatoire ne peut être requalifiée en sanction de ce seul fait : Cass. soc., 16 mai 2018, n° 17-11202.
22. Liberté d'aller et de venir (C. pén., art. 224-1) : Cass. crim., 28 févr. 2018, n° 17-81929 P ; respect de la vie privée : CE, 2 mars 2020, n° 418640 (consultation des comptes bancaires).
23. Cass. soc., 17 mars 2021, n° 18-25597 P (recours à un cabinet d'audit dans le contexte d'un harcèlement) ; v. ég. Cass. soc., 27 mai 2021, n° 19-23984.
24. À défaut de quoi, la preuve doit être écartée du débat : Cass. soc., 11 déc. 2019, n° 18-11792.
25. Cass. soc., 11 déc. 2019, n° 17-24179 P.
26. Sur ces conditions : CEDH, 9 janv. 2018, n° 1874/13 qui évoque une « ingérence considérable » dans la vie privée du salarié. Par ex. : Cass. soc., 20 sept. 2018, n° 16-26482 : audition de police non utilisable car faisant suite à un enregistrement illicite dans l'entreprise. V. ég. RGPD, art. 5-1 c du Règlement général de protection des données n° 2016/679 ; v. CNIL, communiqué, 1er sept. 2020.
27. D'autres règles trouvent application dans ce contexte : limitation de la durée de conservation des données (art. 5-1 e), sécurité des données (art. 32), etc.

Pour aller plus loin

Le contrôle de l'activité ne doit pas non plus être confondu avec la simple surveillance hiérarchique, ou encore avec un audit ponctuel (v. CE, 13 juill. 2020, n° 417972). De manière générale, toute collecte d'information (ex. adresse IP) s'opère dans le respect de la vie privée des personnes (C. civ., art. 9 ; C. pén., art. 226-1 1°) et des conditions posées par la CNIL[28]. L'usage des SMS ou des messages issus de répondeurs est autorisé mais non celui des écoutes ou enregistrements téléphoniques ; au sujet des contrôles de la messagerie et de la géolocalisation, v. *infra*, n° 332. En faveur d'une hiérarchisation de la protection de la vie privée selon les lieux du contrôle, v. CEDH, gr. ch., 17 oct. 2019, n° 1874/13.

4) Contrôle judiciaire de la sanction disciplinaire

280. Droit à la contestation – La loi offre au salarié la possibilité de contester la sanction prononcée à son encontre devant le CPH (art. L. 1333-1). En aucun cas cette contestation ne peut être analysée comme un manquement aux obligations nées de la relation de travail (sur la prise d'acte, v. *infra*, n° 478). Il s'en déduit encore que le fait d'appliquer la sanction ne vaut pas renonciation à l'action prud'homale. Seule l'opposition se traduisant par un défaut d'exécution expose le travailleur à une mesure plus grave à condition que la sanction initiale soit justifiée.

281. Pouvoirs du CPH – Le juge (du fond) est parfois contraint par la loi à annuler la sanction illicite. Tel est le cas lorsque celle-ci affecte directement la rémunération du salarié. Tel est encore le cas lorsqu'elle apparaît discriminatoire. La sanction peut également être écartée en l'absence de toute justification (défaut de réalité des faits ; défaut d'énonciation des fautes par écrit), ou parce qu'elle est disproportionnée en contemplation de la faute commise, ce qui conduit à un contrôle des erreurs manifestes d'appréciation de l'employeur[29]. Si l'illicéité provient d'une simple violation des procédures, l'annulation n'est pas obligatoire et peut être remplacée par une indemnisation en cas de préjudice. Le régime de la preuve est semblable à celui du motif de licenciement (le doute profite donc au salarié).

282. Sort de la sanction – L'employeur, à la différence du juge, a la possibilité de réviser la sanction. Tout dépend, cependant, des circonstances. Si l'annulation est justifiée par un défaut de réalité des faits, aucune autre mesure ne peut évidemment être prononcée. Si l'annulation est justifiée par le caractère disproportionné de la sanction en regard de la faute, alors que la procédure suivie est régulière, l'employeur est autorisé à en prendre une autre. Dans ce cas, l'annulation laisse intacte les formalités accomplies. La prescription des faits fautifs ne s'oppose pas, en conséquence, à la réfection de la sanction car la procédure a été engagée dans le délai de deux mois. Enfin, si l'annulation est fondée sur le non-respect de celle-ci, le prononcé d'une

28. Cass. soc., 25 nov. 2020, n° 17-19523 P : une preuve portant atteinte à la vie personnelle est admise à condition que sa production soit indispensable à l'exercice du droit à la preuve et que l'atteinte soit strictement proportionnée au but poursuivi ; v. ég. Cass. soc., 10 nov. 2021, n° 20-12263 B P. Au sujet des dispositifs d'alerte, v. L. n° 2016-1691, 9 déc. 2016, art. 8, III. Sur le *ranking*, v. Communiqué Cnil du 13 avril 2007 ; sur le rejet du recours à la biométrie en matière de contrôle des horaires : v. délib. Cnil n° 2019-001, 10 janv. 2019. Sur l'enregistrement de l'historique des « actions informatiques » lors de conversations téléphoniques, v. CNIL, 17 sept. 2019, actualités. À l'occasion du télétravail, v. actualité Cnil du 12 nov. 2020.
29. Cass. soc., 6 avril 2016, n° 14-26611 (avertissement pour une simple gifle et réparation du préjudice).

nouvelle sanction paraît exclu car l'annulation neutralise les formalités ainsi que le délai de leur engagement au regard de la prescription.

2. LE DEVOIR D'OBÉISSANCE DU SALARIÉ

283. Champ – On entend par devoir d'obéissance du salarié à l'égard de l'employeur, la soumission à la direction du travail ainsi qu'à un certain nombre d'obligations dont le respect est parfois exigé après l'issue de la relation professionnelle.

A - L'obligation d'exécuter le travail

284. Exigence de la faute lourde – Le salarié est tenu d'accomplir personnellement le travail sous la subordination de l'employeur. En cas de mauvaise exécution délibérée, il se rend auteur d'une faute disciplinaire et la réparation d'un éventuel préjudice peut être exigée de lui. Toutefois, il est jugé de manière constante que le salarié n'est débiteur de dommages-intérêts que s'il est animé d'une intention de nuire à l'encontre de l'employeur, ou de l'entreprise ce qui désigne la faute lourde (v. *infra,* n° 333). Afin de recevoir cette qualification, l'acte doit être lié à l'exécution du contrat et causer un dommage, matériel ou moral qui en constitue la suite nécessaire (par ex. : destruction d'un fichier clientèle ou d'archives, diffusion délibérée de fausses informations, démarchage de clients au profit d'une société concurrente, etc.). Le lien exigé avec l'exécution de la tâche est apprécié de manière très large car il suffit que la faute ait été commise « à l'occasion du travail ».

285. Impact – Cette analyse est protectrice des intérêts du salarié puisqu'elle étend le domaine de la faute lourde. Elle aboutit indirectement à élargir le champ de la responsabilité de l'employeur en qualité de commettant du fait des agissements de ses préposés (C. civ., art. 1242, al. 5) car, par son comportement nuisible à l'entreprise, le salarié peut causer des dommages à des tiers[30]. Or le subordonné est exonéré de toute responsabilité à leur égard dès lors qu'il n'a pas excédé les limites de la mission qui lui a été impartie, autrement dit, lorsque sa faute n'est pas détachable de cette mission[31]. Si l'acte a été commis à « l'occasion du travail », l'employeur est donc seul responsable des dommages causés aux tiers par ses préposés sans recours possible contre ceux-ci. Il a été jugé, cependant, que le salarié doit réparation aux tiers ayant subi un préjudice du fait d'une infraction pénale ou d'une faute intentionnelle dont il s'est rendu auteur (par ex. si le subordonné a agi sur ordre), ou à l'employeur partie civile à la suite d'agissements pour lesquels il y a eu condamnation pénale (sans faute lourde).

286. Adaptation – En certaines circonstances, maternité, maladie, congés particuliers, cumul d'un contrat de travail et d'un mandat social, il ne peut être demandé au salarié de participer à l'exécution de la tâche de quelque manière que cela soit. En revanche,

30. Cass. crim., 13 nov. 2018, n° 17-81398 P.
31. Cass. ass. plén., 25 févr. 2000, n° 97-17378 : Bull. ass. plén., n° 2.

rien dans le comportement de ce dernier ne doit être de nature à entraver l'activité de l'entreprise ou causer un préjudice à l'employeur.

Illustrations

Déloyauté du salarié s'il y a :
– refus de fournir des informations en sa possession (fichier informatique, codes d'accès, etc.) ;
– menaces virulentes afin d'obtenir des conditions avantageuses.
En revanche, tel n'est pas le cas d'un voyage d'agrément durant un arrêt maladie !

B - L'exigence de bonne foi dans l'exécution du contrat de travail

287. Manifestations – Le salarié est tenu d'exécuter le contrat de travail de bonne foi (art. L. 1222-1) et d'adopter, à l'égard de ses activités et de l'entreprise – ce qui inclut ses collègues –, une attitude de loyauté et de discrétion. Un manquement à ces devoirs constitue une faute disciplinaire. Tout travailleur est en outre soumis au secret professionnel (C. pén., art. 226-13 ; méthodes et procédés de fabrication) ainsi qu'au secret des affaires sous les exceptions que prévoit le Code de commerce (C. com., art. L. 151-1 et s.). De manière générale, il lui est interdit de révéler des informations confidentielles qui lui sont présentées comme telles et dont il a eu connaissance à l'occasion de ses fonctions (sur ce régime, v. *infra*, n° 633).

288. Expression et signalement – Ces exigences doivent se concilier avec la liberté d'expression, fondement essentiel d'une société démocratique[32], dont le travailleur jouit en dehors de l'enceinte de l'entreprise (par ex. sur internet) ainsi qu'avec le droit de signaler les conduites, ou actes illicites, constatés par lui sur le lieu du travail (art. L. 1132-3-3, al. 2)[33]. Les restrictions qui pourraient être apportées à cette liberté et à ce droit fondamental sont soumises à l'exigence de proportionnalité (art. L. 1121-1 et L. 1321-3 2° ; au sujet du droit d'expression, v. *supra*, n° 83).

289. Abus éventuel – L'exercice de la liberté d'expression peut justifier un licenciement en présence de termes injurieux, diffamatoires ou excessifs (les propos religieux et politiques sont admis) ou en raison d'une mauvaise foi, laquelle ne peut résulter que de la connaissance par le salarié de la fausseté des faits qu'il dénonce et non de la seule circonstance que les faits dénoncés ne sont pas établis[34]. En dehors de cette hypothèse, tout licenciement prononcé sur son fondement ou celui du signalement licite d'un fait susceptible de qualification pénale doit être annulé[35].

32. Cass. ass. plén., 25 oct. 2019, n° 17-86605 P.
33. Une procédure de signalement doit être instituée au sein des entités occupant au moins cinquante salariés, v. D. n° 2017-564, 19 avril 2017. Au sujet de la protection des personnes qui signalent des violations du droit de l'Union, Dir. (UE) 2019/1937, 23 oct. 2019.
34. Cass. soc., 13 janv. 2021, n° 19-21138 P ; Cass. soc., 23 juin 2021, n° 19-21651 : photographie du salarié dénudé, agenouillé dans une église (sans abus).
35. Cass. soc., 4 nov. 2020, n° 18-15669 P ; Cass. soc., 29 sept. 2021, n° 19-25989. Sur le partage de la preuve entre l'employeur et le salarié : Cass. soc., 7 juill. 2021, n° 19-25754 B.

C - Les obligations subsistant à l'issue de la relation de travail

290. Survie de la loyauté – Au moment de la rupture de la relation professionnelle, il ne doit se livrer à aucune manœuvre (ex. dérober des documents). L'action en concurrence déloyale est toujours possible à son encontre. Mais l'obligation de loyauté survit parfois sous la forme d'une obligation contractuelle en vertu de laquelle le travailleur s'engage à ne pas travailler dans un secteur déterminé au profit d'un tiers ou pour lui-même. Une telle obligation dite de « non-concurrence », qui apporte une restriction à la liberté fondamentale d'exercer une activité professionnelle, n'est susceptible d'être imposée que sous certaines conditions vérifiées à la date de sa conclusion (préservation des intérêts légitimes de l'entreprise, limitation dans le temps et dans l'espace, possibilité d'exercer une activité conforme à la formation). La violation par le salarié de ses devoirs conduit à la perte de la contrepartie pécuniaire qui lui est due à ce titre ainsi qu'à la résiliation du contrat de travail conclu au mépris de l'interdiction.

CHAPITRE 7

Les événements affectant l'exécution du contrat de travail

291. Particularismes – L'exécution du rapport salarial dépend de la disponibilité de la force ainsi que de l'instrument de travail. Lorsque ces conditions font défaut, les engagements des parties ne peuvent plus être accomplis. On parle alors de la suspension du contrat de travail à mi-chemin entre la mise en cause de son existence et son plein accomplissement. Mais l'exécution peut encore être entravée du fait d'une révision des conditions d'emploi. C'est le contexte de l'exécution de la tâche qui se trouve dans ce cas modifié pour diverses considérations qui tiennent soit à l'entreprise, soit au salarié.

1 • LES ÉVÉNEMENTS LIÉS À L'ENTREPRISE

292. Instrument de gestion – En raison de son caractère successif, le contrat de travail a vocation à s'exécuter dans la durée. Il n'est donc pas surprenant que l'organisation de l'activité de l'entreprise imposent une révision de ses modalités d'exécution. Il est possible également qu'une insuffisance des tâches à accomplir affecte celle-ci.

A - La révision des conditions d'emploi

293. Force obligatoire – Les révisions les plus profondes des conditions d'exécution du contrat se heurtent à l'exigence de stabilité des conventions exprimée par l'article 1193 du Code civil que tempère désormais la consécration légale de la théorie de l'imprévision (C. civ., art. 1195). En effet, un changement de circonstances, imprévisible lors de la conclusion du contrat, peut en rendre l'exécution excessivement onéreuse pour l'employeur et déclencher une demande de renégociation dans les conditions du droit commun. Il arrive d'ailleurs qu'une telle renégociation soit organisée par le contrat lui-même (par ex. une clause de mobilité). En dehors de ces circonstances, la révision est le fait des parties et, pour l'essentiel, de l'employeur. De la part du salarié, il s'agit d'une faute à moins qu'il y ait eu manquement de ce dernier à la bonne foi.

1) Notion de révision des conditions d'emploi à l'initiative de l'employeur

294. Deux fondements – La jurisprudence distingue la modification d'un élément essentiel du contrat du simple changement des conditions de travail. Cette distinction ne se fonde pas seulement sur l'importance de la révision. D'autres facteurs doivent être pris en compte comme la source de l'élément affecté par la modification (par ex. l'usage), la nature ou la portée de celle-ci pour le salarié, ou encore l'attitude de l'employeur (par ex. lorsqu'un élément de l'activité est modifié après de nombreuses années). Le changement des conditions de travail relève du pouvoir de direction et entre dans le champ du devoir d'obéissance.

Illustrations

Il en est ainsi :
– du changement de lieu d'exécution la tâche dans le même secteur géographique (Cass. soc., 17 févr. 2021, n° 19-22013), en l'absence d'atteinte excessive aux droits du salarié (vie personnelle ou familiale) ;
– du changement d'horaires sans modification de la durée de la tâche (y compris lorsqu'il entraîne la perte de contreparties), etc.

295. Champ du contrat – Quant à la modification d'un élément essentiel des conditions d'emploi, elle est appréciée en contemplation de la prévision des parties. Certains éléments intègrent celles-ci sans discussion. On parle alors de « socle contractuel » (par ex. la qualification professionnelle). On pourrait penser, d'ailleurs, que le salaire est contractuel en sa totalité. Pourtant, seule la structure de la rémunération (mode, taux) revêt cette nature, à moins qu'il y ait eu négociation individuelle. Il importe peu, hormis cette hypothèse, que la modification soit plus avantageuse, ou que le montant global de la rémunération soit maintenu. La loi place parfois sous ce régime certaines révisions des conditions d'accomplissement de la tâche. Tel est le cas lorsqu'est mis en œuvre le télétravail lequel requiert l'accord du salarié quoiqu'il ait été organisé sur la base d'un accord collectif ou d'une charte élaborée par l'employeur (art. L. 1222-9) sauf circonstances exceptionnelles (art. L. 1222-11 et ANI, 26 nov. 2020, sur le télétravail, étendu par arrêté du 2 avril 2021 : JO 13).

Illustrations

En dehors du salaire contractuel, entrent encore dans la catégorie :
– le lieu de travail ou l'horaire fixé de manière contraignante ;
– une révision de l'horaire affectant la vie personnelle et familiale ou le droit au repos ;
– la privation du repos dominical, y compris lorsque l'établissement bénéficie d'une dérogation permanente ;
– l'introduction de clauses nouvelles (ex. : clause de mobilité, de non-concurrence) ;
– la mise en cause du lieu de travail qui affecte, par son importance, l'implantation du domicile du salarié ou son organisation de vie (moyennant indemnisation).

2) *Incidences de la révision des conditions d'emploi à l'initiative de l'employeur*

296. Modification d'un élément essentiel – Dans ce cas, l'accord du salarié est requis (C. civ., art. 1193). Il est indifférent qu'une telle modification se trouve imposée à l'employeur (par ex. la décision d'une autorité de tutelle), qu'elle ait reçu l'aval des élus du personnel, ou qu'elle soit permise par la convention collective. En présence d'un refus du travailleur, soit le projet de modification est abandonné, soit la procédure de licenciement doit être engagée même si le subordonné a quitté son emploi afin d'exprimer sa protestation[1]. Durant cette procédure et jusqu'à l'issue du préavis, le contrat s'exécute aux conditions normales.

Pour aller plus loin

Il n'est d'ailleurs pas possible à l'employeur de renoncer au projet sans l'accord de son subordonné. Toutefois, lorsque la mesure est à l'état de simple conjecture, le salarié ne peut prétendre qu'une modification de son contrat lui a été imposée. Le refus qu'exprimerait son départ s'analyserait alors en une démission.

297. Simple changement des conditions de travail – L'opposition du salarié en cette hypothèse constitue, en principe, un manquement au devoir d'obéissance. L'employeur a donc la faculté de prononcer une sanction pouvant aller jusqu'au licenciement. De son côté, le travailleur peut exprimer son refus par une démission pourvu que sa décision soit sans équivoque. Si aucun licenciement n'est décidé, il n'est pas en droit de réclamer une indemnité de rupture. Quant à ce refus, il n'est pas constitutif, à lui seul, d'une faute grave privative d'indemnités.

Illustrations

Le juge tire toutes les conséquences de ce principe : des obligations familiales impérieuses, une ancienneté prolongée, l'absence de réponse à des demandes d'explication, des délais très brefs, l'exposition au danger, etc.

298. Charge de la preuve – Au vu de ces éléments, il est possible que la légitimité du licenciement consécutif au refus du salarié se trouve affectée. Il appartient à ce dernier de démontrer que la mesure prise n'est pas conforme à l'intérêt de l'entreprise et/ou qu'elle est mise en œuvre en violation de l'obligation de bonne foi (art. L. 1222-1).

299. Révision pour faute – Lorsque le travailleur fautif qui a fait l'objet de la révision est autorisé à exprimer un refus, l'employeur est amené soit à retirer la mesure, soit à lui préférer une autre sanction ce qui lui impose, alors, de recommencer les formalités disciplinaires dans le délai de la prescription disciplinaire qui s'écoule à compter de

1. Le refus du salarié d'accepter le télétravail n'est pas un motif de rupture du contrat de travail.

l'opposition du salarié[2]. La notification de la sanction n'épuise donc pas le pouvoir de l'employeur. Elle n'empêche pas non plus le salarié de contester la sanction prise devant le CPH[3]. Si l'employeur ne sollicite pas l'accord du travailleur, aucune autre sanction ne peut plus être prononcée.

Lorsque la révision affecte exclusivement les conditions de travail, le salarié n'est autorisé à s'y opposer que si la réalité des griefs qui lui sont imputés à cette occasion n'est pas établie ou encore si la mesure se révèle disproportionnée au regard des faits.

3) Mise en œuvre de la révision des conditions d'emploi à l'initiative de l'employeur

300. Information – Le salarié doit être informé de manière claire et circonstanciée du projet de l'employeur dans les plus brefs délais et, au plus tard, à la prise d'effet (art. 6, Dir. 2019/1152 du 20 juin 2019). Le contrat de travail, ou la convention collective assortit parfois ce droit d'un délai de réflexion. Si la proposition de révision repose sur une cause économique (v. *infra*, n°s 335 et s.), l'article L. 1222-6 du Code du travail prescrit l'envoi d'une lettre recommandée avec accusé de réception. Il y est indiqué la nature du motif justifiant la modification ainsi que le délai d'un mois[4] qui est accordé à son destinataire en vue d'accepter ou de refuser la proposition.

301. Acceptation – Le contrat se poursuit aux nouvelles conditions ayant reçu l'agrément du salarié. Celui-ci n'est plus habilité à élever une contestation sur ce point. Une telle acceptation ne peut cependant résulter de sa présence dans l'entreprise, y compris lorsque la tâche est exécutée sans protestation (un écrit est recommandé). Le temps écoulé depuis la mise en œuvre de la modification est indifférent, à cet égard. La contestation peut donc être exprimée tardivement. En revanche, lorsque la modification repose sur un motif économique, le salarié ne dispose, afin de se déterminer, que d'un mois entier à compter de la réception de la lettre notifiant le projet de révision. Son silence ou son refus de prendre connaissance de cette lettre vaut alors accord à l'issue du délai. Le projet peut être mis à exécution aussitôt.

Pour aller plus loin

> Ces effets ne se produisent, évidemment, que si la lettre comporte les indications prescrites par la loi, ce qui vaut, en outre, reconnaissance par l'employeur de la nature contractuelle de la modification. À défaut, le licenciement prononcé à cette occasion n'est pas légitime.

Si le travailleur revient sur l'accord qu'il a donné, expressément ou tacitement, il s'expose à une sanction pour manquement à ses engagements. Il ne peut se plaindre de l'exécution déloyale de son contrat.

---

2. Cass. soc., 27 mai 2021, n° 19-17587 P. Une convocation à un entretien est exclue lorsque la sanction envisagée n'est pas un licenciement : Cass. soc., 25 mars 2020, n° 18-11433 P. La notification de la modification interrompt le délai de prescription à l'instar du refus du salarié : Cass. soc., 15 janv. 2013, n° 11-28109 P. Par ex. un licenciement fondé sur les mêmes faits, ce qui n'exclut pas la faute grave : Cass. soc., 11 févr. 2009, n° 06-45897 P.
3. Cass. soc., 14 avril 2021, n° 19-12180 P.
4. Réduit à quinze jours dans l'entreprise qui fait l'objet d'une procédure collective : art. L. 1233-60-1.

B - L'activité partielle

302. Baisse d'activité – Les aléas de l'activité économique peuvent se trouver à l'origine d'une fermeture temporaire de l'établissement, ou d'une réduction de l'horaire de travail qui s'y trouve habituellement pratiquée en deçà de la durée légale du travail. Les salariés qui, tout en restant liés à leur employeur par un contrat, subissent une perte de salaire pour ces motifs bénéficient d'un régime d'indemnisation tandis qu'est versée à l'entreprise une allocation par l'État (art. R. 5122-1 et s.). La mise en place de ce régime ne requiert pas l'accord du travailleur puisqu'elle n'affecte pas un élément essentiel de son contrat. Elle ne conduit au licenciement que s'il n'est plus possible, de manière définitive, de lui fournir la tâche.

303. Activité partielle de longue durée – Un dispositif de réduction (limitée) de l'horaire légal de travail sur une période prédéfinie peut être négocié dans l'entreprise ou décidé par l'employeur sur la base d'un accord de branche étendu (art. 53, loi n° 2020-734 du 17 juin 2020). Il doit être validé ou homologué par le DREETS (D. n° 2020-926, 28 juill. 2020) et se trouve soumis à un régime d'indemnisation spécifique.

2. LES ÉVÉNEMENTS LIÉS À LA PERSONNE DU SALARIÉ

304. Diversité – Il existe de très nombreuses autorisations d'absence susceptibles d'être accordées aux salariés, sans réduction de rémunération, sur justification, à l'occasion de certains événements familiaux dont la durée minimale est fixée par la loi (art. L. 3142-1 : règle impérative). Mais l'essentiel se situe dans les absences liées à la maladie ou à la maternité.

A - La maladie et l'inaptitude médicale

305. Impact – Seule la maladie professionnelle est cause de suspension du contrat de travail. Durant cette période, diverses obligations incombent à l'employeur tandis que le licenciement du salarié est, en principe, impossible.

1) Suspension du contrat de travail

306. Principe – Le contrat du salarié victime d'un accident du travail ou d'une maladie liée à la tâche est suspendu pendant la durée de l'arrêt d'activité qui en découle (art. L. 1226-7). La période de suspension est prise en compte pour la détermination de tous les avantages légaux ou conventionnels liés à l'ancienneté.

Pour aller plus loin

Ces règles de protection ne sont pas applicables si le salarié est victime d'un accident du travail, ou d'une maladie professionnelle, survenu, ou contracté, au service d'un autre employeur en dehors des cas d'application de l'article L. 1224-1 du Code du travail par effet de la loi, sur décision de l'employeur ou en vertu d'une clause d'un accord collectif en ce sens.

307. Interdiction de licencier – Au cours de la période de suspension et jusqu'à son achèvement, le licenciement du travailleur n'est pas possible à moins qu'il ait été envisagé avant la maladie et ne prenne effet qu'à l'issue de celle-ci, ou qu'il se justifie par certains motifs particuliers (v. *infra,* n° 334). Mais la rupture conventionnelle demeure autorisée, sauf fraude ou vice du consentement (art. L. 1237-11 ; v. *infra,* n° 459) à l'instar de la résolution judiciaire (v. *infra*, n° 486).

En tous les cas, les restrictions au droit de licencier supposent que l'employeur ait connaissance du caractère professionnel de l'accident ou de la maladie, ce qu'il ne peut ignorer lorsque celui-ci s'est produit au temps et au lieu du travail.

Remarque

Si la maladie est d'origine non professionnelle il n'existe pas de période légale de suspension. Toutefois, les conventions collectives instituent souvent une protection spécifique dont le régime est aligné par la jurisprudence sur celui de la loi. L'absence peut alors être prise en compte pour calculer l'ancienneté si une stipulation conventionnelle le prévoit (Cass. soc., 5 oct. 2020, n° 18-18265 P).

2) Contrôle du médecin

308. Initiative – L'examen d'un médecin s'impose, en principe, à l'issue de tout arrêt de travail pour cause médicale[5]. C'est à l'employeur qu'en revient l'initiative (en principe : v. art. L. 4624-4). L'objectif est de favoriser une étude de l'aptitude du salarié à exercer l'une des tâches existantes dans l'entreprise ainsi que de permettre une évaluation de la capacité de ce dernier à suivre une formation (art. L. 1226-2, al. 2). Si l'employeur n'y procède pas, il manque à son obligation de sécurité (v. *infra*, n° 849) et cause un préjudice à l'intéressé. Le constat de l'inaptitude peut intervenir à ce moment.

309. Modalités – Une seule visite est requise. Toutefois, le médecin peut en envisager une seconde dans un délai maximal de quinze jours (art. R. 4624-42, al. 7) ainsi que des examens complémentaires. En tous les cas, il incombe au médecin de réaliser une étude de poste et d'échanger, à cette occasion, avec le salarié et l'employeur puis de formuler des conclusions écrites assorties d'indications relatives au reclassement (art. L. 4624-4). Avant de communiquer celles-ci à l'employeur, un nouvel échange doit être organisé avec le travailleur (le médecin inspecteur peut alors être consulté).

310. Portée – L'avis rendu par le médecin à l'issue du premier ou du second examen, s'impose aux parties. Il est adressé à celles-ci par tout moyen leur conférant une date certaine. Celui des élus du personnel, à titre exclusif, est requis après que l'inaptitude médicale (professionnelle ou non) a été constatée et avant la proposition d'un poste approprié aux capacités du travailleur (les modalités importent peu : conversation au téléphone).

5. Dans un délai de huit jours. Sous réserve d'une durée d'absence de trente jours en cas d'accident du travail, de maladie ou d'accident non professionnel, mais non en cas de maladie professionnelle (art. L. 4624-2-3).

Pour aller plus loin

Constitue un licenciement le refus de pratiquer l'examen médical. Est déclaré nul celui qui est prononcé à cette occasion. Est dépourvue de motif la rupture notifiée alors que l'examen a été mis en œuvre avec retard, organisé par le médecin du travail ou qu'il n'a donné lieu à aucun échange. Et le licenciement pour faute grave est exclu à ce moment (Cass. soc., 20 déc. 2017, n° 16-14983 P).

3) Reprise du travail

311. Emploi initial – L'issue de la période de suspension du contrat pour maladie se situe après l'examen médical. Si le travailleur est déclaré, il retrouve son emploi, ou un emploi identique assorti d'une rémunération équivalente, de la même qualification, et des mêmes perspectives de carrière (art. L. 1226-2 et L. 1226-8). Aucun retard de promotion ou d'avancement ne peut être subi à cette occasion (art. L. 1226-8, *in fine*). En cas de refus de reprendre le travail, sans nouvelle justification, le salarié se rend auteur d'une faute disciplinaire.

4) Reclassement

312. Inaptitude – La déclaration d'inaptitude physique par le médecin du travail requiert un double constat (art. L. 4624-4) :

- qu'aucune mesure d'aménagement, d'adaptation ou de transformation du poste de travail occupé n'est possible et
- que l'état de santé du travailleur justifie un changement de poste.

Ce double constat commande la recherche d'un reclassement sauf avis exprès contraire du médecin lorsque le maintien du salarié dans l'entreprise présente un risque grave pour sa santé (quelle que soit l'origine de l'inaptitude, professionnelle ou non : art. L. 1226-12, al. 2 et L. 1226-2-1 ; art. R. 4624-42, *in fine*).

Remarque

Si la simple mise en œuvre de mesures d'aménagement, d'adaptation, ou de transformation, de son poste, ou de son temps travail, suffit à permettre la réintégration, le salarié doit être déclaré apte (art. L. 4624-3). Ainsi, la modification du contrat de travail qu'entraîne un tel aménagement n'implique pas, en elle-même, la formulation d'un avis d'inaptitude : Cass. soc., 24 mars 2021, n° 19-16558 P.

313. Reclassement – En présence d'une inaptitude, l'employeur est tenu de proposer à son subordonné un emploi (et non un stage), disponible, approprié à ses capacités par la voie d'une formation adaptée, et aussi comparable que possible à celui précédemment occupé, notamment, en ce qui concerne la rémunération, quelle que soit la nature de l'inaptitude, professionnelle, ou non professionnelle et quelle que soit la forme du contrat de travail.

La recherche s'opère ici sur le territoire national (art. L. 1226-2 et L. 1226-10) au sein « de l'entreprise ou des entreprises du groupe dont l'organisation, les activités ou le lieu d'exploitation assurent la permutation de tout ou partie du personnel » (v. *supra*, n°s 42 et s.). Cela n'impose pas, cependant, de donner au salarié une formation de base différente de la sienne et relevant d'un autre métier.

314. Offre de reclassement – La proposition renferme des indications précises (pas nécessairement écrites) sur la structure des effectifs, les emplois existants, la possibilité de mutation ou de transformation de postes ainsi que des mesures d'aménagement de la durée du travail[6]. Sous réserve de respecter les préconisations du médecin, à défaut de quoi, il y aurait atteinte au devoir de sécurité, elle permet à son auteur de s'acquitter de ses obligations (art. L. 1226-2-1 et L. 1226-10)[7]. Mais le travailleur est toujours en droit de s'opposer à une révision même minime de ses conditions d'emploi.

Pour aller plus loin

Ce n'est que s'il y a opposition systématique que le refus du salarié est susceptible d'être abusif sauf fondement objectif (par ex. : une baisse de rémunération, un changement des conditions de vie).

315. Appréciation – Seules les recherches de reclassement compatibles avec les conclusions du médecin du travail, émises au cours de la visite médicale, ou après ce moment[8], sont prises en considération afin d'apprécier le respect par l'employeur de ses obligations[9]. Mais le comportement du salarié n'est pas étranger à l'évaluation des efforts accomplis par l'employeur[10]. Lorsqu'un avis a été délivré mais que celui-ci le rejette, le médecin ainsi que le travailleur doivent en être informés par un écrit motivé (art. L. 4624-6).

En l'absence de recherche de reclassement, le licenciement est dépourvu de cause réelle et sérieuse (v. *infra*, n° 350 et n° 375), voire nul lorsque l'employeur, par son comportement, manifeste son refus de prendre en compte la situation de son subordonné (art. L. 5213-6 et art. L. 1133-3)[11].

316. Contestations – Les contestations élevées sur les avis d'aptitude, d'inaptitude ainsi que les propositions de mesures individuelles émises par le médecin du travail sont portées devant le CPH statuant selon la procédure accélérée au fond (art. L. 4624-7, I et R. 4624-45). À cette occasion, une mesure d'instruction peut être confiée au médecin-inspecteur afin d'éclairer le juge sur les questions de fait relevant de sa compétence (art. R. 4624-43 et s.). La décision du juge se substitue aux avis, propositions, conclusions écrites ou indications contestés.

5) Rupture éventuelle

317. Modes – En l'absence de possibilité de reclassement (motivée par écrit : art. L. 1226-2-1 et L. 1226-12), ou en présence d'un refus du salarié, la voie du

6. Ce qui ne conduit cependant pas à imposer une mutation à un autre travailleur : Cass. soc., 15 nov. 2006, n° 05-40408 P.
7. Si l'employeur a sollicité l'avis du salarié, il doit en tenir compte : Cass. soc., 22 mars 2018, n° 16-24482.
8. Cass. soc., 8 juin 2017, n° 16-10791 ; au sujet du licenciement des salariés protégés, v. *infra*, n° 740.
9. Les possibilités d'emploi à durée déterminée doivent être présentées : Cass. soc., 4 sept. 2019, n° 18-19739.
10. Par ex., salarié ne souhaitant pas être reclassée au niveau du groupe : Cass. soc., 23 nov. 2016, n° 14-26326.
11. Cass. soc., 3 juin 2020, n° 18-21993 P.

licenciement pour motif personnel s'impose. Toutefois, la pratique d'une rupture conventionnelle est admise (art. L. 1237-11), sauf fraude ou vice du consentement[12].

318. Salaires – Le travailleur, qui n'est pas reclassé à l'issue d'un délai d'un mois à compter de la date de l'avis du médecin, a droit à la contrepartie de sa tâche quelles que soient les circonstances y compris s'il a retrouvé une activité[13]. La garantie est due même lorsque le salarié refuse le reclassement qui lui est proposé, quelle que soit la nature de l'inaptitude. La somme versée ne fait l'objet d'aucune retenue et présente la nature d'un salaire.

B - La maternité et l'adoption

319. Garanties – La salariée en état de grossesse bénéficie d'un certain nombre de droits dont le principal porte sur le congé qui entoure la venue au monde de l'enfant[14].

1) Suspension du contrat de travail

320. Périodes – La période de grossesse commence six semaines avant la date présumée de l'accouchement et se termine dix semaines après celle-ci. En tout état de cause, il est interdit d'employer une salariée durant huit semaines, au total, avant et après l'accouchement (art. L. 1225-17 et L. 1225-29) sous la menace de sanctions pénales. La période de congé, assimilée à une période de travail effectif en vue de la détermination des droits liés à l'ancienneté, est susceptible d'être prolongée (par ex. naissances multiples).

321. Aménagement – Une réduction maximale de trois semaines de la durée antérieure à l'accouchement peut être demandée sur avis favorable du médecin (avec report après cette date), sauf arrêt de travail prescrit avant l'accouchement (annulant le report).

Autres situations

Le/la salarié(e) qui adopte un enfant a le droit de suspendre son contrat, dans les mêmes conditions, selon des durées variables (art. L. 1225-37). Lors du décès de la mère, le père est également autorisé à interrompre sa tâche (art. L. 1225-28).

2) Protection contre le licenciement

322. Interdiction – Que le congé soit utilisé ou non, la personne protégée est prémunie contre le licenciement jusqu'à l'issue de celui-ci ainsi que durant les dix

---

12. Cass. soc., 9 mai 2019, n° 17-28767 P.
13. Cass. soc., 1er déc. 2021, n° 19-20139 : date de l'examen médical de reprise.
14. Droit à des autorisations d'absence (art. L. 1225-3-1), droit de résilier, sans préavis, le contrat à l'issue du congé de maternité, etc. Il existe un congé de paternité et d'accueil de l'enfant (art. L. 1225-35, al. 3 et 5 ; art. L. 1225-35-1).

semaines qui lui font suite dès information de l'employeur (art. L. 1225-4)[15]. Seule une rupture justifiée par certains motifs particuliers est admise au cours de cette période (v. *infra*, n° 334). En tous les cas, la résiliation du contrat à l'initiative de l'employeur ne peut prendre effet, être signifiée ou préparée[16], pendant la période de congé légal sous réserve des dix semaines qui suivent celle-ci. Il appartient à la salariée de faire connaître son état par LRDAR ou tout document médical attestant son état (art. L. 1225-1), au plus tard, dans un délai de quinze jours, délai préfix, à compter de la rupture (art. L. 1225-5)[17]. Toute convention contraire à ces règles protectrices est nulle de plein droit (v. *infra*, n° 354).

323. Admission – Sauf fraude ou vice du consentement, la rupture conventionnelle demeure possible au cours du congé et des dix semaines suivant l'issue de celui-ci (art. L. 1237-11 ; v. *infra*, n° 459).

3) Retour dans l'entreprise

324. Garanties – À l'issue du congé, la salariée retrouve son emploi, ou un emploi similaire, assorti d'une rémunération, au moins, équivalente, même si un changement d'affectation a été opéré au début de la grossesse. Sur le plan salarial, il s'agit d'une exigence minimale (sur le droit aux majorations, v. art. L. 1225-26)[18]. La salariée a également droit à un entretien d'orientation dont l'objet est l'élaboration d'un projet personnalisé (art. L. 1225-27). Elle subit un examen médical (art. R. 4624-22) qui n'a pas pour effet de différer jusqu'à cette date la période de protection instituée la loi[19].

---

15. Suspendue exclusivement par la prise immédiate des congés payés après celui de maternité et dont le point de départ est reporté à la date de la reprise du travail (art. L. 1225-4). Cela inclut le jeune père (art. L. 1225-4-1).
16. Cass. soc., 1er févr. 2017, n° 15-26250 (ex. embauche). Mais non le fait pour l'employeur de proposer un reclassement avant un licenciement pour motif économique : Cass. soc., 14 sept. 2016, n° 15-15943 P ; ou de s'informer : Cass. soc., 6 nov. 2019, n° 18-20909. Le père ne bénéficie pas cette protection étendue : Cass. soc., 30 sept. 2020, n° 19-12036.
17. Date d'expédition du courrier. La connaissance de l'employeur peut encore résulter de la communication des arrêts de travail au titre d'une maternité pathologique : Cass. soc., 15 janv. 2020, n° 18-24736.
18. Est cependant admis le non-versement d'un bonus lié aux conditions de travail lorsque ces conditions ne sont plus subies : Cass. soc., 19 sept. 2018, n° 17-11618 P.
19. Cass. soc., 21 oct. 2020, n° 19-20570.

CHAPITRE 8

Le licenciement

325. Cadres généraux – Sur le corps des règles issues de la loi du 13 juillet 1973 (L. n° 73-680), qui forment le régime de base du licenciement pour motif inhérent à la personne du salarié, s'est développé un autre ensemble de dispositions dont l'objet est de réglementer la rupture du contrat de travail fondée sur des considérations liées au fonctionnement de l'entreprise. On évoque alors les licenciements pour motif économique. Le salarié ne peut, par avance, renoncer à l'ensemble de ces règles (art. L. 1231-4).

1 • LA VARIÉTÉ DES MOTIFS DE LICENCIEMENT

326. Ordre public – Si l'on exclut la période d'essai, le contrat de travail à durée indéterminée n'est susceptible d'être rompu par l'employeur que dans les formes que la loi prévoit et sous la condition de satisfaire à l'exigence légale de justification (art. L. 1232-1, al. 1er et 2).

A - L'exigence de réalité et de sérieux du motif

327. Objectivisation – Tout licenciement doit être justifié par une cause réelle et sérieuse (art. L. 1232-1, al. 2 et L. 1233-2, al. 2). Cette cause peut être inhérente ou non à la personne du salarié (motif « économique »). La réalité de la cause recouvre la preuve que le motif avancé par l'employeur est objectif, exact et vérifiable. L'évocation du sérieux, en revanche, désigne une condition de fond à laquelle il appartient au juge de donner un contenu à la date où a été prise la décision de rompre le contrat.

Remarque

S'agissant du motif économique, cela n'exclut ni la prise en compte d'éléments antérieurs ou postérieurs à ce moment (par ex. la dégradation de la situation dans les années à venir, révélée exacte), ni même la simple perspective de difficultés auxquelles seule une réorganisation est de nature à remédier.

328. Cumul de causes – En cas de pluralité de motifs, doit être prise en considération celui qui est premier et déterminant (par ex. si l'insuffisance de résultats est due à la conjoncture difficile, le licenciement, en principe, présente une nature économique).

B - Les différents motifs de licenciement

329. Deux catégories – Le motif personnel et le motif économique se partagent le champ de la cause réelle et sérieuse.

1) Motifs inhérents à la personne du salarié

330. Compétence – De l'appréciation de la compétence du salarié découlent deux motifs susceptibles de fonder le licenciement, l'inaptitude professionnelle et l'insuffisance de résultats que seule distingue la fixation d'objectifs négociés avec l'intéressé ou imposés par l'employeur dans l'exercice de son pouvoir de direction. Différents facteurs sont alors pris en compte : le temps accordé au travailleur afin de se familiariser à ses tâches, le caractère inadapté de celles-ci, l'organisation de l'entreprise, la réussite à des examens dont la mise en œuvre s'impose à l'employeur, etc. À cette occasion, il convient de s'assurer que ce dernier a mis en œuvre, sans que la demande ne lui en a été faite, son obligation d'adaptation à l'évolution de l'emploi dans l'objectif de dispenser une formation complémentaire, à titre exclusif (art. L. 6321-1). Quant à l'insuffisance de résultats, elle ne peut être imputée que dans la mesure où des objectifs précis et accessibles ont été portés à la connaissance du salarié.

> ***Remarque***
>
> Ces motifs échappent au domaine disciplinaire lorsqu'ils ne proviennent pas d'un comportement délibéré du travailleur (v. *supra*, n° 266).

331. Comportement – La perte de confiance éprouvée par l'employeur n'est pas, en tant que telle, motif de licenciement. Est donc interdit le licenciement fondé sur le seul risque d'un conflit d'intérêts, par exemple. En revanche, le grief tiré de l'incompatibilité de vues est recevable dès lors qu'il repose sur des éléments précis consistant, par exemple, dans un dénigrement public émanant d'un cadre de haut niveau à l'égard de sa direction. Il en va de même d'une mésentente entre travailleurs ou encore avec le supérieur hiérarchique. Quant à l'atteinte à la dignité d'un collègue de travail, elle requiert l'intention de nuire et le sentiment d'humiliation.

332. Faits de la vie professionnelle – Il est interdit de procéder au licenciement pour un fait de la « vie personnelle ». La notion de vie personnelle, qui est propre au Droit social et plus large que celle de vie privée (CESDH, art. 8 ; C. civ., art. 9), est érigée au rang de liberté individuelle. Sur son fondement, ont été délimitées des sphères de protection à l'intérieur même de la vie professionnelle où le salarié a droit au respect de son intimité.

En pratique, cela ne signifie pas, par exemple, que l'ensemble des documents en possession de l'intéressé, connexions, SMS au moyen de l'instrument mis à disposition par l'employeur, sur son lieu de travail relèvent de sa vie personnelle ou privée. Ces éléments, quoiqu'ils émanent de la messagerie électronique du salarié, sont présumés professionnels sauf preuve contraire fondée sur une mention « personnel » explicite (prénom, marque-pages insuffisant). L'employeur peut alors y accéder seul sous réserve de ne pas les utiliser sans l'accord de l'intéressé en vue d'une sanction lorsque leur contenu relève de la vie privée[1]. Le juge européen, de son côté, évoque un contrôle « raisonnable »[2] notamment lorsque l'employeur a des motifs légitimes de suspecter des actes graves (ex. concurrence déloyale ; infraction aux mœurs, etc.). L'accès au compte Facebook peut être justifié par l'exercice du droit à la preuve lorsque l'atteinte à la vie privée est proportionnée au but poursuivi[3]. Quant aux propos tenus par le subordonné sur ce compte dès lors que celui-ci est sécurisé, ils relèvent de conversations privées insusceptibles de donner lieu à sanction quel qu'en soit le contenu[4].

Pour aller plus loin

Le recours à la géolocalisation en vue du contrôle de la durée du travail n'est possible qu'en l'absence de tout autre instrument de vérification et se trouve soumis au principe de justification ainsi que de proportionnalité (en ce sens : CE, 15 déc. 2017, n° 403776 ; Cass. soc., 16 déc. 2020, no 19-10007 ; interdit hors du temps de travail : délib. CNIL 2015-165 du 4 juin 2015).

333. Faute – Le Droit du travail connaît différents niveaux de faute dont le choix revient à l'employeur. En conséquence, si le juge remet en cause la gravité des faits, il n'y a place pour aucun rattrapage notamment par la voie d'une requalification. Tout licenciement disciplinaire doit être au moins fondé sur une faute sérieuse. Celle-ci repose sur un fait (suffisant) ou plusieurs faits exacts et vérifiables. Elle rend le maintien du contrat impossible sans perte des indemnités de rupture (art. L. 1232-1). Au-dessus de la faute sérieuse se situe la faute grave qui, en revanche, s'oppose à ce que le travailleur perçoive ces indemnités (art. L. 1234-1 et L. 1234-9). Il est jugé de manière constante que la faute grave résulte d'un fait ou d'un ensemble de faits imputables au salarié qui constitue une violation des obligations découlant du contrat d'une importance telle qu'elle en rend impossible le maintien pendant la durée du préavis.

Illustrations

Éléments distinctifs : préjudice (quoique non réalisé), caractère très insignifiant de l'acte (par ex. fumer dans un couloir) ; durée du processus disciplinaire (un « délai restreint » est exigé, sauf nécessités de l'enquête). Facteurs atténuants : ancienneté, absence de tout antécédent (par ex. une gifle après trente ans de carrière), contexte (par ex. des insultes durant une fouille, etc.), certains comportements de harcèlement, etc. Le juge du droit n'exerce plus ici qu'un contrôle léger sur la gravité de la faute.

L'ordre reçu n'est pas un fait justificatif. À l'opposé, le refus de s'y soumettre, notamment s'il prend la forme d'une sanction, réalise une faute le plus souvent grave.

Quant à la faute lourde, elle peut être vérifiée lorsque, au moment des faits, le travailleur était mû par l'intention de nuire à l'employeur ou à l'entreprise (par ex. un

1. CEDH, 22 févr. 2018, req. n° 588/13 (hors la présence du salarié). Dans le cas contraire : Cass. soc., 9 sept. 2020, n° 18-20.489 (au soutien d'une sanction disciplinaire).
2. CEDH, 4ᵉ sect., 12 janv. 2016, n° 61496/08.
3. Cass. soc., 30 sept. 2020, n° 19-12058 P.
4. Cass. soc., 12 sept. 2018, n° 16-11690 P : caractère fermé du groupe et faible nombre de personnes associées. Au sein de groupes ouverts ou comptant un grand nombre de participants, le propos est soumis au régime de l'abus (v. *supra*, n° 288).

comportement destructeur, ruineux ou violent : par ex. un geste de menace d'égorgement). Cette faute prive du bénéfice de certains droits (indemnités de licenciement) et peut justifier l'engagement de la responsabilité contractuelle de son auteur (par ex. en cas de détérioration de matériel, art. L. 3251-2). Il s'en déduit que la démonstration de l'existence d'un préjudice, même considérable, ne suffit pas à caractériser la faute lourde.

334. Motifs particuliers – Durant la période de suspension du contrat pour cause de maladie professionnelle ou de maternité, l'employeur se voit interdire de prononcer le licenciement à moins de justifier soit d'une faute grave, soit de l'impossibilité où il se trouve, pour un motif non lié à l'accident, à la maladie, ou à la maternité de maintenir la relation de travail (art. L. 1225-4, al. 2 et L. 1226-9)[5]. Lorsque l'origine de la maladie est non professionnelle, un licenciement indemnisé est envisageable pour motif étranger à l'état médical (par ex. une faute), ou sur le fondement de l'évocation expresse d'un danger (v. *supra*, n° 312). La gêne occasionnée par l'absence du salarié pour l'entreprise, dans son ensemble, ou pour un service essentiel au bon fonctionnement de celle-ci, peut également suffire sauf faute de l'employeur (ex. harcèlement moral). Cela suppose alors qu'il ne soit pas possible de procéder autrement qu'à un remplacement définitif (sur le poste ou un autre poste), à une époque proche du licenciement, ou dans un délai raisonnable à la suite de celui-ci[6], ce qu'il appartient à l'employeur de démontrer et au juge d'apprécier à la date de la rupture (ex. exclu en cas de sous-traitance).

Enfin, dans le contexte d'une inaptitude médicale, en l'absence de reclassement, peut encore être invoquée l'impossibilité de proposer un emploi (situation contraignante : par ex. insécurité ; par ex. état de santé ; par ex. cessation d'activité), ou le refus par le salarié de l'offre qui lui a été adressée.

Pour aller plus loin

Les conventions collectives instituent souvent des périodes de protection au cours desquelles le licenciement est interdit, sauf faute grave.

2) Motifs non inhérents à la personne du salarié

335. Définition – La loi désigne un élément permettant d'identifier la cause de la rupture ainsi qu'un élément justifiant l'existence de celle-ci (art. L. 1233-3, al. 1er). L'un et l'autre sont applicables à toute cessation du contrat de travail ce qui inclut, par exemple, les départs volontaires mais uniquement lorsque ceux-ci sont associés au licenciement, à l'exception donc de la rupture d'un commun accord dans le cadre d'un accord collectif (art. L. 1233-3, *in fine ;* v. *infra*, nos 467 et s.). Le licenciement est parfois encore exclu de ce champ en vertu de la loi (par ex. : accords de performance collective ; v. *supra*, n° 31).

---

5. La faute grave que manifeste un manquement à l'obligation de loyauté (Cass. soc. 3 févr. 2021 n° 18-25129), en outre, ne doit pas être liée à la grossesse ; par ex. : Cass. soc., 31 mars 2016, n° 15-13069 P. Exclu, en revanche, le motif économique (Cass. soc., 27 mai 2020, n° 18-20142) ou les perturbations occasionnées au fonctionnement de l'entreprise (Cass. soc., 9 déc. 2020, n° 19-19273).
6. Cass. soc., 24 mars 2021, n° 19-13188 P : remplacement intervenu six mois après le licenciement.

a) Éléments qualifiant

336. Trois causes – Constitue un licenciement pour motif économique, celui effectué pour un ou plusieurs motifs résultant :

- de la disparition ou de l'externalisation des tâches exécutées chez l'employeur : suppression des tâches (pure et simple, par répartition ou par désintégration) ;
- de la métamorphose de la prestation : transformation d'emploi (par ex. : accomplissement du travail par un bénévole, ou par un indépendant) ce qui implique alors souvent une modification du contrat (v. ci-dessous) ;
- de la modification refusée par le salarié d'un élément essentiel du contrat de travail proposée pour un motif non inhérent à sa personne (ex. délocalisations géographiques à caractère international).

Pour aller plus loin

La matérialité de ces éléments s'apprécie au niveau de l'entreprise (art. L. 1233-3, al. 11). Il peut y avoir création de nouveaux emplois et suppression simultanée de tâches.

b) Éléments justifiant

337. Motif conjoncturel (art. L. 1233-3, al. 2) – Le plus souvent, la justification de la suppression d'emploi se situe dans les difficultés que rencontre l'entreprise lesquelles génèrent directement le licenciement sans compromettre nécessairement l'avenir de cette dernière. Celles-ci sont caractérisées en l'absence de toute faute de l'employeur :

- soit par l'évolution « significative » d'au moins un indicateur économique tel qu'une baisse des commandes (en valeur), ou du chiffre d'affaires, des pertes d'exploitation, ou une dégradation de la trésorerie, ou de l'excédent brut d'exploitation ;
- soit par tout autre élément de nature à justifier de ces difficultés (donc en dehors des indicateurs précédents).

Pour aller plus loin

Il n'est pas dit que seule la baisse suffit ce qui laisse place à l'appréciation du juge (par ex. après une période hausse continue). Sur le plan temporel, une telle baisse est constituée dès lors que sa durée est, en comparaison avec la même période de l'année précédente (de date à date), au moins égale à celle que décrit la loi et qui varie au regard des effectifs de l'entité concernée (un trimestre pour une entreprise de moins de onze salariés jusqu'à quatre trimestres consécutifs pour une entreprise de trois cents salariés et plus). Mais la dégradation de la trésorerie, ou de l'excédent brut d'exploitation, est évaluée au moment du licenciement, sans plus d'indications.

338. Motifs structurels – Des mutations technologiques sont de nature à fonder le licenciement en l'absence de difficultés économiques (art. L. 1233-3, al. 8). Surtout, il est reconnu à l'employeur la possibilité de licencier à l'occasion d'une réorganisation (art. L. 1233-3, al. 9) justifiée par la sauvegarde de la compétitivité de l'entreprise, ou d'un secteur d'activité du groupe auquel appartient celle-ci, à titre exclusif. Il s'en déduit que l'objectif d'augmenter les bénéfices ne suffit pas, à l'instar de la volonté de « restructurer », ou de « réduire les charges ». Il revient donc au juge de caractériser la menace pesant sur la compétitivité et l'absence de faute commise par l'employeur dans ce contexte[7]. Toutefois, la jurisprudence n'impose pas le constat de « nécessités de réorganisation indispensables à la sauvegarde de l'activité de l'entreprise » (Cons. const., déc. n° 2001-455, 12 janv. 2002).

Illustration

Suffisant : l'objectif de prévenir des difficultés liées à des évolutions technologiques et leurs conséquences sur l'emploi ; insuffisant : la volonté de mettre fin à des nuisances causées à l'environnement.

Sur le plan géographique, la réalité de ces éléments s'apprécie à l'échelle de l'entreprise ou du secteur d'activité du groupe auquel celle-ci appartient. Le groupe est ici caractérisé par le contrôle d'une entreprise dominante[8], dont le siège peut être à l'étranger, sur des entreprises situées en France (art. L. 1233-3, al. 13 ; v. *supra*, n° 44). Quant au secteur d'activité, il est identifié au moyen d'éléments concrets dont la loi fournit une liste indicative tels les biens ou services délivrés, la clientèle ciblée, les réseaux ou modes de distribution, se rapportant au même marché « notamment » (art. L. 1233-3, al. 14)[9]. Ce cadre ne peut donc plus aujourd'hui déborder les frontières nationales sauf fraude que le Code du travail évoque explicitement (ex. transfert de charges d'une filiale française à une autre)[10].

339. Cessation d'activité – La fermeture de l'entreprise fonde logiquement le licenciement économique (art. L. 1233-3, al. 10). Sans légèreté blâmable et sans faute des dirigeants, elle constitue une justification autonome sous réserve de l'appréciation de la situation de l'entreprise, ou du groupe d'entreprises (ex. légèreté blâmable lorsque l'objectif est d'améliorer la rentabilité, y compris lorsque la décision est prise au rang du groupe). Une telle situation doit être distinguée de la cessation partielle (par ex. une ligne aérienne) qui ne constitue pas en soi un motif sans évocation d'un autre élément qualifiant (ex. : en cas de réorganisation de l'entreprise), ou de la fermeture temporaire.

Pour aller plus loin

La fermeture décidée au sein d'un groupe où les entreprises ont la qualité de co-employeurs (v. *supra*, n° 45) n'est pas un motif suffisant. En ce cas, la santé économique des co-employeurs doit encore justifier la cessation d'activité.

7. Cass. soc., 4 nov. 2020, n° 18-23029 P : une erreur dans l'évaluation d'un risque de gestion ne constitue pas une telle faute.
8. Dans les conditions définies à l'article L. 233-1, aux I et II de l'article L. 233-3 et à l'article L. 233-16 du Code de commerce. Le contrôle peut être exercé par une personne physique ou morale : Cass. soc. 21 sept. 2017 n° 16-23223 P.
9. La spécialisation d'une entreprise dans le groupe ne suffit pas à exclure son rattachement à un même secteur d'activité (Cass. soc., 31 mars 2021, n° 19-26054 P). Les réseaux de franchises et de concessions ne sont pas intégrés dans cette définition.
10. Cass. soc., 24 mai 2018, n° 17-12560 P : remontée de dividendes de la part des filiales françaises dans des proportions manifestement anormales ; en revanche : Cass. soc., 24 mai 2018, n° 16-18307 (simple faute de gestion insuffisante).

Cette énumération légale n'étant nullement exhaustive (art. L. 1233-3, al. 1, *in fine* : « notamment »), la jurisprudence peut être amenée à la compléter.

c) Situations particulières

340. Transfert d'entreprise – La volonté du repreneur de poursuivre seul l'exploitation n'est pas un motif de licenciement. Encore faut-il qu'il y ait des raisons économiques ou techniques impliquant une suppression d'emploi, ou la cessation complète de l'activité.

Quant à la rupture prononcée par le cédant, elle se trouve « privée d'effet » à moins que l'employeur recherche une offre de reprise (art. L. 1233-61 al. 3 et L. 1233-62 1° ; v. *infra*, n° 401), que l'entreprise fasse l'objet d'une procédure collective (art. L. 1233-58 et s. ; par ex. C. com., art. L. 626-2, al. 4), ou en cas de refus injustifié du transfert par le salarié.

341. Option – Le travailleur qui n'a pas été repris par l'acquéreur peut demander la poursuite de son contrat, quoiqu'il ait été licencié par le cédant. À défaut de l'obtenir, une indemnisation lui est accordée à la charge de l'ancien comme du nouvel employeur à moins que le repreneur ait manifesté l'intention de le conserver à son service. L'entente illicite entre les employeurs successifs justifie une condamnation *in solidum*.

d) Contrôle du motif économique par le juge judiciaire

342. Portée – Le motif économique du licenciement défini à l'article L. 1233-3 du Code du travail peut être contesté à l'occasion de la rupture du contrat de travail devant la juridiction prud'homale. En cette matière, le Conseil constitutionnel a rappelé que l'objectif du maintien de l'emploi ne justifie aucunement que soient portées des atteintes manifestement excessives à la liberté d'entreprendre (déc. n° 2001-455, 12 janvier 2002). La Cour de cassation, de son côté, a clairement délimité les pouvoirs du juge en indiquant qu'il n'appartient pas à celui-ci de contrôler le choix économique de l'employeur sous réserve qu'il n'y ait pas manœuvre délibérée de la part de ce dernier conduisant à la liquidation forcée de l'entreprise[11]. Cette orientation conduit à rejeter l'erreur de gestion ou l'évaluation erronée du risque inhérent au choix économique comme fondement de la légèreté blâmable du dirigeant. En conséquence, sont seules censurées les décisions patronales manifestement « déraisonnables » notamment au regard des profits réalisés par l'entreprise (v. *supra*, b).

C - La preuve en droit du licenciement

343. Fondements – La preuve en droit du licenciement obéit à des règles assez diverses. Lorsqu'est en cause la démonstration du motif de la rupture, c'est la lettre de licenciement qui nourrit la conviction du juge.

11. Cass. ass. plén., 8 déc. 2000, « SAT », n° 97-44219 P ; Cass. soc., 24 mars 2010, n° 09-40444.

1) Diversité des régimes

344. Objets – La démonstration de l'existence du licenciement, ou celle de l'abus de droit, incombe au demandeur, c'est-à-dire, le plus souvent, au salarié. Il en découle qu'en cas de doute persistant celui-ci succombe (C. civ., art. 1353 ; CPC, art. 9). En revanche, si l'objet de la preuve porte sur le motif réel et sérieux (art. L. 1232-6 et L. 1235-1), la charge principale de l'administration des éléments de conviction repose sur l'employeur. Le Code du travail en tire les conséquences de manière originale à l'égard du risque de la preuve : lorsqu'un doute subsiste dans l'esprit du juge, il profite alors au salarié[12].

345. Partage – Il appartient au CPH de former sa conviction après avoir écouté les parties. Le travailleur n'est donc pas totalement dispensé de participer à la preuve. Sa carence dans l'administration des éléments de conviction fait d'ailleurs peser la balance en faveur de son adversaire (CPC, art. 146). En raison de la difficulté pour le salarié de se procurer des preuves, il revient au juge de mettre en œuvre les mesures d'instruction qu'il estime utiles et de s'assurer que l'employeur a rempli ses obligations de motivation au cours de la procédure de licenciement[13].

Pour aller plus loin

- Il est admis que le salarié produise en justice les documents dont il a eu connaissance « à l'occasion de l'exercice de ses fonctions » et qui sont strictement nécessaires à l'exercice de ses droits de défense à l'occasion d'un litige prud'homal avec l'employeur (la preuve incombe au travailleur).
- Lorsque le motif est économique, l'employeur est soumis à une obligation de motivation et d'information renforcée (art. R. 1456-4).

2) Rôle de la lettre de licenciement

346. Limites du litige – La loi commande à l'employeur d'énoncer dans la lettre de rupture le ou les motifs de licenciement (des modèles sont proposés : art. L. 1232-6, *in fine*). Ce ou ces motifs peuvent être précisés (sur ce contenu, v. *infra*, b), après notification de celle-ci, soit par l'employeur, soit à la demande du salarié dans les quinze jours de sa réception[14]. Il est posé pour principe que cette énonciation, ainsi complétée le cas échéant, fixe les limites du litige et qu'en son absence, son auteur est présumé n'avoir aucun motif.

---

12. Art. L. 1235-1, al. 2. C'est d'ailleurs à l'auteur du licenciement qu'incombe en totalité la démonstration de la faute grave ou de la faute lourde. En cas de discrimination, v. *supra*, n° 217.
13. Il lui est fait défense de fonder une conviction uniquement et de manière déterminante sur des témoignages anonymes : Cass. soc., 4 juill. 2018, n° 17-18241 P. Sur la prohibition des stratagèmes portant atteinte à la loyauté de la preuve : Cass. ass. plén., 9 déc. 2019, n° 18-86767 P ; au sujet du compte facebook : Cass. soc., 30 sept. 2020, n° 19-12058 P, préc.
14. Art. L. 1235-2 par LRDAR ou remise contre récépissé ; l'employeur dispose alors d'un délai de quinze jours pour apporter des précisions s'il le souhaite selon les mêmes modalités : art. R. 1232-13 et R. 1233-2-2.

Remarque

Faute de demande de précision formulée par le salarié, l'indemnisation due à ce dernier est réduite au titre de l'insuffisance de motivation (art. L. 1235-2, al. 3 ; v. *infra*, n° 371).

347. Primauté – La lettre de licenciement l'emporte sur tout autre support (par ex. motivation écrite ou orale durant l'entretien). Il appartient au juge prud'homal de s'assurer de son contenu[15]. À cette occasion, rien ne s'oppose à ce que soient requalifiés les faits à l'origine de la rupture (CPC, art. 12 ; sans aggraver la faute retenue), ou vérifié, au-delà des énonciations de la lettre, le motif exact de licenciement au regard du comportement antérieur ou postérieur au licenciement de l'employeur. Le juge est donc invité à examiner l'ensemble des éléments portés par écrit à la lumière de ceux introduits au cours du débat, ou qu'il découvre à l'occasion de ses recherches. En conséquence, des compléments d'information sont accueillis après la notification du licenciement (par ex. des mises en demeure évoquées mais non fournies) mais non des motifs nouveaux.

Remarque

L'énonciation que renferme la lettre peut constituer un élément de preuve au profit du salarié (par ex. en matière de harcèlement).

348. Contenu – Il est jugé avec constance que satisfont aux prescriptions de la loi les énonciations « objectives et matériellement vérifiables » : insuffisance professionnelle, indélicatesse ou manque de motivation, difficultés relationnelles, etc. Lorsque le motif est non inhérent à la personne du salarié[16], le juge admet différentes combinaisons entre les éléments de la définition légale (v. *supra*, n° 335 ; par ex. une réorganisation justifiée par des difficultés économiques). Ces énonciations constituent, par conséquent, une base de discussion. L'employeur est autorisé à en développer le contenu (par ex. une insuffisance professionnelle à l'origine d'erreurs).

Des limites sont toutefois posées. C'est ainsi que l'évocation de « difficultés relationnelles » est insuffisante, comme celle « d'incompatibilité d'humeur ». La datation des faits n'est requise qu'en matière disciplinaire.

Pour aller plus loin

Le caractère légal de l'obligation d'énonciation justifie toute infraction de diffamation non publique à condition que la lettre ne comporte pas de mentions ou de griefs superflus.

349. Doute subsistant – Lorsque la balance demeure en suspens, le doute profite au salarié (art. L. 1235-1, *in fine*). Dans ce cas, c'est moins une carence dans la preuve

15. Et, en matière disciplinaire, de qualifier les faits invoqués : Cass. soc., 16 sept. 2020, n° 18-25943 P.
16. Cass. soc., 31 mars 2021, n° 19-26054 P : c'est à l'employeur qu'il incombe de démontrer, dans le périmètre pertinent, la réalité et le sérieux du motif économique invoqué. En revanche, le niveau d'appréciation de cette cause économique, lorsque l'entreprise appartient à un groupe, n'a pas à être précisé : Cass. soc., 14 avril 2021, n° 18-12660.

qu'un trop-plein d'éléments qui s'oppose à ce que le CPH forme sa conviction, ce qu'il lui appartient de motiver.

En cas de poursuites répressives, le sursis à statuer dans l'attente de la décision pénale s'impose uniquement si l'action prud'homale tend à la réparation d'un préjudice résultant directement de l'infraction (CPP, art. 4 ; v. *supra*, n° 268). Une décision définitive de relaxe prononcée par le juge répressif (absence de preuve ou doute persistant) s'impose également à l'instar d'un défaut de qualification des faits si l'employeur a imprudemment visé celle-ci dans la lettre de licenciement. Toutefois, l'évaluation du trouble qu'occasionne au sein de l'entreprise la décision de relaxe relève du CPH, sous réserve de l'interdiction générale de prise en compte de la vie privée ou personnelle du salarié. Et, en tous les cas, le juge demeure parfaitement libre dans l'appréciation de la faute.

D - La sanction de l'absence de cause réelle et sérieuse

350. Principe – En droit français, l'indemnisation du préjudice résultant de la perte injustifiée d'emploi constitue la sanction normale du licenciement sans motif. La nullité de la rupture demeure exceptionnelle.

1) Indemnisation

351. Barème – La réintégration, peu pratiquée puisqu'elle suppose l'accord des parties intéressées (art. L. 1235-3), laisse place à l'indemnisation, en tous les cas, de la perte injustifiée de l'emploi dont s'induit un préjudice pour le salarié[17] (art. L. 1235-5 ; v. Circ. n° C3/201910006558, 26 févr. 2019)[18] :

- sous condition d'effectif de onze salariés dans l'entreprise, effectif habituel à la date d'envoi de la lettre de licenciement : comprise entre des montants minimaux et maximaux fixés par la loi en fonction de l'ancienneté à partir d'une année[19] : un an : un mois/deux mois ; à partir de deux ans, le minimum est de trois mois mais le maximum varie : deux ans/trois mois et demi (six mois avant 2017) ; cinq ans/six mois ; dix ans/dix mois (...) trente ans et plus/vingt mois. En deçà d'une année d'ancienneté : un mois maxi, pas de minimum ;
- sous un effectif de onze salariés dans l'entreprise, seuls ces minima évoluent à partir d'une année d'ancienneté : un an/un demi-mois ; deux ans/un demi-mois ; cinq ans/un mois et demi ; dix ans/deux mois et demi.

17. Cass. soc., 13 sept. 2017, n° 16-13578 P.
18. Selon un barème indicatif en cas d'accord des parties devant le bureau de conciliation et d'orientation (art. L. 1235-1, al. 1er et D. 1235-21).
19. En années complètes et en mois de salaire brut (précédent le licenciement ou l'arrêt de travail pour maladie). Le juge peut tenir compte également des indemnités versées à l'occasion de la rupture (hors indemnité légale de licenciement). D'autres éléments entrent en ligne de compte : l'âge du salarié, les difficultés de réinsertion, etc.

Pour aller plus loin

La formation plénière pour avis de la Cour de cassation a estimé que ces dispositions étaient compatibles avec les stipulations de l'article 10 de la Convention n° 158 de l'OIT, l'État n'ayant fait qu'user de sa marge d'appréciation (Cass. avis, 17 juill. 2019, n° 15012).

352. Absorption – La preuve de l'absence de cause réelle et sérieuse ouvre droit à réparation du préjudice subi tant du fait du défaut de motif que de l'irrégularité de la procédure (art. L. 1235-2 : pas de cumul sauf exceptions). Cette solution impose au juge du fond (référé exclu) de procéder à l'examen du motif de la rupture avant de s'attacher à celui des formalités suivies.

353. Autres réparations – Des dommages-intérêts peuvent encore être sollicités sur le fondement du droit commun en raison d'un préjudice supplémentaire (par ex. vexations). Enfin, il est également ordonné le remboursement aux organismes concernés de tout ou partie des indemnités de chômage versées (sur les conditions : art. L. 1235-4).

2) Nullité

354. Situations – Sanction redoutable, quoiqu'assez rare, la nullité du licenciement pour absence de motif emporte, alors obligatoirement, réintégration du salarié dans l'emploi si ce dernier le souhaite, sans délai et même en référés (art. L. 1235-3-1). Encore faut-il :

- que la loi la prévoie : faits de harcèlements (art. L. 1152-3 et L. 1153-4), discrimination (art. L. 1132-4 ; ex. état de santé[20]), maladie professionnelle (art. L. 1226-13), maternité (art. L. 1225-71), lutte contre la corruption, dénonciation de faits illicites (art. L. 1132-3-3, al. 2), convictions religieuses (art. L. 1131-1), etc. ; ou
- qu'une liberté fondamentale soit en cause (art. L. 1235-3-1, al. 1er : par ex. action en justice que la démarche soit fondée ou non ; art. L. 1144-3) ; atteinte au mandat de salarié protégé (v. *infra*, n° 744).

Pour aller plus loin

Le régime de la preuve est alors parfois modifié : en l'absence de cause réelle et sérieuse, il appartient à l'employeur d'apporter cette preuve (Cass. soc., 16 déc. 2020, n° 19-15644). Dans le cas contraire (lettre de licenciement ne visant pas l'action en justice), c'est au salarié qu'il revient de démontrer que la rupture de son contrat de travail constitue une mesure de rétorsion (Cass. soc., 9 oct. 2019, n° 17-24773 P).

355. Incidences – Lorsque le travailleur est réintégré avec maintien de l'ancienneté, il convient de considérer qu'il a décidé de tenir son licenciement pour nul et non avenu. La période de son éviction est indemnisée même s'il a exercé une activité en dehors de l'entreprise lorsqu'une liberté ou un droit fondamental garanti par la Constitution est atteint (par ex. victime de discrimination fondée sur l'état de santé ou la maternité[21] ;

---

20. Dans ce cas, le salarié qui souhaite sa réintégration doit caractériser une atteinte au droit à la protection de sa santé : Cass. soc., 11 juill. 2012, n° 10-15905 P (Préamb. Const. 1946, §. 11).
21. Cass. soc., 29 janv. 2020, n° 18-21862 P et Cass. soc., 17 févr. 2021, n° 19-21331.

salarié protégé, syndicaliste, gréviste, protection du droit d'agir en justice). Le juge opte en d'autres situations pour la réparation du préjudice réellement ressenti à la demande de l'employeur (discriminé à raison de l'âge, victime de harcèlement, violation des dispositions protectrices sur les AT-MP, etc.)[22]. Si le salarié ne demande pas sa réintégration, il a droit aux indemnités de rupture ainsi qu'à une somme réparant intégralement le préjudice résultant du caractère illicite de celle-ci (art. L. 1235-3-1) en cumul avec la rémunération due dans certains cas (maternité entre la date d'éviction et la fin de la protection de dix semaines, art. L. 1225-71[23], v. *supra*, n° 322 ; représentants du personnel ; v. *infra*, n° 749).

Le montant de la réparation est souverainement apprécié par le CPH dès lors qu'il est au moins égal aux six derniers mois de salaires, quelle que soit l'ancienneté (barème légal exclu). En présence d'une pluralité de motifs, si l'un d'eux porte atteinte à une liberté, ou un droit fondamental, le juge est désormais invité à les examiner tous avant de procéder à l'évaluation de l'indemnisation (art. L. 1235-2-1).

Pour aller plus loin

– Le périmètre de la réintégration est limité à l'entreprise ou l'UES.
– Cette réintégration est écartée en cas d'impossibilité matérielle (sur les cas, v. *infra*, n° 436 ; par ex. l'entrée au service d'un autre employeur ne constitue pas une telle impossibilité : Cass. soc., 10 févr. 2021, n° 19-20397 P). Le remboursement des allocations-chômage est exclu sauf exceptions (par ex. discriminations, harcèlement sans condition).

2. LA DIVERSITÉ DES PROCÉDURES DE LICENCIEMENT

356. Caractères – Toute procédure de licenciement revêt une nature individuelle puisqu'elle conduit l'employeur à rompre le lien professionnel établi avec le salarié. Toutefois, une dimension collective s'y superpose parfois lorsqu'une compression des effectifs est envisagée.

A - La procédure de licenciement individuel

357. Étapes – De l'individualisation de la procédure de licenciement se déduisent deux formalités : un entretien avec le salarié puis une notification de la décision prise par l'employeur.

22. Cass. soc., 9 déc. 2020, n° 19-16448 P. La rémunération perçue du jour de la demande de réintégration au jour auquel il atteint l'âge de la retraite si le salarié qui présente de façon abusive sa demande de réintégration tardivement : Cass. soc., 22 janv. 2020, n° 17-31158 P (discrimination fondée sur l'âge) ; v. aussi, Cass. soc., 13 janv. 2021, n° 19-14050 P.
23. L'employeur verse le montant du salaire qui aurait été perçu pendant la période couverte par la nullité (art. L. 1225-71, al. 2). Le salarié qui est réintégré après l'annulation de son licenciement doit bénéficier de jours de congé pour l'ensemble de la période : Cass. soc., 1er déc. 2021, n° 19-24766 B.

1) Entretien préalable au licenciement

358. Diversité – Un socle de dispositions régit l'ensemble des licenciements quel qu'en soit le motif tandis que des règles particulières concernent les licenciements économiques.

a) Règles communes à tous les licenciements

359. Information – Le projet de licenciement doit être porté à la connaissance du salarié au seuil d'un entretien que la loi impose à l'employeur d'organiser avant toute décision (art. L. 1232-2). Cet entretien se déroule, en principe, pendant le temps de travail au lieu de l'exécution de la tâche, ou du siège social de l'entreprise, exclusivement, sauf raison légitime. C'est la remise de la convocation qui marque le point de départ de la procédure. Elle ne vaut pas mise en demeure.

Illustrations

– ***support de la convocation*** : lettre, recommandée (électronique : CPT, art. L.100 ; qualifié au sens du règlement eIDAS ; sous réserve du consentement recueilli préalablement du salarié) ou remise en main propre contre décharge, Chronopost, voie d'huissier. Le SMS est exclu ;
– ***contenu de la convocation*** : projet, date, heure et lieu, faculté d'assistance, adresse des services où la liste des conseillers extérieurs est tenue à disposition.

360. Délai – En vue de préparer l'entretien, le salarié dispose d'un délai de cinq jours ouvrables, sans renonciation possible, à compter du lendemain de la première présentation ou de la remise de la lettre de convocation. Il est indifférent qu'il décide ou non de recourir à l'assistance d'un tiers. Aucun report de ce délai n'est prévu mais ne saurait être considéré comme exclu. Un tel report s'opposerait toutefois à l'évocation de la faute grave (sauf demande de l'intéressé lui-même ; délai courant alors à compter de la seconde convocation).

361. Assistance – Le travailleur est en droit de se faire assister par une personne appartenant à l'entreprise ainsi qu'à l'UES tout entière (à l'exclusion du groupe), ou inscrite sur la liste des conseillers extérieurs à celles-ci. Cette personne est normalement rémunérée sans retenue possible. Lorsqu'elle est inscrite sur la liste, la loi lui accorde un statut qui comporte une garantie de maintien de rémunération, sous certaines conditions[24]. La mission d'assistant ne peut en aucun cas constituer une cause de rupture de son contrat de travail (art. L. 1232-14, al. 1er).

Pour aller plus loin

C'est l'absence d'institutions de représentation qui ouvre le recours au conseiller inscrit sur une liste. Il n'est pas interdit, cependant, de solliciter à un collègue. Seul le conseiller bénéficie d'un droit à la formation ainsi que d'une protection contre le licenciement (art. L. 2411-1 ; v. *infra*, n° 724).

24. Seuls les conseillers appartenant à des établissements où sont occupés habituellement au moins onze salariés disposent d'un crédit de quinze heures par mois (art. L. 1232-8). La justification de l'utilisation est exigée *a priori*.

362. Participation – Rien n'oblige le travailleur à se rendre à l'entretien organisé dans son seul intérêt. Son absence ne s'oppose pas à la poursuite de la procédure[25], ni au contrôle du motif par le juge. Sa représentation est exclue mais non celle de l'employeur par une personne appartenant à l'entreprise ou au groupe. Son assistance est également autorisée par un unique membre de la collectivité du travail. Et l'organisation d'une confrontation n'est pas prohibée.

363. Échange – Au seuil de l'audition, l'employeur, ou son représentant, indique oralement le ou les motifs de la décision envisagée. Il n'est pas tenu de communiquer les pièces du dossier qu'il a constitué. Le salarié fournit alors ses explications sous la réserve de l'abus (sanctionnable mais la réitération de la procédure requise). Le conseiller-assistant ne participe pas à cet échange ni même d'ailleurs à l'élaboration de la défense du travailleur. À l'issue de la formalité, l'employeur est invité à prendre en considération les explications de son subordonné. Il est autorisé à renoncer au processus engagé (sans détourner la finalité des règles du licenciement). Quant au juge, il n'est pas lié par l'aveu que le salarié a pu exprimer à ce moment.

Remarque

L'employeur est habilité à prendre des mesures conservatoires dans l'intérêt de l'entreprise pendant la procédure (par ex. retrait d'une délégation de pouvoirs).

b) Règles propres aux licenciements économiques

364. Finalité – Lorsque le motif du projet de licenciement est non inhérent à la personne du salarié, l'entretien est en outre dédié à la proposition des mesures de reclassement :

- ***un congé de reclassement*** (effectif de mille personnes en dehors de toute procédure collective) ayant pour objet le bénéfice d'actions de formation. Celles-ci incluent une période d'activité au service de tout employeur (art. L. 1233-72-1 et L. 1233-78) ;
- ***un contrat de sécurisation professionnelle*** (« CSP » ; effectif est de moins de mille personnes ou procédure collective engagée ; art. L. 1233-65 et s. ; jusqu'au 31 décembre 2022)[26]. La proposition écrite de l'employeur, au seuil de l'entretien, s'accompagne d'une information précise (art. L. 1233-68) ce qui recouvre le délai de réflexion accordé à son bénéficiaire (vingt et un jours ; le silence vaut refus), ainsi que la date de la rupture en cas d'acceptation. C'est à l'employeur qu'il incombe de démontrer que cette proposition a été faite. En cas de manquement, Pôle emploi est habilité à y procéder (art. L. 1233-66, al. 2). Le travailleur, devenu stagiaire de la formation professionnelle, bénéficie d'un plan de développement des compétences pendant douze mois. À cela, s'ajoutent des périodes d'activité sous CDD (six mois maximum ; art. L. 1233-67, al. 5 et L. 1233-68, 3°).

25. Mais alors il n'est plus en mesure de dénoncer les irrégularités de forme de l'entretien : Cass. soc., 13 sept. 2012, n° 11-17915.
26. Le dispositif s'adresse aux salariés ayant une année d'ancienneté, à la date de présentation de la lettre de licenciement, ou au dernier jour du délai de réflexion, et déclarés aptes à l'emploi.

365. Incidence – L'acceptation par le salarié de l'un de ces dispositifs emporte cessation de son contrat de travail d'un commun accord (à l'expiration du délai légal pour le CSP : art. L. 1233-67, al. 1)[27]. Elle marque le terme de l'obligation de reclassement. Mais le régime de la rupture s'apparente à celui du licenciement, en particulier, sur le plan indemnitaire et contentieux (CSP : art. L. 1233-67, al. 1)[28].

2) Notification du licenciement

366. Contenu – La notification écrite du licenciement est une formalité essentielle car elle renferme le motif de la rupture. Lorsque celui-ci est économique, elle comprend, en outre, l'indication de l'existence d'une priorité de réembauche, celle du droit d'obtenir l'énonciation écrite des critères servant à déterminer l'ordre des départs, ainsi que du délai dans lequel sont enfermées les contestations (v. *infra*, n°s 369 et s.) et l'acceptation des conventions de reclassement (v. *supra*, b). Le travailleur est le seul destinataire de la notification. Toute communication à un tiers est exclue (par ex. au conseiller-assistant).

Remarque

L'employeur n'est pas en droit de régulariser une notification qui ne répondrait pas aux conditions posées par la loi, pas plus qu'il n'est autorisé à rétracter la décision de licencier sans l'accord du salarié. Le juge prud'homal peut toujours ordonner la délivrance de la lettre de licenciement.

367. Auteur – L'employeur qui est, en principe, l'auteur de lettre de rupture, est en droit de confier une délégation du pouvoir de notifier celle-ci (C. civ., art. 1153). Mais cela suppose que le délégataire appartienne à la collectivité du travail et dispose d'aptitudes que révèlent des fonctions exercées au service de l'entreprise ou du groupe d'entreprises[29]. En revanche, la validité d'une telle délégation ne requiert pas l'écrit, ni même une inscription au registre du commerce et des sociétés lorsqu'elle est confiée par un dirigeant social. L'information du salarié licencié n'est pas non plus exigée. Il est admis que l'employeur peut ratifier la décision de son délégataire en application des règles générales de la représentation (C. civ., art. 1156, *in fine*) lorsque celui-ci a franchi les limites de ses prérogatives (par ex. confirmation en justice)[30].

---

27. Pour le congé, à son issue : Cass. soc., 23 oct. 2019, n° 18-15550 P.
28. Entretien, énonciation écrite du motif économique à défaut de quoi la convention est sans cause (Cass. soc., 21 juin 2018, n° 16-24880) ; ordre des licenciements (Cass. soc., 16 déc. 2020, n° 19-18322 P), reclassement (Cass. soc., 12 mars 2014, n° 12-22901 P : l'adhésion emporte renonciation à l'offre déjà acceptée), priorité de réembauchage, etc.
29. Cass. soc., 13 juin 2018, n° 16-23701 P ; Cass. soc., 20 oct. 2021, n° 20-11485.
30. Cass. soc., 2 mars 2011, n° 09-67237 P (simple intérimaire). Cass. soc., 30 juin 2015, n° 13-28146 P (directeur au sein de la société mère par délégation du représentant de la filiale). Une clause statutaire ou du contrat de travail peut le désigner : Cass. soc., 20 oct. 2021, n° 19-25584 (mais la ratification de la décision du représentant est alors exclue).

Délais d'expédition ou de remise de la notification

– ***motif personnel*** : moins de deux jours ouvrables après l'entretien (art. L. 1232-6) et plus d'un mois après cette formalité en matière disciplinaire (art. R. 1332-2) ;
– ***motif économique*** : moins de quinze jours ouvrables pour les cadres et moins de sept jours ouvrables pour les autres salariés après la date prévue pour l'entretien.

368. Portée – La date d'envoi de la notification en recommandé (électronique : CPT, art. L. 100) marque l'issue de la relation de travail. Mais l'exigence de l'écrit n'est qu'un moyen légal de preuve (par ex. témoignage admis). La notification verbale produit donc effet, tout comme celle par lettre simple ou remise en main propre, ou encore par un tiers. Lorsque le courrier recommandé demeure non réclamé, la connaissance de la rupture peut intervenir ultérieurement si l'employeur recourt à une autre modalité. En cas de contestation, la prescription de l'action s'écoule à compter de la notification du licenciement (v. *infra*, 3).

Lorsque le motif est économique, la notification est suivie d'une information de l'administration du travail dans le délai de huit jours.

Pour aller plus loin

Le motif économique ainsi que le bénéfice de la priorité de réembauche (v. *infra*, n° 439) sont mentionnés soit dans le document écrit d'information sur le contrat de sécurisation professionnelle, soit dans la lettre de notification conservatoire lorsque le délai dont dispose le salarié pour faire connaître sa réponse expire après le délai d'envoi de la lettre de licenciement, soit dans tout autre document, au plus tard, au moment de son acceptation (ex. un procès-verbal de réunion des élus du personnel). Sur les conséquences du refus de se faire remettre le document : Cass. soc., 31 mai 2017, n° 16-11096.

3) Sanctions des formalités du licenciement individuel

369. Prescription – Toute demande relative à la rupture du contrat de travail doit être portée devant le CPH avant l'expiration d'un délai de douze mois (art. L. 1471-1), dans le cadre de l'exercice par le salarié de son droit individuel à contester ce licenciement, à compter de la notification de celui-ci[31].

370. Champ – Le délai de prescription de douze mois inclut les actions mettant en cause la régularité de la procédure relative au plan de sauvegarde de l'emploi ou les actions susceptibles d'entraîner la nullité de la procédure de licenciement en raison de l'absence ou de l'insuffisance de ce PSE (art. L. 1235-7 et L. 1471-1, al. 2 ; v. ég. art. L. 1233-67).

a) Régime général

371. Condition – Le défaut d'observation des formalités du licenciement commande une sanction lorsqu'un préjudice a été causé au salarié[32]. Une telle irrégularité ne peut être couverte (par ex. en raison d'un défaut de comparution).

31. Cass. soc., 6 nov. 2019, n° 18-22874. Y compris en cas de demande de précision du motif (v. *supra*, n° 346).
32. Contrairement au vice de fond (absence de motif) qui cause nécessairement un préjudice au salarié : Cass. soc., 13 sept. 2017, n° 16-13578 P.

372. Objet – Bien qu'il soit prévu que le tribunal ordonne à l'employeur d'accomplir la procédure, la jurisprudence n'impose qu'une indemnisation dans la limite fixée par la loi quelle que soit l'ancienneté du salarié où l'effectif de l'entreprise (un mois de salaire : art. L. 1235-2 ; par ex. insuffisance de la motivation dont le salarié n'a pas demandé qu'elle soit complétée : art. L. 1235-2, al. 3). Cette sanction s'applique également en cas de violation de la procédure conventionnelle de licenciement instituant une garantie de fond (art. L. 1235-2, al. 5). Elle ne se cumule pas avec celle du licenciement sans motif.

Illustrations

Défaut de signature de la lettre de licenciement ; illisibilité de cette signature (délégataire non identifiable) ; violation du délai de notification ; absence d'indication orale d'un motif, ou encore variation de motif en cours de procédure, communication de la décision de licencier pendant l'entretien, etc. Il n'y a parfois lieu qu'à réparation du préjudice subi (ex. convocation hors temps de travail).

373. Majoration – Toutefois, le salarié reçoit l'indemnité allouée en l'absence de cause réelle et sérieuse selon le barème légal (art. L. 1235-2, al. 4 ; v. *supra*, n° 351), par exemple, lorsqu'aucun motif n'a été mentionné dans la lettre de licenciement ou lorsque celle-ci a été expédiée à une mauvaise adresse, lorsqu'est indiquée l'intention irrévocable de licencier avant l'entretien, ou lorsque la motivation demeure insuffisante en dépit de la demande de complément formulée, etc.

Pour aller plus loin

Sanction étendue à la violation du délai de notification d'un mois en matière disciplinaire (Cass. soc., 24 oct. 2006, n° 04-46508 ; *contra*, FAQ licenciement, min. trav. juill. 2020, n° 28), au défaut d'appartenance à l'entreprise du délégataire ou au dépassement du cadre de la délégation par ce dernier.

b) Régimes particuliers

374. Licenciement économique – Une amende pénale est encourue au titre d'un défaut d'information ou d'une information irrégulière de l'administration (750 euros). Une sanction indemnitaire est infligée en l'absence de proposition du CSP au profit de Pôle emploi (art. L. 1233-66, al. 2) nonobstant la réparation du préjudice subi par le salarié.

375. Salariés spécialement protégés – Une seule indemnité de six mois de salaire minimum est versée en cas de refus par l'une des parties à la réintégration que propose le juge (art. L. 1226-15, al. 2) :

- à défaut d'information et de consultation des élus du personnel avant le reclassement pour cause d'inaptitude médicale professionnelle ou non professionnelle[33] (v. *supra*, n° 310) ;

33. Cass. soc., 30 sept. 2020, n° 19-11974 P.

– si le licenciement est prononcé sans qu'il y ait eu recherche de reclassement (à ne pas confondre avec l'impossibilité) ; sous le barème légal en cas d'inaptitude non professionnelle (v. *supra*, n° 351).

Pour aller plus loin

Cette indemnité, qui inclut la réparation due pour défaut d'indication écrite des motifs qui s'opposent au reclassement (dommages et intérêts en fonction du préjudice subi), est versée sans préjudice de celle compensatrice de préavis (v. *infra*, n° 445) mais sans cumul avec les sanctions encourues pour irrégularité de la procédure de licenciement ordinaire ou absence de motif réel et sérieux.

B - La procédure des licenciements collectifs

376. Catégories – En sus du licenciement individuel pour motif économique, la loi distingue :

– les ruptures collectives pour motif économique concernant deux salariés au moins et neuf salariés au plus sur une période de trente jours, qui requièrent la consultation du CSE (art. L. 1233-11) ;

– les ruptures collectives pour motif économique incluant plus de neuf salariés sur une période identique (art. L. 1233-38) lesquels, au surplus, imposent l'élaboration d'un PSE au sein des entreprises occupant cinquante salariés.

377. Essaimage – La loi s'efforce de décourager certaines pratiques dont l'objet est d'éviter les procédures lourdes. Dans ce cas, leur auteur se trouve contraint de respecter ces procédures à titre de sanction (art. L. 1233-26 et L. 1233-27).

378. Décomptes – La période de trente jours a pour point de départ la réunion du CSE sur la compression des effectifs ou, à défaut, la date du premier entretien avec le salarié. En cas d'évolution du nombre de licenciements envisagés, l'employeur est invité à organiser une nouvelle procédure. Le décompte des travailleurs est effectué au sein de l'entreprise ou de l'établissement voire de l'UES si le projet est élaboré à ce niveau[34]. Quant à celui des ruptures, il inclut toute issue de la relation de travail pour l'une des causes économiques énoncées par la loi. Les propositions collectives de modification du contrat de travail pour motif économique, qui associent plus de neuf salariés sur une période de trente jours, ne sont comptabilisées que lorsque les travailleurs s'y opposent (art. L. 1233-25 et s.)[35].

Pour aller plus loin

La soumission au régime du licenciement économique des modes de rupture autres que le licenciement ne leur fait pas perdre leur identité (par ex. mises à la retraite). L'application des règles attachées à ce régime peut alors être partielle (par ex. consultation des élus, mais indemnisation spécifique). La jurisprudence décompte également les ruptures conventionnelles,

34. Cass. soc., 8 janv. 2020, n° 18-16950.
35. CE, 10 oct. 2018, n° 395280. Sur une possible mise en cause de cette méthode, v. CJUE, 11 nov. 2020, aff. 300/19.

après homologation, lorsqu'elles s'inscrivent dans un processus de réduction des effectifs ayant une cause économique (art. L. 1233-3, al. 3 ; v. *infra*, n° 458 ; Cass. soc., 29 oct. 2013, n° 12-15382 P).

1) Licenciement de deux à neuf salariés sur une période de trente jours

a) Contenu des formalités

379. Consultation du CSE – Une réunion des élus du personnel est requise dans ce cadre (art. L. 1233-8). Toutefois, comme la compression des effectifs peut s'inscrire dans un projet de réorganisation de l'entreprise (art. L. 2312-8, al. 4 v. *infra*, n° 611) deux ordres du jour séparés devront être prévus à cette occasion : l'un sur le projet et l'autre sur les conséquences de ce projet en matière d'emploi[36]. Au sein des entreprises divisées en établissements distincts, la consultation concerne à la fois le CSEC et le ou les CSE d'établissements intéressés (art. L. 1233-9 ; v. sur l'articulation en général, *infra,* n° 620).

380. Information complète et loyale – Au seuil de la procédure, sont portées à la connaissance des élus la ou les raisons économiques, financières ou techniques du projet, le nombre de travailleurs concernés, les conséquences des licenciements sur la santé, la sécurité et les conditions de travail, etc. (art. L. 1233-10). Mais le CSE ne dispose ici que de moyens d'investigation assez limités (pas d'expertise financée). Il appartient ensuite à l'employeur de respecter les formalités du licenciement individuel.

Pour aller plus loin

Le CSE rend son avis dans le délai d'un mois (art. L. 1233-8, al. 2). En l'absence d'avis, il est réputé avoir été consulté à moins que le licenciement accompagne une restructuration (art. L. 2312-16, *in fine* : le silence vaut alors rejet du projet en application de la règle plus favorable ; v. *infra*, n° 636).

Une information de l'administration est exigée dans les huit jours de la notification des licenciements (art. L. 1233-19 et D. 1233-3).

b) Sanctions des formalités

381. Indemnisation – Le travailleur licencié est en droit de solliciter :
- une indemnité égale, au minimum, à un mois de salaire brut en l'absence fautive d'organisation des élections s'opposant à la consultation des élus (art. L. 1235-15 : préjudice présumé) ;
- une indemnité calculée en fonction du préjudice subi pour défaut de consultation des élus, ou d'information de l'autorité administrative, quelle que soit l'ancienneté ou l'effectif de l'entreprise (sans cumul, avec la précédente ; art. L. 1235-12).

Ces indemnisations, le cas échéant, accompagnent celle due au titre de l'absence de motif.

36. La tenue de deux réunions n'est donc pas obligatoire : Cass. soc., 9 févr. 2000, n° 98-12143 P.

382. Suspension éventuelle – S'il a été mis en place mais non consulté ou tardivement (par ex. la veille de la notification des licenciements), le CSE a la faculté de solliciter du juge la suspension du processus et, le cas échéant, la réparation du dommage qu'il a subi. Mais la suspension des formalités n'est admise que si elle a été demandée à un moment où la régularisation était possible (avant l'achèvement des formalités).

383. Sanction pénale – En ces hypothèses encore, une amende pénale est encourue au titre de l'entrave aux fonctions du CSE (v. *infra*, n° 653). Mais elle est également due s'il y a défaut d'information, ou information irrégulière de l'administration (art. R. 1238-2 : 750 euros ; droit à réparation pour le salarié ; art. L. 1235-12).

Remarque

Les délais et modalités de contestation sont ceux du licenciement individuel pour motif économique (art. L. 1235-7 ; v. *supra*, n° 369). Le syndicat et le CSE est recevable à agir en contestation de la régularité et de la validité devant le TJ dans le délai de douze mois à compter de la dernière réunion des élus.

2) Licenciement de plus de neuf salariés sur une période de trente jours

a) Négociation éventuelle d'un accord

384. Accord de méthode – La discussion sur les procédures peut être associée, au libre choix des interlocuteurs sociaux, à celle de la GPEC (art. L. 2242-13 ; v. *supra*, n° 73) ou mise en œuvre à l'occasion d'un processus de réduction des effectifs (art. L. 1233-21). La loi établit à cette fin un socle minimal de dispositions qui ne sont pas susceptibles de dérogation (art. L. 1233-23 ; v. *infra*, Pour aller plus loin).

385. Accord « PSE » – Ce processus ne doit pas être confondu avec celui auquel la loi convie les interlocuteurs sociaux sur le contenu du PSE ainsi que, facultativement, sur les modalités de consultation du CSE (par ex. recours à l'expertise : art. L. 1233-22, 3°) et de mise en œuvre des licenciements (art. L. 1233-24-1). Une telle négociation peut être menée par un syndicaliste ou le Conseil d'entreprise exclusivement[37]. Rien ne semble s'opposer à la signature d'un accord de groupe (v. en cohérence avec le cadre d'évaluation des moyens mis en œuvre ; v. *infra*, n° 405)[38]. En outre, elle seule ouvre au CSE le droit de recourir à un expert afin qu'il apporte toute analyse utile aux organisations syndicales pour préparer et mener la discussion (art. L. 1233-34 ; v. *infra*, n° 394).

---

37. Par une ou plusieurs organisations syndicales représentatives ayant recueilli au moins 50 % des suffrages exprimés en faveur d'organisations reconnues représentatives au premier tour des dernières élections des titulaires au CSE ; au sujet du Conseil d'entreprise, v. *supra*, n° 111.
38. Mais cela soulève le problème du défaut de représentativité des organisations syndicales au sein de l'entreprise qui procède au licenciement (v. *supra*, n° 112).

386. Contenu – L'accord susceptible d'être conclu par les interlocuteurs porte sur divers éléments :

- le PSE qui fait alors impérativement partie de la discussion (art. L. 1233-24-2) ;
- les modalités d'information et de consultation du CSE (par ex. en cas de projet de transfert d'une ou de plusieurs entités économiques[39] ; v. *supra*, n° 55) ;
- la pondération et le périmètre d'application des critères d'ordre des licenciements qui peut être fixé à un niveau inférieur à celui de l'entreprise ;
- le calendrier des licenciements ;
- le nombre de suppressions d'emploi et les catégories professionnelles concernées ;
- les modalités de mise en œuvre des mesures de formation, d'adaptation et de reclassement.

Pour aller plus loin

Certaines questions demeurent exclues du champ (art. L. 1233-24-3) : obligation de formation, d'adaptation et de reclassement, règles générales d'information et de consultation du CSE (à moins que l'accord soit conclu par le Conseil d'entreprise), obligation de proposer une convention de reclassement, information des élus et règles de consultation applicables lors d'un redressement ou d'une liquidation judiciaire.

387. Décision supplétive – Sans accord sur le contenu du PSE, la négociation ne peut aboutir. En dehors de ce domaine, rien n'impose aux parties de s'entendre sur l'ensemble des éléments qui viennent d'être décrits. L'employeur est invité, dans un document, à préciser ceux sur lesquels l'accord n'a pu être obtenu. Il y est procédé après la dernière réunion de consultation du CSE sur le projet de licenciement en application des règles légales et, le cas échéant, d'un accord de méthode (art. L. 1233-24-4). Aucune faculté de dérogation à la loi ou aux accords collectifs en vigueur n'est alors reconnue à l'employeur.

b) Consultation des élus du personnel

388. Renforcement – Le CSE tient au moins deux réunions séparées au minimum par un délai de quinze jours portant sur :

- l'opération projetée et ses modalités d'application (art. L. 1233-30, I, 1° et art L. 2312-39, al. 2) ;
- le projet de compression des effectifs et, le cas échéant, les conséquences des licenciements projetés en matière de santé, de sécurité ou de conditions de travail (art. L. 1233-30, I, 2°).

Au sein des entreprises divisées en établissements distincts, la consultation concerne à la fois le CSEC et le ou les CSEE intéressés (art. L. 1233-36).

---

39. CE, 7 févr. 2018, n° 403989. Il n'existe pas d'obligation pour l'accord collectif portant PSE de fixer des modalités particulières d'information et de consultation des représentants du personnel ou de mentionner celles qui résulteraient de la conclusion préalable d'un accord de méthode : CE, 12 juin 2019, n° 420084.

Et d'autres consultations s'imposent parfois : lorsque la réduction des effectifs s'inscrit dans un projet de réorganisation de l'entreprise (v. *infra*, n° 611), ou découle d'une fermeture d'un établissement (art. L. 1233-57-19 et R. 1233-15), etc.[40].

389. Préalable – Au seuil de la consultation, l'employeur adresse aux élus, avec la convocation, une information exhaustive dont l'objet est sensiblement le même que celle communiquée lorsque le licenciement porte sur moins de dix salariés à l'exception du PSE, des conséquences de la réorganisation en matière de santé, sécurité ou de conditions de travail (art. L. 1233-31, 7°) ainsi que des données requises en cas de fermeture (art. L. 1233-57-15 et s.).

390. Négociation éventuelle – À ce moment, s'ouvre la phase de discussion offerte par la loi au sein des entreprises de cinquante salariés et plus (art. L. 1233-24-1)[41]. Si un projet d'accord est élaboré, il fait également l'objet d'une consultation. Mais les questions qu'il traite sont exclues du champ de cette consultation (art. L. 1233-30 I, al. 2).

391. Double avis – Les élus se déterminent sur l'opération ainsi que sur la compression d'effectifs. Ces avis sont formulés dans un délai désormais circonscrit par la loi au regard du volume des licenciements au sein des entreprises d'au moins cinquante salariés (art. L. 1233-30 II)[42]. Une convention ou un accord de méthode pourrait cependant prévoir des durées différentes. Des délais plus brefs sont d'ailleurs susceptibles d'être institués par l'accord issu de la négociation sur le plan.

Pour aller plus loin

Lorsque l'établissement d'un PSE n'est pas requis, l'information est complétée des mesures « envisagées par l'employeur pour éviter des licenciements ou en limiter le nombre et pour faciliter le reclassement du personnel dont le licenciement ne pouvait être évité » (art. L. 1233-32, al. 1er). Dans ce contexte, le CSE tient deux réunions séparées par un délai qui ne peut être supérieur à 14 jours (art. L. 1233-29).

392. Suites données – Des procès-verbaux relatent la teneur des propositions des élus. L'employeur est tenu de mettre celles-ci à l'étude et de leur apporter une réponse motivée (art. L. 1233-33). Toutefois, au sein des entreprises de cinquante salariés ou plus, il est habilité, avec l'accord des élus, à appliquer les mesures de reclassement interne avant l'expiration du délai de consultation (art. L. 1233-45-1). Surtout, il est autorisé à présenter son projet même si le CSE a formulé une contre-proposition à moins que les interlocuteurs sociaux aient négocié les modalités d'un tel échange (art. L. 1233-22 2° : par ex. un veto)[43].

---

40. À l'occasion d'un transfert d'établissement, dans le délai négocié au sein du PSE (art. L. 1233-61, al. 3) : art. L. 1233-57-19, al. 2.
41. Le seul fait d'ouvrir la négociation avant la date de la première réunion des élus ne constitue pas une entrave à l'exercice des missions (art. L. 1233-46).
42. À compter de la première réunion :
 – deux mois pour un nombre de licenciements inférieur à 100 ;
 – trois mois pour un nombre de licenciements au moins égal à 100 et inférieur à 250 ;
 – quatre mois pour un nombre de licenciements au moins égal à 250.
43. L'accord conclu sur ce point peut être porté devant le juge dans le délai de trois mois à compter de son dépôt (art. L. 1233-24, al. 1er).

393. Silence – En l'absence d'avis du CSE au terme du délai fixé par la loi ou l'accord, celui-ci est réputé avoir été consulté (art. L. 1233-30 II, al. 3)[44] à condition qu'il ait été mis à même, avant cette transmission, de rendre ses deux avis en toute connaissance de cause et que le délai de consultation soit échu à la date de cette transmission[45]. Le comité conserve en toute hypothèse un intérêt à solliciter l'annulation de la décision de l'administration du travail relative au PSE.

Pour aller plus loin

Lorsque le nombre de licenciements envisagés est au moins égal à dix sur une période de trente jours, l'employeur n'est pas tenu d'organiser un entretien s'il existe des élus au sein de l'entreprise (art. L. 1233-38). En revanche, la notification de la rupture demeure obligatoire (art. L. 1233-42).

c) *Expertises*

394. Expertise pluridisciplinaire – Le CSE, le cas échéant sur proposition des commissions constituées en son sein (v. *infra*, n° 658), dispose du droit de recourir à un expert en matière économique et comptable ainsi que sur les effets potentiels du projet à l'égard des conditions de travail, la santé et la sécurité (art. L. 1233-34, al. 3 et R. 1233-3-2 ; v. *infra*, n° 659)[46]. Il prend cette décision et procède à la désignation nominative dès sa première réunion[47]. Cela peut alors justifier que trois rencontres soient organisées (art. L. 1233-34)[48].

Pour aller plus loin

Dans les dix jours à compter de sa désignation, l'expert demande à l'employeur toutes les informations qu'il juge nécessaires (art. L. 1233-35 ; réponse sous huit jours)[49]. Puis il présente son rapport au plus tard quinze jours avant l'expiration du délai laissé aux élus afin de rendre leur avis (pas de sanction prévue). Le défaut de remise ne peut avoir pour effet de reporter ce délai. Un accord peut aménager cette prérogative (art. L. 1233-22, 3° : CE, 16 avril 2021, n° 426287).

395. Contentieux – Toute contestation relative à l'expertise est adressée, avant transmission de la demande de validation ou d'homologation, à l'autorité administrative, qui se prononce dans un délai de cinq jours (art. L. 1233-35-1). Cette décision peut également être contestée (sur les modalités, v. *infra*, n° 408)[50].

---

44. Il paraît s'en déduire qu'aucune réponse motivée de l'employeur n'est alors due, y compris en cas de restructuration.
45. CE, 22 mai 2019, n° 420780.
46. Cet expert-comptable est le même que celui désigné à l'occasion de la négociation du PSE.
47. CE, 23 nov. 2016, n° 388855 : sauf circonstance de nature à justifier le report de la désignation de l'expert-comptable à une réunion ultérieure.
48. Sur la faculté de solliciter une réunion préparatoire : Cass. soc., 13 mai 2014, n° 12-25544 P.
49. Le cas échéant l'expert sollicite, dans les dix jours, des informations complémentaires de l'employeur qui répond sous huit jours.
50. CE, 22 mai 2019, n° 420780, préc. ; Cass. soc., 28 mars 2018, n° 15-21372 P : sollicitation de l'expert désigné par le comité en vue d'obtenir des informations supplémentaires.

d) *Intervention de l'administration du travail*

396. Information – La notification du projet de licenciement est adressée par voie dématérialisée à la DREETS du lieu de l'établissement (v. art. R. 1233-3-5) au plus tôt, le lendemain de la date prévue pour la première réunion des élus (art. L. 1233-46, al. 2 ; v. A., 21 oct. 2019)[51]. La signature d'un accord majoritaire, joint à la notification, peut être mentionnée dès ce moment (art. D. 1233-4 al. 2, 6°).

Contenu

Au seuil de la consultation, l'ensemble des éléments communiqués aux élus est adressé simultanément à l'administration (art. L. 1233-48 et D. 1233-5). Il appartient également à l'employeur d'informer sans délai celle-ci du processus de négociation éventuellement en cours ou, au plus tard, avec la notification du projet.

397. Entreprises de moins de cinquante salariés – La DREETS dispose de 21 jours afin d'examiner les procédures et de s'assurer de la mise en œuvre des mesures de reclassement (art. L. 1233-53). En cas d'irrégularité, un avis est délivré à l'employeur (copie aux élus). Des observations peuvent être également formulées sur ces mesures (art. L. 1233-56). L'employeur est tenu de répondre à la DREETS. Les lettres de licenciement ne sont communiquées qu'à l'issue d'un délai minimum de trente jours (sauf accord plus favorable) à compter de la notification du projet mais reporté en cas de réponse de l'employeur (art. L. 1233-39, al. 2 et 3 et L. 1233-56, *in fine*).

398. Entreprises de cinquante salariés – À tout instant de la procédure, l'autorité administrative est en droit de formuler des observations sur les formalités accomplies ainsi que sur les mesures sociales envisagées (art. L. 1233-57-6). Ces observations sont portées à la connaissance des parties ce qui inclut les organisations syndicales en cas de négociation[52]. L'employeur est alors tenu de leur apporter une réponse également diffusée.

Si un PSE doit être établi, elle peut, en outre, présenter, avant la dernière réunion des élus, toute proposition pour modifier ou compléter celui-ci en tenant compte de la situation de l'entreprise. Ces propositions sont communiquées aux élus (art. L. 1233-57). L'employeur leur apporte une réponse motivée. En l'absence de représentants du personnel ces éléments sont affichés (art. L. 1233-57, al. 3).

399. Requêtes – L'administration recueille également toute demande précise et motivée d'information adressée à l'employeur ou tendant à ce que ce dernier se conforme aux règles en vigueur émanant des syndicats ou des élus du personnel (ex. libre accès de l'expert à l'entreprise) ainsi que toute demande de l'employeur (ex. choix de l'expert). Elle se prononce par voie d'injonction sur ces requêtes dans un délai de cinq jours (art. L. 1233-57-5 et D. 1233-5) sans recours administratif, seul un recours

51. S'il a été décidé de recourir à un expert, mention en est portée dans cette notification. En revanche, l'indication de la liste des salariés concernés par la procédure n'a pas à être fournie. Sur la notion d'établissement, v. art. R. 1233-3-4,

52. Le non-respect de cette information n'emporte pas, à lui seul, irrégularité de la procédure d'information et de consultation du comité : CE, 23 mars 2016, n° 389158.

contentieux étant possible à l'issue de la procédure[53]. La juridiction de l'ordre judiciaire n'est donc pas compétente pour statuer sur ce type de demandes.

400. Suites – Enfin, l'autorité administrative est associée au suivi des mesures contenues dans le PSE (art. L. 1233-63, al. 2 et 3). Les avis rendus par les élus sur ce suivi doivent lui être transmis. Un bilan établi par l'employeur lui est également communiqué (sur les modalités : art. D. 1233-14-4).

e) Validation de l'accord issu de la négociation ou homologation du document de l'employeur

401. Contrôle global – La DREETS exerce un premier examen sur le projet (sur le contenu du dossier : v. art. D. 1233-14-1) en contemplation de différents critères : qualité du dialogue social, proportionnalité des moyens mis en œuvre par rapport à ceux de l'entreprise, effort d'anticipation, réactivité de l'employeur aux suggestions, avis des élus, etc.

402. Contrôle de l'accord – Il appartient à l'administration :

- de s'assurer des conditions de signature de l'accord (exigence de majorité ; qualités des signataires) et de son objet ;
- d'examiner la régularité des procédures d'information-consultation suivies[54] ;
- de vérifier la présence au sein du PSE des mesures propres à éviter les licenciements et l'organisation d'un suivi de ces mesures (art. L. 1233-57-2)[55] ;
- de s'assurer du respect par l'employeur de ses devoirs en matière de recherche d'un repreneur[56] ; et
- de s'assurer du respect des catégories professionnelles (sur l'ordre des licenciements, v. *infra*, n° 413) ce qui se limite à vérifier l'absence de toute discrimination[57].

Ce contrôle n'est donc pas approfondi.

403. Validation – L'autorité administrative notifie à l'employeur et aux autres parties sa décision dans un délai de quinze jours à compter de la réception de l'accord. Celle-ci est motivée (art. L. 1233-57-4, al. 1 et 2). Le silence qu'elle conserve pendant le délai vaut validation. Il appartient alors à l'employeur de transmettre une copie de sa demande aux élus et aux organisations signataires (art. L. 1233-57-4, al. 3). S'il y a validation, l'accord doit faire l'objet d'un dépôt (v. *supra,* n° 113). En cas de refus de l'administration, l'employeur est habilité à présenter une nouvelle demande ce qui impose une révision de l'accord. Une consultation des élus est requise sur les modifications apportées au projet (art. L. 1233-57-7).

53. Sur l'obligation de communication aux élus des observations formulées : CAA Versailles, 3 févr. 2015, n° 14VE03183 ; sur le recours contentieux, v. *infra*, n° 411.
54. CE, 12 juin 2019, n° 420084, préc. L'autorité administrative ne peut exiger la consultation au rang de l'UES qui n'a pas été reconnue (v. *supra*, n° 42) : CE, 13 févr. 2019, n° 404556.
55. L'absence de stipulation sur ce point fait obstacle à la validation sans que cela n'impose des prévisions sur l'information des élus du personnel (CE, 7 févr. 2018, n° 403989).
56. Question qui relève donc de la juridiction administrative : Cass. soc., 29 sept. 2021, n° 19-23248 B.
57. CE, 7 févr. 2018, n° 403989, préc. ; CE, 10 oct. 2018, n° 395280, préc.

Pour aller plus loin

Si elle ne s'oppose pas à la validation, l'administration peut prononcer le retrait de certaines aides publiques en cas de manquement de l'employeur à ses devoirs en matière de recherche d'un repreneur (art. L. 1233-57-21, al. 2).

404. Contrôle de la décision de l'employeur – En l'absence d'accord sur tout ou partie des questions objet de la discussion, le document établi par l'employeur (art. L. 1233-57-3, al. 1 à 5) est transmis à l'autorité administrative par voie dématérialisée en vue d'une homologation (art. L. 1233-57-1). Il appartient à cette dernière de vérifier (art. L. 1233-57-3, al. 1 et 6) :

- la conformité de son contenu aux règles en vigueur ce qui inclut les dispositions conventionnelles applicables[58] ;
- la régularité de la procédure d'information et de consultation du CSE, en particulier, sur la situation économique de l'entreprise ainsi que sur le plan ce qui n'implique, cependant, aucune appréciation du motif économique[59] ;
- la mise en œuvre des critères de l'ordre des licenciements ;
- le regroupement au sein des catégories professionnelles de salariés exerçant des fonctions de même nature supposant une formation commune (formation complémentaire excédant l'obligation d'adaptation incombant à l'employeur ou équivalent, telle l'expérience professionnelle) ;
- le caractère précis et concret des mesures d'accompagnement ce qui inclut les obligations en matière de recherche d'un repreneur.

Le contrôle est ici approfondi[60]. La DREETS doit énoncer les éléments de droit et de fait qui en constituent le fondement, de sorte que les personnes auxquelles cette décision est notifiée puissent, à sa seule lecture, en connaître les motifs[61].

405. Critères – Ce contrôle porte donc sur l'ensemble des mesures mises en œuvre au regard des moyens dont dispose l'entreprise, l'UES ou le groupe ce qui ne constitue, cependant, que l'un des critères de l'évaluation (art. L. 1233-57-3, 1°)[62]. En effet, les efforts de formation et d'adaptation à l'évolution du poste de travail ainsi que de l'emploi (art. L. 6321-1) sont pris également en considération à l'instar des conditions dans lesquelles il a été fait usage du crédit d'impôt compétitivité emploi (CICE).

Pour aller plus loin

La loi ne définit pas directement la sphère de pertinence du PSE et, en particulier, la notion de groupe dans ce cadre. Il a été jugé que le PSE doit être évalué en fonction des moyens du groupe entendu comme l'ensemble des entreprises soumises au contrôle d'une entreprise dominante ce qui peut déborder les frontières hexagonales (Cass. soc., 16 nov. 2016, n° 15-

58. En application d'un accord de méthode : Cass. soc., 25 mars 2020, n° 18-23692 P.
59. CE, 22 juill. 2015, n° 385816 : employeur ne fournissant pas d'information sur le secteur d'activité retenu en sa totalité.
60. Au sujet des catégories professionnelles : CE, 7 févr. 2018, n° 407718 et CE, 22 mai 2019, n° 407401.
61. CE, 24 nov. 2017, n° 389443 ; outre les éléments indiqués, tout élément sur lequel elle aurait été, en raison des circonstances propres à l'espèce, spécifiquement amenée à porter une appréciation.
62. CE, 7 févr. 2018, n° 397900.

15190 P et Cass. soc., 20 oct. 2021, n° 19-24923 ; peu important que celle-ci soit située à l'étranger : CE, 7 févr. 2018, n° 397900). Quant aux possibilités de reclassement, elles ont pour cadre d'appréciation l'espace de permutabilité du personnel à l'intérieur du groupe que caractérise le contrôle d'une entreprise dominante sur des entreprises situées en France (art. L. 1233-61, al. 2 ; Cass. soc., 16 nov. 2016, n° 15-15190, préc.).

406. Homologation – L'autorité administrative notifie à l'employeur et aux élus sa décision dans un délai de vingt et un jours à compter de la réception du document complet (art. D. 1233-14-1) qui lui a été communiqué. Il n'est pas requis qu'elle prenne parti sur l'ensemble des règles dont elle doit assurer le contrôle (art. L. 1233-57-4, al. 1 et 2). Son silence vaut décision d'homologation. Dans ce cas, l'employeur transmet une copie de la demande au CSE (art. L. 1233-57-4, al. 3).

Lorsqu'un accord partiel a été conclu, le document unilatéral qui l'accompagne est examiné avec l'accord dans le délai de quinze jours et donne lieu à une seule décision.

407. Suite de la procédure – La proposition du contrat de sécurisation professionnelle est accomplie après la notification par l'autorité administrative de sa décision de validation ou d'homologation.

L'envoi des lettres de licenciement n'est susceptible d'intervenir qu'après ce moment ou à l'expiration des délais prévus à cette fin sous peine de nullité de la rupture des contrats de travail (art. L. 1233-39, *in fine*). La décision administrative doit être portée à la connaissance des salariés par tout moyen permettant de conférer date certaine au contenu de l'information (art. L. 1233-57-4, al. 4). Sont également communiqués les voies et délais de recours.

Pour aller plus loin

Lorsque l'entreprise fait l'objet d'une procédure collective, les délais des procédures sont aménagés par la loi (par ex. art. L. 1233-58 II, al. 3 et III, al. 1er).

f) Sanctions des procédures

408. Inventaire – S'agissant de la violation des procédures, les sanctions applicables sont celles prévues pour les licenciements de deux à neuf salariés. Toutefois, une amende prononcée, ici, autant de fois qu'il y a de salariés concernés est encourue en cas de défaut de consultation des élus, de notification du projet à la DREETS, ou de respect du délai de notification des ruptures (art. L. 1238-2, L. 1238-3 et L. 1238-4).

409. Annulation ; causes – S'ajoute alors, dans ce cas précis, la sanction découlant de l'annulation d'une décision de validation ou d'homologation de l'administration. Une telle annulation peut découler d'irrégularités graves dans les conditions de négociation (par ex. le défaut de qualité du délégué signataire), de rédaction du document unilatéral, de la consultation des élus lorsque celle-ci est obligatoire[63], de la décision administrative elle-même, ou encore résulter du défaut de caractère majoritaire de l'accord

63. CE, 7 sept. 2016, n° 394243.

contenant le PSE[64]. En cas d'insuffisance de la motivation, l'administration est autorisée à prendre une nouvelle décision dans un délai de quinze jours[65].

Illustrations

Par ex. privation de l'assistance d'un expert-comptable ; défaut de transmission de la copie d'une réponse à l'injonction de l'administration ; augmentation du nombre des licenciements en cours de procédure, etc. En revanche, la violation du délai d'avis du CSE est, par elle-même, sans incidence sur la régularité de la procédure d'information et de consultation de cette instance : CE, 16 avril 2021, n° 426287, préc.

410. Annulation ; portée – L'annulation donne lieu à réintégration des travailleurs concernés en accord avec l'employeur et, à défaut, à indemnisation sur la base des six derniers mois de salaires, au minimum (art. L. 1235-16, al. 2)[66]. L'action en contestation est reportée à l'issue de la procédure[67]. Elle est enfermée dans le délai de deux mois à compter de la notification de la décision de validation ou d'homologation en cas de recours de l'employeur, ou à compter de la date à laquelle la décision a été portée à leur connaissance dans l'hypothèse d'une action des organisations syndicales présentes dans l'entreprise et des salariés (art. L. 1235-7-1, al. 3)[68]. Elle est ouverte au CSE à l'instar d'une union de syndicats justifiant d'un intérêt à agir.

411. Compétences – Seuls les litiges relatifs à la procédure portant sur dix ruptures et plus, soumis à l'exigence d'un PSE, sont présentés au juge administratif (art. L. 1233-57-1) et échappent au juge judiciaire[69]. Toutefois ce dernier demeure compétent, par exemple, afin de garantir le respect par l'employeur de son obligation de sécurité lorsque la situation à l'origine du litige est sans rapport avec le PSE en cours, ou se trouve liée à la mise en œuvre de l'accord, ou du document établi par ce dernier, ou encore de l'opération de réorganisation[70]. Il lui revient également d'examiner le caractère réel et sérieux du motif économique ou de s'assurer des conditions du transfert éventuel des contrats de travail[71].

---

64. Cass. soc., 13 janv. 2021, n° 19-12522 P.
65. Cass. soc., 9 janv. 2019, n° 17-22101.
66. Sans considération de l'ancienneté du salarié ou de l'effectif de l'entreprise.
67. Si l'accord collectif relatif au PSE n'est que partiel, la décision statuant sur la demande de validation est, en principe, divisible de celle statuant sur la demande d'homologation : CE, 30 mai 2016, n° 387798.
68. Le TA statue dans un délai de trois mois. S'il ne s'est pas prononcé ou en cas d'appel, le litige est porté devant la cour administrative d'appel, qui statue également sous le même délai (CE, 29 juin 2016, n° 389278 : délai non franc). Si celle-ci ne s'est pas prononcée ou en cas de pourvoi en cassation, le litige est porté devant le Conseil d'État. Le recours au juge des référés est envisageable : art. L. 1235-7-1, al. 5.
69. Cass. soc., 21 nov. 2018, n° 17-16766 P (contenu du PSE) et Cass. soc., 25 mars 2020, n° 17-24491 (ordre des licenciements) ; Cass. soc., 30 sept. 2020, n° 19-13714 P (suspension de la procédure).
70. Cass. soc., 14 nov. 2019, n° 18-13887 P et T. confl., 8 juin 2020, n° 4189 ; ainsi que sur certains aspects individuels : ordre des licenciements, indemnisation en cas de nullité, exécution des engagements pris, etc.
71. Cass. soc., 10 juin 2020, n° 18-26230 P.

Pour aller plus loin

Il semble que l'accès à la juridiction administrative ne soit pas encore ouvert avant la décision finale de la DREETS (CE, 25 sept. 2019, n° 428510). Mais la compétence de cette juridiction en cas de contentieux sur le PSE exclut que le CPH, avant la notification des licenciements, constate l'absence de cause économique (Cass. soc., 29 sept. 2021, n° 19-23248 B).

3. LES SPÉCIFICITÉS DU LICENCIEMENT ÉCONOMIQUE

412. Particularismes – Le motif de la rupture ne devant rien ici au comportement du salarié, des critères de choix sont pris en compte au seuil de la détermination de la compression des effectifs. Surtout, la logique de préservation de l'emploi imprime très largement le régime de ces licenciements sous la forme d'une obligation de reclassement avant la rupture et jusqu'à la mise en œuvre d'une priorité de réembauche après ce moment.

A - La détermination de l'ordre des licenciements

413. Choix – La loi a dressé une liste de critères à caractère social et professionnel favorisant la sélection des salariés inclus dans le projet de compression des effectifs. Le travailleur dont l'emploi est supprimé n'est donc pas obligatoirement celui qui est appelé à quitter l'entreprise et les critères de l'ordre des départs ont vocation à s'appliquer même en présence d'un licenciement individuel. Seul est requis qu'une décision impliquant un choix ait été prise par l'employeur ce qui a pour effet d'exclure du champ les modes de rupture qui, bien que résultant d'une cause économique, ne reposent pas sur la volonté de celui-ci ou découlant d'une révision des conditions d'emploi proposée à tous[72].

1) Détermination des critères

414. Détermination – La loi a offert à l'employeur la possibilité de conclure un accord collectif établissant de manière définitive une liste de critères de choix sauf s'il procède à un licenciement individuel. En l'absence d'accord, ou lorsque le licenciement ne présente pas ce caractère, il lui appartient de consulter les élus sur le sujet. Les critères retenus peuvent s'inspirer de la liste, non limitative, fournie par l'article L. 1233-5 du Code du travail.

Critères légaux

Charges de famille et, en particulier, celles de parents isolés ; ancienneté de service ; situation des salariés qui présentent des caractéristiques sociales rendant leur réinsertion difficile (personnes handicapées et salariés âgés) ; qualités professionnelles appréciées par catégorie. En revanche, sont exclues les dispositions établissant une priorité de licenciement à raison de seuls avantages à caractère viager ainsi que les critères discriminatoires (par ex. temps partiel).

72. CE, 10 oct. 2018, n° 395280, préc.

415. Questionnement – L'employeur est tenu de répondre par écrit à toute sollicitation du travailleur portant sur ces éléments (sur les modalités : art. R. 1233-1).

2) Mise en œuvre des critères

416. Appréciation par catégorie – C'est au début de la procédure qu'il convient de se placer afin de déterminer que le salarié répond aux critères conventionnels ou légaux. L'analyse s'opère alors au sein de la catégorie d'emploi, ce qui englobe des postes de même nature occupés par des travailleurs ayant reçu une formation professionnelle commune et qui, pour cette raison, sont interchangeables. En conséquence, les critères n'ont pas à être mis en œuvre si tous les salariés d'une catégorie sont menacés de licenciement.

Pour aller plus loin

Le périmètre d'application des critères est normalement l'entreprise ou l'UES dans son intégralité (groupe exclu). Mais il peut être fixé par un accord collectif (par ex. d'établissement) à un niveau plus réduit. En l'absence d'accord, l'employeur délimite un périmètre non inférieur à la zone d'emploi selon l'atlas de l'INSEE (art. D. 1233-2).

417. Motivation – L'employeur est tenu de prendre en compte l'ensemble des critères conventionnels ou légaux (en l'absence d'accord en disposant autrement) sans en neutraliser aucun sauf impossibilité matérielle liée à la situation de l'entreprise pour les personnes concernées[73]. Puis il est autorisé à en privilégier un seul (art. L. 1233-5, *in fine*). Il lui appartient alors de communiquer au juge judiciaire les éléments objectifs sur lesquels il s'est appuyé, afin de justifier son choix, en cas de litige. Il doit faire preuve de loyauté à cette occasion.

Illustrations

Sont retenus : l'ancienneté moins élevée ; le bénéfice d'un dispositif de l'assurance chômage ; l'existence de sanctions disciplinaires pourvu qu'elles ne constituent pas un élément exclusif d'appréciation, etc.

418. Sanction – Le défaut de prise en compte des critères constitue une illégalité pouvant aller jusqu'à la perte injustifiée de l'emploi, laquelle doit être intégralement réparée, selon son étendue. L'indemnisation est évaluée par le juge et ne peut consister dans l'octroi d'une somme symbolique. Il appartient au salarié d'apporter la preuve du préjudice subi[74]. Cette réparation se distingue de celle due pour licenciement sans motif (mais leur cumul est exclu)[75]. Quant à l'absence de réponse de

---

73. CE, 22 mai 2019, n° 413342. Par ex. en attribuant un point à chaque salarié au titre de la « qualification professionnelle » sans prendre en compte la situation concrète de chacun : CE, 1er févr. 2017, n° 387886. Par ex. au sujet de l'assiduité retenue en fonction des moyens mis en œuvre par l'employeur dans ce but : CE, 22 mai 2019, n° 418090 et n° 413342, préc.
74. Cass. soc., 26 févr. 2020, 17-18139 P.
75. Mais non le cumul avec l'indemnité prévue en cas d'annulation d'une décision d'homologation sur un autre fondement que l'absence ou l'insuffisance de PSE, v. *supra*, n° 409.

l'employeur à la demande individuelle d'indication des critères, elle ouvre droit à indemnisation en cas de préjudice. Une sanction pénale est encourue (art. R. 1238-1).

B - La préservation de l'emploi

1) *Mesures de préservation en amont du projet de licenciement*

419. GPEC – Le motif économique s'inscrit dans le processus d'aménagement des effectifs mais en son ultime étape. En amont, certaines dispositions peuvent être prises. On désigne par-là, l'ensemble des mesures visant à réduire les effectifs sans que cette réduction ne se traduise par la rupture des contrats de travail (par ex. temps partiel, mise en congé ou en disponibilité, etc.). La GPEC est l'objet d'une information directe des salariés selon des conditions définies par voie d'accord.

Surtout, elle forme la matière d'une obligation générale de négociation tous les trois ans, au sein des entreprises et des groupes d'entreprises d'au moins trois cents salariés notamment pour répondre aux enjeux de la transition écologique (art. L. 2242-20, al. 1er ; sur cette négociation, v. *supra*, n° 84). Un bilan doit être réalisé à son échéance (art. L. 2242-20, al. 8).

Pour aller plus loin

La négociation prend ici appui sur la consultation du CSE en matière d'orientations stratégiques et de formation professionnelle (v. *infra*, nos 610 et s.). Elle intègre le dispositif « Transitions collectives » (Instr. n° DGEFP/SDPFC/MDFF/2021/13, 11 janv. 2021).

420. Contenu impératif – La négociation doit aborder la mise en place d'un dispositif de GPEC ce qui recouvre la formation et l'abondement du CPF (v. *supra*, n° 236), la validation des acquis de l'expérience, le bilan de compétences ainsi que l'accompagnement de la mobilité professionnelle et géographique des salariés (incluant, le cas échéant, au titre de la mobilité interne, les accords performances collectives, v. *supra*, n° 31). À ce premier thème, s'en ajoute d'autres tel, par exemple, celui des grandes orientations de la formation professionnelle dans l'entreprise et les objectifs du plan de développement des compétences (« PDC »)[76], le recours aux différentes formes de contrats, les conditions dans lesquelles les entreprises sous-traitantes sont informées des orientations stratégiques de l'entreprise, etc. La question de la transition écologique se situe désormais au cœur de cette négociation.

421. Contenu facultatif – La négociation peut encore porter sur la qualification des catégories d'emplois menacés par les évolutions économiques ou technologiques (art. L. 2242-21), les conditions d'association des sous-traitants au dispositif ainsi que celles dans lesquelles l'entreprise participe aux actions mises en œuvre à l'échelle des territoires (v. *infra*, n° 464). Peuvent également être abordées les matières de la négociation de méthode (v. *supra*, n° 384).

76. Les orientations sur lesquelles le CSE est consulté tous les ans (année en cours, antérieure et suivante) sont établies en cohérence avec le contenu de l'accord ; v. *infra*, n° 611.

Pour aller plus loin

Il y a tout lieu de penser que l'évaluation des efforts de l'employeur en la matière interfère dans l'examen du motif de licenciement. En tout état de cause, les engagements pris au sein de l'accord doivent être tenus (par ex. celui de conserver la stabilité des effectifs : sous peine d'indemnisation).

2) Mesure de préservation en aval du projet de licenciement

422. Deux obligations – L'employeur qui projette de licencier pour motif économique est tenu de rechercher un emploi de substitution et d'adapter les salariés concernés à l'évolution de leur tâche (art. L. 1233-4)[77]. La jurisprudence a donné à ces obligations un champ d'application très étendu : toutes les ruptures du contrat assimilées au licenciement économique, quelle que soit la situation de l'entreprise, en dépendent.

423. PSE – Parallèlement, il revient à l'employeur d'établir un PSE lorsque, à la date de l'engagement de la procédure, il occupe au moins cinquante salariés rattachés à son activité en France et qu'il envisage de procéder, au minimum, à dix ruptures de contrats de travail pour motif économique sur une période de trente jours (art. L. 1233-61). L'obligation d'établir un PSE n'est pas exclusive de celles de reclassement et d'adaptation.

a) Règles communes aux diverses obligations incombant à l'employeur

424. Titulaire – La mise en œuvre des obligations de reclassement et d'adaptation incombe à l'employeur, en priorité, sur les emplois disponibles, à la date de la notification du licenciement, situés sur le territoire national dans l'entreprise ou les autres entreprises du groupe dont celle-ci fait partie (par ex. en sollicitant le registre de leur personnel).

Remarque

Selon le juge social, chaque co-employeur (v. *supra*, n° 45) doit cependant supporter les conséquences du licenciement économique prononcé par l'un d'eux, notamment en matière de reclassement (Cass. soc., 12 sept. 2012, n° 11-12343, préc. ; le Conseil d'État paraît en retrait sur ce point (CE, 17 oct. 2016, n° 386306).

425. Cadre – Le groupe désigne un ensemble d'entreprises contrôlées sur le territoire national (v. *supra*, n° 338) mais dont l'organisation, les activités, ou le lieu d'exploitation permettent d'assurer la permutation de tout ou partie du personnel et sans restriction liée au secteur d'activité (art. L. 1233-4, al. 1er). La mise au jour de l'intégration sociale des entreprises concernées repose sur des indices concrets : communauté d'organisation, d'objectifs, d'approvisionnement et de politiques commerciales, papier à en-tête commun, siège social au même endroit, coordonnées et réunions communes, etc. Lorsque le reclassement s'opère à l'intérieur de ce

77. Cass. soc., 17 mars 2021, n° 19-11114 P : une formation complémentaire mais non une formation initiale.

périmètre élargi, il lui appartient d'interroger les chefs d'entreprise concernés[78]. En cas de contestation sur son existence, ou sa délimitation, le CPH forme sa conviction au vu de l'ensemble des éléments qui lui sont soumis par les parties[79].

426. Moment et contenu – La proposition d'adaptation et de reclassement est formulée avant la notification du licenciement. Les critères de l'ordre des ruptures n'opèrent plus à cet instant. Elle doit être précise et concrète et doit garantir le reclassement effectif du salarié sans condition (par ex. l'accord de l'entité d'accueil ; art. L. 1233-4, al. 3). Elle porte sur le PSE lorsque celui-ci doit être établi. Si le salarié accepte le reclassement, il renonce au licenciement et doit coopérer à sa réalisation, en particulier, lorsqu'il a adhéré au principe d'une formation. Si la mesure prévue par le PSE le conduit à quitter l'entreprise (reclassement « externe »), le contrat est rompu, le plus souvent, d'un commun accord (v. *infra,* n° 463 et s.).

Pour aller plus loin

Les offres sont adressées directement par écrit au salarié ou par tout moyen via une liste renfermant les précisions suivantes (art. D. 1233-2-1) : caractéristiques ; critères de départage entre salariés ; délai de réponse (quinze jours francs, en principe). La candidature est écrite ; le silence dans le délai vaut refus de l'offre.

427. Emploi équivalent – L'examen de la proposition permet d'apprécier que l'employeur a eu réellement la volonté d'adapter le travailleur à l'évolution de son emploi et de rechercher un poste correspondant en termes de salaire et de qualification[80]. L'emploi de substitution appartient donc à la même catégorie professionnelle ou au moins équivalente et doit être assorti d'une rémunération globale également équivalente (art. L. 1233-4). Que faut-il entendre par là ? Selon la jurisprudence, l'emploi de substitution est un emploi salarié (à l'exclusion d'une activité bénévole ou indépendante) qui a la même nature que celui qui a été détruit mais peut toutefois être recherché dans un autre milieu de travail (ce qui est très large), ou parmi des emplois liés à un surcroît temporaire d'activité. Il doit, en outre, être disponible, c'est-à-dire être existant, ou être en voie de constitution à la date du licenciement.

En cas de compression des effectifs par des entreprises multiples au sein d'un même groupe, l'offre formulée par chacune d'entre elles peut être destinée prioritairement à ses propres salariés. Le reclassement prime la mobilité interne ou l'embauche.

428. Emploi inférieur – Par exception, s'il n'existe aucune possibilité de même niveau et de même nature dans l'entreprise ou au sein du groupe, un emploi de catégorie inférieure peut être proposé. Cela suppose aussi qu'aucune autre tâche ne soit accessible par l'effet de l'obligation d'adaptation. La jurisprudence admet donc que le reclassement s'opère au moyen d'une modification d'un élément essentiel du contrat

78. Cass. soc., 16 sept. 2020, n° 18-21205 : n'est pas exigée la liste nominative des salariés, ou le profil individuel de ces derniers.
79. Cass. soc., 31 mars 2021, n° 19-17300 P.
80. Seul un complément de formation est requis : Cass. soc., 2 juill. 2014, n° 13-13876 P. Au surplus, l'employeur échappe à son obligation si l'incapacité du salarié à s'adapter aux nouvelles méthodes de travail est démontrée ; v. ég. Cass. soc., 2 juill. 2014, n° 13-12048 P.

de travail (ex. par contrat précaire ou à temps partiel, etc.). La proposition requiert l'acceptation de l'intéressé. Elle échappe à la procédure imposée par la loi en cas de révision des conditions d'emploi pour motif économique (v. *supra*, n° 300).

429. Choix libre – Il n'est pas imposé au salarié d'accepter quelque mesure que ce soit car le reclassement est un droit. Mais s'il donne son accord, il est tenu de coopérer à l'action de formation développée à son profit. Tout refus de s'y soumettre ou de rejoindre son nouvel emploi serait constitutif d'un manquement aux engagements contractuels.

b) Règles propres au plan de sauvegarde de l'emploi

430. Progressivité – Le PSE est l'œuvre de l'employeur ou des interlocuteurs sociaux. Il est marqué d'un caractère évolutif car il peut être amélioré dans son contenu au cours des réunions des élus auxquels il est soumis.

Illustration

Le plan renferme des mesures qui sont de nature à contribuer, de manière directe ou indirecte, au maintien dans l'emploi ou au reclassement des salariés après une recherche sérieuse (CE, 22 juill. 2015, n° 383481) :
– actions de reclassement interne ou externe sur le territoire national, créations d'activités nouvelles (par ex. prime de reprise ou de création d'entreprise), actions de formation (ex. participation aux CSP ; sont prises en compte les mesures qui s'imposent en vertu d'un accord au stade de l'élaboration d'un PSE : CE, 13 avr. 2018, n° 404090) ;
– réduction ou aménagement du temps de travail (ex. contrats à durée déterminée et missions d'intérim disponibles, CE, 22 juill. 2021, n° 434362, à temps partagé ou partiel, etc.) ;
– garanties sociales (ex. cellule de soutien psychologique, etc.) ;
– dispense d'activité totale ou partielle limitée dans le temps, rémunérée en totalité, accompagnée des garanties de reclassement ;
– actions favorisant la reprise de tout ou partie des activités en vue d'éviter la fermeture d'un ou de plusieurs établissements.

431. Précisions – Selon le juge, le plan doit comporter des indications sur le nombre, la nature et la localisation des emplois proposés sur le territoire national (art. L. 1233-61, al. 2). L'employeur ne peut donc se contenter d'un plan vague et ne contenant aucune référence vérifiable (sur le contrôle du DREETS, v. *supra*, n° 404). Mais cela n'implique pas la description du profil personnalisé des travailleurs concernés.

432. Régime – Le plan peut réserver des avantages à certains salariés à la condition de respecter le principe d'égalité au sein d'un même plan social et de faire en sorte que leurs règles d'attribution soient préalablement définies et contrôlables[81]. De manière générale, les mesures qu'il renferme ne doivent présenter aucun caractère aléatoire ou apparaître moins favorables que les stipulations des accords collectifs de travail. La

81. Il n'est pas possible aux salariés licenciés de réclamer le bénéfice d'un plan établi à l'occasion d'un autre projet de licenciement faute d'être placés dans une situation identique : Cass. soc., 29 juin 2017, n° 15-21008 P.

comparaison obéit au principe de faveur donnant lieu parfois à une méthode de comparaison globale (v. *supra*, n° 29).

433. Exécution – Déterminées lors de son élaboration, les modalités de suivi du PSE s'accompagnent d'une consultation régulière du CSE. L'autorité administrative compétente y est associée[82]. Il appartient à l'employeur d'exécuter le plan et les dispositifs qu'il contient sans manquer à la bonne foi contractuelle. Il s'agit d'un engagement qu'il prend à l'égard des salariés. En cas de litige, la demande de ces derniers (qui peut être portée par un syndicat : v. *infra*, n° 521), est présentée au CPH qui se prononce dans le respect de l'autorité de la chose décidée par le DREETS[83]. Lorsque l'employeur ne respecte pas une mesure de reclassement, les conséquences varient selon la source et l'étendue du dispositif (mesure générale de reclassement à l'intérieur de l'entreprise ou du groupe : absence de motif réel et sérieux ; mesure de reconversion en dehors de ce cadre : réparation du préjudice subi). Au surplus, il y a lieu à la réparation du dommage résultant de la perte d'une chance de retrouver un emploi ou de la violation de tout engagement de maintien de l'emploi. Un syndicat peut agir devant le TJ aux fins d'obtenir le respect de ce type d'engagement.

c) Sanction des obligations de l'employeur en matière de reclassement

434. Preuve – En cas de litige relatif à l'adaptation et au reclassement du salarié, l'employeur est tenu d'apporter des éléments de nature à justifier les efforts qu'il a entrepris, à compter du projet de licenciement et, au plus tard, à la date de celui-ci. Le régime de la preuve est celui du motif économique.

435. Contrôle – L'appréciation par le juge judiciaire (sauf PSE) des possibilités de reclassement est approfondie. En pratique, aucun recrutement ni aucune embauche ne peuvent être effectués sans qu'il y ait eu proposition de cette nature. Les fraudes consistant à soustraire au salariat des tâches avant le licenciement doivent être sanctionnées. La violation de la double obligation d'adaptation et de reclassement est placée sous le régime du licenciement injustifié (y compris lorsque le salarié est parti à la retraite). En revanche, celle du PSE tombe sous le coup de la nullité.

Pour aller plus loin

Lorsque le salarié a bénéficié, dans le cadre d'un PSE, du versement d'une indemnité de licenciement puis d'une indemnité pour licenciement sans cause réelle et sérieuse, il ne peut plus prétendre à la réparation du préjudice lié à la perte de son emploi et à la perte de chance d'un retour à l'emploi déjà indemnisé par application de la responsabilité contractuelle de l'employeur (Cass. soc., 27 janv. 2021, n° 18-23535 P).

436. PSE – Est nul le licenciement prononcé sans qu'ait été établi un PSE dûment soumis au contrôle de l'administration ou lorsque la validation ou l'homologation dont a fait l'objet celui-ci a été annulée (art. L. 1235-10). Seul le juge administratif est habilité à prononcer une telle sanction (art. L. 1235-7-1 ; v. *supra*, n° 411). L'action en

82. Les modalités de mise en œuvre du plan échappent à son contrôle : CE, 22 juill. 2021, n° 434362, préc.
83. Cass. soc., 27 mai 2021, n° 18-26744 P.

nullité est reportée à l'issue de la procédure (v. *supra,* n° 410)[84]. La poursuite des contrats de travail et la réintégration (art. L. 1235-11) s'imposent alors à l'intérieur de l'entreprise ou de l'UES, à l'exclusion du groupe. Elles sont écartées lorsque leur mise en œuvre se révèle impossible notamment « du fait de la fermeture de l'établissement ou du site ou de l'absence d'emploi disponible »[85].

437. Incidences financières – L'annulation du plan conduit à la restitution des sommes versées pour son exécution en déduction des dommages et intérêts alloués à cette occasion. En outre, le salarié, ayant deux ans d'ancienneté est en droit d'obtenir sa réintégration accompagnée de la réparation du préjudice enduré jusqu'au retour effectif dans l'emploi (art. L. 1235-14 : réparation du préjudice subi en deçà de ces seuils). Cette réparation n'est accordée que dans la limite des salaires perdus du fait d'un revenu de remplacement.

438. Préférence – Le travailleur est aussi en droit de solliciter une indemnisation de substitution. Il se voit alors accorder une indemnité qui ne peut être inférieure aux salaires des six derniers mois (art. L. 1235-11)[86]. L'indemnisation est d'ailleurs la seule sanction envisageable lorsque l'entreprise fait l'objet d'une procédure collective (art. L. 1233-58 II, al. 6)[87] ou lorsque la réintégration est impossible. Elle peut être demandée aux co-employeurs ainsi qu'à toute personne ayant contribué à la disparition des emplois (ex. une société mère)[88].

Pour aller plus loin

Les spécificités de cette sanction expliquent que, quel que soit le motif invoqué devant le juge (par ex. vice de procédure ; v. *supra*, n° 409), celui-ci est dans l'obligation de se prononcer sur l'absence ou l'insuffisance du plan lorsque l'entreprise n'est pas en redressement ou liquidation judiciaire (CE, 15 mars 2017, n° 387728).

C - La priorité de réembauche

439. Choix du retour – Tout travailleur licencié dans ces conditions bénéficie d'une priorité au retour dans l'entreprise (art. L. 1233-45) à compter de la fin du préavis, exécuté ou non. Cela suppose qu'il en manifeste le désir de manière explicite dans le délai d'un an[89] et que l'employeur (ou le repreneur de l'entité transférée) se livre à des

84. L'intervention du juge des référés est envisageable ; sur l'appréciation de la condition d'urgence (CJA, art. L. 521-1) : CE, 21 févr. 2014, n° 374409.
85. La jurisprudence admet à ce titre des circonstances propres au travailleur (par ex. concurrence déloyale mais non une situation conflictuelle ; ex. harcèlement : Cass. soc., 1er déc. 2021, n° 19-25715 B) ou à l'entreprise, notamment en cas de cessation d'activité.
86. Une seule indemnité au titre de la privation des avantages prévus par le PSE : Cass. soc., 14 sept. 2017, n° 16-11563 P.
87. Cass. soc., 25 mars 2020, n° 18-23692 P. Cette indemnité est due quel que soit le motif d'annulation de la décision de validation ou d'homologation et se cumule avec l'indemnité de licenciement : Cass. soc., 19 déc. 2018, n° 17-26132 P.
88. Cass. soc., 24 mai 2018, n° 16-22881 P (la simple faute extracontractuelle suffit) ; v. ég. Cass. soc., 29 sept. 2021, n° 20-18802, préc.
89. Cass. soc., 11 avril 2012, n° 11-11037 P : réponse à une offre d'emploi de l'ancien employeur. Son silence vaut renonciation. La période d'une année débute à compter de la fin du congé de reclassement : Cass. soc., 11 déc. 2019, n° 18-18653 P.

embauches en vue de l'exécution de tâches relativement durables. Sur le plan formel, la possibilité en est rappelée dans la lettre de licenciement, ou le document écrit et motivé destiné au titulaire d'une convention de reclassement, avec les conditions de son exercice (art. L. 1233-16 et L. 1233-42). Par la suite, le travailleur reçoit une information précise sur tout emploi devenu disponible et compatible avec sa qualification. Les élus du personnel en sont à leur tour informés ainsi que la collectivité des salariés. Ces règles peuvent être aménagées par voie de convention collective ou de PSE.

440. Choix du cadre – Il appartient au travailleur de faire connaître à l'employeur les nouvelles qualifications qu'il a pu acquérir. Il lui est possible également de désigner par avance les postes sur lesquels il souhaite que soit exercé son droit. L'information est la seule exigence posée par la loi qui ne fait pas de la situation de chômage une condition de mise en œuvre de la priorité.

441. Exécution – Celle-ci s'exerce alors pendant une année à l'égard de tout emploi disponible et compatible avec la qualification de l'intéressé. Le préjudice qu'occasionne l'absence d'indication de la priorité dans la lettre de licenciement doit être réparé. Si un emploi disponible et compatible avec la qualification du travailleur n'est pas proposé, l'employeur est débiteur d'une indemnité d'un mois de salaire minimum (sans démonstration d'un préjudice)[90]. La preuve de l'exécution des obligations lui revient[91]. Ces différentes sommes se cumulent avec l'indemnité accordée en l'absence de motif réel et sérieux de licenciement.

Pour aller plus loin

La jurisprudence estime qu'il n'est pas nécessaire que l'emploi offert soit identique à celui qui a été supprimé pourvu qu'il corresponde à la qualification du travailleur (ex. tâche à durée déterminée sous réserve des restrictions légales, v. *supra*, n° 173). En revanche, n'est pas accessible au salarié licencié un emploi offert à la mutation interne, un poste laissé vacant durant les congés, une période de maternité ou de suspension pour cause de maladie, etc.

442. Impact – Il n'est mis à la charge de l'employeur aucune obligation de formation à ce moment sous réserve de « légères adaptations » (par ex. aux consignes de sécurité). La priorité de réembauche se distingue, pour cette raison, de l'obligation de reclassement mais aussi car elle s'exerce au niveau de l'entreprise et non du groupe. Lorsque le salarié accepte l'emploi qui lui est proposé, un nouveau contrat est conclu. En conséquence, l'ancienneté acquise au titre de la précédente relation de travail est perdue, sauf accord plus favorable. Une période d'essai est susceptible d'être imposée.

90. Supposant deux ans d'ancienneté et l'appartenance à une entreprise de onze salariés ; à défaut, indemnisation en fonction du préjudice subi.
91. Cass. soc., 16 sept. 2020, n° 19-14078.

4. LES SUITES DU LICENCIEMENT

443. Étapes – Après le prononcé du licenciement débute une période de préavis qui précède la fin effective de la relation professionnelle (art. L. 1234-1). Vient ensuite le règlement des conséquences financières de la rupture.

A - Le préavis de licenciement

444. Exécution normale – Le préavis de licenciement est institué en faveur du salarié afin de le prémunir contre les effets d'une issue brutale de la relation de travail. En période de préavis, aucune modification des conditions d'emploi ne peut être imposée au travailleur, y compris en cours de prolongation. Toutefois, l'employeur est en droit de dispenser celui-ci d'accomplir sa tâche.

1) Calcul et exécution du préavis

445. Durée – C'est la présentation de la lettre de notification du licenciement qui fixe le point de départ du préavis. Celui-ci a la nature d'un délai préfix ce qui signifie qu'il se poursuit en présence d'un événement ayant pour effet de suspendre ou d'interrompre l'exécution du contrat sauf accident, ou maladie issue du travail, maternité et congés payés[92].

Calcul du préavis

Sur justification, à la date de l'envoi de la lettre de licenciement, d'une ancienneté de services continus (CDI), dans l'entreprise ou le groupe :
– en deçà de six mois d'ancienneté, durée fixée par les accords collectifs, ou les usages de la localité et de la profession (art. L. 1234-1, al. 1er 1°) ;
– un mois pour une ancienneté comprise entre six mois et moins de deux ans ;
– deux mois pour une ancienneté d'au moins deux ans[93].
La prolongation (quel qu'en soit le moment) ou la réduction du préavis est possible sur l'accord des deux parties.

Ces conditions ne sont applicables qu'à défaut de dispositions légales, de conventions ou d'usages plus favorables au travailleur (art. L. 1234-17, *in fine* ; par ex. au profit des personnes handicapées).

446. Conditions générales – Le préavis est dû même si le contrat n'a pas été exécuté. En revanche, il est exclu en cas de faute grave ou lourde du salarié qui expose ce dernier à une sanction (par ex. un licenciement). Il en est également ainsi lorsque de telles fautes, découvertes en cours de préavis, ont été commises avant le licenciement. En revanche, le droit à l'indemnité de rupture subsiste en toute hypothèse (sur les conséquences de la prise d'acte, v. *infra*, n° 478).

---

92. Cet effet exceptionnel ne concerne pas le préavis de départ à la retraite ; v. *infra*, n° 490.
93. Les périodes de suspension n'interrompent pas l'ancienneté mais n'intègrent pas son calcul sauf exceptions (maladie professionnelle, maternité, congés payés et certains congés spéciaux).

Pour aller plus loin

En période de préavis, le salarié est en droit d'utiliser son CPF (art. L. 6323-17 ; v. *supra*, n° 234). Il dispose encore d'un droit à deux heures par jour payées en vue de rechercher un emploi (sans compensation financière en cas de non-usage, sauf convention plus favorable).

447. Violation – Tout comportement fautif de l'employeur qui s'oppose à l'exécution du préavis ouvre droit à une indemnité compensatrice correspondant aux salaires perdus (nature salariale), avantages rémunératoires compris, même si le travailleur est dans l'impossibilité de l'accomplir et quoique le contrat n'ait jamais été exécuté. Il en est encore ainsi lorsque le licenciement est nul, quel que soit le motif de la rupture. Si le salarié quitte l'entreprise avant la fin du préavis, il doit à son tour une indemnité représentant la rémunération à percevoir (ex. opposition à un simple changement des conditions de travail). Tout refus d'exécution de sa part est d'ailleurs constitutif d'une faute grave.

448. Impossibilité – Cette situation doit être distinguée de celle dans laquelle le travailleur est incapable d'exécuter le préavis pour des raisons indépendantes de sa volonté ce qui conduit alors parfois au versement d'une indemnité compensatrice. Tel est le cas lorsqu'il est atteint d'une inaptitude médicale d'origine professionnelle, ou trouvant sa cause dans le comportement de l'employeur. Tel est encore le cas, s'il est victime d'une inaptitude médicale d'origine non professionnelle en présence d'une violation de l'obligation de reclassement, ou lorsque le licenciement fondé sur la désorganisation de l'entreprise est jugé sans cause réelle et sérieuse[94].

2) *Dispense du préavis*

449. Droit – Il arrive que l'employeur dispense le salarié d'exécuter le préavis ou que les circonstances imposent ce choix. La décision de dispense est un droit et s'impose au travailleur en dehors de tout abus (par ex. caractère vexatoire). La volonté patronale doit être clairement établie (la formule « libre de tout engagement » ne suffit pas). Durant la période de dispense, le travailleur n'accomplit plus le travail et perçoit une indemnité compensatrice représentant ses salaires (nature salariale). Ce droit à indemnité demeure même s'il se rend auteur d'une faute grave ou lourde. Toutefois, la dispense n'a pas pour effet d'avancer la date à laquelle le contrat prend fin[95]. Tous les avantages auxquels il peut prétendre sont inclus dans le calcul de l'indemnité. Si le salarié est autorisé à exercer une activité auprès d'un nouvel employeur (même concurrent)[96], le contrat ne s'achève réellement qu'à l'issue théorique du préavis.

94. Cass. soc., 17 nov. 2021, n° 20-14848 B. En dehors de ces hypothèses, le droit à indemnité est écarté ; le contrat s'achève alors à la notification de la rupture : art. L. 1226-4. La durée du préavis est prise en compte en vue du calcul de l'indemnité de licenciement.

95. La dispense ne vaut pas renonciation au droit d'invoquer l'une ou l'autre de ces fautes, pas plus, d'ailleurs, que le versement d'une indemnité équivalente.

96. Sous réserve de l'obligation de non-concurrence qui prend effet dès le départ effectif de l'entreprise : Cass. soc., 21 janv. 2015, n° 13-24471 P.

B - Le paiement des indemnités de rupture

450. Réparation – Le licenciement rend le salarié créancier d'une indemnité contrepartie du droit de l'employeur de résiliation du contrat de travail (art. L. 1234-9)[97]. Cette indemnité est accordée sous condition d'une ancienneté de huit mois ininterrompue à la date d'envoi de la lettre de licenciement (sur le décompte de l'ancienneté ; v. *supra*, A). L'octroi de l'indemnité suppose, en outre, l'absence de faute grave ou lourde et qu'aucune autre somme de même nature soit versée à son bénéficiaire.

451. Calcul – Le droit à l'indemnité est établi à la date où l'employeur, par l'envoi de la lettre recommandée prévue par la loi, manifeste la volonté de résilier le contrat de travail, sauf clause expresse contraire. Quant au montant de l'indemnité, il tient compte de l'ancienneté acquise à la fin du contrat[98]. Il est évalué sur la base de la moyenne mensuelle des douze derniers mois précédant le licenciement (ou l'arrêt de travail pour maladie)[99]. Lorsque la durée de service du salarié est inférieure à douze mois, la moyenne mensuelle de la rémunération de l'ensemble des mois précédant le licenciement, ou du tiers des trois derniers mois (préavis exclu), peut être retenue si la formule est plus avantageuse (art. R. 1234-4). Hors situation de maladie professionnelle[100], il est désormais institué une réparation unique, quelle que soit la nature du motif de licenciement, dont le montant ne peut être inférieur à un quart de mois de salaire par année de présence (un tiers à partir de dix ans : art. R. 1234-2)[101].

452. Faveur – L'ensemble de ces dispositions est amélioré par voie d'accords collectifs plus favorable (par ex. ancienneté, nature du motif de licenciement, ou montant, par exemple, au regard des responsabilités).

Pour aller plus loin

L'indemnité conventionnelle se cumule avec les autres indemnités de fin de contrat à l'exception de celle prévue par la loi. Les clauses contractuelles fixant un niveau très élevé d'indemnisation sont susceptibles d'être annulées ou réduites par le juge (C. civ., art. 1231-5).

453. Statut – Une exonération fiscale est accordée au salarié sous certaines limites (CGI, art. 80 *duodecies*, 1, 1° et 3°). En matière sociale, il y a également exonération pour la part non imposable dans la limite d'un plafond (CSS, art. L. 242-1, al. 12). À l'occasion d'un PSE ou d'un plan de départ volontaire (v. *supra*, n° 384 et *infra*, n° 467), l'exonération fiscale est absolue (CGI, art. 80 *duodecies*, 1, 2°) de même qu'à l'égard du salarié ayant fait l'objet d'un licenciement nul pour motif discriminatoire qui ne sollicite pas sa réintégration (art. L. 1235-3-1).

---

97. Cass. soc., 27 janv. 2021, n° 18-23535 P.
98. Cela commande de prendre en compte la commission d'une faute grave ou lourde qui interrompt ce décompte : Cass. soc., 11 sept. 2019, n° 18-12606 P.
99. Dans ce cas, exempts des arrêts de travail pour maladie.
100. L'indemnité est alors égale au double de l'indemnité de base sans condition d'ancienneté (art. L. 1226-14 ; sauf refus abusif d'un reclassement, rare en pratique, v. *supra*, n° 314).
101. En cas d'année incomplète, l'indemnité est calculée proportionnellement au nombre de mois complets (art. R. 1234-1).

C - La remise des documents de fin de contrat et le règlement des conséquences financières de la rupture

454. Certificat de travail – L'employeur est tenu de mettre à disposition du salarié à l'issue du préavis un document visant les dates d'entrée et de sortie de l'entreprise, la nature de l'emploi ou des emplois occupés au sein de cette dernière ainsi que les périodes d'affectation (sur le « TESE », v. *supra*, n° 201). Il précise désormais le solde des sommes acquises au titre du CPF et non utilisées. Ces mentions sont exhaustives. Mais, le plus souvent, des appréciations sont portées sur le certificat (sauf discriminations ou préjudice). En cas de défaut de délivrance, le CPH peut être saisi et une réparation accordée sur preuve d'un dommage. Une amende pénale est encourue.

455. RSTC – Le certificat de travail ne doit pas être confondu avec l'inventaire des sommes versées par l'employeur au salarié lors de la rupture (art. L. 1234-20, al. 1er). Le travailleur (au moyen de sa signature) en donne reçu à son auteur (signé et daté). Il dispose alors d'un délai de six mois (non obligatoirement indiqué dans le reçu) afin de dénoncer ce document qui devient libératoire à l'égard des sommes qui y figurent[102], peu important qu'il soit rédigé en termes généraux, au-delà de ce délai.

456. Pôle emploi – Il appartient encore à l'employeur de remettre au salarié l'attestation permettant à ce dernier de faire valoir ses droits au chômage lorsqu'il occupe au moins onze salariés (art. R. 1234-9 ; sur le décompte de l'effectif v. art. R. 1234-5-1, v. *supra*, n° 47).

Ces éléments s'imposent quel que soit le mode de rupture de la relation professionnelle (par ex. une prise d'acte ; au repreneur de l'entité en cas de transfert).

Pour aller plus loin

Il est loisible au salarié de conclure une transaction en vue de régler un différend financier au moment de la rupture (C. civ., art. 2044 à 2058) mais à de strictes conditions : existence d'un litige né ou à naître et de concessions réciproques (L. n° 2016-1547, 18 nov. 2016, art. 10). La signature de ce document ne peut survenir qu'après la réception de la lettre recommandée de licenciement. Une fois conclue et exécutée, la transaction a l'autorité de la chose jugée en dernier ressort ce qui interdit toute contestation ou demande d'indemnisation ultérieure lorsqu'elle est rédigée en termes généraux (sur l'homologation, art. R. 1471-1-1).

102. Et non celles détaillées dans une annexe.

CHAPITRE 9

Les modes de rupture autres que le licenciement

457. Négociation – Le salarié n'étant pas autorisé à renoncer aux règles du licenciement avant que prenne fin le rapport de subordination (art. L. 1231-4), une place est laissée à d'autres modes de rupture du contrat de travail. Mais l'accord des parties, dans le respect des prescriptions de la loi, s'impose désormais comme une voie nouvelle de cessation de la relation de subordination.

1. LA RUPTURE D'UN COMMUN ACCORD

458. Choix – Il est loisible à l'employeur et au salarié de mettre fin d'une commune acceptation à leur relation. Quelles que soient les considérations qui fondent une telle décision, celle-ci obéit aux règles de la rupture conventionnelle à moins qu'elle ne résulte d'un accord GPEC, d'un PSE ou des accords collectifs portant rupture conventionnelle collective (art. L. 1237-16).

A - La rupture conventionnelle pour convenances personnelles

459. Conditions de fond – Ce mode de rupture, « exclusif de la démission et du licenciement » (art. L. 1237-11), repose sur un consentement libre et non équivoque des parties. Mais s'il ne doit pas être imposé à l'une par l'autre (art. L. 1237-11), cela n'interdit pas sa négociation en présence d'un différend disciplinaire[1]. Les circonstances qui se trouvent à l'origine de cette négociation importent donc peu (justifications personnelles, motif économique, etc.). Et lorsque le contrat a été rompu par

1. Cass. soc., 16 déc. 2015, n° 13-27212 P, préc. Sur la possibilité de signer une transaction dont l'objet est distinct : quest. n° 55914, JOAN Q, 2 sept. 2014 et Cass. soc., 25 mars 2015, n° 13-23368 P ; Cass. soc., 16 juin 2021, n° 19-26083.

l'une des parties, la signature d'une rupture conventionnelle vaut renonciation à la décision intervenue[2].

460. Conditions de forme – La loi l'entoure d'un formalisme (par ex. des entretiens) favorisant l'information du salarié sous peine de nullité (art. L. 1237-12 et s. : écrit date et signé, remis à chaque partie, accompagné de la preuve de cette remise[3]). L'essentiel est d'observer que l'application de l'accord est doublement conditionnée : chaque partie dispose d'une faculté de rétractation dans un délai de quinze jours calendaires à partir du lendemain de la signature « actant l'accord... » (art. L. 1237-13, al. 3)[4] ; à l'issue de ce délai, celui-ci doit encore être homologué par l'administration du travail. Sa validité en dépend (rupture abusive : art. L. 1237-14, al. 3).

461. Homologation – Lorsque l'administration estime la demande recevable, elle dispose de quinze jours ouvrables afin de s'assurer de la liberté de consentements ainsi que du respect des procédures. Une décision explicite d'acceptation, ou de rejet, peut alors être prise. L'absence de notification vaut homologation, y compris en cas de refus tardif. Un tel refus doit être motivé (art. L. 1237-14)[5]. La date de la rupture est fixée, au plus tôt, le lendemain du jour de cette décision, sans préavis. Sur le plan financier, il est versé au salarié une indemnité ayant pour minimum celle de licenciement prévue par la convention collective si elle est supérieure à l'indemnité légale (art. L. 1237-13)[6].

462. Contentieux – Les contestations portant sur la réalité du consentement (par ex. harcèlement en certains cas ; dol[7] ; insanité d'esprit), l'éventuel abus de l'employeur dans le refus de signer, sur l'indemnisation de la rupture et l'homologation relèvent exclusivement du CPH en premier et en dernier ressort (art. L. 1237-14, *in fine*). L'action est introduite dans le délai de douze mois à compter de cette formalité sauf fraude. La nullité de la convention vaut licenciement sans cause réelle et sérieuse et impose la restitution des sommes déjà versées[8]. Le juge judiciaire est incompétent afin d'homologuer la convention en cas de refus de l'administration. Quant à cette dernière, elle doit être ressaisie à la suite de l'annulation d'un refus d'homologation. Une clause de renonciation à tout recours serait réputée non écrite.

---

2. En revanche, ce régime est inapplicable à une convention tripartite portant sur la poursuite du contrat de travail : Cass. soc., 17 nov. 2021, n° 20-13851.
3. En cas de contestation, il appartient à celui qui invoque cette remise d'en rapporter la preuve : Cass. soc., 23 sept. 2020, n° 18-25770 P.
4. Par l'envoi à l'autre partie d'une lettre attestant de sa date de réception : Cass. soc., 26 sept. 2018, n° 17-19860. Le droit à rétraction s'apprécie à la date d'envoi de cette lettre : Cass. soc., 19 juin 2019, n° 18-22887. La signature d'une seconde convention après un refus d'homologation déclenche un nouveau délai de rétractation : Cass. soc., 13 juin 2018, n° 16-24830 P. La reprise d'un processus disciplinaire après rétractation est toujours possible : Cass. soc., 3 mars 2015, n° 13-15551 P.
5. Mais cette décision peut être retirée et l'homologation accordée : Cass. soc., 12 mai 2017, n° 15-24220 P.
6. Cass. soc., 5 mai 2021, n° 19-24650 P. Cette règle ne s'applique pas aux entreprises qui n'entrent pas dans le champ d'application de l'ANI du 11 janvier 2008 : Cass. soc., 27 juin 2018, n° 17-15948. Si le salarié a moins d'un an d'ancienneté, au prorata de son temps de présence. Les indemnités issues de régimes spécifiques sont exclues : Cass. soc., 30 sept. 2020, n° 19-15675 P.
7. Cass. soc., 6 janv. 2021, n° 19-18549 (dissimulation d'un PSE).
8. Cass. soc., 30 mai 2018, n° 16-15273 P. C'est à celui qui l'invoque qu'il appartient d'en établir l'existence : Cass. soc., 1er déc. 2016, n° 15-21609 P.

B - Les accords collectifs portant rupture conventionnelle collective

463. Négociation collective – Un accord portant GPEC, ou « rupture conventionnelle collective », peut définir les modalités encadrant les conditions de la cessation d'un commun accord du contrat de travail (art. L. 1237-17). Il s'agit d'une autre modalité « exclusive du licenciement ou de la démission » qui ne peut être imposée par l'une ou l'autre des parties.

1) Congé de mobilité

464. Finalité – Le congé de mobilité a pour objet de favoriser le retour à un emploi stable par des mesures d'accompagnement, des actions de formation et des périodes de travail (art. L. 1237-18, *in fine*). Au sein de toute entreprise ayant conclu un accord collectif « GPEC » (v. *supra*, n° 83) ou portant rupture conventionnelle collective (v. ci-dessous, 2), ce congé peut être proposé au salarié par l'employeur dans les conditions prévues par l'accord.

465. Modalités – Des périodes de travail sont susceptibles d'être accomplies au sein ou en dehors de l'entreprise (art. L. 1237-18-1). Elles peuvent prendre prend appui sur un contrat à durée indéterminée ou à durée déterminée. Dans ce dernier cas, le congé de mobilité est suspendu et reprend à l'issue du contrat pour la période restant à courir[9].

466. Effet – L'acceptation par le salarié du congé emporte rupture d'un commun accord à son issue (art. L. 1237-18-4 ; au sujet des travailleurs protégés, v. *infra*, n° 723). Une indemnisation est alors versée qui ne peut être inférieure aux sommes dues en cas de licenciement pour motif économique selon les prévisions de l'accord.

Pour aller plus loin

Toutefois, la rupture est soustraite au contentieux sur ce motif ; seuls le vice du consentement et la fraude sont susceptibles d'être invoqués dans ce cadre.

2) Plan de départ volontaire

467. PDV – Un accord collectif peut également déterminer le contenu d'un plan de départs volontaires excluant tout licenciement pour atteindre les objectifs qui lui sont assignés en termes de suppression d'emplois (art. L. 1237-19)[10]. Si donc il ne s'accompagne pas de licenciements, le plan ne requiert pas le constat du motif économique[11] et se trouve soustrait au contentieux relatif à ce motif.

---

9. Durant le congé, le salarié perçoit une rémunération au moins égale au montant de l'allocation de conversion (art. L. 5123-2 3°). Sur le régime de cette rémunération, v. art. L. 1237-18-3 *in fine*.
10. L'administration est informée sans délai de l'ouverture d'une négociation en vue de l'accord (art. D. 1237-7 et s.).
11. Il est indifférent qu'un tel motif économique existe : CAA Versailles, 14 mars 2019, n° 18VE04158.

Pour aller plus loin

Subsiste, cependant, la possibilité de négocier des départs individuels à l'occasion d'un plan de départs volontaires (v. CGI, art. 80 duodecies). Ce processus requiert l'information des élus du personnel et suppose que le salarié réunisse les conditions posées par le plan. Le travailleur bénéficie alors d'un reclassement externe, des garanties d'accompagnement, d'une priorité de réembauchage ainsi que d'une « indemnité de départ » (v. *supra*, n° 450). Si des licenciements secs sont envisagés à ce moment, un reclassement interne est également mis en œuvre et une indemnité doit être versée sous le régime du PSE. En revanche, sont écartés les critères de l'ordre des départs, la lettre de rupture et le préavis.

a) Contenu du plan et garanties offertes

468. Négociation – L'accord renferme un certain nombre de précisions (art. L. 1237-19-1) : les conditions de l'information du CSE, s'il existe (sans consultation mais cela est négociable : art. L. 2312-39, *in fine*), le nombre maximal de départs envisagés et des suppressions d'emplois associées ainsi que sa durée de mise en œuvre.

469. Individualisation – Sont encore indiquées les modalités de la candidature écrite du salarié, la durée au cours de laquelle les ruptures peuvent être engagées, la conclusion d'une convention individuelle de rupture ainsi que le droit de rétractation des parties. Les conditions de suivi du plan sont également décrites.

Doivent enfin être prévus des critères de départage des candidats au départ ce qui évoque, sans s'y assimiler totalement, ceux du licenciement (v. *supra*, n° 414 ; sans discrimination, en particulier, liée à l'âge), ainsi que les modalités de calcul des indemnités de rupture (non inférieures à celles dues en cas de licenciement pour motif économique).

470. Accompagnement social – Seul s'impose la proposition de mesures visant à faciliter le reclassement externe sur des emplois équivalents (ex. actions de formation ou de reconversion), ou le bénéfice d'un congé de mobilité (v. *supra*, n° 464).

Ces éléments ainsi que les procès-verbaux des élus du personnel, s'ils existent, comportant leurs suggestions et propositions sont portés à la connaissance de l'administration du travail (art. L. 1237-19-4).

b) Validation de l'accord par l'administration du travail

471. Contrôle – L'accord est transmis à l'autorité administrative pour validation (art. R. 1237-6 et s. ; art. D. 1237-5 et s. ; v. A., 21 oct. 2019 relatif au nouveau portail « Rupco »). La décision motivée de cette dernière est communiquée à l'employeur dans un délai de quinze jours (art. D. 1237-9). Son contrôle porte (art. L. 1237-19-3) :
- sur le respect des conditions posées par la loi (v. *supra*, a) ;
- sur le caractère précis et concret des mesures d'accompagnement ;
- sur l'absence de discrimination entre les salariés de l'entreprise, notamment à raison de l'âge ;
- sur la régularité de l'information du CSE, s'il existe.

Il ne s'agit donc que d'un contrôle limité à l'erreur manifeste d'appréciation.

472. Décision – Le silence gardé par l'administration vaut décision d'acceptation de validation. Cette décision est portée à la connaissance des salariés (art D. 1237-10).

En cas de refus de validation, un nouvel accord peut être conclu après information du CSE (art. L. 1237-19-6).

473. Contentieux – L'accord majoritaire et la régularité de la procédure ne peuvent faire l'objet d'un litige distinct de celui relatif à la décision de validation (art. L. 1237-19-8 ; sur ce recours, v. *supra*, n° 411). En revanche, la rupture du contrat relève de la compétence du CPH (dans le délai de douze mois)[12].

c) Mise en œuvre des ruptures

474. Effet – L'acceptation par l'employeur de la candidature au départ volontaire emporte rupture du contrat d'un commun accord des parties (art. L. 1237-19-2).

Le CSE (s'il existe) est associé au suivi de la mise en œuvre du plan de départ volontaire à l'instar de l'autorité administrative qui reçoit un bilan établi par l'employeur (art. D. 1237-12).

2. LA DÉMISSION

475. Notion – La démission se définit comme un acte unilatéral de volonté émanant du salarié par lequel ce dernier met fin à la relation qui l'unit à l'employeur. Elle s'efface parfois derrière le licenciement lorsque l'employeur manque à ses obligations.

A - Les conditions de la démission

476. Exigences limitées – La démission n'est soumise qu'à très peu de conditions en l'absence de stipulations conventionnelles particulières (ni écrit, ni motif) ce qui soulève un problème de preuve. C'est pourquoi, l'une des rares dispositions légales sur le sujet précise qu'il incombe à l'employeur de démontrer la volonté sérieuse, libre et non équivoque du salarié de mettre fin au contrat de travail (art. L. 1237-2). Seul s'impose donc à celui-ci le respect d'un préavis (art. L. 1237-1) dont la durée est fixée par la loi et, à défaut, par la convention collective ou les usages.

Pour aller plus loin

Les règles de preuve applicables, en l'occurrence, sont celles qui fondent la démonstration du motif de licenciement (art. L. 1235-1).

477. Champ réduit – De manière générale, la jurisprudence opte pour une conception assez restrictive de la démission. Ne constituent pas l'expression de la volonté requise :

- une absence à l'issue d'un congé et sans justification ;
- une absence accompagnée d'une demande écrite de licenciement ;
- l'acceptation d'un départ dont les effets sont différés dans le temps, etc.

12. Contestation de l'intégrité du consentement mais non de la réalité du motif économique.

C'est ainsi encore que le caractère non réfléchi de la démission peut résulter d'un trouble passager affectant la conscience, ou d'un mouvement d'humeur très rapidement rétracté par le salarié lui-même[13]. Le licenciement ne saurait, d'ailleurs, être identifié à une telle rétractation.

B - L'emprise du licenciement sur la démission

478. Prise d'acte – En présence d'un différend opposant les deux parties, il est fréquent que le salarié quitte l'entreprise. On dit alors qu'il « prend acte de la rupture ». Les conséquences de cette décision sont importantes et méritent d'être précisément définies. La prise d'acte n'est entourée d'aucun formalisme mais doit être portée directement à la connaissance de l'employeur. En une telle hypothèse, la date de la rupture est celle de la prise d'acte qui entraîne la cessation immédiate du contrat, sans préavis. De ce fait, le travailleur ne saurait alors revendiquer la sanction de la violation des procédures de licenciement, ou même se rétracter. C'est à ce moment que sont évalués ses droits (par ex. ancienneté).

Pour aller plus loin

La chambre sociale a écarté la pratique d'une résolution du contrat par voie de notification (C. civ., art. 1226) : Cass. soc., avis, 3 avr. 2019, n° 19-70001 P.

479. Variétés – Sous une première acception, la prise d'acte est exercée de manière explicite au moyen de l'invocation de différents griefs. Selon une seconde, elle se manifeste par la reprise d'une démission donnée, dans un premier temps, sans réserves sur le fondement de fautes reprochées à l'employeur. À cet instant, il n'est plus possible au salarié d'invoquer un vice du consentement.

Remarque

Rien ne lui interdit de prendre acte de la situation alors qu'il a, dans le même temps, sollicité, devant le juge, l'exécution du contrat sur la base des mêmes faits ou d'autres faits.

480. Enjeux – Seuls sont soumis à l'examen du juge, les éléments précis, antérieurs ou contemporains de la prise d'acte, en particulier, dans l'hypothèse où le salarié a repris une démission donnée sans réserves[14]. Toutefois, les allégations du travailleur ne fixant pas les limites du débat, le CPH est invité à une analyse poussée des circonstances.

La demande de qualification de la rupture est portée directement devant le bureau de jugement du CPH dans le délai de douze mois (peu important l'ancienneté des

---

13. Cass. soc., 26 oct. 2011, n° 10-14139 : licenciement nul car la grossesse était connue au moment de la rétractation.
14. Cass. soc., 16 oct. 2019, n° 18-12908. Admis après sept jours : Cass. soc., 4 juin 2009, n° 07-45239 ; lettre renfermant des griefs adressée deux mois après la démission : Cass. soc., 13 févr. 2013, n° 11-23226 (admission) ; tardif après quatorze mois : Cass. soc., 10 déc. 2008, n° 07-42887.

manquements invoqués). Le juge statue sur le fond sous un mois suivant sa saisine (art. L. 1451-1).

481. Impact – On est amené alors à distinguer deux situations :

– si les arguments formulés par le travailleur ne sont pas fondés, la prise d'acte s'identifie à une simple démission, irrégulière le cas échéant (par ex. modification du salaire qui n'affecte pas son montant ; défaut de rédaction du contrat par écrit, etc.) ;
– si les arguments formulés par le travailleur sont fondés, la prise d'acte s'identifie à un licenciement sans cause réelle et sérieuse (art. L. 1235-3-2 ; sur le barème, v. *supra*, n° 351) ou nul (plus de barème : indemnité de six mois de salaires au moins)[15]. Le doute qui subsiste, en l'occurrence, doit profiter à l'employeur.

Illustrations

La double exigence « de manquements suffisamment graves de l'employeur empêchant la poursuite du contrat de travail » identifie clairement la prise d'acte à un ultime recours (ex. immixtions dans l'exercice d'une délégation de pouvoirs : Cass. soc., 1er déc. 2021, n° 20-16851). Le contrôle de la chambre sociale porte ici sur les seules erreurs manifestes d'appréciation du juge du fond.

482. Autonomie – Le comportement de l'employeur lors de la prise d'acte (ex. s'il met en œuvre la procédure de licenciement), et celui de son subordonné (ex. départ à la retraite), après ce moment, sont indifférents. La notification du licenciement est alors non avenue et ne peut être ordonnée par le juge.

Pour aller plus loin

Un salarié est en droit « de prendre acte » au cours du délai de rétractation de la rupture conventionnelle (v. *supra*, n° 460). Mais il ne peut y procéder, entre la date d'expiration de ce délai et celle de l'effet de cette rupture, que pour des manquements survenus, ou dont il a eu connaissance au cours de cette période (sur d'autres aspects chronologiques, v. *infra*, n° 487).

C - La sanction de l'abus de droit de démissionner

483. Réparation – Il est assez rare que la résiliation d'un CDI à l'initiative du salarié soit source d'abus. Pour l'essentiel, c'est la violation du préavis qui rend celui-ci débiteur d'une indemnité[16]. En dehors de cette hypothèse, sa condamnation suppose que le départ s'accompagne d'un comportement fautif.

484. Allocations chômage – En la matière, les droits sont exclus sous quelques réserves : non-paiement des salaires par l'employeur ; rupture du contrat de travail afin de suivre un conjoint qui change de lieu de résidence pour exercer un nouvel

15. En cas de refus de réintégration par le salarié (art. L. 1235-3-2) ; par ex. Cass. soc., 18 févr. 2015, n° 13-28231.
16. Égale à la rémunération qu'il aurait perçue s'il y avait eu exécution de la tâche ; par ex. en cas de prise d'acte sans justification : Cass. soc., 4 mars 2020, n° 18-10636 P. La prise d'acte justifiée n'est pas incompatible avec l'exécution d'un préavis : Cass. soc., 9 juill. 2014, n° 13-15832.

emploi (annexe A, règlement d'assurance chômage, art. 2, § 2, D. n° 2019-797 du 26 juill. 2019) ; mise en œuvre d'un projet de reconversion professionnelle nécessitant le suivi d'une formation ou se traduisant par un projet de création d'entreprise (v. art. L. 5422-1, II, 1° et 2° ; sur l'attestation du caractère réel et sérieux du projet, v. art. R. 5422-2-1.-I).

Pour aller plus loin

Si une faute grave ou lourde commise avant le préavis a été découverte après ce moment, l'employeur ne peut exiger la restitution de l'indemnité afférente dont la cause s'apprécie à la date de la rupture (sur la faute du nouvel employeur : v. art. L. 1237-3).

3. LES MODES DE RUPTURE ISSUS DU DROIT COMMUN DES OBLIGATIONS

485. Circonstance étrangère – Le Code du travail évoque la force majeure au titre de la rupture du contrat de travail (art. L. 1234-12). Il désigne une situation devenue très rare dans laquelle les règles du licenciement ne trouvent pas à s'appliquer (sauf exception en cas de sinistre : art. L. 1234-13). Selon la jurisprudence, la force majeure s'entend ici d'un événement imprévisible lors de la conclusion du contrat et irrésistible au stade de son exécution (C. civ., art. 1218 : « *échappant au contrôle du débiteur* »). L'événement affecte, le plus souvent, l'employeur ou l'entreprise (fait de la nature, destruction totale, ou de l'homme : par ex. « fait du prince ») et, plus rarement, le salarié que protègent les règles du licenciement (exclusion de la maladie, de l'inaptitude médicale ou même de l'incarcération).

486. Résolution judiciaire – Seul le salarié est autorisé à solliciter du CPH que soit mis fin au contrat de travail (C. civ., art. 1227) ce qui limite l'usage de ce mode de rupture que concurrence aujourd'hui, d'ailleurs, l'accord des parties ou la prise d'acte[17]. L'issue de la relation de travail survient alors à la date de la décision du juge, à condition qu'elle ne soit pas encore intervenue, ce qui constitue un avantage pour le salarié. L'ensemble des circonstances de cette rupture peut être pris en compte jusqu'à ce moment.

La résolution est décidée en raison d'un manquement grave de l'employeur empêchant la poursuite du contrat, double exigence qui, à l'instar de la prise d'acte, fait de cette voie une solution ultime entre les mains du salarié (v. *supra*, n° 479). Le juge est tenu d'examiner l'ensemble des griefs invoqués au soutien de l'action, quelle que soit leur ancienneté[18].

---

17. L'action de l'employeur s'analyse en une manifestation de volonté valant licenciement sans cause réelle ni sérieuse, y compris par voie reconventionnelle durant l'instance.
18. Cass. soc., 30 juin 2021, n° 19-18533 B.

Illustration

Admission : déloyauté ; fixation d'objectifs inaccessibles ; absence de paiement de primes et modification de la durée du travail, absence de reclassement en cas d'inaptitude médicale (Cass. soc., 4 nov. 2021, n° 19-18908), etc.
Rejet : créance de salaire ne représentant qu'une faible partie de la rémunération (Cass. soc., 12 juin 2014, n° 12-29063 P) ; erreur isolée de services administratifs ; modification du mode de rémunération ; faits trop anciens, etc.

Il doit alors être procédé au versement des indemnités de licenciement et de préavis ainsi que de celle due pour absence de cause réelle et sérieuse, à titre exclusif (sur le barème, v. *supra*, n° 351)[19]. Mais il est possible que la résolution judiciaire produise l'effet d'un licenciement nul lorsque son prononcé repose sur un motif illicite (réintégration exclue, cependant)[20]. Si la demande du salarié est rejetée, le contrat se poursuit. Il n'est pas possible au juge de prononcer la rupture aux torts de celui-ci.

487. Chronologie – Se présente alors un problème de chronologie dans ce contexte particulier. L'action en résiliation est sans objet lorsque le travailleur a déjà été licencié, mis à la retraite, ou a adhéré à un contrat de sécurisation professionnelle. Ses griefs peuvent alors être retenus[21], soit dans la discussion sur le licenciement, soit en vue d'une réparation distincte. En cas de démission ou de départ à la retraite en cours d'instance, il appartient au CPH de bien s'assurer de la réalité du choix du travailleur[22]. Lorsque la demande est formée avant un licenciement fondé sur d'autres motifs, ou l'adhésion à une convention de reclassement, il lui revient de se prononcer d'abord sur la résiliation puis sur la cause réelle et sérieuse[23]. Si l'action en résiliation est justifiée le licenciement doit être considéré comme dépourvu de justification. Si elle ne l'est pas, il est statué à son sujet[24]. En de telles hypothèses, la date de la rupture est celle de l'envoi de la lettre de licenciement sous réserve que le salarié soit demeuré à la disposition de l'employeur.

Pour aller plus loin

Il est encore possible que la demande de résiliation précède ou suive la prise d'acte (v. *supra*, n° 478). Il n'y a alors plus lieu de statuer à son sujet car elle est devenue sans objet, nonobstant ses motifs qui entrent dans le débat sur la prise d'acte. De manière générale, la rupture conventionnelle non rétractée dans le délai légal exclut la résolution judiciaire dont la demande, cependant, peut valoir rétractation de cette dernière.

19. Ce qui inclut l'indemnité spéciale de l'article L. 1226-14 en cas d'inaptitude médicale ; effets d'un licenciement nul : Cass. soc., 15 sept. 2021, n° 19-24498 B ; ou sans cause réelle et sérieuse : Cass. soc., 8 sept. 2021, n° 19-25146 (v. *supra*, n° 451).
20. Cass. soc., 27 janv. 2021, n° 19-21200 P.
21. Cass. soc., 31 janv. 2018, n° 16-19902.
22. S'il y a démission sans réserve, la résolution judiciaire est exclue : Cass. soc., 30 avril 2014, n° 13-10772 P. Une réparation distincte peut être accordée.
23. Par ex. Cass. soc., 21 oct. 2020, n° 18-23907.
24. Les griefs du salarié sont susceptibles d'infléchir l'analyse du motif réel et sérieux.

4. L'ENCADREMENT DES MODES DE RUPTURE FONDÉS SUR L'ÂGE

488. Voie exclusive – L'issue de la relation professionnelle justifiée par l'âge du salarié doit impérativement emprunter l'une des modalités prévues par la loi. Si tel n'est pas le cas, la sanction est la nullité de la rupture, ou de la clause prévoyant celle-ci, à la demande exclusive du salarié (nullité relative : art. L. 1237-4, al. 2). Elle peut résulter d'une décision de l'employeur ou du salarié.

489. Mise à la retraite – Il s'agit alors d'une décision de l'employeur qui n'est pas soumise aux formalités du licenciement. Il suffit que celui-ci manifeste de manière non équivoque son intention de rompre le contrat (par ex. par un courrier) et que le travailleur concerné ait atteint l'âge de 70 ans (art. L. 1237-5). Seule la mise à la retraite avant cet âge requiert l'accord de l'intéressé que l'employeur est tenu de solliciter par écrit[25]. Le travailleur dispose alors d'un délai d'un mois afin d'exprimer son refus, notamment en conservant le silence (art. D. 1237-2-1, al. 2). Si l'une de ces conditions fait défaut à l'expiration du contrat, ou si l'ensemble de celles-ci se trouve déjà vérifié à la date de l'embauche, la rupture s'analyse en un licenciement sans motif voire nul si le salarié estime avoir fait l'objet d'une discrimination (art. L. 1237-8)[26]. En cas de litige, c'est à l'auteur de la mise à la retraite d'apporter la preuve qu'il est satisfait à la condition légale. Quel que soit l'âge du travailleur, l'employeur est tenu de respecter un préavis (celui du licenciement). Il est en outre redevable d'une indemnité qui ne peut être inférieure à celle de licenciement légal.

Pour aller plus loin

Si le travailleur atteint d'une inaptitude médicale professionnelle est mis à la retraite faute d'avoir pu être reclassé, il peut prétendre à l'indemnité de l'article L. 1226-14 du Code du travail (v. *supra*, n° 451) ; décidée dans le contexte d'un PSE, la mise à la retraite obéit alors pour partie aux règles du licenciement économique[27].

490. Départ à la retraite – Le travailleur est autorisé à interrompre sa tâche dès l'ouverture du droit à pension. Ce départ s'analyse en un acte unilatéral par lequel il manifeste de façon claire et non équivoque sa volonté de mettre fin au contrat de travail. En sollicitant la liquidation de sa pension auprès de la caisse, le salarié bénéficie d'une indemnité qui ne répare pas un préjudice et dont le régime fiscal et social s'apparente à celui de la rémunération (art. L. 1237-9 ; sauf accord plus favorable à la date de la rupture). Sur le plan formel, il est tenu d'accomplir un préavis égal à celui de licenciement mais dont la violation n'entraîne pas la déchéance de son droit à indemnité.

---

25. Dans le respect d'un délai de trois mois avant la date anniversaire (art. D. 1237-2-1, al. 1er) sous peine d'être privé de son droit de résiliation pendant une année à compter de cette date.
26. Encore faut-il que l'âge ait servi de fondement à la mesure : Cass. soc., 26 nov. 2013, n° 12-21758 P.
27. Si elle réunit les conditions légales : Cass. soc., 19 mai 2015, n° 13-27763 P. Sous cette réserve, le salarié ne peut prétendre à l'indemnité de rupture prévue par le PSE sauf stipulation en ce sens : Cass. soc., 18 mars 2008, n° 07-40269 P.

Pour aller plus loin

> Un vice est susceptible d'affecter la volonté du salarié. Il est possible également que des faits ou des manquements, antérieurs ou contemporains à son départ et imputables à l'employeur rendent la décision de rupture équivoque. Il appartient alors au juge d'analyser celle-ci en une prise d'acte qui produit les effets d'un licenciement sans motif (Cass. soc., 20 oct. 2015, n° 14-17473 P). Dans le cas contraire, la rupture s'analyse en un départ volontaire à la retraite.

5. L'ENCADREMENT DES MODES DE RUPTURE DU CONTRAT DE TRAVAIL PRÉCAIRE

491. Principe – Le contrat de travail à durée déterminée cesse de plein droit à l'échéance du terme (art. L. 1243-5). Une rupture anticipée est envisageable mais sous des strictes conditions. Cette issue ouvre droit aux allocations-chômage.

A - La rupture à l'échéance du terme

492. Indemnité de fin de contrat – À l'issue de la relation professionnelle (par ex. en cas de renouvellement), l'employeur est débiteur, avec le dernier salaire, d'une somme représentant, au minimum, six pour cent de cette rémunération si une convention étendue, ou une convention d'entreprise ou d'établissement, le prévoit[28]. Cette somme a la nature d'un complément de salaire (même régime social et fiscal ; mais elle est exclue du salaire moyen).

493. Exception – L'indemnité n'est pas due, sauf stipulation plus favorable (art. L. 1243-10), lorsque le contrat a été conclu :

- pour une saison, ou par usage professionnel (pour le travail temporaire, v. art. L. 1251-33 1°) ;
- avec un jeune au cours d'une période comprise dans ses vacances scolaires ou universitaires ;
- dans le cadre de la politique de l'emploi.

Il en est encore ainsi :

- en cas de rupture d'une période d'essai et dans l'hypothèse de la poursuite des relations de travail sous forme de CDI sans autre condition (requalification de plein droit)[29], ou de refus par le salarié d'une proposition écrite, avant la fin du contrat précaire, d'un CDI sans aucune modification ;

---

28. Avec proposition effective de contreparties sous la forme d'un accès privilégié à la formation professionnelle. Dix pour cent dans le cas contraire ou pour les travailleurs temporaires. En cas d'action en requalification contre l'utilisateur, l'ETT ne peut réclamer au travailleur la restitution de l'indemnité de précarité. De manière générale, celle-ci reste due au salarié et s'ajoute aux indemnités attachées au licenciement, le cas échéant.
29. Cass. soc., 7 juill. 2015, n° 13-17195 P. Mais elle est maintenue s'il y a requalification ultérieure du lien contractuel.

– en cas de refus de renouvellement automatique prévu par voie de clause contractuelle ;
– en cas de rupture anticipée en certaines hypothèses, v. *infra*, B.

494. Autre indemnisation – Lorsque le régime de repos annuel applicable dans l'entreprise ne lui permet pas la prise effective des congés, le travailleur peut en outre prétendre à une indemnité compensatrice représentant la rémunération qu'il aurait dû percevoir au cours de ses congés ou, au minimum, un dixième de celle-ci, indemnité de précarité comprise (incombant à l'employeur temporaire : art. L. 1251-19).

Pour aller plus loin

Le contrat de projet à objet défini peut être rompu à l'expiration de la période de dix-huit mois, par le salarié ou l'employeur, invoquant un motif réel et sérieux, puis à la date anniversaire du contrat (Cass. soc., 4 mars 2020, n° 18-10719 P).

B - La rupture anticipée

495. Ordre public – Avant le terme, la période minimale, ou la réalisation de l'objet (terme incertain), la rupture est autorisée en certaines situations que la loi énumère de manière limitative, sous réserve de la libre résiliation en période d'essai moyennant le respect d'un délai de prévenance (v. *supra*, n° 245).

Illustrations

Sont exclues : une clause d'indivisibilité (Cass. soc., 5 juill. 2017, n° 16-17690 P), la rupture acceptée par avance, la résolution judiciaire à la demande de l'employeur, le licenciement économique, la démission (Cass. soc., 24 juin 2020, n° 18-24975) ; mais la rupture anticipée du contrat à l'initiative du salarié sur le constat du manquement de l'employeur constitutif d'une faute grave est possible (Cass. soc., 3 juin 2020, n° 18-13628 P : elle rend sans objet la demande postérieure en résolution judiciaire).

1) Motifs admis

496. Faute grave – La faute grave du salarié se distingue de l'insuffisance professionnelle. Elle requiert la mise en œuvre des garanties disciplinaires sous peine d'irrégularité et prive de l'indemnité de fin de contrat. Celle de l'employeur résulte d'un manquement à ses propres obligations qu'il appartient au juge de caractériser (v. par ex. la violation d'une obligation de reclassement).

497. Force majeure – Privative également de l'indemnité de fin de contrat, la force majeure ne se réduit ni à de simples difficultés économiques, ni à la suppression de poste.

Illustrations

Exclue en cas d'inaptitude physique ou de décès du salarié, de fermeture administrative de l'entreprise, d'échec rencontré par le travailleur lors d'une formation professionnelle, de rupture du contrat de mise à disposition, etc. En cas de sinistre, le salarié a droit à une indemnité compensatrice (art. L. 1243-4, al. 2).

2) *Autres situations d'admission*

498. Rupture amiable – Les parties au contrat peuvent décider d'interrompre leurs relations. Encore faut-il qu'il y ait bien expression d'une volonté claire et non équivoque en ce sens.

Illustration

Par ex. serait insuffisant la réception d'un certificat de travail par le salarié ou l'échange d'un courrier imputant la rupture à l'une des parties.

La signature de l'accord ne prive pas de l'indemnité de précarité.

499. Embauche – Le recrutement pour une durée indéterminée met également fin de manière anticipée à la relation de travail précaire. Mais il soustrait le salarié à cette indemnité. Sauf accord, il lui impose de respecter un préavis qui ne saurait excéder la durée de deux semaines (minimum un jour pour le travail temporaire).

3) *Inaptitude médicale*

500. Interdiction – Durant la période de suspension pour maladie professionnelle, l'employeur n'est pas autorisé à rompre le contrat à moins de justifier soit d'une faute grave de l'intéressé, soit de la force majeure (art. L. 1226-18), sous peine de nullité. L'indemnité de précarité est due si le terme survient en cours de suspension.

Remarque

L'inaptitude médicale ne provoque aucun report du terme du contrat (à l'instar du congé maternité). La rupture est effective sauf requalification ultérieure de celui-ci : Cass. soc., 14 nov. 2018, n° 17-18891 P.

501. Inaptitude médiale – Le contrat peut être rompu lorsque l'employeur se trouve dans l'impossibilité de proposer au salarié un reclassement adapté à son état sur le constat du médecin du travail, en cas de cessation définitive de l'activité, ou si l'intéressé refuse les propositions qui lui sont faites sur ce point, ou encore lorsque son maintien dans l'entreprise présente un risque grave pour sa santé (v. *supra*, n° 312). Le salarié reçoit alors, au minimum, une indemnité de licenciement doublée si l'inaptitude est d'origine professionnelle (art. L. 1226-4-3 et L. 1226-20 ; au prorata avant huit mois). Cette indemnité est versée avec celle de précarité (due intégralement) à l'issue du contrat (sur le droit au maintien du salaire, v. *supra*, n° 318).

C - L'indemnisation

1) *Régime général*

502. Sanction de l'employeur – Lorsque la rupture du contrat à durée déterminée est illégale, des dommages-intérêts d'un montant minimum égal aux rémunérations dues jusqu'au terme, que celui-ci soit fixé avec précision ou simplement envisagé, sont versés au salarié (sans réduction)[30]. Il importe alors peu que l'exécution de ce contrat ait ou non débuté. En aucun cas, l'intéressé n'est en droit de solliciter sa réintégration dans l'entreprise à moins qu'une liberté fondamentale soit atteinte[31].

Pour aller plus loin

La réparation est calculée sur la base de la rémunération brute. Et quoiqu'elle ne constitue pas un salaire, elle doit être accordée sans cumul avec les allocations de chômage. L'employeur en est redevable à l'occasion d'un sinistre présentant les caractères de la force majeure.

Est encore due l'indemnité de fin de contrat, sauf exceptions légales, v. *supra*, n° 493. La violation de la procédure disciplinaire ouvre droit à indemnisation en sus.

503. Sanction du salarié – Lorsqu'il se rend auteur d'une rupture anticipée et injustifiée, le travailleur doit réparation à l'employeur. Celle-ci est évaluée par le juge. Mais il conserve son droit à indemnité de congés payés.

2) Cas particulier du travail temporaire

504. Nouveau contrat – L'entrepreneur de travail temporaire qui rompt la relation de travail avant la date prévue, est tenu de proposer au salarié un contrat prenant effet dans un délai maximum de trois jours ouvrables. Celui-ci ne doit comporter aucune modification d'un élément essentiel lié à la qualification, la rémunération, l'horaire de travail ou le temps de transport.

505. Compensation – Si tel n'est pas le cas, ou si la durée du nouveau contrat est inférieure à la période restant à courir, une rémunération équivalente à celle perçue jusqu'au terme, y compris l'indemnité de précarité, doit être servie au travailleur sauf faute grave ou force majeure (art. L. 1251-26, al. 3). Si l'utilisateur met fin à l'activité, il engage sa responsabilité selon le droit commun. Le contrat de travail subsiste.

Remarque

L'ETT n'est pas tenue de reclasser le salarié puisqu'elle n'est pas à l'origine de la rupture. Ce dernier a alors intérêt à solliciter la requalification de son contrat auprès de l'utilisateur (v. *supra*, n° 191).

30. Le préjudice doit être réparé dans son intégralité ; par ex. Cass. soc., 15 sept. 2021, n° 19-21311 B : perte de chance de percevoir des gains.
31. Cass. soc., 9 déc. 2020, n° 19-20319 P.

PARTIE 3

La participation

506. En vertu du paragraphe 8 du Préambule de la Constitution du 27 avril 1946 intégrée au bloc de constitutionnalité, « Tout travailleur participe, par l'intermédiaire de ses délégués, à la détermination collective des conditions de travail ainsi qu'à la gestion des entreprises ». Ainsi, se trouve garanti, au rang le plus élevé de la norme, au bénéfice de tout salarié, le droit de prendre part à la revendication de nouveaux droits ainsi que celui d'être associé à la prise de la décision économique et d'organisation. Le droit à la revendication s'exerce par l'intermédiaire d'instances désignées qui sont l'émanation de la liberté syndicale (§ 6 Préamb. Const. du 27 avril 1946). De ce point de vue, le droit de mener des négociations collectives se présente comme l'un des éléments essentiels du droit de fonder des syndicats et de s'y affilier (CESDHLF, art. 11 ; v. *supra*, n° 62). Quant au droit de prendre part à la décision de gestion, il s'exerce par l'intermédiaire d'instances directement élues par les salariés.

CHAPITRE 10

Le droit syndical dans l'entreprise

507. Garantie – Le Code du travail consacre le principe de la liberté syndicale et organise l'activité du syndicat auprès des employeurs occupant des personnels dans les conditions du droit privé (art. L. 2111-1 ; v. *supra*, n° 60). Cette activité est rendue possible dans le respect des droits et libertés garantis par la Constitution et, en particulier, de la liberté individuelle du travail (art. L. 2141-4, al. 1er).

1 • LA LIBERTÉ SYNDICALE DANS L'ENTREPRISE

508. Expression – La liberté de constituer un syndicat et celle d'adhérer au groupement de son choix sont les deux manifestations de la liberté syndicale au sein de l'entreprise.

A - La libre constitution du syndicat dans l'entreprise

509. Conditions – Les syndicats ou associations professionnels se constituent librement et se voient reconnaître des prérogatives attachées à cette qualité :

- lorsqu'ils regroupent des personnes exerçant la même profession, des métiers similaires ou connexes dont elles retirent des revenus (art. L. 2131-2 ; par exception au sujet des Unions, v. *infra*, n° 512), y compris à titre accessoire ou occasionnel (au sujet des travailleurs des plateformes : art. L. 7342-6 et D. 7342-1, al. 2).
- lorsqu'ils ont pour objet, à titre exclusif, « l'étude et la défense des droits ainsi que des intérêts matériels et moraux, tant collectifs qu'individuels, des personnes visées par leurs statuts » (art. L. 2131-1). La formule désigne un champ d'activité qui déborde le simple cadre professionnel sous certaines limites (par ex. exclusion d'un service rémunéré d'assistance et de conseil juridique).

510. Formalités – Les fondateurs du syndicat sont tenus de rédiger des statuts puis de déposer ceux-ci à la mairie. Une information est délivrée au procureur de la République. Aucune autorisation n'est donc requise. Le groupement ne peut user de ses prérogatives qu'à partir de l'accomplissement du dépôt qui doit être renouvelé à chaque modification de ces statuts ou lors d'un changement de direction. Il n'est d'ailleurs pas certain qu'il jouisse d'une quelconque personnalité juridique lorsque les formalités de sa constitution ont été négligées.

511. Évolutions – La personnalité juridique du syndicat n'est pas affectée par les modifications apportées à ses statuts ou par le changement du caractère intercatégoriel ou catégoriel des intérêts défendus (v. *infra*, n° 538) décidé conformément à ceux-ci (v. aussi en cas de changement d'affiliation ou de dénomination, de modification du champ géographique, etc.).

512. Sanctions – Outre une amende pénale (art. L. 2136-1 : objet illicite, fausses déclarations), la dissolution du groupement qui ne répond pas aux conditions posées par la loi est susceptible d'être prononcée à la diligence du procureur de la République, à l'instar de la nullité, à la demande d'un autre syndicat, d'un employeur, voire de toute personne justifiant d'un intérêt à agir.

Pour aller plus loin

Les unions de syndicats, qui regroupent des organisations de secteurs d'activité différents (Cass. soc., 21 oct. 2020, n° 18-20669 P) dans un même cadre géographique, bénéficient de prérogatives identiques. Leurs statuts doivent spécialement mentionner le nom et le siège social des syndicats qui y adhèrent (mais alors sans impact sur ces prérogatives).

B - La libre adhésion au syndicat dans l'entreprise

513. Contenu – Tout salarié, quel que soit son sexe, son âge, sa nationalité, peut librement adhérer au syndicat professionnel de son choix et ne peut en être écarté pour l'un des motifs que vise la loi au titre des discriminations (art. L. 2141-1). Positivement, cette liberté, qui entre dans le champ de la vie personnelle, ouvre une option au seuil de l'adhésion. Négativement, elle recouvre la faculté de ne pas adhérer ou de se retirer librement du groupement à tout moment même en présence d'une clause statutaire contraire. Les personnes qui ont cessé l'exercice de leur profession peuvent soit continuer à faire partie d'un syndicat de salariés, soit adhérer au groupement de leur convenance. La liberté ainsi reconnue est protégée par la loi.

Remarque

Tout adhérent d'un syndicat est en droit de participer à l'administration du syndicat sous réserve de respecter les conditions posées à cette fin (art. L. 2131-5).

514. Interdiction des discriminations – Il est interdit aux employeurs de prendre en considération l'appartenance à un syndicat, ou l'exercice d'une activité syndicale entendue largement par le juge puisque la seule manifestation d'un intérêt étayée par des considérations objectives suffit (par ex. distribution de tracts). Cette interdiction porte, de manière non exhaustive, sur l'ensemble des décisions relatives à l'exécution de la relation de travail[1], ce qui inclut celles qui présentent un caractère plus favorable pour le salarié (par ex. avancement, avantages, etc.), ou encore celles qui résulteraient d'un comportement apparemment neutre de l'employeur (ex. défaut de formation en

1. Par ex. discrédit jeté sur les délégués syndicaux par une responsable hiérarchique. Toutefois, la méconnaissance des attributions des élus du personnel ne constitue pas en soi une discrimination : Cass. soc., 8 oct. 2014, n° 13-16720 P.

raison d'absences liées aux fonctions). Cela recouvre, en outre, la prise en compte de l'expérience acquise au titre des fonctions syndicales dans le déroulement de la carrière (art. L. 2141-5).

Pour aller plus loin

À ce titre, la loi se préoccupe de l'impact de ces fonctions sur la progression professionnelle ainsi que sur la vie personnelle (art. L. 2141-5, al. 3 et 4 et art. L. 2141-5-1 ; art. L. 6112-4 et s.). Il est loisible à l'employeur, en application d'un accord collectif, d'évaluer les compétences mises en œuvre par un titulaire de mandat au cours de l'exercice de celui-ci sur la base d'un référentiel afin de les intégrer dans son évolution de carrière (Cass. soc., 9 oct. 2019, n° 18-13529 P).

515. Sanctions – Les dispositions ou les actes et mesures qui seraient pris au seul vu de l'appartenance syndicale sont abusifs, c'est-à-dire nuls en pratique. Du point de vue pénal, de tels agissements tombent sous le coup du délit de prise en considération (art. L. 2146-2 : 3 750 euros d'amende ; à l'embauche, v. *supra*, n° 218). Sur un plan individuel, la nullité résulte encore de l'application de l'interdiction des discriminations que pose l'article L. 1132-4 du Code du travail (par ex. nullité d'une mise à la retraite). La victime est alors replacée dans la situation où elle se serait trouvée si le comportement dommageable ne s'était pas produit (art. L. 2141-8 : par ex. rétablir un avancement sous réserve de l'aptitude du salarié). Elle reçoit, en outre, une indemnité égale au montant de la rémunération perdue jusqu'à la réintégration sans considération de la perception d'un éventuel revenu de remplacement.

Pour aller plus loin

Sur le régime de la preuve (art. L. 1134-1), v. *supra*, n° 217 et par ex. Cass. soc., 24 nov. 2021, n° 19-25145. En matière répressive, la charge incombe à la partie poursuivante : Cass. crim., 11 avril 2012, n° 11-83816 P. Une telle preuve n'implique pas nécessairement une comparaison avec la situation d'autres salariés.

516. Autres interdictions – Dans les rapports collectifs, il est défendu à l'employeur de prélever les cotisations syndicales sur les salaires (v. aussi *infra*, n°s 531 et s.). Aucun moyen de pression quelconque ne doit d'ailleurs être utilisé en faveur ou à l'encontre d'une organisation, qu'elle soit représentative ou non, seule ou en présence d'autres organisations dans l'entreprise. En regard, le syndicat se voit interdire toute pression exercée sur l'employeur (et à ce dernier de s'y soumettre sous peine de sanction pénale ; art. L. 2136-2 : 3 750 euros d'amende), ou ses salariés afin de recueillir des adhésions (par ex. interdiction d'utiliser les marques ou labels à cette fin ; art. L. 2134-2). La possibilité d'organiser l'accès à des messages syndicaux doit s'accompagner d'une liberté de choix des travailleurs (v. *infra*, n° 547).

2. LA CAPACITÉ CIVILE DU SYNDICAT DANS L'ENTREPRISE

517. Incidences – En tant que groupement personnifié, le syndicat ou l'union (art. L. 2133-3)[2] dispose d'importantes prérogatives : l'action en justice ainsi que la détention d'un siège (en dehors de l'entreprise sauf usage en ce sens) et d'un patrimoine. Il expose aussi, à ce titre, sa responsabilité.

A - L'action en justice du syndicat

518. Personnalité civile – Les syndicats professionnels disposent du droit d'agir en justice en vue de la défense de leurs propres intérêts (art. L. 2132-1). Surtout, il leur est reconnu la faculté d'exercer « tous les droits réservés à la partie civile » relativement aux faits portant un préjudice direct ou indirect à l'intérêt de la profession qu'ils représentent (art. L. 2132-3 : sans condition de représentativité). Cette faculté est directement attachée à la liberté syndicale (§6, Préamb. Const. 27 octobre 1946, art. 11 CESDHLF, art. 2 de la Convention n° 87 de l'OIT).

Le syndicat exerce l'action de groupe en matière de discrimination (v. *supra*, n° 216 ; droit exclusif). Mais il ne peut être lanceur d'alerte (L. n° 2016-1691, 9 déc. 2016, art. 6, al. 1er).

1) Action collective

519. Intérêt de la profession – L'action collective du syndicat est ouverte devant toutes les juridictions, sur le fond ou en référé. Elle suppose que les faits soumis au juge révèlent l'existence d'un préjudice direct ou indirect à l'intérêt collectif que le syndicat a vocation à défendre. L'intérêt en question est défini de manière très extensive. La démarche est recevable du seul fait qu'elle repose sur la violation d'une règle de l'ordre public social[3]. Elle peut recouvrir les droits d'une collectivité réduite (par ex. droit de grève), ou ceux de l'ensemble des salariés français (défense de l'environnement ; voir aussi en matière de travail illégal : CPP, art. 2-21-1). Il s'en déduit que l'intérêt du syndicat ne s'identifie pas à un simple intérêt particulier (par ex. en cas de contestation de la gravité d'une faute). Il en découle encore qu'il ne s'assimile pas à l'intérêt général (par ex. en cas d'atteinte à l'intégrité physique sans lien avec les règles de sécurité en vigueur dans l'entreprise). En revanche, il est possible que l'intérêt de la profession coïncide avec celui d'une personne injustement lésée. Pour cette raison, il importe peu que la victime soit ou non adhérente du syndicat. Mais, en tous les cas, le succès de l'action syndicale, sur le plan collectif, ne dispense pas les salariés d'agir dans un but strictement individuel.

---

2. Cass. soc., 13 janv. 2021, n° 19-15120 : sauf stipulation contraire de ses statuts, dans le champ géographique et professionnel qui est le sien.
3. Cass. soc., 22 janv. 2014, n° 12-27478 P, préc. : le seul fait que des salariés soient consentant pour travailler le dimanche est sans incidence sur le droit d'agir.

Illustrations

Abus du recours aux contrats à durée déterminée ; violation du SMIC, travail illégal ; manquement au reclassement en raison d'une inaptitude médicale mais non pour motif économique ; atteinte à l'égalité de traitement ; illicéité des dispositions du règlement intérieur ; violation d'une convention de branche ; pratique disciplinaire systématique ; discrimination syndicale sous réserve que l'action individuelle du salariée ne soit pas déclarée infondée et, de manière générale, que les conditions de l'atteinte au droit soient réunies : Cass. soc., 25 nov. 2020, n° 19-19996 P, etc.

520. Préjudice – Matériel ou moral, celui-ci est le plus souvent futur en considération du fait que l'action collective poursuit un objectif de prévention nettement accusé[4]. À cet égard, la démarche se distingue de l'action en réparation de droit commun car le juge l'accueille en présence d'une atteinte indirecte, ou lorsqu'est soulevée une simple question « de principe » dont la solution est de nature à porter un préjudice à la profession[5]. La voie de l'action comme celle de l'intervention, dans un procès déjà engagé notamment par un travailleur, est ouverte. Quant à son objet, il n'est pas seulement la réparation du dommage et peut porter sur la remise en état destinée à mettre fin à un trouble manifestement illicite (sans toutefois que puissent en être tirées directement des conséquences individuelles).

2) Action dite de substitution

521. Hypothèses – La loi reconnaît au syndicat la faculté de prendre la place du salarié face au juge prud'homal dans certains cas limitativement énumérés[6].

Illustrations

Par ex. en matière d'égalité, de harcèlements, de prêt de main-d'œuvre, de travail dissimulé, ou de détachement, de conventions collectives de travail, ou encore en matière de licenciement économique, etc.

522. Conditions – La représentativité, en principe, est exigée du syndicat dont l'action est engagée sans mandat du travailleur (sauf exception : harcèlement). Quoique les régimes ne soient pas uniformes, celle-ci suppose, en général, que l'intéressé ait été averti par écrit (par ex. art. D. 8223-4 et s.). Elle implique surtout que celui-ci ne se soit pas opposé dans un délai de quinze jours (en pratique, au moment où le juge se prononce). Une telle opposition ne vaut pas renonciation à l'action personnelle (mais elle entraîne un désistement pour le syndicat).

523. Régime – L'action est personnelle au syndicat qui est dispensé d'informer la juridiction sur l'identité du travailleur. Mais s'il est autorisé à présenter librement des demandes, il est tenu de les indiquer par écrit à ce dernier. Quant au salarié, il est

---

4. Par ex. atteinte à l'image de la profession : Cass. crim., 27 juin 2012, n° 11-86920 P (prise illégale d'intérêts du dirigeant). Cette décision marque une évolution sur le terrain des infractions économiques où aucun préjudice distinct n'est relevé en principe (ex. : abus de biens sociaux).
5. Cass. soc., 27 mars 1985, n° 82-41942 P et Cass. crim., 25 janv. 2005, n° 04-80305.
6. Faculté qui n'est pas exclusive de l'exercice des autres prérogatives à l'occasion d'un même litige.

toujours habilité à intervenir dans le procès engagé, notamment, en vue de le faire cesser.

B - Le patrimoine du syndicat dans l'entreprise

524. Administration – Les syndicats et les unions ont le droit d'acquérir, sans autorisation, à titre gratuit ou à titre onéreux, des biens meubles ou immeubles qui deviennent alors insaisissables. Ils peuvent librement créer et administrer ou subventionner des œuvres professionnelles (institutions de prévoyance, caisses de secours, sociétés coopératives, etc.), passer des contrats avec tous autres syndicats, sociétés ou entreprises. Il leur est simplement interdit de distribuer entre leurs membres le profit qui découle de ces activités.

525. Ressources – Le syndicat recueille les cotisations de ses adhérents. Il est offert aux salariés de lui apporter leur contribution au moyen d'un chèque syndical remis par l'employeur dont les intéressés disposent librement. Une aide financière peut être accordée par ce dernier au regard de l'influence exercée par chaque bénéficiaire en application de stipulations conventionnelles. Le syndicat est désormais tenu d'établir des comptes annuels certifiés et publiés (sous condition de ressources : art. L. 2135-1 et s. et D. 2135-1)[7].

526. Fin de la personnalité – En cas de dissolution, volontaire, statutaire ou prononcée par justice, le patrimoine du groupement est dévolu conformément aux statuts de l'organisation ou, à défaut, suivant les règles déterminées par l'assemblée générale de ses membres. En aucun cas, il ne peut être réparti entre ses adhérents.

Pour aller plus loin

La stipulation plus favorable d'une différence de traitement entre syndicats représentatifs s'impose à condition de ne pas priver ceux-ci de leurs droits égaux et sous réserve de raisons objectives matériellement vérifiables liées à l'influence de chaque syndicat en rapport avec l'objet de cette stipulation (Cass. soc., 29 mai 2013, n° 12-26955 P).

C - Les responsabilités du syndicat dans l'entreprise

527. Impact – Les syndicats professionnels engagent leur responsabilité civile et pénale (C. pén., art. 121-2 ; par ex. à l'occasion d'une manifestation au titre de la complicité par provocation)[8] mais ne peuvent encourir ni dissolution, ni placement ou mise sous surveillance judiciaire. En revanche, ils sont exposés à certaines interdictions professionnelles ou sociales (C. pén., art. 131-39).

7. Sur la mise en œuvre de ces conditions : Cass. soc., 23 juin 2021, n° 20-10544 B.
8. Cass. ch. mixte, 30 nov. 2018, n° 17-16047 P.

CHAPITRE 11

L'exercice du droit syndical dans l'entreprise

528. Représentativité – L'accomplissement par le syndicat de ses prérogatives dans l'entreprise est directement attaché à une qualité qu'il revêt sous certaines conditions précisément définies par la loi : la représentativité. Cette qualité fonde d'ailleurs l'organisation de sa présence auprès des salariés.

1 • LA REPRÉSENTATIVITÉ DU SYNDICAT DANS L'ENTREPRISE

529. Définition – La représentativité syndicale est la qualité exigée des groupements qui souhaitent parler au nom des travailleurs. Les enjeux de cette qualité sont loin d'être négligeables (négociation d'entreprise, désignation des délégués syndicaux, etc.).

530. Périmètres – La représentativité peut être vérifiée dans l'entreprise et l'établissement (art. L. 2122-1), au niveau interentreprises (art. L. 2232-37 ; par ex. l'UES ; v. *supra*, n° 43), de tout ou partie du groupe d'entreprises (art. L. 2122-4), au rang national interprofessionnel (art. L. 2122-9), de la branche d'activité (art. L. 2122-5) ou d'une pluralité de branches (art. L. 2122-11, al. 2, v. *supra*, n° 61).

A - Les critères de la représentativité

1) Critères qualifiants

531. Valeurs républicaine – S'il n'existe, *a priori*, aucune hiérarchie entre les critères dont la loi dresse la liste, en pratique, certains dominent les autres ne serait-ce qu'en raison de leur portée qualifiante. Il en est ainsi du respect des valeurs républicaines qui sous-entend une adhésion aux principes que renferme le bloc de constitutionnalité (par ex. le refus des discriminations selon l'origine des salariés). Ce respect est apprécié en considération des objectifs réels que révèle l'activité du syndicat et non pas seulement de ceux décrits par ses statuts (art. L. 2121-1 1°)[1].

1. Cass. soc., 9 sept. 2016, n° 16-20605 P (syndicat revendiquant l'indépendance de la Corse).

532. Indépendance – Il en est également ainsi de l'indépendance vis-à-vis de l'employeur et en matière financière (art. L. 2121-1 2°) dont la démonstration fait appel à différents indices (ex. les cotisations). Mais peuvent également être évoqués les rapports qui s'établissent avec d'autres syndicats.

Pour aller plus loin

Le fait qu'un syndicat soit aidé financièrement par sa Confédération ou placé en redressement judiciaire n'affecte pas son indépendance ; tel est encore le cas lorsqu'il perçoit des cotisations modiques (Cass. soc., 26 févr. 2020, n° 19-19397 P et Cass. soc., 16 déc. 2020, 19-2006). Quant à la prise en charge par l'employeur de ces cotisations, elle doit être limitée : Cass. soc., 27 janv. 2021, n° 18-10672 P.

2) *Critère de l'audience dans l'entreprise ou l'établissement*

533. Mesure – Quoiqu'il n'affecte pas l'identité du syndicat, le critère de l'audience électorale constitue un élément déterminant dans la définition de sa mission en conformité avec les conventions internationales. L'audience est établie à partir des résultats aux élections professionnelles de manière ascendante (art. L. 2121-1 5°). Un seuil de 10 % des suffrages exprimés (hors bulletins blancs ou nuls) en faveur d'une liste déterminée est fixé dans l'entreprise, l'établissement ou le groupe au premier tour des dernières élections. La mesure est pratiquée, sans distinction de collèges, quel que soit le nombre de votants, aux élections des titulaires du CSE d'entreprises ou d'établissements s'il y a plusieurs établissements (art. L. 2122-1 : règle impérative ; il est indifférent qu'un accord ait défini un périmètre plus restreint : art. L. 2143-3, *in fine* ; v. *infra*, n° 551)[2]. Le premier tour des élections doit donc être dépouillé en toute hypothèse (v. *infra*, n° 717).

Remarque

Au sein du groupe ou au rang interentreprises (ex. de l'UES), la comptabilisation est faite par addition du nombre des suffrages obtenus lors des dernières élections professionnelles de l'ensemble des entreprises du groupe sur un cycle électoral complet.

534. Moment – L'audience est évaluée au regard de l'affiliation de l'organisation qui la sollicite à la date où sa vérification est requise car l'affiliation confédérale sous laquelle un syndicat a présenté des candidats aux élections constitue une condition essentielle du vote des électeurs[3]. Elle suppose la soumission au suffrage. Ainsi, l'adhésion à une confédération ayant recueilli le score ne suffit pas[4].

---

2. La représentativité d'entreprise résulte alors de la somme des suffrages obtenus dans l'ensemble des établissements indépendamment du pourcentage obtenu par établissement.
3. En conséquence, des syndicats affiliés à une même confédération ne peuvent présenter simultanément des listes dans un même collège (Cass. soc., 22 sept. 2010, n° 10-60135 P). Il leur est également impossible d'additionner les scores obtenus dans des collèges différents (Cass. soc., 26 oct. 2011, n° 11-10290 P). Au sujet de la désignation syndicale, v. *infra*, n° 677. En cas de changement d'affiliation après les élections : Cass. soc., 28 nov. 2012, n° 12-14528 P (impossibilité encore de se prévaloir des suffrages).
4. Cass. soc., 4 juill. 2018, n° 17-20710 P.

535. TPE – Lorsqu'aucun scrutin n'est possible dans l'entreprise en raison de la faiblesse de ses effectifs, l'audience des syndicats est mesurée au vu des résultats de scrutins régionaux (tous les quatre ans). Les voix se portent alors sur des sigles syndicaux (art. L. 2122-10-1 et R. 2122-8 et s.).

3) *Critères de l'influence, de l'ancienneté, de la spécialité et de la transparence*

536. Emprise – À l'audience viennent s'ajouter d'autres éléments permettant de caractériser la présence du syndicat. Il s'agit d'abord de l'influence qui doit être prioritairement mise au jour par l'activité et l'expérience (du groupement et non de ses membres ou dirigeants : art. L. 2121-1 6° ; par ex. mobilisation pour la défense des salariés, etc.). Il est question, ensuite, des effectifs d'adhérents et des cotisations (art. L. 2121-1 7°). Reste le critère de l'ancienneté désormais fixée à deux ans à compter du dépôt des statuts (art. L. 2121-1 4°) qui doit être vérifié dans le champ professionnel et géographique du groupement[5]. Quant à la transparence financière, elle repose sur la pratique des comptes certifiés annuels (art. L. 2121-1 3°) ou, à défaut, sur tout élément produit par le syndicat et que le juge est tenu d'examiner (sur le financement, v. art. L. 2135-9 et s. ; sur les liens avec l'indépendance, v. *supra*, n° 532).

B - L'appréciation des critères de la représentativité

537. Double approche – La loi commande une appréciation des critères dans un cadre global et par la voie d'une pondération variable selon les niveaux et les situations (art. L. 2121-1, al. 1er). Mais la chambre sociale de la Cour de cassation exige qu'il soit satisfait de manière autonome et permanente au respect des valeurs républicaines, à l'indépendance, ainsi qu'à la transparence financière[6]. Seuls, les autres éléments font donc l'objet d'une appréciation globale à l'intérieur d'un périmètre donné au cours d'un même cycle électoral.

538. Preuve – Si l'indépendance est présumée, à l'instar de l'adhésion aux valeurs républicaines (mais preuve contraire possible)[7], le groupement professionnel qui parvient à démontrer qu'il satisfait aux autres critères est déclaré représentatif. L'existence de ces critères doit alors être établie devant le TJ par l'organisation contestée au lieu et au moment de l'exercice de sa mission, selon le principe de concordance[8]. L'action peut être purement déclaratoire sans lien avec les élections. Toutefois, la contestation est exclue en dehors de l'accomplissement d'une prérogative subordonnée à la qualité de syndicat représentatif. Jusqu'à ce moment, d'ailleurs, le syndicat jouit d'une considération favorable. Après ce moment, la démonstration de la représentativité est établie jusqu'à l'issue du cycle électoral où est intervenue la mesure de

---

5. Sans considération des évolutions des orientations ou des affiliations de celui-ci, du changement de ses statuts ou de sa dénomination : Cass. soc., 20 oct. 2021, n° 20-60224.
6. Cass. soc., 8 mars 2017, n° 16-13033.
7. Cass. soc., 9 sept. 2016, n° 16-20575 P : en cas de comportement discriminatoire le régime de la preuve n'est donc pas celui de l'article L. 1134-1 du Code du travail.
8. Cass. soc., 18 janv. 2017, n° 15-20549 P ; Cass. soc., 16 déc. 2020, 19-20069, préc.

l'audience[9] sous réserve que les critères permanents demeurent vérifiés ou sont retrouvés après avoir été perdus en cours de cycle (ex. indépendance)[10].

Pour aller plus loin

Les organisations affiliées à une confédération syndicale catégorielle interprofessionnelle nationale sont appelées à faire la démonstration de leur audience à partir des résultats électoraux obtenus dans les collèges où leurs règles statutaires leur donnent vocation à présenter des candidats (art. L. 2122-2, L. 2122-7 et L. 2122-10 ; v. *infra*, n° 704). Toutefois, il ne leur est pas interdit pas de représenter les intérêts d'autres collèges sous réserve du respect de leurs statuts. Dans ce cas, la mesure de l'audience s'étend aux autres collèges qu'ils aient faits ou non usage de cette possibilité.

2. LES ORGANES DU SYNDICAT DANS L'ENTREPRISE

539. Supports – La section et ses représentants au sens large constituent les principaux supports de la représentation du syndicat dans toute entreprise ou UES (art. L. 2142-1 et L. 2143-1 ; pour le secteur public : art. L. 2111-1).

A - L'identité des organes du syndicat dans l'entreprise

540. Moins de cinquante salariés – La section syndicale est constituée au sein des entreprises, UES, ou simples établissements, qui entrent dans le champ du droit syndical sans restriction ou condition d'effectif (art. L. 2142-1). Il lui revient d'assurer la représentation des intérêts matériels et moraux de ses membres. Par son objet, cette mission rappelle celle du syndicat (art. L. 2131-1) à l'intérieur du périmètre d'adhésion à la section. De ce fait, il apparaît nettement que celle-ci a été conçue comme un relais du groupement professionnel dans l'entreprise. Elle se trouve donc dépourvue de la personnalité juridique ce qui lui interdit d'agir en justice (par ex. contester les élections), de disposer d'un patrimoine et de prétendre aux prérogatives du syndicat (par ex. présenter une liste aux élections). À cet égard, il est bien difficile d'affirmer que la section représente ses membres.

541. Cinquante salariés et plus – Lorsque le seuil de cinquante salariés est atteint, l'existence de la section s'accompagne de la désignation d'un unique représentant (de la section), ou d'un voire de plusieurs délégués syndicaux, et de représentants syndicaux au CSE. Il appartient à l'employeur d'établir la preuve des effectifs de l'entreprise[11].

---

9. Par ex. sont sans conséquences des élections complémentaires à la suite de l'absorption de l'entreprise : Cass. soc., 13 juin 2019, n° 18-14981 P.
10. Cass. soc., 27 sept. 2017, n° 16-60238 P.
11. Cass. soc., 25 sept. 2019, n° 18-60206 P.

Pour aller plus loin

Un dialogue social de secteur est organisé au profit des travailleurs recourant à des plateformes de mise en relation pour l'exercice de certaines activités, v. art. L. 7343-1 ; art. R. 7345-1 et s. Des représentants sont alors désignés par les organisations représentatives auprès de ces travailleurs (art. L. 7343-12).

B - Les missions des organes du syndicat

1) Objet

542. Incarnation – Le représentant de la section est chargé d'animer celle-ci avec les adhérents du syndicat dont il est le mandataire (sur ces adhérents, v. art. L. 2143-3, al. 2). Son rôle est donc étroitement associé à celui de représentation des intérêts matériels et moraux du syndicat : collecte des cotisations, diffusion des communications sur des panneaux réservés à cet usage ou par voie électronique. Cette question de l'information se situe au centre de différents enjeux.

543. Contenus – La nature des affiches, publications et tracts, dont l'objet est librement déterminé par l'organisation, doit être directement en rapport avec celui que définit la loi de manière, il est vrai, très extensive en lien avec la liberté de revendication (CEDH, art. 11 ; ex. opinions politiques rattachées à la défense des intérêts professionnels). La seule limite se trouve dans l'application des dispositions relatives à la presse (contenus diffamatoires, excessifs ou injurieux), ou des règles qui entourent la divulgation d'informations confidentielles portant atteinte aux droits des tiers. L'identité de leur auteur ou le contexte importe peu sous ces conditions. Un exemplaire de la communication est remis à l'employeur qui ne peut cependant exercer aucun contrôle, ni s'opposer à la diffusion sans recourir au juge. Le Code du travail réglemente également la distribution de tracts dans l'enceinte de l'entreprise aux heures d'entrée et de sortie du travail, à titre exclusif[12]. La mise à disposition sur un site dédié par la voie de l'intranet est offerte aux organisations satisfaisant aux critères de respect des valeurs républicaines et d'indépendance, légalement constituées depuis au moins deux ans.

544. Négociation – Les conditions et les modalités de diffusion des informations syndicales au moyen des outils numériques disponibles peuvent faire l'objet d'un accord d'entreprise[13]. Le procédé mis en place doit être compatible avec les exigences de bon fonctionnement et de sécurité du réseau informatique, ne pas avoir des conséquences préjudiciables à la bonne marche de l'entreprise et préserver la liberté des salariés d'accepter ou de refuser un message (art. L. 2142-6, *in fine* ; v. note Cnil du 22 mars 2017).

---

12. Cass. soc., 17 mars 2021, n° 19-21486 P : aux salariés de l'entreprise et aux salariés mis à disposition par une entreprise extérieure.
13. La violation des conditions définies par l'accord est constitutive d'une faute disciplinaire. Sur le plan collectif, la sanction que cet accord prévoit peut être infligée au syndicat : Cass. soc., 12 juill. 2017, n° 15-27742 P.

545. Réunions – L'activité de la section porte également sur l'assemblée de ses adhérents. Ceux-ci sont autorisés à se réunir une fois par mois en dehors des lieux de travail suivant des modalités fixées par accord avec la direction. Il est loisible aux sections syndicales d'inviter des personnalités syndicales extérieures en vue de participer à des réunions organisées par elles dans leurs locaux ou, avec l'agrément de l'employeur, dans des espaces mis à leur disposition (sous agrément pour les personnalités extérieures autres que syndicales). Les assemblées ont lieu en dehors du temps de travail des participants à l'exception des représentants du syndicat qui se réunissent sur leur temps de délégation.

546. Représentation – Si les délégués syndicaux partagent avec la section et ses représentants la mission principale de représenter le syndicat auprès de l'employeur (art. L. 2143-3), à la différence de ces derniers, ils sont de plein droit investis du pouvoir de conclure des accords collectifs. Un mandat leur est confié dans ce but s'il n'a pas été institué un Conseil d'entreprise aux lieu et place du CSE (art. L. 2321-1 ; v. *supra,* n° 92). D'autres missions plus ponctuelles leur sont en outre reconnues (information ou avis : par ex. art. L. 3122-9 ; art. L. 3132-18 ; sur mandat spécial : demande d'annulation des élections, etc.).

Quant au représentant syndical au CSE, son rôle se circonscrit à une simple participation à la mission de contrôle et d'accompagnement de la décision de gestion de l'employeur (v. *infra*, n°s 616 et s.).

Pour aller plus loin

Ces diverses missions syndicales peuvent être exercées concurremment avec la fonction d'élu du personnel. sous réserve que cette fonction et celle de représentant syndical au sein du même CSE sont incompatibles (règle d'ordre public ; faute de choix du titulaire, le mandat syndical est caduc). C'est à l'auteur de la désignation qu'il appartient d'évaluer que la détention d'autres fonctions est conciliable avec l'exercice d'une mission syndicale, y compris en cas de désignation successive.

2) Moyens des organes du syndicat dans l'entreprise

547. Seuils – Dans les entreprises ou établissements où sont occupés au moins deux cents salariés, il est proposé aux diverses sections syndicales un espace d'activité commun. À partir de mille salariés, l'employeur met à la disposition de celles ayant été constituées par une organisation représentative (ce qui est plus restrictif) un local convenable aménagé et doté du matériel nécessaire à son fonctionnement. Les modalités d'utilisation des locaux sont fixées par accord. Elles ne doivent pas mettre obstacle au droit syndical.

548. Heures de délégation – Pour l'exercice de ses fonctions, le représentant de la section jouit d'un crédit horaire (au moins quatre heures par mois). Ce temps est strictement personnel et de plein droit considéré comme temps de travail (art. L. 2142-1-3), y compris lorsque le représentant se déplace afin de prendre contact avec les salariés (art. L. 2142-1-1, al. 2, *in fine*).

Pour aller plus loin

Chaque section dispose d'un volume d'heures rémunérées au profit de son représentant ou ses délégués syndicaux et des salariés appelés exceptionnellement à négocier une convention d'entreprise (v. *supra*, n° 96). Ce volume ne peut excéder douze heures ou dix-huit heures par an (et non par négociation), selon que l'entreprise occupe cinq cents ou mille salariés au minimum. Il est accordé principalement en vue de la préparation de la discussion.

C'est évidemment à des fins beaucoup plus étendues que le délégué syndical se voit attribuer un crédit d'heures dont le volume dépend des effectifs de l'entreprise (de douze heures à vingt-quatre heures par mois) et qui peut être amélioré par voie d'accord ou d'usage plus favorable. Quant au représentant syndical au comité, il dispose de vingt heures dans les entreprises de cinq cent un salariés et plus.

Le temps qu'il passe aux réunions de cette instance est cependant payé en sus (au comité central, v. *infra*, n° 643).

549. Régime – Le crédit horaire syndical ne présente aucun caractère forfaitaire. Seules sont payées les heures qui ont été effectivement utilisées. Sa répartition est autorisée au sein des entreprises et établissements où pour chaque section syndicale plusieurs délégués ont été désignés, sous réserve d'une information préalable de l'employeur sauf exception (délégué central)[14].

La loi crée une présomption de bonne utilisation des heures de délégation puisées dans le crédit légal en dehors de circonstances exceptionnelles justifiant leur dépassement (v. *infra*, n° 649). Les heures du délégué syndical peuvent être utilisées « en tout lieu » à condition que cet usage entre dans le champ de l'objet du syndicat. Un rapport est en outre exigé avec l'intérêt des salariés appartenant à la collectivité où a été opérée la désignation (par ex. grève au sein d'une autre entreprise dont l'activité est complémentaire). Dans cette vue, une fraction des heures peut être utilisée afin de participer, au nom de l'organisation, à des réunions ou instances situées à d'autres niveaux (art. L. 2143-16-1 : ex. branche).

Les délégués syndicaux sont autorisés à sortir de l'entreprise pour l'accomplissement de leur mandat. Ils peuvent également, tant durant ce temps qu'en dehors de leurs heures habituelles de travail (par ex. lorsque le crédit est épuisé), y circuler librement afin d'y prendre tous contacts nécessaires sans apporter une gêne importante au travail ou modifier les horaires de travail. Cette liberté de circulation ne peut donner lieu à restrictions qu'au regard d'impératifs de santé, d'hygiène ou de sécurité ou en cas d'abus. Elle s'exerce de la même façon à l'occasion de la grève[15].

Les représentants du syndicat sont admis à revendiquer le respect de leurs droits[16] tandis que les préserve le délit d'entrave aux missions (art. L. 2146-1 : un an de prison ; 3 750 euros d'amende).

---

14. Lorsque l'entreprise occupe deux mille salariés, le délégué syndical central (v. *infra*, n° 679) dispose de vingt-quatre heures par mois pour l'exercice de ses fonctions qui ne s'ajoutent pas aux heures qui lui sont dues en tant que délégué syndical d'établissement s'il cumule les fonctions.
15. Cass. soc., 10 févr. 2021, n° 19-14021 P, préc.
16. Action civile du délégué recevable : Cass. soc., 19 mai 2010, n° 08-42506.

C - Les cadres d'exercice de la mission syndicale

550. Diversité – En pratique, la section syndicale se situe là où se trouvent vérifiées des adhésions syndicales. Son cadre est donc celui de l'entreprise ou de l'établissement (art. L. 2142-1), ainsi que celui du regroupement d'entreprises (UES), que partagent le représentant de la section[17] et le délégué syndical (art. L. 2143-3, al. 1er et L. 2143-10).

1) Entreprise divisée

551. Option – Depuis que la mesure de l'audience fonde la représentativité syndicale, les cadres d'implantation du CSE et du délégué syndical se superposent (v. *infra*, n° 585)[18]. Mais la délimitation d'un périmètre plus restreint est encouragée par la loi en application de critères d'ordre public primant tout accord antérieur même non dénoncé de droit commun ou d'entreprise conclu en vue de la délimitation des établissements distincts au sens du CSE (v. *infra*, n° 585). Ce périmètre recouvre alors le regroupement de cinquante salariés placés sous la direction d'un représentant de l'employeur et constituant une communauté de travail ayant des intérêts propres, susceptibles de générer des revendications communes (ensemble du personnel) et spécifiques (art. L. 2143-3, *in fine*)[19]. Le contentieux, en la matière, est porté devant le TJ. La charge de la preuve incombe au demandeur.

Pour aller plus loin

La détention de pouvoirs entre les mains d'un représentant de l'employeur n'est pas requise (Cass. soc., 13 juin 2019, n° 18-20967 et n° 18-20968). Cela n'est cependant pas exclusif « d'une certaine autonomie dans la gestion du personnel et dans l'organisation de l'activité » dès lors que « les décisions importantes (restent) de la responsabilité de la direction de la société » : Cass. soc., 16 janv. 2019, n° 17-21830 ; v. ég. pour le RSS : Cass. soc., 16 janv. 2019, n° 17-20482.

552. Réorganisation – La loi n'envisage la disparition du périmètre que sous l'angle de la diminution des effectifs (art. L. 2143-11). Celle du syndicaliste repose alors sur un accord unanime ou, à défaut, sur une décision prise par la DREETS (art. L. 2343-11). En pratique, c'est à l'occasion du contentieux de la désignation que cette question, le plus souvent, est soulevée.

En cas de modification dans la situation juridique de l'employeur (art. L. 2143-10), le mandat subsiste lorsque l'entreprise conserve son autonomie au sens de l'article L. 1224-1 du Code du travail, sans considération du seuil des effectifs[20].

---

17. Cass. soc., 24 mai 2016, n° 15-20168 P. Les niveaux de représentation ne se cumulant pas, la décision revient au syndicat : Cass. soc., 20 juin 2012, n° 11-60202 P.
18. Ce qui peut conduire, en application d'un accord, à la désignation syndicale au sein d'un périmètre où ne se trouvent pas occupés cinquante salariés : Cass. soc., 3 mars 2021, 19-23648.
19. Cass. soc., 31 mars 2021, n° 19-26234 ; la mise en place de CSEE implique nécessairement la reconnaissance de ces éléments : Cass. soc., 7 juill. 2021, n° 20-16497.
20. Cass. soc., 25 mars 2020, n° 18-11433 P, préc. ; Cass. soc., 14 déc. 2015, n° 15-14122 : subsistance matérielle, géographique et économique.

2) *Entreprises regroupées*

553. UES – Dans le silence du législateur, la jurisprudence consacre la notion d'UES pour la mise en place des institutions syndicales[21]Au sein de ce périmètre, la désignation du délégué syndical suppose que les élections aient été organisées en vue de la mesure de l'audience. La décision de justice constatant l'UES peut toujours être remise en cause au vu d'éléments nouveaux[22] (v. *infra*, n° 584).

21. Cass. crim., 25 janv. 2012, n° 11-60089 et Cass. soc., 23 févr. 2005, n° 04-60290 P.
22. Cass. soc., 7 févr. 2018, n° 17-18956 P.

CHAPITRE 12

L'organisation de la représentation du personnel

554. Seuils – Au sein des entités de onze salariés, la défense des intérêts du personnel est confiée aux élus du « comité social et économique » (CSE). Mais la mission d'accompagnement et de contrôle de la décision de gestion qu'inspire le principe de participation (Const. 27 oct. 1946, Préambule, § 8) est dévolue au CSE dès qu'est atteint le seuil de cinquante salariés.

1 L'IDENTITÉ DU COMITÉ SOCIAL ET ÉCONOMIQUE

555. Fusion – Le CSE réunit en une instance unique les anciens délégués du personnel, le comité d'entreprise et le CHSCT dont le mandat a pris fin le 31 décembre 2019 (Ord. n° 2017-1386, art. 9). À l'échelle du groupe d'entreprises, ou dans l'ordre international, sont établies d'autres instances de représentation qui n'ont pas été réformées.

A - L'organisation générale du comité social et économique

556. Option – Le Code du travail impose la mise en place d'un CSE mais offre aux interlocuteurs sociaux la possibilité de créer un Conseil d'entreprise dont les compétences s'étendent à la négociation d'accords collectifs.

1) Instance légale

557. Personnification – À partir de onze et jusqu'à quarante-neuf salariés, le CSE est incarné par une délégation de personne(s) physique(s) exerçant individuellement les missions qui lui sont dévolues (art. L. 2315-19). Au seuil de cinquante, le CSE dispose, de la pleine personnalité juridique (art. L. 2315-23). Il est alors habilité à agir en justice en vue de la défense de ses droits à titre exclusif[1] et se trouve placé à la tête d'un

1. À l'exclusion donc des intérêts de la profession ou des salariés : Cass. crim., 21 avril 2020, n° 18-86652 et Cass. soc., 29 sept. 2021, n° 19-23342. Le juge administratif est plus ouvert : CE, 9 mars 2021, n° 433214.

patrimoine[2]. Il lui est loisible de recruter du personnel ce qui lui confère la qualité d'employeur.. Surtout, il expose par ses actes et abstention sa responsabilité (C. pén., art. 131-3 et s. et art. 131-39).

Pour aller plus loin

La question de l'incarnation du CSE se pose sous le seuil de cinquante salariés. La personnalité civile n'étant pas une création de la loi, il n'est pas interdit de penser qu'elle appartient à tout CSE en tant que « groupement pourvu d'une possibilité d'expression collective pour la défense d'intérêts licites, dignes, par suite, d'être juridiquement reconnus et protégés » (Cass. 2e civ., 28 janv. 1954, n° 54-07081 P).

558. Organisation – Le CSE personnifié définit dans un règlement intérieur les modalités de son fonctionnement (art. L. 2315-24, L. 2316-14 et L. 2316-26). Son administration générale est confiée à un secrétaire ainsi qu'à un trésorier choisis parmi ses membres élus titulaires (art. L. 2315-23, *in fine*). Il désigne l'un de ces élus afin de le représenter[3].

2) *Instance conventionnelle : Conseil d'entreprise*

559. Négociation – Les interlocuteurs sociaux ont désormais la possibilité d'étendre les prérogatives du CSE à la négociation au niveau de l'entreprise et de ses établissements (Conseil d'entreprise central ainsi que conseils d'établissements) aux lieu et place du délégué syndical (art. L. 2321-1). Une telle décision est prise au rang de l'entreprise (ou de l'UES, v. *infra*, n° 583) par la voie d'un accord collectif à durée indéterminée conclu avec le délégué syndical (à titre exclusif), ou encore au niveau de la branche au moyen d'un accord étendu en l'absence de délégué syndical (et donc à partir de onze salariés).

Pour aller plus loin

L'accord précise les modalités des négociations se déroulant au niveau des établissements (art. L. 2320-8 ; par ex. : identité des interlocuteurs ; liste des thèmes – ex. égalité professionnelle – ; périodicité ; à défaut, v. art. R. 2321-1).

560. Avis et opposition – Le Conseil d'entreprise est également en droit de délivrer un avis assorti d'un droit d'opposition en certains domaines qui entrent dans le champ de l'avis conforme du CSE (v. *infra*, n° 616) ou qui débordent ce champ (ex. : égalité professionnelle, formation professionnelle : art. 2321-3).

Le fonctionnement du Conseil d'entreprise obéit aux règles du CSE.

---

2. Si l'entreprise dans son ensemble vient à fermer, le patrimoine du CSE est dispersé sur la décision de ses membres et sous le contrôle de l'administration du travail.
3. Par ex. en justice : Cass. crim., 9 sept. 2020, n° 19-83139 P ; Cass. soc., 31 mars 2021, n° 19-23654.

B - La composition du comité social et économique

561. Tripartisme – Le CSE est doté d'une délégation du personnelle et syndicale qui se réunit sous la présidence de l'employeur ou de son représentant.

1) Délégation du personnel et représentation syndicale

562. Structuration – La représentation que définit la loi peut être complétée au moyen d'une négociation aux fins de rapprocher le CSE de sa base électorale.

a) Représentation de base

563. Voix délibérative – Le volume de la délégation élue au CSE dépend de l'effectif de l'entreprise (art. L. 2314-1). Cette délégation comporte un nombre égal de titulaires et de suppléants. Les suppléants assistent aux séances du CSE en l'absence des titulaires (sauf accord plus favorable) ou encore en cas de cessation des fonctions du titulaire (art. L. 2314-37).

La liste nominative des membres du CSE est affichée dans les locaux affectés à l'activité. Elle indique l'emplacement de travail habituel des membres du comité ainsi que, le cas échéant, leur participation à une ou plusieurs commissions de cette instance (art. R. 2314-22, al. 3).

564. Voix consultative – Siège également aux séances du CSE, avec voix simplement consultative, le représentant désigné par les organisations syndicales au sein des entreprises de 50 salariés et plus (art. L. 2314-2 et L. 2316-7 ; en deçà de ce seuil, v. *infra*, n° 675).

Sur les points de l'ordre du jour relatifs aux questions relatives à la santé et à la sécurité, siègent également des personnalités compétentes en ces matières (par ex. médecin du travail). L'inspecteur du travail est associé en certaines circonstances (ex. accident).

Volume de la délégation au CSE

– **Élus** : 1 entre 11 et 24 salariés ; 2 entre 25 et 49 salariés ; 4 entre 50 et 74 ; jusqu'à 35 au-delà de 10 000 salariés (art. L. 2314-1 et R. 2314-1). L'effectif est calculé à la date du premier tour des élections (Cass. soc., 5 févr. 2020, n° 19-13444).
– **Syndicalistes** : le nombre des représentants syndicaux dépend de celui des syndicats représentatifs (300 salariés et plus dans l'entreprise tout entière : un par syndicat) ou qui ont désigné un délégué syndical (moins de 300 : art. L. 2143-22). Ces dispositions sont susceptibles d'être modifiées par accord au sens du droit préélectoral (v. *infra*, n° 699) et non par usage, ou engagement de l'employeur (lequel doit alors être dénoncé loyalement).

b) Représentants de proximité conventionnels

565. Rapprochement – L'accord d'entreprise organisant la division de l'entreprise en établissements distincts peut mettre en place des représentants de proximité (art. L. 2313-7 ; v. *infra*, n° 585). Il définit alors le nombre, les attributions, les modalités de désignation ainsi que de fonctionnement de ces représentants (par ex. heures de délégation). Ceux-ci sont membres du CSE ou désignés par lui (extérieurs à ses rangs en ce cas) pour une durée qui prend fin avec celle du mandat des élus du comité. Il ne s'agit donc pas de représentants directement élus par les salariés.

2) Présence de l'employeur ou de son représentant

566. Délégation et assistance – C'est à l'employeur que revient la présidence du CSE (art. L. 2315-23, al. 2). Toutefois, sa représentation dans cette fonction est possible (art. L. 2315-23, al. 2 et implicitement dans l'exercice des missions, v. art. L. 2315-28, al. 1er) par une personne disposant de la qualité et du pouvoir d'agir nécessaire à l'information et à la consultation de cette instance. La délégation de prérogatives consentie ne s'accompagne alors pas nécessairement d'une décharge de responsabilité pénale, en particulier, lorsque l'accomplissement de la mission de président requiert plus que la simple détention d'une fraction d'autorité déléguée par l'employeur[4]. Celui-ci est autorisé, comme son représentant, à se faire assister par trois collaborateurs ayant voix consultative (art. L. 2315-23, al. 2).

3) Spécificités des instances dérivées

567. Décentralisation – Dans les entreprises de cinquante salariés comportant des établissements distincts (v. *infra*, n° 585), il est créé des CSEE ainsi qu'un CSEC (art. L. 2313-1, al. 2)[5]. Ces instances jouissent de la personnalité civile (art. L. 2316-13 et L. 2316-25). Leur fonctionnement ainsi que leur composition sont identiques à celle du CSE personnifié (art. L. 2316-14 et L. 2316-26).

568. Double degré – Des délégués élus (un ou deux titulaires ou suppléants : art. R. 2316-1) au sein des différents établissements représentent ceux-ci au CSEC, dans la limite d'un nombre fixé par la loi (art. L. 2316-4, al. 1 à 3 : 25 élus au maximum) sauf accord unanime plus favorable conclu avec tous les syndicats représentatifs. Sous réserve des stipulations de cet accord et sous cette limite, chaque établissement peut être représenté au CSEC soit par un seul délégué, titulaire ou suppléant, soit par un ou deux délégués titulaires et un ou deux délégués suppléants.

Pour aller plus loin

– Sur l'exigence d'un secrétaire au CSEC, v. art. L. 2316-13, *in fine*. Un secrétaire adjoint est en outre désigné pour les questions de santé et de sécurité (art. R. 2316-3).
– Sur la présence de deux collaborateurs ayant voix consultative auprès de l'employeur ou de son représentant au CSEC, v. art. L. 2316-13, al. 2.
– Un délégué titulaire et un suppléant au CSEC représentent la catégorie des ingénieurs, chefs de service et cadres administratifs, commerciaux ou techniques assimilés lorsqu'un ou plusieurs établissements de l'entreprise constituent trois collèges électoraux (v. *infra*, n° 704), ou encore lorsque plusieurs établissements distincts groupent ensemble au moins cinq cent un salariés ou au moins vingt-cinq membres du personnel appartenant à cette catégorie (art. L. 2316-5 et L. 2316-6).

569. Regroupements – Au sein des groupes d'entreprise implantés sur le territoire français (v. *supra*, n° 44 et *infra*, n° 593), un comité de groupe, doté de la

4. Cass. soc., 25 nov. 2020, n° 19-18681 P et Cass. crim., 6 nov. 2007, n° 06-86027 P. Mais la responsabilité du représentant en qualité de complice ou de coauteur n'est pas exclue.
5. Il peut donc exister des CSEE personnifiés au sein des établissements réunissant onze salariés contrairement à la pratique antérieure du comité d'entreprise (CE, 15 mai 1991, n° 84840).

personnalité juridique[6], réunit le chef de l'entreprise dominante et les représentants du personnel des entreprises constituant le groupe (art. D. 2332-2).

C - Les réunions du comité social et économique

570. Seuils – Des modalités différentes doivent être observées en fonction de la taille de l'entreprise.

1) Réunions au sein des entités de moins de cinquante salariés

571. Récurrentes – La délégation au CSE des élus titulaires[7] est reçue collectivement par l'employeur et à son initiative au moins une fois par mois (art. L. 2315-21 et s. ; pas de formalité de convocation). Les élus remettent au chef d'établissement, deux jours ouvrables avant la réunion, une note écrite exposant l'objet des réclamations présentées. Une réponse sous la même forme leur est apportée dans les six jours ouvrables suivant celle-ci. Une situation d'urgence peut affecter ces règles.

Lors des rencontres mensuelles, l'employeur est assisté par des collaborateurs (inférieurs en nombre). La visioconférence est autorisée par accord avec les élus (à défaut : trois réunions par année civile : art. L. 2315-4).

Les réclamations et réponses motivées sont transcrites sur un registre spécial tenu à la disposition de l'inspecteur du travail et des salariés.

572. Ponctuelles – Sur leur sollicitation, les élus sont encore reçus par l'employeur, soit individuellement, soit par catégorie, soit par atelier, service ou spécialité professionnelle selon les questions qu'ils ont à traiter.

Un accord collectif ou l'usage est susceptible d'améliorer ces règles (art. L. 2312-4).

2) Réunions au sein des entités de cinquante salariés

573. Négociation – La fréquence des réunions fait l'objet d'un accord majoritaire avec le délégué syndical (à titre exclusif) ou, en l'absence de délégué syndical (et non d'échec de la discussion), entre l'employeur et le CSE à la majorité de ses membres (art. L. 2312-19, 2°). En tous les cas, le nombre des réunions prévu ne peut être inférieur à six en dehors des quatre séances annuelles obligatoires en matière de santé et de sécurité (art. L. 2315-27, al. 1er ; v. *infra*, nos 869 et s.).

En l'absence de négociation, cette fréquence dépend du volume des effectifs occupés au rang de l'entreprise (art. L. 2315-28)[8] : au minimum une réunion par mois sur convocation de l'employeur à partir de trois cents salariés ; une réunion tous les deux mois en deçà. Les réunions mensuelles des entreprises de moins de cinquante salariés ne sont alors plus organisées. Le comité, à la majorité de ses membres élus ayant voix délibérative, est toujours en droit de solliciter une seconde assemblée sur un ordre du jour spécial qui se tient à une autre date, sauf circonstances particulières (règle supplétive).

---

6. Cass. soc., 23 janv. 1990, n° 86-14947 P.
7. À l'exclusion des suppléants sauf absence de/des élus et de tout syndicaliste extérieur à l'entreprise ce qui n'écarte donc pas le délégué syndical.
8. Et c'est donc au regard de l'effectif de l'entreprise tout entière qu'est déterminée la fréquence des réunions des comités d'établissement.

574. Autres situations – À ces assemblées, s'ajoutent celles qui s'imposent en vertu de la loi sur certains thèmes obligatoires, ou en raison d'une décision de l'employeur (v. *infra*, n°s 610 et s.).

Des circonstances requièrent encore des réunions supplémentaires (ex. accident). Et en ces matières et circonstances, la carence de l'employeur justifie qu'à la demande d'au moins la moitié des membres du CSE, celui-ci puisse être convoqué par l'inspecteur du travail et siéger sous sa présidence (art. L. 2315-27, al. 3).

Pour aller plus loin

Fréquences spécifiques :
- sein du comité central, la réunion se tient, au minimum, une fois tous les six mois (art. L. 2316-15, al. 1er) ;
- en ce qui concerne le comité européen ou de groupe européen (art. L. 2343-3) et le comité de la société européenne (art. L. 2353-4) : une fois par an.

575. Initiative – La convocation du CSE incombe à l'employeur ou à son représentant en application du règlement intérieur. La date et lieu de la réunion sont fixés exclusivement par lui (sauf abus : par ex. temps de transport, absence de solutions alternatives) tandis que l'ordre du jour est arrêté avec le secrétaire. Certaines questions y figurent de droit (consultations obligatoires soumises au secrétaire qui ne peut s'y opposer). Pour le surplus, s'il y a désaccord quant à ce contenu, il appartient à la partie la plus diligente de saisir le juge des référés. À titre exceptionnel, dans l'hypothèse d'une carence de l'employeur et à la demande de la moitié au moins des membres du CSE, les questions jointes à la demande de convocation sont inscrites à l'ordre du jour de la réunion.

Seuls les membres titulaires du comité et les personnes associées sont convoqués. L'information leur parvient, en principe, trois jours au moins avant la séance (huit jours pour le CSEC : art. L. 2316-17, al. 3 ; entre dix et quinze pour les instances européennes). Les suppléants ne reçoivent pas de convocation mais une information sur l'ordre du jour (art. L. 2315-30 ; arg. art. L. 2315-31).

576. Avis et vœux – L'expression du CSE doit impérativement résulter d'une délibération collective (sur le délai, v. *infra,* n° 634). Les modalités d'un vote (non obligatoire) sont organisées par le règlement intérieur en dehors des cas ou le recours au bulletin secret est exigé (ex. licenciement d'un élu, v. *infra*, n° 728). La visioconférence est admise mais limitée dans son usage (art. L. 2315-4 ; trois réunions par an sauf accord avec les élus).

L'adoption de l'avis ou l'expression des vœux requiert la majorité des élus présents (blancs, nuls et abstentions confondus), titulaires (ou suppléants, lorsqu'ils remplacent un titulaire absent), y compris en cas de désignation (ex. membres de la commission santé, sécurité et conditions de travail : art. L. 2315-38) sauf exception (Circ. DRT 12 du 30 nov. 1984 pour le secrétaire et le trésorier : voix exprimées). Aucun quorum n'est imposé par la loi.

Sont exclus du scrutin les collaborateurs de l'employeur, les personnalités extérieures invitées par le CSE avec l'accord du président, ou par celui-ci avec l'accord du CSE. L'employeur ou la délégation du personnel au CSE peut décider du recours à l'enregistrement ou à la sténographie des séances. Lorsque cette décision émane du CSE, l'employeur ne peut s'y opposer (art. L. 2315-34 et D. 2315-27). Quant à ce dernier, il ne participe pas au vote s'il consulte les élus en tant que délégation du personnel (ex. exclu en cas de compression des effectifs ; admis pour l'adoption du règlement intérieur).

577. Procès-verbal – Les délibérations sont consignées au moyen de procès-verbaux établis par le secrétaire, ou sous son contrôle, dans un délai et selon des modalités définies par accord avec le délégué syndical ou, en son absence, avec les élus (à défaut d'accord : quinze jours, art. R. 2315-25 ; sur le contenu en ce cas, v. art. D. 2315-26). Ce document est alors affiché, ou diffusé, au sein de l'entreprise, aux frais de celle-ci, sous la responsabilité du secrétaire (civile ou pénale) selon des modalités prévues par le règlement intérieur du CSE. Il fait foi jusqu'à preuve du contraire.

Les élus peuvent décider que des délibérations sont transmises au DREETS.

2. LA MISE EN PLACE DU COMITÉ SOCIAL ET ÉCONOMIQUE

578. Cadres – L'implantation de la représentation du personnel dépend de seuils d'effectifs susceptibles d'être atteints au sein de différents périmètres qui servent de cadre au décompte des salariés.

A - Les seuils de la mise en place

579. Base – Le Code du travail impose l'élection d'une délégation du personnel lorsque l'entreprise occupe onze personnes sous statut de droit privé à la date du premier tour des élections. Ce seuil doit être atteint pendant douze mois consécutifs (art. L. 2311-2). L'employeur qui conteste l'opportunité d'organiser le suffrage doit apporter la preuve de la faiblesse de ses effectifs. Au sein des entités ne répondant pas à cette condition, l'élu peut être institué par voie conventionnelle.

À son expiration, le mandat n'est pas renouvelé si les effectifs sont demeurés inférieurs à onze salariés pendant au moins douze mois consécutifs (art. L. 2313-10). Il convient alors d'attendre que la condition soit à nouveau remplie.

580. Évolution – Lorsqu'est franchi pendant douze mois consécutifs le seuil de cinquante salariés, l'instance acquiert la personnalité juridique et se voit dotée de prérogatives renforcées (v. *supra*, n° 557) à l'issue d'un délai de douze mois à compter de la date à laquelle ce seuil est atteint (art. L. 2312-2 ; lorsque l'entreprise n'est pas pourvue d'un CSE à l'expiration d'un délai d'un an à compter de la mise en place.) Dans le cas où, à l'expiration de ce délai de douze mois, le mandat du comité restant à courir est inférieur à un an, ce délai court à compter de son renouvellement.

En revanche, si lors de ce renouvellement l'effectif de cinquante salariés n'a pas été égalé pendant les douze mois précédant, les prérogatives renforcées ne peuvent plus être exercées (art. L. 2312-3).

581. Autres seuils – Le franchissement des seuils de trois cents salariés ou mille salariés (v. *infra*, n° 658) présente un impact. L'employeur dispose d'une année afin de se conformer à de nouvelles obligations (v. *infra*, n° 610) lorsque le seuil de trois cents salariés a été atteint pendant douze mois consécutifs.

B - Les périmètres de la mise en place

582. Diversité – L'entreprise et l'UES ainsi que leurs divisions constituent la sphère naturelle d'implantation des élus du personnel. Le groupe lui a été associé mais en tant que cadre exclusif du comité de groupe (art. L. 2331-1). Seule l'implantation au sein d'une zone ou site peut justifier l'organisation d'un CSE interentreprises.

1) Entreprise et UES

a) Entité unique

583. Entreprise sociale – La sphère de l'entreprise n'appelle pas de commentaires particuliers puisqu'est ici en cause une entité non divisée recevant un unique CSE (art. L. 2313-1, al. 1er). Plus originale, en revanche, est la prise en compte par la loi de la pratique des regroupements d'entreprises devenue le périmètre des élus au sein d'entités n'atteignant pas le seuil d'effectifs (art. L. 2313-8).

584. Composantes – La reconnaissance du périmètre de l'UES doit faire l'objet d'un accord collectif conclu dans les conditions de droit commun[9]. À défaut, elle résulte d'une décision du TJ à la demande de toute personne appartenant à la collectivité dont il s'agit d'assurer la représentation. Celle-ci est rendue en premier ressort qu'elle ait pour objet ou pour conséquence la mise en place des institutions du personnel. Elle repose sur le constat d'une unité sociale ainsi que d'une unité économique (v. *supra*, n° 43), conditions cumulatives à la date où le juge est saisi de la demande (jugement déclaratif) à moins que l'absence de représentation à l'échelle de l'unité résulte d'une volonté délibérée de l'employeur (constat de la fraude).

La notion d'UES n'étant pas relative, ses éléments constitutifs sont les mêmes pour toutes les institutions élues ou syndicales. Il s'en déduit qu'elle n'exige pas du juge une appréciation en termes d'opportunité. Sa décision, qui a l'autorité de la chose jugée entre les parties, entraîne la disparition des institutions en place, sans effet rétroactif, après de nouvelles élections.

La preuve de la perte des conditions incombe à celui qui s'en prévaut.

Pour aller plus loin

De manière générale, lorsqu'une action concerne l'exercice de la mission d'une institution représentative de l'UES, elle doit être, sous peine d'irrecevabilité, introduite par ou dirigée contre toutes les entités composant l'UES, ou par l'une d'entre elles ayant mandat pour représenter les autres : Cass. soc., 26 févr. 2020, n° 18-22123 P.

Des spécificités apparaissent lorsque l'entreprise ou l'UES occupant cinquante salariés a vocation à être divisée en établissements distincts.

9. Cass. soc., 14 nov. 2013, n° 13-12712 P ; Cass. soc., 30 juin 2015, n° 14-12522.

b) Entité divisée

585. Négociations ; organisation – Depuis 2017, un accord d'entreprise majoritaire conclu, à durée déterminée ou indéterminée (v. *supra*, n° 91), avec le délégué syndical (à titre exclusif), détermine le nombre et le périmètre des établissements pour la mise en place du CSE (art. L. 2313-1, al. 2 et L. 2313-8, al. 2).

Pour aller plus loin

La durée de l'accord n'est donc pas nécessairement celle du cycle électoral (v. *infra*, n° 695). Pourtant, il a été suggéré que la négociation devait être engagée à l'occasion de chaque cycle électoral (V. FAQ CSE 117, minist. trav., avril 2020, n° 25), ce qui laisse intacte la question de savoir si cette discussion doit être renouvelée en présence d'un accord en cours d'exécution. Un accord entre l'employeur et le CES, adopté à la majorité des membres titulaires élus de la délégation du personnel, peut y procéder si l'institution existe ce qui recouvre l'hypothèse d'un renouvellement « en l'absence d'accord ***et*** de délégué syndical » (l'échec de la négociation avec le syndicaliste ne le permet pas, v° FAQ CSE 117, minist. trav., avril 2020, n° 28, ce qui affaiblit le rôle des élus).

Ces négociations sont ouvertes quoique l'entreprise ne comporte qu'un seul site car seule l'organisation du pouvoir de l'employeur fonde la division en établissements distincts. Le regroupement ou la division d'entités localisées et identifiées est donc toujours possible en raison de la présence d'un représentant de l'employeur dont les pouvoirs confiés par ce dernier permettent aux élus d'exercer leurs principales missions.

586. Négociations ; objet – La négociation doit alors conduire à la délimitation d'un périmètre d'implantation à un niveau pertinent de direction et de représentation (art. 4, § 4, b, Dir. 2002/14/CE du 11 mars 2002). Elle s'accomplit dans le respect des règles d'ordre public qui définissent la répartition des missions entre le CSEC et les CSEE (v. *infra*, n° 620). Il s'en déduit, par exemple, qu'une délimitation au vu des métiers exercés ou sur la simple considération d'une exigence de proximité ne satisferait pas à cet objectif.

Le législateur tend d'ailleurs à favoriser une négociation globale qui porte à la fois sur le périmètre ainsi que sur les modalités du fonctionnement de l'instance (v. *infra*, n° 613).

587. Décision de l'employeur – En cas d'échec de la négociation avec le délégué syndical ou avec les élus en son absence (entreprise : art. L. 2313-4, v. *supra*, n° 585 ; UES : art. L. 2313-8, al. 3), la division incombe à l'employeur[10].

Pour aller plus loin

Au sein de l'entreprise, cependant, l'échec des deux négociations paraît requis (art. L. 2313-4 : « et ») ce qui n'est pas le cas au rang de l'UES (art. L. 2313-8, al. 5 : « ou d'accord conclu avec le CSE »).

10. Il pourrait être soutenu que l'employeur n'est pas en mesure de décider seul en cas d'échec de la négociation avec le délégué syndical (*contra* : FAQ CSE 117, minist. trav., avril 2020, n° 28). À l'occasion de la première mise en place de l'institution, v. Cass. soc., 19 déc. 2018, n° 18-23655 P.

Mais la jurisprudence veille à ce qu'une telle décision survienne à l'issue d'une tentative loyale de discussion. Cette tentative doit être vaine (par ex. faute d'interlocuteur ou du fait d'un désaccord sur les nécessités qu'impose la gestion du personnel, notamment)[11].

Sur ce constat exclusif, une décision de l'employeur (ou d'un employeur mandaté au sein de l'UES : art. L. 2313-8, al. 5) peut être arrêtée compte tenu de l'autonomie de gestion du responsable de l'établissement, « notamment » en matière de gestion du personnel, critère d'ordre public (art. L. 2313-4).

Une telle décision est prise pour une durée indéterminée (en l'absence d'indication différente de son auteur).

Pour aller plus loin

Elle est portée à la connaissance de chaque organisation représentative dans l'entreprise et de chaque organisation syndicale ayant constitué une section à ce niveau (art. R. 2313-1, al. 1er), ou du CSE lorsque la négociation a été engagée avec lui (art. R. 2313-1, al. 2). Une formalité spécifique est accomplie à cette fin avant la négociation préélectorale sous peine de nullité du processus électoral.

588. Critère – L'exigence d'une « autonomie suffisante » désigne le minimum requis, en termes de pouvoirs délégués au chef d'établissement, afin que les membres du comité puissent durablement s'implanter dans l'objectif de remplir leur mission auprès des salariés[12].

Différents éléments sont pris alors en compte : la capacité d'embaucher, celle de sanctionner ou de licencier, le contrôle de la qualité, l'aptitude à réaliser un budget ou à tenir une comptabilité, etc.

Ne suffirait pas la présence sur place d'un responsable simplement habilité à rendre compte ou ne disposant que d'un pouvoir de décision à l'égard d'une fraction non représentative du personnel (ex. des contractuels), ou à l'égard d'un aspect secondaire de la gestion (ex. en matière d'achats). Il s'en déduit que l'autonomie requise ne caractérise pas uniquement la gestion du personnel et doit également apparaître dans « l'exécution du service »[13].

En la matière, la charge de la preuve est partagée entre l'employeur et celui qui conteste sa décision.

Illustrations

La mise au jour de l'autonomie du chef d'établissement doit être reliée aux nouvelles prérogatives du CSE (par ex. en matière de santé et de sécurité). Elle implique une élévation assez sensible du niveau d'implantation de l'instance décentralisée du CSE dont l'interlocuteur occupe un rang supérieur dans la hiérarchie de l'entreprise (Cass. soc., 19 déc. 2018, n° 18-32655 P, préc.). C'est pourquoi, une adaptation du critère aux spécificités de l'activité de l'entreprise est recherchée par le juge (Cass. soc., 11 déc. 2019, n° 19-17298 P : admission

---

11. Sur le caractère subsidiaire de cette décision : Cass. soc., 17 avril 2019, n° 18-22948 P ; v. ég. : Cass. soc., 13 janv. 2021, n° 19-23533.
12. Cass. soc., 9 juin 2021, n° 19-23153 P.
13. En ce sens : Cass. soc., 19 déc. 2018, n° 18-23655 P, préc ; Cass. soc., 27 janv. 2021, n° 19-20462.

d'une centralisation des fonctions support et des procédures de gestion au rang de l'entreprise au sein d'un groupement mutualiste). Il n'est pas certain qu'une telle démarche préserve l'exercice de la mission des élus (par ex. Cass. soc., 22 janv., 2020, n° 19-12011 P). À cet égard, la négociation paraît nettement préférable.

589. Contentieux – C'est à l'occasion d'une contestation que le caractère d'établissement distinct est reconnu par le DREETS dans la mesure où au moins un syndicat a répondu à l'invitation de négocier le protocole préélectoral. Lorsqu'elle intervient dans le cadre d'un processus électoral global, la décision du DREETS suspend celui-ci. Les mandats en cours sont prorogés jusqu'à la proclamation des résultats du scrutin (art. L. 2313-5 et L. 2313-8, al. 6).

Cette contestation est le fait des organisations syndicales représentatives dans l'entreprise ou dans l'UES ainsi que des organisations syndicales ayant constitué une section syndicale à ces différents niveaux, ou du CSE lorsque la négociation s'est déroulée avec les élus (art. R. 2313-1, al. 3 et R. 2313-4, *in fine*). Elle peut recouvrir, notamment, à l'absence de tentative loyale de négociation[14]. Une contestation de la décision du DREETS est présentée au TJ dans les quinze jours de sa notification (art. R. 2313-2 et R. 2313-5)[15]. Elle porte sur sa légalité externe ou interne de cette décision ce qui conduit, le cas échéant, à substituer le jugement à celle-ci (sur l'échange les éléments de droit ou de fait entre le DREETS et le juge : art. R. 2313-3, al. 3).

Quant à l'accord conclu en ce domaine, il est susceptible de relever du contentieux de la négociation collective (v. *supra*, n° 121), ou du contentieux électoral (v. *infra*, n° 715).

Pour aller plus loin

Lorsque le juge se prononce en faveur de l'annulation, il procède au découpage par une décision qui se substitue à celle du DREETS et qui suspend le processus électoral (Cass. soc., 8 juill. 2020, n° 19-11918 P). Mais cet effet est exclu si le DREETS a été saisi par des parties dépourvues de personnalité juridique (Cass. soc., 3 mars 2021, n° 19-21086 P). S'il vient à être conclu, pendant la procédure, un accord qui reprend les termes de la décision du DREETS, cela rend caduque cette décision (Cass. soc., 17 mars 2021, n° 19-21057 P).

590. Instances conventionnelles – Le fait que l'accord instituant l'établissement distinct organise la représentation de proximité (v. *supra*, n° 565) ne préjuge en rien d'une telle délimitation pour cette instance (art. L. 2313-7 renvoyant à L. 2313-2) en particulier, lorsque la délimitation du périmètre du CSE a été arrêtée par l'employeur. Dans ce cas, le périmètre de l'élu de proximité peut être négocié en cours de cycle électoral car l'accord prime la décision de l'employeur[16]. Quant au Conseil

---

14. Dans ce cas, le DREETS n'a pas « à se prononcer sur le nombre et le périmètre des établissements distincts tant que des négociations n'ont pas été préalablement engagées » : Cass. soc., 17 avril 2019, n° 18-22948 P préc. Cette décision est soumise au même régime que celle par laquelle le DREETS se prononce sur l'établissement distinct. Il revient alors au juge judiciaire d'annuler les élections.
15. Tandis que les délais de recours contre les élections (v. *infra*, n° 716) ne peuvent commencer à courir : Cass. soc., 17 avril 2019, n° 18-22948 P, préc.
16. Il a été suggéré que si aucun accord n'a été conclu et qu'aucune décision n'a été prise, une implantation peut être envisagée au sein de simples démembrements géographiques de l'entreprise (FAQ CSE 117, minist. trav., avril 2020, n° 33).

d'entreprise, son organisation sur un mode centralisé n'a pas été spécialement prévue par la loi mais ne peut être écartée a priori (v. *supra*, n° 559).

591. Réorganisation – Il peut arriver que l'entité au sein de laquelle a été institué le CSE ne satisfasse plus aux exigences qui ont été décrites (ex. : retrait des délégations accordées au chef d'établissement). Il y a alors perte de la qualité d'établissement constatée selon les mêmes modalités que celles fixées par la loi en vue de la délimitation du nombre et des périmètres des établissements distincts[17]. En outre, un accord majoritaire conclu avec le délégué syndical au rang de l'entreprise ou, à défaut d'accord d'entreprise (et donc en cas d'échec de la négociation), entre l'employeur et le CSE, est susceptible d'être conclu afin de permettre aux élus d'achever leur mission (art. L. 2313-6).

592. Restructuration – Enfin, il peut y avoir enfin modification dans la situation juridique de l'employeur. En ce cas, le mandat de l'élu subsiste lorsque l'entreprise conserve son autonomie au sens de l'article L. 1224-1 du Code du travail (v. *supra*, n° 51), ou que l'établissement conserve ce caractère (par ex. en cas de fusion-absorption ou de mise en location-gérance). Un accord d'entreprise (non unanime) adaptant la durée des mandats est alors conclu entre les syndicats représentatifs et le nouvel employeur (à défaut de syndicalistes, avec les élus : art. L. 2314-35, in fine). Des dispositions spécifiques régissent la composition du comité central en cette hypothèse (art. L. 2316-12).

2) Groupe

a) Groupe « interne »

593. Notion – On désigne par groupe, au sens de la représentation du personnel, un regroupement d'entreprises composé d'une entreprise dominante dont le siège se situe sur le territoire français, peu important qu'elle soit elle-même détenue par une société étrangère[18], et fondé sur des liens financiers que décrit le Code de commerce (art. L. 2331-1 1° ; v. *supra*, n° 44). L'effectif des salariés occupés dans le périmètre est indifférent.

Pour aller plus loin

> Ainsi est concernée la société détenant plus de la moitié du capital d'une autre, ou la société exerçant une influence ou un contrôle (sur les conditions, v. C. com., art. L. 233-3 II et L. 233-16 II) ce qui peut être présumé (C. com., art. L. 233-3 II). Le Code du travail étend d'ailleurs cette définition (v. art. L. 2331-1 2° et L. 2331-1 2, al. 2 et 3 : par ex. possibilité de nommer la moitié des membres des organes d'administration).

594. Négociation – Ces critères réunis, il revient aux parties intéressées de conclure un accord de configuration du groupe désignant les entreprises appelées à intégrer son périmètre (art. L. 2333-5). À défaut d'accord, la question est portée avec toute contestation relative à la constitution du groupe devant le TJ du siège de la société

17. Cass. soc., 20 oct. 2021, n° 20-60258 B.
18. Par ex. une société holding située en France s'immisçant dans la gestion des filiales : Cass. soc., 14 nov. 2019, n° 18-21723P.

dominante. Lorsque les conditions sont remplies, le CSE est habilité à solliciter sa représentation au sein du comité de groupe (réponse sous trois mois). En cas de disparition, une information motivée lui est donnée en vue du retrait de cette représentation.

595. Superposition – La création d'un comité de coupe est incompatible avec celle d'un CSE au sein d'un même périmètre. Seul un CSE peut donc être implanté dans l'unité. En dehors d'un tel recoupement, la réunion des critères du groupe ne fait pas obstacle à la création des organes de représentation du personnel ou syndicale au sein de l'UES existant entre certaines entreprises du groupe.

b) Groupe « externe »

596. Critères – Au niveau communautaire, un comité de groupe européen est aussi institué dans les groupes d'entreprises implantées sur le territoire de l'Union (art. L. 2341-2). C'est encore un lien financier qui doit être établi entre l'entreprise dominante et les entités contrôlées dont le siège est situé sur le territoire français. Le groupe d'entreprises de dimension communautaire remplit les conditions d'effectif et d'activité exigées de l'entreprise communautaire (art. L. 2341-1 ; sur les conséquences d'une restructuration, v. art. L. 2341-10, L. 2343-6, al. 2 et L. 2345-1).

3) Zone et site

597. Interentreprises – Lorsque la nature et l'importance de problèmes communs aux entreprises d'un même site ou d'une même zone le justifient, un CSE interentreprises peut être mis en place par un accord collectif interentreprises conclu entre les employeurs des entreprises du site, ou de la zone, et les organisations syndicales représentatives au niveau interprofessionnel, ou au niveau départemental (art. L. 2313-9).

CHAPITRE 13

Les missions de la représentation du personnel

598. Voix des travailleurs – La mission de la représentation du personnel évolue en fonction du volume des effectifs de l'entreprise (art. L. 2312-1). À partir de onze salariés, le CSE est chargé de la préservation du statut du travailleur subordonné. Lorsque le seuil de cinquante personnes est franchi, sont associés l'accompagnement et le contrôle des décisions de l'employeur qui intéressent l'activité de l'entreprise ainsi que les conditions de travail, la santé et la sécurité (examinés au Chapitre 18). Les missions de l'ensemble des CSE constituées au rang de l'entreprise étant définies sur la base des effectifs de cette entreprise et non par établissement, il importe peu désormais qu'un établissement réunisse ou non cinquante salariés afin de disposer de ces prérogatives étendues (art. L. 2313-1, al. 2 ; v. aussi, art. L. 2312-1, al. 3).

1 • LES ATTRIBUTIONS DES ÉLUS DU CSE DANS LES ENTREPRISES D'AU MOINS ONZE ET DE MOINS DE CINQUANTE SALARIÉS

599. Défense du statut – Le rôle de la délégation du personnel au CSE s'inscrit, pour l'essentiel, à l'intérieur du rapport de travail. Ses objectifs s'orientent depuis 2017 vers la promotion de la santé, de la sécurité et des conditions de travail.

A - La mission de présentation des réclamations

600. Objet – La délégation du personnel a pour mission principale de présenter à l'employeur (au sein d'une société anonyme, v. art. L. 2312-5, al. 4.) toutes les réclamations, individuelles ou collectives, relatives au statut des travailleurs subordonnés ce qui vise l'application du Code du travail et des autres dispositions légales ainsi que des conventions collectives (art. L. 2312-5, al. 1er). Les demandes dont se trouve saisi l'employeur à ce titre portent encore sur le salaire ce qui laisse entrevoir, en ce domaine, une extension de la mission à des requêtes en amélioration du statut personnel (augmentations individuelles). Le rôle de négociateur, cependant, ne s'exerce, sur le plan collectif, qu'en l'absence de syndicalistes (v. *supra*, n° 95).

En pratique, cette mission incombe à la délégation du personnel légale ou, le cas échéant, aux représentants de proximité (v. *supra*, n° 565).

601. Sources – Les demandes émanent des électeurs ainsi que de toute personne extérieure à l'entreprise lorsqu'elles recouvrent des questions d'exécution du travail et qu'elles relèvent du chef d'entreprise utilisateur (art. L. 2312-6, al. 3)[1]. Elles ne sont transmises que sur la base du volontariat (art. L. 2312-7). La présence de l'élu dans l'établissement ne s'oppose donc pas à ce que le travailleur contacte directement son supérieur. De son côté, l'employeur ne doit rien faire qui dissuade un salarié de s'adresser à son délégué sous peine de commettre l'entrave.

Pour aller plus loin

Des commissions paritaires régionales ou locales interprofessionnelles exercent une mission d'information et de conseil auprès des employeurs et des salariés sur les dispositions légales et conventionnelles qui leur sont applicables au sein des entités de moins de onze personnes (art. L. 23-111-1 et s. et R. 23-111-1 et s.).

B - La mission de promotion de la santé de la sécurité et des conditions de travail

602. Diversité – La délégation du personnel au CSE est en charge des conditions de travail et exerce, à ce titre, différentes missions ponctuelles. C'est ainsi, par exemple, qu'elle est habilitée à saisir l'inspection du travail de toutes les plaintes relatives à l'application des prescriptions législatives (art. L. 2312-5, *in fine*). Depuis 2017, la loi lui désigne en sus un objectif général de promotion de la santé et de la sécurité (art. L. 2312-5, al. 2). À cet effet, elle peut toujours réaliser des enquêtes en matière d'accidents et de maladies professionnels (l'administration du travail doit en être informée ; v. art. R. 2312-2, al. 2). Il lui est loisible, également, d'exercer un droit d'alerte en présence d'un danger grave et imminent pour la santé publique et l'environnement (art. L. 2312-5, al. 3 et L. 2312-60). La définition d'actions de prévention des risques consignée dans le DUERP et ses mises à jour lui sont présentées (art. L. 2312-5, al. 2). Les élus jouissent d'une formation en la matière financée par l'opérateur de compétence (OPCO ; art. L. 2312-18 et L. 2315-22-1).

603. Informations et avis – Dans l'exercice de ces diverses prérogatives, ils ont accès à de nombreux documents (par ex. livres et registres en matière de sécurité : art. R. 2312-3). Parfois, une information spécifique leur est due (ex. durée du travail : art. L. 3121-33, al. 5) tandis que leur avis est sollicité (par ex. inaptitude médicale : art. L. 1226-2, al. 3 ; v. *supra*, n° 310). En dehors des hypothèses limitativement énumérées par la loi, il ne saurait cependant leur être reconnu un droit général à l'information qui couvrirait le champ de la réglementation du travail.

604. Alerte aux droits et libertés – Dans l'exercice de leur mission, il arrive que les élus constatent qu'une atteinte est portée aux droits des personnes, à leur santé

1. Salariés d'entreprises extérieures, salariés temporaires (rémunération, conditions de travail, etc.), stagiaires, ainsi que toute personne placée à quelque titre que ce soit sous l'autorité de l'employeur en matière de santé, sécurité et conditions de travail.

physique ou mentale ainsi qu'aux libertés individuelles résultant, notamment, de faits de discrimination ou de harcèlements au stade de l'embauche ou à un autre moment de l'exécution du travail. Ils peuvent alors estimer que cette atteinte, quelle qu'en soit l'origine, n'est pas justifiée par la nature de la tâche à accomplir ni proportionnée au but recherché. En ce cas, ils saisissent immédiatement l'employeur de la question (art. L. 2312-5, al. 3 et L. 2312-59). Celui-ci est alors tenu de procéder, sans délai, à une enquête afin de lui permettre, ainsi que les élus invités à y participer, d'être éclairés sur la réalité des faits allégués et d'envisager, éventuellement, les solutions à mettre en œuvre pour y mettre fin. En cas de carence ou de divergence, ou à défaut de remède, les élus sont habilités à soumettre le différend au CPH qui statue selon la procédure accélérée au fond. La demande peut aussi être suscitée par un salarié. Dans cette hypothèse, l'action en justice est susceptible d'être déclenchée soit par le travailleur, soit par les élus si l'intéressé, averti par écrit, ne s'y oppose pas.

Pour aller plus loin

La démarche des élus se circonscrit à la cessation de l'atteinte (exclu par ex. le calcul des indemnités de congés payés des intérimaires : Cass. soc., 14 oct. 2020, n° 19-11508). Et la nullité d'une sanction prononcée à cette occasion contre un salarié dépasse les limites de leur mandat. Sur la possibilité pour le salarié intéressé d'engager ultérieurement une action au titre de l'exécution et de la rupture de son contrat de travail : Cass. soc., 8 sept. 2021, n° 20-14011 B.

C - La mission de suppléance et d'assistance

605. Suppléances – Les délégués titulaires jouent également un rôle sur le terrain syndical lorsque la loi autorise leur désignation en qualité de représentant de la section (art. L. 2142-1-4), ou de délégué syndical (art. L. 2143-6 ; v. *infra*, n° 675) sans moyen supplémentaire sauf lorsque la convention collective le prévoit (crédit d'heures)[2]. Ils peuvent également prendre place à la table des négociations d'entreprise (v. *supra*, n° 97).

Quelques dispositions leur confient une prérogative particulière en l'absence de CSE personnifié (art. L. 1233-8, al. 1er ; v. *supra*, nos 376 et s.).

606. Assistance – L'accompagnement d'un travailleur par l'élu du personnel est organisé à l'occasion du prononcé d'une sanction ou d'un licenciement (art. L. 1232-4 et L. 1332-2, al. 2).

2. Cass. soc., 17 avril 2013, n° 12-26067. Le suppléant peut exercer cette mission durant le remplacement du titulaire : Cass. soc., 20 juin 2012, n° 11-61176. Au sujet du représentant de la section : Cass. soc., 27 mars 2013, n° 12-20369 P.

2. LES ATTRIBUTIONS DU CSE DANS LES ENTREPRISES D'AU MOINS CINQUANTE SALARIÉS

607. Dédoublement – À partir du seuil de cinquante personnes, le CSE a pour mission d'assurer une expression collective des salariés dans les domaines économiques et d'organisation du travail (art. L. 2312-8) en sus de celle de proximité qu'incarnent ses membres.

Pour aller plus loin

Le comité de groupe interne n'est pas invité à délivrer un avis sur quelque question que ce soit sauf en certaines hypothèses (ex. : annonce d'une OPA portant sur l'entreprise dominant le groupe ; art. L. 2332-2) ou lorsqu'un accord le prévoit (art. L. 2312-20 et L. 2312-56 ; v. *infra*, n°s 609 et s.).

A - Les attributions du CSE en matière économique

608. Champs – Le CSE a pour mission d'assurer une expression collective des salariés permettant la prise en compte permanente de leurs intérêts à l'occasion de décisions portant sur de très nombreux domaines (économique et financier, relatifs à l'organisation du travail, à la formation professionnelle et aux techniques de production, etc. ; art. L. 2312-8, I, al. 1er). Il est désormais invité à prendre en compte les conséquences environnementales de ces décisions.

1) Objet des attributions en matière économique

609. Variétés – Certaines consultations selon des échéances fixes, dites récurrentes, reposent exclusivement sur un flux d'informations tandis d'autres, ponctuelles, découlent d'un projet de gestion et s'inscrivent plus directement dans la logique d'accompagnement et de contrôle de la décision économique.

a) Consultations récurrentes

610. Trois thèmes – Le comité est consulté dans l'ordre économique, en principe tous les ans, au plus tard, au cours de l'année qui suit celle de sa mise en place, sur des thèmes généraux qui présentent un caractère impératif (art. L. 2312-17) :

- sur les orientations stratégiques de l'entreprise et leurs conséquences (art. L. 2312-24). Cette consultation s'appuie sur la BEDESE (v. *infra*, n° 627 ; avis sur les perspectives présentées ; formulation d'orientations alternatives ; réponse argumentée et, le cas échéant, débat) ;

Pour aller plus loin

Différents thèmes sont abordés : activité, emploi, évolution des métiers et des compétences, organisation du travail, formation professionnelle, GPEC, etc. Les entreprises ayant conclu un accord GPEC (art. L. 2242-20 ; v. *supra*, n° 83) sont dispensées de consultation sur ce point (art. L. 2312-14, al. 3). Celle-ci est conduite au niveau de l'entreprise (art. L. 2312-22 : CSE ou CSEC), sauf si l'employeur en décide autrement (sur la possibilité de conclure un accord,

v. *infra*, n° 613). Le comité de groupe peut être consulté en application d'un accord aux lieu et place des CSE des entreprises qui conservent leur compétence au sujet des seules conséquences observées à leur niveau (art. L. 2312-20).

- sur la situation économique et financière, la politique de recherche et de développement technologique de l'entreprise (art. L. 2312-25, I et II) : information relative à l'activité, aux perspectives pour l'année à venir, à l'utilisation du crédit d'impôt compétitivité et emploi (CICE)[3], à la RSE (art. R. 2312-16 et R. 2312-17). L'avis rendu par le CSE est transmis à l'organe dirigeant de la société. Le niveau de consultation est celui des orientations stratégiques ;
- sur la politique sociale, les conditions de travail et l'emploi (art. L. 2312-26) : qualifications, formation, durée du travail, égalité professionnelle, bilan social au sein des entreprises d'au moins trois cents salariés (art. L. 2312-28 et s.)[4], modalités d'exercice du droit d'expression (faute d'accord, v. *supra*, n° 83), etc. La discussion s'étend aux actions de prévention en matière de santé et de sécurité (v. *infra*, n° 839). De très nombreuses données sont alors fournies aux élus (art. L. 2312-26, II et art. R. 2312-18 et s. ; en matière de santé et de sécurité, v. *infra*, n°s 862 et s.). Le CSE peut se prononcer sur ces thèmes par un avis unique ou par des avis séparés. Sa consultation est menée au niveau de l'entreprise à moins que des mesures d'adaptation spécifiques soient déjà prises au rang de l'établissement (v. *infra*, n° 620). Il doit être consulté également sur le DUERP (art. L. 4121-3, al.3, v. *infra*, n° 839).

À l'occasion de ces diverses consultations, le CSE est informé des conséquences environnementales de l'activité de l'entreprise.

Pour aller plus loin

Les modalités de la saisine des élus peuvent faire l'objet d'un accord conclu avec le délégué syndical (à titre exclusif) ou, en en absence, entre l'employeur et la majorité des membres élus du CSE sous certaines réserves (art. L. 2312-19) :
- contenu et modalités des consultations récurrentes (informations nécessaires) ;
- périodicité de ces consultations qui ne peut être supérieure à trois ans (période de prospective en matière d'orientations stratégiques) ;
- niveaux auxquelles celles-ci sont conduites et le cas échéant, leur articulation ;
- délais dans lesquels les avis du CSE sont rendus et possibilité pour ce dernier d'émettre un avis unique portant sur tout ou partie des thèmes des consultations.

L'accord peut également déterminer un nombre de réunions annuelles (v. *supra*, n° 573).

3. Une procédure d'alerte des associés ou de l'organe chargé de l'administration ou de la surveillance de l'entreprise peut être déclenchée sur ce point (art. L. 2312-61 et s.).
4. Le CSEE est saisi du bilan établi au rang de l'établissement qui comporte trois cents salariés.

b) Consultations ponctuelles

611. Inventaire – Des thèmes généraux intéressant l'entreprise donnent lieu à la saisine du CSE (art. L. 2312-8, II) :

- 1° les mesures de nature à affecter le volume ou la structure de ses effectifs ;
- 2° la modification de son organisation économique ou juridique (par ex. en cas de fusion, de cession, de modification importante des structures de production, d'acquisition et de cession de filiales, de prise de participation, etc.) ;
- 3° la durée du travail ou les conditions d'emploi, de travail et de formation professionnelle ;
- 4° l'introduction de nouvelles technologies, l'aménagement important modifiant les conditions de santé et de sécurité ou les conditions de travail ;
- 5° les mesures prises en vue de faciliter la mise, la remise ou le maintien au travail de certains travailleurs.

L'information et la consultation sur ces questions prennent en compte leurs conséquences environnementales (art. L. 2312-8, III).

612. Socle – Le Code du travail désigne parmi ces thèmes un socle impératif de consultation (art. L. 2312-37) : méthodes de recrutement et moyens de contrôle de l'activité des salariés (art. L. 2312-38), restructuration et compression des effectifs (art. L. 2312-39), licenciement collectif pour motif économique (art. L. 2312-40), opération de concentration (art. L. 2312-41), offre publique d'acquisition (art. L. 2312-42). Le CSE est également saisi à chaque étape du processus de sauvegarde, de redressement et de liquidation judiciaire dont fait l'objet l'entreprise (art. L. 2312-53). Un thème demeure facultatif : l'information du CSE de l'entreprise sous-traitante lorsque le volume d'activité ou d'emploi de cette dernière est affecté par le projet de l'employeur (art. L. 2312-58).

613. Négociation – Un accord majoritaire conclu avec le délégué syndical (à titre exclusif) ou, en son absence, avec les élus peut définir le contenu ainsi que les modalités des consultations et informations ponctuelles (art. L. 2312-55). Mais cette négociation rencontre des limites :

- elle est exclue en matière de restructurations accompagnées de compressions d'effectifs pour motif économique (art. L. 2312-39 et L. 2312-40 ; l'accord de méthode ou « PSE » demeure seul envisageable ; v. *supra*, n° 384) ;
- elle doit, en tous les cas, respecter certaines règles de bases (v. *infra*, n° 624).

614. Échelle du groupe – Un accord de groupe peut en outre prévoir que le comité de groupe est saisi de ces consultations sous réserve de préciser les modalités de transmission de l'avis du comité de groupe aux CSE qui demeurent consultés à l'égard des conséquences que subit l'entreprise (art. L. 2312-56).

615. Projet requis – De manière générale, le CES exerce sa compétence à l'égard de tout projet intéressant « l'organisation, la gestion et la marche générale de l'entreprise » ce qui recouvre la plupart des décisions économiques de l'employeur (art.

L. 2312-8, II). Pour que sa consultation soit requise, il convient de vérifier que la mesure envisagée présente une certaine importance et qu'elle n'est ni ponctuelle, ni individuelle[5]. L'appréciation repose sur un faisceau d'éléments[6].

Pour aller plus loin

Il convient également de s'assurer que la mesure entre dans le champ du pouvoir de l'employeur soit qu'il l'a décide, soit qu'il l'a subisse (par ex. décision de prise de contrôle de la société mère affectant la filiale : Cass. soc., 19 déc. 2018, n° 18-14520 P ; par ex. cessions de participation entraînant un changement de contrôle, dans l'affaire « VEOLIA », v. TJ Paris, réf., ord. du 9 oct. 2020, N° RG 20/56077 ; sur l'information due par les « parties prenantes », v. *infra*, n° 632).

2) Portée des attributions en matière économique

a) Incidences de la consultation à l'intérieur de son cadre

616. Avis recueilli – Le processus d'information-consultation du CSE ne conduit, au choix de ce dernier, qu'à l'expression d'un avis (art. L. 2312-15, al. 1er) lequel ne présente aucun caractère contraignant pour l'employeur si ce n'est l'obligation d'y apporter une réponse motivée (art. L. 2312-15, *in fine*)[7]. Dans l'ordre international, il est parfois envisagé la conclusion d'un accord ce qui est plus original (comité de la société européenne : art. L. 2353-19).

Pour aller plus loin

Rares sont les hypothèses où le CSE est habilité à s'opposer à la décision de l'employeur : horaires individualisés (art. L. 3122-23), nomination du médecin du travail (art. R. 4623-5), etc. Sur ce terrain, les prérogatives du Conseil d'entreprise sont élargies (v. *supra*, n° 559).

617. Avis non recueilli – La portée véritable du processus se mesure à l'aune des conséquences qu'induit le défaut de consultation. Or seule peut être envisagée la paralysie temporaire du projet de gestion jusqu'à complet accomplissement par l'employeur de ses obligations légales sous l'importante réserve que ce projet n'ait pas déjà été exécuté, ou qu'il prenne la forme d'un accord collectif dont l'inopposabilité ne saurait découler de ce manquement[8]. Si la sanction s'accompagne parfois d'une indemnisation, elle ne conduit jamais à l'annulation de la décision prise, sauf exceptions (ex. PSE, v. *supra*, n° 436).

---

5. Cass. soc., 1er févr. 2017, n° 15-22362.
6. Cass. soc., 15 avril 2015, n° 13-27520 P ; Cass. crim., 10 mai 2011, n° 09-87558 ; une mesure fondée sur le volontariat n'échappe pas nécessairement à l'obligation ; en revanche : Cass. soc., 18 juin 2014, n° 13-11341 (simple mesure temporaire).
7. En certaines circonstances, cependant, le défaut de prise en compte de l'avis est susceptible de générer des conséquences négatives, en particulier à l'égard de la dévolution d'aides publiques : par ex. art. L. 2312-27, *in fine* et L. 2312-68.
8. Cass. soc., 18 sept. 2018, n° 17-31274 P.

b) Incidences de la consultation à l'extérieur de son cadre

618. Alertes – L'intérêt de la consultation ne se résume pas exclusivement à de simples enjeux d'ordre formel. La procédure offre au CSE la possibilité d'attirer l'attention sur la viabilité de l'entreprise à l'aide de plusieurs instruments : l'exercice du droit d'alerte (art. L. 2312-63) ainsi que la communication au président du tribunal de commerce de tout fait révélant la cessation des paiements du débiteur (C. com., art. L. 640-6).

Pour aller plus loin

Sur le constat de faits de nature à affecter de manière préoccupante la situation économique de l'entreprise, le CSE ou le CSEC, peut demander à l'employeur de lui fournir des explications (art. L. 2312-63, al. 1er ; par ex. Cass. soc., 7 juill. 2021, n° 19-15948). En cas de réponse insuffisante, un rapport est transmis à l'employeur ainsi qu'au commissaire aux comptes (art. L. 2312-63, *in fine*) renfermant un avis sur l'opportunité d'informer les associés (art. L. 2312-65, al. 1er).

619. Forme sociétaire – De manière plus régulière, le Code du travail organise la présence d'une représentation du CSE aux conseils d'administration ou de surveillance des sociétés (art. L. 2312-72 et s.).

c) Répartition des compétences entre les instances du comité

620. CSEC et CSEE – En la matière, le Code du travail pose un principe et fournit un critère. Le principe est que le CSEC est obligatoirement informé et consulté sur tous les projets économiques et financiers importants concernant l'entreprise (art. L. 2316-2) « notamment » en matière d'OPA, thème auquel a été ajouté celui de la santé, de la sécurité et des conditions de travail (par ex. aménagement important des conditions de travail). L'énumération n'est pas exhaustive (par ex. restructuration en général : fusion, scission, apport partiel d'actif, concentration, etc.).

Le critère, quant à lui, obéit à une autre logique que celle de la prédétermination d'une compétence puisqu'il dessine les contours des prérogatives du CSEE à partir du pouvoir que détient le chef d'établissement :

- le CSEC d'entreprise exerce les attributions (…) qui « excèdent les limites des pouvoirs des chefs d'établissement » (art. L. 2316-1, al. 1er) ;
- le CSEE « a les mêmes attributions que le comité central, dans la limite des pouvoirs confiés au chef de cet établissement » (art. L. 2316-20, al. 1er).

621. Coordination – La consultation du seul CSEC s'impose à l'égard du/des (art. L. 2316-1, al. 2 et s.) :

- projet ne comportant pas de mesure d'adaptation spécifique au sein d'un ou plusieurs établissements ;
- projets et consultations récurrentes décidés au niveau de l'entreprise lorsque leurs éventuelles mesures de mise en œuvre, qui feront ultérieurement l'objet d'une consultation spécifique au niveau approprié, ne sont pas encore définies ;
- mesures d'adaptation communes à plusieurs établissements des projets d'introduction de nouvelles technologies et d'aménagement importants modifiant les conditions de travail ou celles de santé et de sécurité.

Pour aller plus loin

Il n'y a pas de place pour une consultation « conjointe » sur un projet de mesures d'adaptation non encore précisées. Seule une consultation « successive » est alors envisageable (par ex. à l'occasion de la consultation sur les orientations stratégiques).

En l'absence de mesure d'adaptation, l'avis du CSEC doit toujours être transmis aux CSEE (art. L. 2316-1, al. 3).

622. Mise en œuvre – La répartition des compétences entre les niveaux de représentation s'opère donc en contemplation de la délégation de pouvoirs consentie au chef d'établissement (rapp. au sujet de la délimitation du périmètre, v. *supra*, n° 586)[9]. Toutefois, certaines prérogatives sont encore confiées par la loi au seul CSEC (par ex. droit d'alerte : art. L. 2312-63).

Sous cette réserve, la consultation des élus d'établissement s'impose dès que le chef d'établissement est amené à exercer son pouvoir délégué soit en l'absence de projet élaboré au niveau de l'entreprise, soit à l'occasion de la mise en œuvre locale d'un tel projet (art. L. 2316-20, al. 2)[10]. Il appartient alors aux élus de préciser les mesures d'adaptation requises et au juge de les mettre au jour[11].

En ce cas, l'avis du comité d'établissement précède celui du comité central (art. L. 2316-22, al. 2 et art. R. 2312-6, *in fine*), mais un accord (sans plus de précision quant à sa nature) peut toujours modifier l'ordre ainsi que les délais dans lequel intervient la consultation ponctuelle (art. L. 2316-22, al. 1er ; au sujet des délais, v. *infra*, n° 634). La décision de l'employeur est exclue en ce domaine.

Pour aller plus loin

En cas de licenciement économique collectif, le ou les CSEE tiennent leurs réunions après celles du CSEC en vertu de délais spécifiques (v. *supra*, nos 376 et s.). À l'occasion de la consultation annuelle relative à la politique sociale, v. art. L. 2312-22, *in fine*, et *supra*, n° 610.

623. Rang communautaire – Lorsque le projet est susceptible d'entraîner des modifications importantes de l'organisation du travail ou des contrats de travail, le processus de consultation des instances internes et européennes doit être mené de façon parallèle (art. L. 2341-9, al. 2).

---

9. Par ex. : Cass. crim., 15 mars 2016, n° 14-85078.
10. Peu importe donc que la décision émane de la seule direction générale : Cass. soc., 21 sept. 2016, n° 15-13364 P.
11. Cass. soc., 1er juill. 2020, n° 18-24746 et Cass. soc., 1er juill. 2020, n° 19-10378.

3) Mise en œuvre des attributions en matière économique

a) Principes généraux

624. Quatre règles – À l'occasion de la saisine pour avis des élus, il doit être systématiquement vérifié que :

- toute décision de gestion de l'employeur (matérialisée ou non : ex. un recours massif à l'intérim), quel que soit le niveau où elle a été envisagée, est obligatoirement précédée de la consultation du CSE qui doit donner lieu à un véritable échange de vues (art. L. 2312-14, al. 1er) ;
- toute consultation est nécessairement précédée d'une information loyale, précise et écrite transmise par l'employeur ou, le cas échéant, mise à disposition dans les conditions prévues par la loi (art. L. 2312-15, al. 2) ;
- tout avis exprimé par le CSE est rendu au terme d'un délai d'examen suffisant (art. L. 2312-15, al. 2 ; v. *infra* c) ;
- tout avis exprimé par le CSE rappelle une réponse motivée de l'employeur (art. L. 2312-15, *in fine*).

Pour aller plus loin

La négociation de ces modalités est possible (consultation ponctuelle : art. L. 2312-55 ; récurrente : art. L. 2312-19) en dehors de l'hypothèse de la restructuration accompagnée de compressions d'effectifs pour motif économique (art. L. 2312-39 et L. 2312-40). Mais les exigences d'information, de délai et de réponse doivent être respectées en tous les cas.

625. Caractère préalable – Une décision s'entend d'une manifestation de volonté d'un organe dirigeant qui oblige l'entreprise (organe de gestion, parfois assemblée d'associés), sans impliquer nécessairement des « mesures précises et concrètes » ce que souligne le Code du travail (art. L. 2316-1 : indifférence de l'absence de mesures spécifiques d'adaptation). Le projet, même s'il est formulé en termes généraux, est soumis au CSE à condition que son objet soit suffisamment déterminé[12]. Le CSE n'en est d'ailleurs pas le destinataire exclusif ou prioritaire.

626. Exception – le Code du travail exclut le caractère préalable de l'information lorsque cela expose l'entreprise à un préjudice. Cette exclusion concerne principalement le lancement d'une OPA (art. L. 2312-14, al. 1er et L. 2312-49) ainsi que le régime général de la consultation du comité européen (art. L. 2343-4, al. 5 ; v. aussi en cas de recours à l'activité partielle : art. R. 5122-2 et s.).

b) Fréquence et contenu de l'information

627. Contenus – L'employeur est tenu de fournir au CSE, après chaque élection, une information générale relative à la situation de l'entreprise (art. L. 2312-57). Cette obligation peut faire l'objet d'un accord d'entreprise.

Par la suite, il doit alimenter une base de données économique, sociale et environnementale (« BDESE » ; art. L. 2312-18) qui regroupe et rationalise de manière exhaustive les informations destinées à l'exercice de la mission du CSE. Les informations que cette

---

12. Cass. soc., 12 nov. 1997, n° 96-12314 P ; Cass. crim., 15 mars 2016, n° 14-85078, préc.

base renferme sont systématiquement mises à jour et laissées à la disposition permanente de ses utilisateurs (art. R. 2312-14).

628. Négociation – Ces règles sont impératives (art. L. 2312-18). Mais un accord d'entreprise ou, en l'absence de délégué syndical, conclu avec le CSE ou, à défaut, un accord de branche au sein des entreprises de moins de trois cents salariés, peut définir l'organisation (par ex. niveau de son implantation), l'architecture et le contenu de la base. La fréquence de l'information ainsi que son objet sont donc toujours susceptibles d'être aménagés et adapté au regard de l'organisation et/ou des domaines d'activité de l'entreprise (art. L. 2312-21).

Pour aller plus loin

La base de données comporte alors au moins huit thèmes (art. L. 2312-21, al. 4), par ex. : l'investissement social, l'investissement matériel et immatériel, l'égalité professionnelle entre les femmes et les hommes au sein de l'entreprise, les activités sociales et culturelles, les conséquences environnementales de l'activité l'entreprise, etc.

629. Règles supplétives – En l'absence d'accord, la loi définit l'information due (dix thèmes dont les conséquences environnementales de l'activité de l'entreprise : art. L. 2312-36, al. 4 à 12 ; art. R. 2312-8 et R. 2312-9). Le contenu des rubriques (entre 17 et 27) et des indicateurs évolue selon l'effectif de l'entreprise.

Les informations portent alors sur les deux années précédant l'année en cours et intègrent les perspectives sur les trois années suivant celle-ci (art. R. 2312-10, al. 1er). Elles présentent donc un caractère rétrospectif, prospectif et réactualisé. L'objectif est de permettre aux élus de disposer d'une vision claire de la formation et de la répartition de la valeur créée. Leur contenu, qui intègre les données fournies lors des consultations récurrentes, est densifié à partir du seuil de trois cents salariés : s'ajoutent alors des données ponctuelles (bilan social : art. L. 2312-29 ; information trimestrielle en matière économique comme l'évolution générale des commandes, etc. ; art. L. 2312-69 et R. 2312-21).

630. Fonctionnement – La base de données unique est constituée au rang de l'entreprise ou à celui de l'UES (art. R. 2312-11). Un accord de groupe peut en prévoir la constitution à ce niveau (art. R. 2312-15 sans substitution à celles des entreprises). L'accord susceptible d'enrichir son contenu peut désigner un autre périmètre de diffusion de l'information (par ex. au sein de l'entreprise qui est dotée d'un CSEC).

En l'absence d'accord, la BDESE est accessible à tout moment tant aux élus qu'aux délégués syndicaux (art. L. 2312-36, al. 2 et R. 2312-1).

631. Portée – La mise à disposition des données au sein de la base vaut transmission de celles-ci au CSE. En revanche, elle ne dispense pas l'employeur de communiquer les informations destinées à l'administration ainsi que celles dues à l'occasion des consultations ponctuelles sauf accord sur ce point.

Pour aller plus loin

L'inscription valant remise s'applique sous condition de réactualisation dans le respect des périodicités prévues par la loi et de mise à disposition des membres du comité des éléments d'analyse ou d'explication requis (art. R. 2312-14).
Les utilisateurs de la base sont informés de l'actualisation selon des modalités déterminées par l'employeur afin de leur permettre d'exercer utilement leurs compétences respectives (art. R. 2312-12).

c) Autres sources d'information

632. Tiers – Le CSE a également accès à l'information utile détenue par les administrations publiques et les organismes agissant pour leur compte, conformément aux dispositions légales relatives à l'accès aux documents administratifs (art. L. 2312-15, al. 3). Il a la faculté d'auditionner le commissaire aux comptes afin de recevoir ses explications sur les différents documents communiqués ainsi que sur la situation financière de l'entreprise sociétaire (ex. art. L. 2312-64, al. 1er). De manière générale, il peut solliciter des informations auprès des tiers (par ex. art. L. 2312-58)[13].

d) Devoirs des élus du CSE à l'égard de l'information

633. Interdictions – Les membres du CSE sont liés par le secret professionnel pour toutes les questions relatives aux procédés de fabrication (art. L. 1227-1 : sanction pénale encourue). Ils sont, en outre, tenus au secret des affaires au sens de l'article L. 151-1 du Code de commerce[14] ainsi qu'à une obligation de discrétion à l'égard des données revêtant un caractère confidentiel et présentées comme telles par l'employeur (art. L. 2315-3) qui prouve ce caractère et en précise la durée (sanctions civiles ou disciplinaires)[15].

e) Délai d'expression de l'avis

634. Négociation – Le délai dont dispose le CSE afin de rendre son avis fait l'objet d'un accord entre l'employeur et le délégué syndical ou, en son absence, avec la majorité des élus titulaires (art. L. 2312-16, al. 1er : CSE ou CSEC).

À défaut d'accord, le délai est d'un mois (art. R. 2312-6). Il s'applique à toutes les hypothèses de consultation en dehors des cas où un délai particulier a été défini (par ex. v. *supra*, nos 379 et s.).

Pour aller plus loin

De manière plus générale, un accord collectif de droit commun, ou un accord entre le CSE et l'employeur peut, de manière informelle le cas échéant, fixer d'autres délais, les prolonger, ou modifier leur point de départ (Cass. soc., 27 mai 2021, n° 19-18089 P).

---

13. Par ex. des entreprises « parties prenantes » : Cass. soc., 18 nov. 2020, n° 19-10644.
14. À l'égard des informations qu'ils détiennent notamment en exécution de la dérogation permettant aux salariés de révéler des informations entrant dans le champ du secret.
15. En matière d'alerte : art. L. 2312-67 ; à l'égard de la base unique dont l'accès ne peut être permis à des tiers : art. R. 2312-13. Les pièces comptables sont réputées confidentielles ; à l'égard de la procédure de conciliation ou du mandat ad hoc, v. *infra*, n° 667.

635. Point de départ du délai – Deux situations doivent être observées :

- en l'absence d'exigence légale ou issue de la négociation collective portant sur le contenu de l'information due aux élus, le délai s'écoule à compter de celle précise et écrite leur permettant de prendre connaissance du projet de l'employeur (consultation ponctuelle ; v. *supra*, n° 624)[16] ;
- lorsque la loi ou la convention collective impose la fourniture de certains documents aux élus au seuil de leur consultation, le délai débute à compter de la communication de ces documents, ou de leur dépôt dans la BDESE. Si l'employeur ne procède pas à cette communication, le délai ne peut courir[17].

Pour aller plus loin

Ce principe est assorti d'exceptions ; par ex. en cas de dépôt d'une OPA : un mois à compter du dépôt de l'offre ou de son annonce : art. L. 2312-46, I, al. 2.

636. Écoulement du délai – Le temps accordé aux élus leur permet d'exercer utilement leur compétence, en fonction de la nature et de l'importance des questions qui leur sont soumises (art. L. 2312-16, al. 2). À son issue, ils sont réputés avoir été consultés et avoir rendu un avis négatif (art. L. 2312-16, *in fine*), ce qui impose la réponse motivée de l'employeur, en principe, là encore[18]. Il ne leur est alors plus possible de requérir une consultation à ce moment.

Il existe des délais particuliers. Ainsi, lorsqu'il y a lieu de consulter à la fois le CSEC et un ou plusieurs CSEE (art. L. 2316-22, al. 2), l'avis de chaque CSEE est rendu et transmis au CSEC, au plus tard, sept jours avant la date à laquelle le CSEC est réputé avoir été consulté (art. R. 2312-6, *in fine*). À défaut, l'avis du CSEE est réputé négatif.

637. Prolongation du délai – Le délai est prolongé lorsque le CSE recourt à un expert (deux mois ; en cas de consultation du CSEC et des CSEE en concours : trois mois : art. R. 2312-6, al. 2 et 3).

Le délai est également prolongé sur décision du président du TJ statuant selon la procédure accélérée au fond en cas de difficulté particulière d'accès à l'information alors que le délai a commencé à courir (art. L. 2312-15, al. 4)[19]. Celui-ci doit être saisi avant l'expiration du délai qui n'est pas suspendu à cette occasion[20]. Il est loisible au juge d'ordonner la production des éléments d'information complémentaires et, dans ce cas, de prolonger ou de fixer un nouveau délai à compter de la communication de ces éléments complémentaires. Il importe alors peu que le délai soit écoulé à ce moment[21].

---

16. Cass. soc., 27 mai 2020, n° 18-26483 P.
17. Cass. soc., 28 mars 2018, n° 17-13081 P.
18. Par exception : en cas de dépôt d'une OPA : art. L. 2312-46, al. 2 ; v. ég. en matière de licenciement collectif, v. art. L. 1233-8, al. 2 et L. 1233-30, *in fine*. Le silence n'appelle alors aucune réponse de la part de l'employeur.
19. Le président du tribunal est seul compétent pour en connaître : Cass. soc., 24 nov. 2021, n° 20-13904 B.
20. Cass. soc., 27 mai 2020, n° 18-26483 P, préc.
21. Cass. soc., 26 févr. 2020, n° 18-22759 P.

B - La mission du CSE en matière d'œuvres sociales et culturelles (notions)

638. Exclusivité – Le CSE et le CSEE assurent ou contrôlent la gestion de toutes les activités sociales et culturelles développées au bénéfice des salariés (y compris en longue maladie et les anciens salariés), ou de leurs familles, ainsi que des stagiaires (art. L. 2312-78 et s. et R. 2312-35 et s.). On désigne ici des activités non temporaires, issues de la seule volonté créatrice de l'employeur, dont la finalité est d'améliorer les conditions d'emploi et de vie du personnel (ex. le service de prévention et de santé au travail d'entreprise), à l'exclusion de toute prestation à caractère rémunératoire, ou accordée en contrepartie d'une prestation ou de résultats déterminés[22].

L'employeur a donc l'obligation de confier au comité[23], l'ensemble des œuvres qu'il met en place. Mais celui-ci a la possibilité de déléguer ses pouvoirs à des organismes créés par lui tout en les soumettant à son contrôle.

639. Financement – Une contribution patronale dévolue aux œuvres sociales résulte, pour le CSE, d'un accord d'entreprise ordinaire ou, à défaut, d'un minimum légal. Ce montant est susceptible également d'être améliorée par voie d'usage ou de décision unilatérale de l'employeur (art. L. 2312-81 et R. 2312-50).

Pour aller plus loin

L'accord est opposable au CSE, même si celui-ci n'est pas partie à sa conclusion, dès lors que ses stipulations sont plus favorables que les dispositions légales, ce qu'il appartient à l'employeur de démontrer : Cass. soc., 5 févr. 2020, n° 18-23055.

En cas de division de l'entreprise en établissements distinct, le budget des œuvres sociales, calculé au rang de l'entreprise, est réparti en application d'un accord conclu à ce niveau et de différents critères (effectifs, masse salariale, etc.). À défaut d'accord, la répartition est effectuée au prorata de la masse salariale de chaque établissement (art. L. 2312-82, al. 2).

3. LES SUPPORTS DES ATTRIBUTIONS DU CSE

640. Moyens matériels et intellectuels – La loi détermine les conditions d'exercice par les élus de leurs attributions. Ses prescriptions sont susceptibles d'être améliorées par voie d'accords collectifs ainsi que d'usages (art. L. 2315-2). Certains moyens sont accordés aux élus quel que soit l'objet de leurs attributions. D'autres sont dévolus en considération de cet objet.

---

22. Cass. soc., 9 juill. 2014, n° 13-18577 P : rejet d'une soirée annuelle organisée par l'employeur en vue de renforcer la cohésion au sein de l'entreprise.
23. Au CSEC sur décision du CSEE pour les œuvres communes (art. L. 2316-23, al. 2 et 3). Dans ce cas, une convention doit être conclue avec les CSEE (art. L. 2316-23, *in fine*) tandis qu'un accord collectif de droit commun définit les compétences respectives de ces instances.

A - Les moyens communs

641. Moyens matériels – Les membres de la délégation du personnel du CSE jouissent pour l'exercice de leurs fonctions d'un crédit d'heures payées comme temps de travail (art. L. 2315-7 et s.). Ils ont également l'usage d'un local et des moyens dédiés à cet usage.

1) Crédit d'heures de fonction

a) Volumes des crédits d'heures

642. Crédit de l'élu – Ce crédit ne peut être inférieur à dix heures par mois au sein des entreprises dont l'effectif est de moins de cinquante salariés et de seize heures par mois dans les autres. Le plus souvent, il est augmenté par voie d'accord collectif ou d'usage (art. L. 2312-4).

Le protocole préélectoral peut d'ailleurs modifier à la hausse comme à la baisse ce crédit dès lors que son volume global, au sein de chaque collège électoral (v. *infra*, n° 701), lui est au moins égal quel que soit le nombre des sièges défini par l'accord préélectoral. Cette pratique permet donc de moduler le volume du crédit en fonction de la composition du CSE (art. L. 2314-7).

Pour aller plus loin

En l'absence d'accord, le volume des heures est défini en fonction de l'effectif qui s'apprécie dans le cadre de l'entreprise ou de chaque établissement distinct (art. D. 2315-33 renvoyant à R. 2314-1 : 10 heures/11 à 24 salariés ; 21 heures/150 à 174 salariés (...) 34 heures à partir de 10 000). Un volume maximal indexé au nombre des élus est également fixé (art. R. 2314-1 : 10 heures/11 à 24 salariés ; 168 heures/150 à 174 salariés ; 546 heures/1 750 à 1999 salariés ; 960 heures/7 250 à 7 499 ; 1 190 heures/à partir de 10 000).

643. Autres crédits – Pour le représentant syndical au CSE, vingt heures de délégation sont accordées à partir de cinq cent un salariés (art. L. 2315-7, al. 3 ; au CSEC, v. art. L. 2315-7, al. 4 et art. R. 2315-4). En deçà de ce seuil, le syndicaliste peut disposer de son crédit de délégué syndical (v. *supra*, n° 547).

Les membres élus du CSEC utilisent leurs heures d'élus d'établissement dont le régime et le volume sont ceux du CSE, sauf accord plus favorable.

Lorsque les membres du CSE sont également représentants de proximité, le temps nécessaire à l'exercice de leurs fonctions défini par l'accord préélectoral peut rester inchangé par rapport au temps dont ils disposent en vertu de cet accord ou en application de la loi.

b) Usage des crédits d'heures

644. Répartition et report du crédit – Admise pour les syndicalistes, la mise en commun des heures est envisageable à l'égard des élus titulaires et suppléants du CSE sous condition d'information écrite de l'employeur (art. L. 2315-9)[24]. Elle ne peut

24. Au plus tard huit jours avant la date prévue pour leur utilisation. Cela inclut le représentant de proximité. Pour les syndicalistes, une information orale suffit : Cass. soc., 20 mars 2007, n° 05-44011.

cependant conduire les élus à disposer, dans le mois, de plus d'une fois et demie le crédit d'heures de délégation normalement dévolu (art. R. 2315-6). La loi organise, en outre, une possibilité de report des heures non utilisées d'un mois sur l'autre pour les élus et les syndicalistes du CSE (art. L. 2315-8). Le temps prévu peut alors être utilisé cumulativement dans la limite de douze mois sous la même réserve (art. R. 2315-5). Pour l'utilisation des heures ainsi cumulées, le représentant informe l'employeur au plus tard huit jours avant la date prévue de leur utilisation.

645. Mise en œuvre – Mais ne s'agit là que d'une simple indication. En effet, de manière générale, aucune autorisation ne doit être sollicitée par l'élu en vue d'utiliser ses heures. Des bons de délégation peuvent être institués afin de faciliter l'organisation du travail. Lorsque le représentant du personnel est en charge de plusieurs mandats, il est tenu de fractionner son temps et d'informer l'employeur des heures effectivement prises au titre de chacun d'entre eux.

646. Objet – Les heures de délégation s'exercent dans l'intérêt de la collectivité qui a élu leur titulaire afin de résoudre les problèmes intéressant directement celle-ci[25], ce qui ne doit pas être interprété de manière trop restrictive. C'est ainsi, par exemple, que l'élu est en droit de circuler dans l'entreprise afin de prendre contact avec le personnel (v. *infra*, B) ou même en dehors de cette enceinte (art. L. 2315-14, al. 1er). À cet égard, il n'y a que peu de différences avec les syndicalistes (v. *supra*, n° 549). Il demeure, cependant, que le temps passé par un élu auprès d'un syndicat en vue de se former pour mieux comprendre en quoi consiste son mandat, ou pour préparer les réunions mensuelles avec l'employeur ne peut pas être inclus dans ses heures de délégation. Et de manière générale, toute activité revendicative ou politique lui est interdite à ce titre.

647. Paiement – Les heures de délégation ne constituent pas un forfait, sauf dispositions conventionnelles plus favorables. Lorsqu'elles sont utilisées, elles sont de plein droit considérées comme temps de travail et payées à l'échéance normale (art. L. 2315-10 ; par ex. heures de trajet habituel). Pour cette raison, la mention des heures de délégation ne doit jamais être portée sur le bulletin de paie. Le salarié ne subit d'ailleurs aucune réduction de rémunération du fait du mandat qui lui a été confié (par ex. primes et gratifications) et ce, même si les suggestions que justifient ces avantages ne sont plus subies par lui (par ex. une prime de salissure).

Lorsque les heures sont prises en dehors de l'horaire normal de travail en raison des nécessités du mandat (la preuve incombe au titulaire), elles doivent être payées comme heures supplémentaires[26] ou peuvent faire l'objet, sous certaines conditions, d'un repos compensateur. Le salarié qui accomplit huit heures consécutives de délégation est en droit de solliciter une pause rémunérée (v. *infra,* nos 818 et s.)[27]. La suspension du

25. Cela justifie que le salarié peut utiliser son crédit afin de se défendre en justice lorsqu'est contesté l'usage de ce crédit. Cela justifie également une démarche sur le crédit lorsque sont atteints des droits et des libertés d'autres salariés (v. *supra*, n° 600).
26. Cass. soc., 27 janv. 2021, n° 19-22038 ; en cas de dispense d'activité : Cass. soc., 3 mars 2021, n° 19-18150 P.
27. Les heures prises en dehors de la durée normale par les élus, dont le volume de travail ne correspond pas à un temps plein, sont considérées comme temps effectif de travail et rémunérées comme tel (au sujet du forfait jours, v. *infra*, n° 798).

contrat de travail ne fait pas obstacle au paiement puisque le mandat n'est pas suspendu à cette occasion[28].

Pour aller plus loin

Est également payé comme temps de travail effectif (en sus) celui passé aux réunions avec l'employeur[29]. Il en est encore ainsi du temps consacré aux réunions internes en application d'un accord d'entreprise (art. L. 2315-11, 2° ; à défaut d'accord dans la limite d'un montant annuel global : art. R. 2315-7).

648. Contentieux – En cas de litige, il appartient à l'employeur d'interroger le salarié afin que lui soient précisées les activités exercées. Mais cette interrogation ne peut en aucun cas viser à l'obtention de justifications. Elle constitue un préalable indispensable avant toute démarche judiciaire. À défaut de s'y livrer, l'employeur s'expose à une condamnation pour action en justice abusive. En l'absence de réponse du salarié ou en présence de réponses non satisfaisantes, la loi impose à l'employeur de payer les heures puis de saisir la juridiction compétente[30]. C'est alors le juge qui sollicite le délégué en vue de déterminer quelles ont été ses activités. En vertu de la présomption légale de bonne utilisation, l'employeur supporte la charge de démontrer la non-conformité de l'utilisation des heures à l'objet du mandat. Le doute qui subsiste à ce sujet profite au salarié.

649. Dépassement – Toutefois, en cas de circonstances exceptionnelles entraînant le dépassement du crédit (toujours possible : art. R. 2314-1 et art. R. 2315-4)[31], la présomption de bonne utilisation ne trouve plus à s'appliquer. Il appartient alors au délégué de démontrer l'existence de ces circonstances et la conformité de l'utilisation des heures à l'objet du mandat.

2) Droit de déplacement, droit à un local et droit d'affichage

650. Circulation – Pour l'exercice de leurs fonctions, les élus du CSE sont autorisés à se déplacer dans l'entreprise ainsi qu'en dehors de celle-ci sans remboursement de frais en l'absence de convention ou d'usage en ce sens. Le droit de déplacement leur permet de prendre les contacts nécessaires à l'accomplissement de leur mission sans gêner l'exécution de la tâche des personnes qu'ils contactent sur le lieu même du travail (art. L. 2315-14 ; sur les restrictions, n° *supra*, n° 549). L'ensemble de ces démarches peut être accompli durant le temps de délégation rémunéré qui leur est accordé par la loi. Mais les élus sont également autorisés à circuler librement au sein de l'entreprise en dehors de leurs heures habituelles de travail. Lorsque le crédit est épuisé, en revanche, tout déplacement est écarté pendant ces heures.

651. Supports – Afin de leur permettre de remplir leur mission, l'employeur est tenu de mettre à la disposition des élus un local où ils sont, notamment, en droit de se

---

28. Mais le paiement est subordonné à l'autorisation du médecin traitant (CSS, art. L.323-6 : Cass. ch. mixte, 21 mars 2014, n° 12-20002 P).
29. Pour le représentant syndical, en sus du temps de participation aux réunions seulement à partir de 501 salariés (art. L. 2315-12, al. 2 ; le temps passé en réunion est donc rétribué en deçà de ce seuil).
30. Cass. soc., 19 mai 2016, n° 14-26967 P (provision accordée en référés).
31. Par ex. Cass. soc., 12 mai 2021, n° 19-21124 : en cas d'absence de plusieurs membres.

réunir (art. L. 2315-20)[32], ainsi que des emplacements destinés à l'affichage réservés à leur seul usage (sauf force majeure). La diffusion des informations est également autorisée aux portes d'entrée des lieux de travail. Quant à leur contenu, ces informations rencontrent des limites similaires à celles imposées à la section syndicale (v. *supra*, n° 543) mais diffère, dans leur objet, des communications syndicales. En tout état de cause, l'employeur qui s'oppose à une diffusion est exclusivement autorisé à saisir le juge en vue d'empêcher celle-ci.

3) Droit à la formation

652. Objets – Les membres du CSE jouissent d'un droit à la formation dispensé par un organisme habilité à cet effet (art. L. 2315-17). Celui-ci est accompli sur le temps de travail et rémunéré comme tel sans imputation sur les heures de délégation. La formation est renouvelée tous les quatre ans. Une autre, plus spécifique, s'adresse aux élus au sein des entreprises de cinquante salariés qui débutent dans la mission sous la forme d'un stage de cinq jours dont la durée s'impute sur celle du congé de formation économique, sociale, syndicale et environnemental (CFESSE ; art. L. 2145-5 ; art. L. 2315-63 ; le financement est pris en charge par le comité ; en matière de sécurité, v. *infra*, n° 874).

4) Droit à la préservation des entraves

653. Délit pénal – L'entrave à la constitution ou au fonctionnement de l'institution du CSE tombe sous le coup d'une infraction réprimée par la loi (art. L. 2317-1). Elle est le fait de toute personne (et non pas seulement de l'employeur) qui dresse obstacle à l'accomplissement du principe de participation dans l'entreprise (qu'il y ait ou non violation d'une disposition précise). Quant à l'élément moral de cette infraction, il se déduit du caractère volontaire des agissements constatés.

Pénalités

– atteinte au fonctionnement : amende de 7 500 euros ;
– atteinte à la constitution de l'institution ou à la désignation de ses membres : amende de 7 500 euros et emprisonnement d'une année ;
– défaut d'établissement ou de soumission aux élus du bilan social : amende de 7 500 €.

La protection est acquise au CSE ainsi qu'à ses instances dérivées ce qui inclut les instances conventionnelles de même nature[33] ainsi que l'ensemble des prérogatives du CSE qui entrent dans le champ d'une négociation autorisée par la loi[34].

654. Imputation – L'infraction peut être imputée à la personne physique comme à la personne morale par l'intermédiaire de ses organes ou représentant agissant pour son

32. Sur l'organisation de réunions dans ce local, notamment en vue d'informer le personnel sur des problèmes d'actualité (art. L. 2315-26), v. *supra*, n° 545, les réunions au sein du local de la section syndicale.
33. Cons. const., 6 nov. 1996, n° 96-383 DC : Conseil d'entreprise, représentant de proximité ; sur l'exigence, v. Cass. soc., 22 janv. 2020, n° 18-21206 P.
34. Cons. const., 10 nov. 2002, n° 82-145 DC, 3ᵉ cons. ; en ce sens : Cass. crim., 9 avril 2019, n° 18-80921.

compte (C. pén., art. 121-2). Le plus souvent, il s'agit du délégataire auquel, cependant, ne peuvent être confiées des prérogatives ressortissant au pouvoir propre de direction de l'employeur (v. *supra*, n° 566)[35].

B - Les moyens réservés au CSE au sein des entités de 50 salariés et plus

1) *Financement*

655. Subvention – En vue de l'exercice de ses missions économiques, l'employeur verse au CSE une somme d'un montant annuel équivalent à 0,2 % de la masse des salaires brute dans les entreprises de cinquante à moins de deux mille salariés et à 0,22 % de la masse des salaires brute au sein de celles de deux mille salariés. Certaines instances n'ont pas de financement propre (comité de groupe interne).

À ce montant s'ajoute la subvention destinée aux activités sociales et culturelles, sauf si l'employeur fait déjà bénéficier le CSE d'une somme ou de moyens en personnel équivalents à 0,22 % de la masse salariale brute (art. L. 2315-61, al. 3).

656. Compensation – Le CSE peut décider, par une délibération, de transférer, dans la limite de 10 %, l'excédent annuel du budget de fonctionnement à la subvention destinée aux activités sociales et culturelles. Il peut également décider, par une délibération, de consacrer une partie de son budget de fonctionnement au financement de la formation des délégués syndicaux ainsi que des représentants de proximité.

Inversement, l'excédent budgétaire en matière sociale et culturelle peut être transféré au budget de fonctionnement (art. L. 2312-84 ; sur la limite, v. art. R. 2312-51 : 10 %).

657. Répartition – En cas de division de l'entreprise ou de l'UES en établissements distincts, le pourcentage légal est appliqué à l'effectif total de l'entreprise puis rapporté à la masse salariale de l'établissement. Le budget du CES central est déterminé par accord entre le CSEC et les CSEE (art. L. 2315-62). À défaut d'accord, la loi précise ces modalités qui devront être déterminées par voie de négociation de branche ou par le juge en l'absence d'une telle négociation (art. L. 2315-62 et R. 2315-32).

Pour aller plus loin

Le CSE est soumis à l'obligation de tenir une comptabilité (art. L. 2315-64 et s.) ainsi qu'à diverses autres obligations (désignation d'un commissaire aux comptes ; constitution d'une commission des marchés dont l'intervention est obligatoire, etc.).
Les membres du CSE et du comité sortant rendent compte au nouveau comité de leur gestion.

2) *Soutiens intellectuels*

658. Commissions – Afin de l'aider dans sa tâche, le CSE est en droit de constituer des commissions consultatives chargées de préparer ses délibérations, ou de réaliser des études (en matière de sécurité, à titre obligatoire, v. *infra*, n° 865 ; en matière financière, v. *supra*, 1). Ces commissions sont spécialisées. Tel est le cas de la

35. Ce qui n'exclut pas la responsabilité du délégataire qui a participé à l'infraction.

commission économique (art. L. 2315-46 : entreprises d'au moins mille salariés), de la commission de la formation (art. L. 2315-49), de la commission de l'égalité professionnelle (art. L. 2315-56), etc.

Un accord d'entreprise peut prévoir la création de commissions supplémentaires au sein du CSE pour l'examen de problèmes particuliers (art. L. 2315-45).

Le régime de ces commissions est commun. Il est fixé par voie réglementaire en l'absence d'accord (art. R. 2315-28 et s.).

659. Expertises – Surtout, le CSE peut recourir à différents experts le cas échéant sur proposition des commissions qu'il constitue.

En vue de la préparation de ses travaux, il dispose d'une prérogative générale en la matière (« expert libre »). Il supporte alors la charge financière du recours à l'expert tandis que celui-ci dispose exclusivement des documents mis en sa possession et a accès à son local sauf usage ou accord plus favorable (art. L. 2315-81). Mais ce droit est parfois renforcé.

a) Cas de recours à l'expertise

660. Expertise comptable ; cas généraux – Le CSE est autorisé à se faire assister par un expert-comptable de son choix rémunéré en tout ou partie par l'employeur quelle que soit la forme de l'entreprise. Le recours est possible :

- à l'occasion de l'exercice du droit d'alerte (une fois par exercice ; art. L. 2315-92, al. 3 et L. 2312-63) ;
- en vue de la préparation de la négociation sur l'égalité professionnelle (art. L. 2315-80, al. 2 et L. 2315-94, al. 4)[36] ;
- à titre principal lors de la consultation :
  - sur la situation économique et financière de l'entreprise (art. L. 2315-88 et L. 2312-17, al. 3)[37] ;
  - sur les orientations stratégiques de l'entreprise (art. L. 2315-87 et L. 2312-17, al. 2) ;
  - sur la politique sociale (art. L. 2315-91 et L. 2312-17, al. 4).

Dans ces trois situations, la mission de l'expert s'étend aux conséquences environnementales de l'activité de l'entreprise.

661. Expertise comptable ; autres situations – S'ajoutent encore : la consultation sur le projet de concentration, sur le dépôt d'une offre publique d'acquisition, sur la vente de l'établissement sur le licenciement d'au moins dix salariés sur trente jours[38] ce qui inclut le droit à l'expert au bénéfice des organisations signataires de l'accord relatif au PSE (sur cet accord, v. *supra*, n° 384).

---

36. Cass. soc., 14 avr. 2021, n° 19-23589 P : le recours à l'expertise doit intervenir en un temps utile à la négociation quand bien même celle-ci serait engagée. Elle ne peut être étendue à d'autres champs.
37. Le droit pour les élus de procéder à l'examen annuel des comptes et de se faire assister d'un expert-comptable s'exerce au moment où ces comptes leur sont transmis : Cass. soc., 28 mars 2018, n° 16-12707 P.
38. Une expertise pluridisciplinaire est possible à cette occasion : art. L. 1233-34, al. 3 ; v. *supra*, n° 394 ; sur la faculté d'établir un rapport unique : art. R. 2315-48. L'expert du CSE est alors autorisé à s'entourer, sur une partie de ses travaux, d'autres experts (art. R. 1233-3-2).

Pour aller plus loin

Un accord d'entreprise ordinaire, ou, à défaut, un accord conclu entre l'employeur et le CSE adopté à la majorité des élus titulaires, détermine le nombre d'expertises dans le cadre des consultations récurrentes sur une ou plusieurs années (art. L. 2315-79 : par ex. tous les trois ans). Un accord relatif à la périodicité de ces consultations (v. *supra*, n° 613) serait susceptible de produire un tel effet mais son régime s'en distingue et rien ne contraint les négociateurs à associer ces questions (art. L. 2312-19).

Le comité de groupe a recours à l'expert-comptable aux frais de l'entreprise dominant le groupe en cas d'OPA (art. L. 2332-2), ou lorsqu'un accord de groupe étend sa mission consultative (art. L. 2312-56). Les instances européennes disposent de prérogatives similaires (art. L. 2343-13 et L. 2353-22).

662. Autres expertises – Il est encore possible au CSE de recourir à un expert « habilité » (art. L. 2315-94) notamment en cas de risque grave ou de maladie professionnelle[39], de projet important modifiant les conditions de santé et de sécurité ou de projet important d'introduction de nouvelles technologies. Il en est encore ainsi en vue de la préparation de la négociation sur l'égalité professionnelle (v. *supra*, n° 83). Cette expertise a pour objet d'apporter au CSE une information claire, précise et impartiale relativement aux questions qui en font l'objet sur la base d'un diagnostic ainsi que d'échanges entre l'employeur et ses membres.

Pour aller plus loin

Un organisme expert certifié identifie le ou les chargés de projet à qui sera confiée la gestion des expertises conduites. Il évalue régulièrement par des autocontrôles internes, la qualité et la pertinence de ces expertises, notamment la qualité des prestations sous-traitée (A. du 7 août 2020).

Enfin, la loi a accordé au CSE la faculté de recourir à un expert de gestion au sein des sociétés de capitaux et des sociétés à responsabilité limitée (C. com., art. L. 223-37, al. 2 et L. 225-231) afin d'examiner une ou plusieurs opérations décidées par l'organe social chargé de la gestion.

b) Financement de l'expertise

663. Financement partagé – En principe, le CSE finance l'expertise sur son budget de fonctionnement à hauteur de 20 % tandis que l'employeur apporte sa contribution dans la limite de 80 % (art. L. 2315-80, al. 3).

664. Financement par l'employeur – Par exception, le recours est à la charge financière de l'entreprise (art. L. 2315-80) en plusieurs hypothèses : consultations récurrentes sur la situation économique et la politique sociale (art. L. 2315-88 et L. 2315-91), sur les grosses compressions d'effectifs (art. L. 2315-92, I, al. 4 ; v. *supra*, n° 394), sur la recherche d'un repreneur (art. L. 1233-57-17), en cas de risque grave ou de

39. Cass. soc., 27 mai 2021, n° 19-24344 : conditions de travail de nature à compromettre la santé (risque même ancien n'ayant suscité aucune réaction appropriée de l'employeur).

maladie professionnelle (art. L. 2315-80, al. 2 et L. 2315-94, al. 2) et de préparation de la négociation sur l'égalité professionnelle lorsque la BDESE ne comporte aucun indicateur en la matière (art. L. 2315-80, al. 2 et L. 2315-4, al. 4 ; v. *supra*, n° 83)[40]. Le constat de l'insuffisance du budget du CSE justifiera également la prise en charge totale au titre de la consultation sur les orientations stratégiques et ponctuelles (art. L. 2315-80, al. 4)[41].

c) *Mise en œuvre de l'expertise*

665. Décision – Le recours à l'expert intervient, le cas échéant, à l'issue d'un vote du CSE lorsque ses membres sont en désaccord. L'employeur n'y participe pas. La désignation doit être nominative et intervient lors de la première réunion d'information-consultation sauf circonstance de nature à justifier le report à une réunion ultérieure.

666. CSEC et CSEE – Le CSEC est seul compétent afin de procéder à la désignation de l'expert-comptable à l'occasion des projets importants sur lesquels son regard est exclusif (art. L. 2316-3 renvoyant aux projets de L. 2316-2 ; v. *supra*, n° 620). Le CSEE ne peut faire appel à l'expert-comptable que lorsqu'il est saisi « conformément aux dispositions du présent code » (art. L. 2316-21 ; par ex. au sujet de la politique sociale).

Pour aller plus loin

Avant 2017, la jurisprudence sociale permettait au comité d'établissement de disposer du droit de recourir à l'expert-comptable en vue de l'examen des comptes du simple fait qu'il se trouvait implanté au sein de l'établissement distinct disposant d'une autonomie suffisante « en matière de gestion du personnel et de conduite de l'activité économique » (Cass. soc., 19 nov. 2014, n° 13-10415). Cette analyse est désormais compromise.

Lorsque le comité d'établissement recours à l'expertise, la mission de l'expert est circonscrite à l'établissement ce qui ne lui interdit pas, cependant, de faire connaître aux élus la situation de leur établissement dans l'ensemble de l'entreprise et par rapport aux autres établissements avec lesquels ceux-ci doivent pouvoir se comparer[42]. Et cette solution est transposable au groupe auquel appartient l'entreprise[43].

667. Mise en œuvre – La désignation réalisée, l'expert notifie à l'employeur le coût prévisionnel, l'étendue et la durée d'expertise (art. L. 2315-81-1 ; dans le délai de dix jours : art. R. 2315-46). Un cahier des charges peut être établi à ce moment.

L'expert rémunéré en tout ou partie par l'employeur a accès aux locaux de l'entreprise (art. L. 2315-82) ainsi qu'à toute l'information utile que ce dernier est tenu de mettre à sa disposition. Il lui appartient de déterminer seul les éléments nécessaires à l'exercice de sa mission, aucun contrôle ne pouvant être exercé par le juge sur ce point, aucun

40. Sur les conditions de prise en charge : Cass. soc., 14 avr. 2021, n° 19-23589 P, préc. Mais cela suppose alors qu'il n'y ait aucun transfert entre les budgets de fonctionnement et culturels au cours des trois années précédentes (art. L. 2315-80, al. 4) et suivantes (art. L. 2315-61 *in fine*) ; sur ces transferts, v. *supra*, n° 656.
41. Sous la même réserve en ce qui concerne les excédents.
42. Cass. soc., 4 nov. 2020, n° 19-11738 : qui évoque encore cette possibilité sur le fondement contestable de l'autonomie dans la « conduite de l'activité économique de l'établissement ».
43. Cass. soc., 1er févr. 2017, n° 15-20354.

caractère confidentiel des données n'étant susceptible, au surplus, de lui être opposé, en principe[44].

L'expert du CSE sollicite l'employeur dans le délai de trois jours à compter de sa désignation afin d'obtenir toute information complémentaire et ce dernier répond dans les cinq jours (art. R. 2315-45 ; en matière de compression d'effectifs, v. art. L. 1233-35).

L'expert a d'ailleurs qualité pour saisir le juge des référés d'une demande de communication de pièces. Il est soumis aux obligations de secret et de discrétion que respectent les membres du CSE (art. L. 2315-84). Mais sa mission ne le conduit nullement à se substituer à ce dernier dans l'exercice de ses prérogatives. Et ne sont plus recevables de telles demandes lorsque, à la date où le premier juge statue, le délai imparti au CSE pour donner son avis a expiré.

Pour aller plus loin

À l'occasion des consultations récurrentes, la mission de l'expert porte sur les éléments d'ordre économique, financier ou social nécessaires à l'intelligence des comptes et à l'appréciation de la situation de l'entreprise. Elle s'étend désormais aux conséquences environnementales de l'activité de cette dernière (art. L. 2315-87-1, L. 2315-89 et L. 2315-91-1). En outre, l'expert a recours aux mêmes documents que le commissaire aux comptes mais exclusivement ***lorsque la consultation porte sur sa situation économique et financière*** (art. L. 2315-90 ; v. CA Versailles, 6e ch., 18 févr. 2021, n° 20/01084 ; très largement admis ; ex. : structure de la rémunération, charges du personnel, systèmes de rémunération).

668. Cadre – Lors des consultations ponctuelles du CSE, ces règles peuvent mener l'expert à étendre son activité au-delà des frontières de l'entreprise (ex. à toutes les sociétés concernées par la concentration : art. L. 2315-93, al. 2) et parfois à l'échelle du groupe d'entreprises[45]. En cas d'alerte (art. L. 2312-63), ses prérogatives s'étendent aux circonstances qui sont la suite nécessaire de celles qui ont motivé l'exercice de son droit (par ex. un projet de fusion).

669. Rapport – L'expert accomplit sa mission par la remise d'un rapport dans un délai maximum fixé par accord d'entreprise ou, à défaut, avec les élus. En l'absence d'accord, le délai est de quinze jours avant l'issue du délai d'avis laissé au CSE en cas de consultation générale (art. L. 2315-85 1° et R. 2315-47, al. 1er). Des délais spécifiques sont parfois prévus (ex. : huit jours pour l'expert-comptable « concentration », art. L. 2315-92, 1° et R. 2315-47, al. 2). Dans tous les autres cas (hors consultation : ex. risque grave ; ex. alerte économique), le délai est de deux mois à compter de la désignation en l'absence d'accord avec le délégué syndical ou les élus, renouvelable une fois selon les mêmes modalités (art. R. 2315-47).

Le défaut de remise du rapport ne peut avoir pour effet de reporter le délai de consultation des élus.

---

44. Par ex. s'impose à lui la confidentialité qui entoure le mandat ad hoc : C. com., art. L. 611-3 et L. 611-15, préc. ; v. Cass. soc., 9 oct. 2019, 18-15305 P (au sujet de l'expert du comité de groupe). La démonstration que les éléments en cause lui sont nécessaires lui incombe dans ce cas.
45. Cass. soc., 5 févr. 2020, n° 18-24174 : dans l'hypothèse de la consultation sur les orientations stratégiques.

d) Contentieux de l'expertise

670. Encadrement – Le TJ est saisi en cas de contestation par l'employeur dans le délai de dix jours (art. L. 2315-86 et R. 2315-49) dont le point de départ dépend de l'objet de la contestation. Ainsi, par exemple, le délai s'écoule à compter de La délibération décidant le recours à l'expertise si cette contestation porte sur la nécessité de l'expertise (au sujet des compressions d'effectifs, v. *supra*, n°s 394 et s.).

Le juge statue selon la procédure accélérée au fond, en premier et dernier ressort, dans les dix jours suivant sa saisine (sauf lorsque la contestation porte sur le coût final de l'expertise). Le pourvoi en cassation est possible dans les dix jours de la notification du jugement (art. R. 2315-50).

671. Impact – L'exécution de la décision du CSE ainsi que les délais de sa consultation sont alors suspendus jusqu'à cette notification (art. L. 2315-86, al. 6).

En cas d'annulation, les sommes perçues sont restituées à l'employeur (elles peuvent être prises en charge par le CSE : art. L. 2315-86).

CHAPITRE 14

La mise en place des institutions du personnel et syndicales

672. Prérogative syndicale – C'est au syndicat que revient l'initiative d'organiser sa représentation au sein de la collectivité du travail. C'est également à lui qu'il incombe de négocier avec l'employeur les conditions du vote des électeurs en vue de l'institution de la délégation du personnel. Désignation et élection sont étroitement liées car la plupart des prérogatives du syndicat découlent de l'audience que reflètent ses résultats électoraux.

1. LES INSTITUTIONS SYNDICALES

673. Strates – Sur le premier niveau de présence que forme la section syndicale se greffent d'autres instances pourvues de prérogatives ainsi que des moyens plus étendus.

A - La constitution de la section syndicale et de sa représentation

674. Représentation de base – La mise en place de la section requiert simplement que le syndicat soit légalement établi depuis au moins deux ans, qu'il ait deux adhérents là où celle-ci se trouve implantée. Elle suppose également qu'il remplisse les critères de respect de valeurs républicaines, d'indépendance ainsi que la transparence financière à ce moment[1]. Son champ géographique et professionnel, en outre, doit couvrir l'entreprise ou l'UES en sa principale activité (art. L. 2142-1). La condition de représentativité est ici exclue.

1. Par ex. Cass. soc., 10 févr. 2021, n° 19-18040 P préc. Sur le caractère constitutionnel de cette exigence : Cons. const., 30 avr. 2020, n° 2020-835 QPC et Cass. soc. QPC, 24 juin 2020, n° 20-10544 P. Le syndicat affilié à une organisation représentative ne semble pas dispensé de la réunion de ces éléments.

675. Incarnation – Mais la loi établit un lien entre la constitution (préalable ou concomitante) de la section syndicale et la désignation de ses représentants :

- tout syndicat, dans les entités employant au moins cinquante salariés, est en droit de procéder à la mise en place d'un représentant de la section. S'il est représentatif, il est habilité à désigner un ou plusieurs délégués syndicaux (art. L. 2143-3, al. 1er)[2] ;
- le délégué syndical (à titre exclusif) est de droit représentant syndical auprès du CSE dans les entreprises de moins de trois cents personnes, sans autre condition. Sa désignation peut intervenir à tout moment (il est indifférent que le délégué ait été nommé). Mais les fonctions d'élu et de syndicaliste au CSE sont incompatibles (v. *supra*, n° 546). Au-delà de ce seuil, chaque syndicat représentatif ayant recueilli, dans le périmètre, au moins dix pour cent des suffrages peut désigner un représentant au CSE sans autre condition[3] (art. L. 2314-2 : règle impérative) ;
- le représentant syndical au CSEC, quant à lui, est désigné par toute organisation représentative dans l'entreprise (v. *infra*, n° 678) soit parmi ses représentants aux CSEE, soit parmi les membres élus de ces comités (art. L. 2316-7).

Pour aller plus loin

Sous le seuil de cinquante salariés, tout syndicat qui constitue une section peut désigner un élu titulaire comme représentant de la section (s'il n'est pas représentatif) ou comme délégué (art. L. 2142-1-4 et L. 2143-6). Une telle désignation implique que le syndicat ait présenté la candidature du salarié à l'élection. Elle ne permet pas d'organiser la représentation syndicale au CSE : Cass. soc., 8 sept. 2021, n° 20-13694 B.

676. Adhésions – En pratique, il est demandé au syndicat qui constitue une section d'apporter la preuve de deux adhésions (date de la désignation ; date de l'invitation à la négociation du protocole d'accord préélectoral, etc.). Sont cependant exclus de cette démonstration, les éléments permettant l'identification des personnes en cause, dont seul le TJ peut prendre connaissance, car l'adhésion est un fait de la vie personnelle.

L'union est en droit de se prévaloir des adhérents du syndicat qui lui est affilié.

B - La désignation des membres de la représentation syndicale

1) Conditions tenant à l'entreprise

677. Cadres – La désignation est pratiquée dans le champ géographique et professionnel déterminé par les statuts du syndicat[4]. Elle suppose que l'entité d'accueil occupe au moins cinquante personnes pendant douze mois consécutifs (règle d'ordre public : art. L. 2143-3, al. 3 et L. 2142-1-2).

---

2. La désignation d'un représentant de la section lui est alors interdite. Mais un syndicat peut être représentatif au niveau de l'entreprise, sans l'être en chacun des établissements de cette dernière ; il est alors susceptible de désigner ce représentant : Cass. soc., 14 déc. 2015, n° 14-26517 P.
3. Cass. soc., 31 mars 2021, n° 19-25003.
4. De même que la révocation ; Cass. soc., 16 oct. 2013, n° 12-60281 P : en cas de désaffiliation, le mandat peut être révoqué par l'organisation à laquelle le syndicat désignataire était affilié.

Pour aller plus loin

La période est celle qui précède la désignation ; la preuve doit en être apportée à partir des éléments produits par l'employeur (Cass. soc., 29 mai 2019, n° 18-19890 P). Il est tenu compte de la conclusion d'accords délimitant le périmètre de l'établissement distinct (par ex. au sens du CSE : Cass. soc., 14 oct. 2020, n° 19-23326 P ; v. *supra*, n° 585).

En cas de réduction importante et durable de l'effectif, la suppression du mandat est subordonnée à la conclusion d'un accord unanime (art. L. 2143-11, al. 2). À défaut, l'administration du travail est habilitée à décider que celui-ci prend fin. Toute décision de maintien, qui peut se justifier par des considérations d'intérêt général, s'impose à l'employeur (par ex. dans le but de favoriser la représentation). Si ce dernier en décide seul, un tel maintien doit bénéficier à toutes les organisations en vertu du principe d'égalité de traitement.

678. Volume – Il n'existe, par groupement professionnel, qu'un représentant de la section, ou un unique représentant syndical au CSE (au CSEC, v. art. L. 2316-7). En revanche, il peut y avoir plusieurs délégués selon les effectifs (1 à 4 jusqu'à 9 999 salariés ; 5 à partir de 10 000 : art. R. 2143-2). Il n'existe pas de suppléants.

679. Spécificités – Un délégué central distinct des délégués d'établissements est désigné par un syndicat qui a recueilli au moins 10 % des suffrages en additionnant ceux de l'ensemble des établissements au sein des entreprises (ou des UES) occupant au moins deux mille salariés (art. L. 2143-5)[5]. Et un délégué supplémentaire peut encore être désigné dans les entités (entreprise ou établissement au sens du CSE) d'au moins cinq cents salariés (art. L. 2143-4)[6] par tout syndicat représentatif qui a obtenu un ou plusieurs élus dans le collège des ouvriers et employés et qui compte au moins un élu dans l'un des deux autres collèges (v. *infra*, n° 705).

680. Négociation – Ces dispositions sont susceptibles d'être améliorées par voie d'accord collectif, à titre exclusif. En la matière, l'accord de branche ne prime l'accord d'entreprise postérieur que si l'une de ses clauses le prévoit (art. L. 2253-2 ; v. *supra*, n° 133). Et cette faculté ne prive pas les organisations concernées de désigner un délégué syndical supplémentaire.

2) Conditions propres au salarié

681. Conditions communes – Sont susceptibles d'être désignés les salariés âgés de dix-huit ans accomplis qui jouissent de leur capacité électorale (présumée). Il n'est exigé aucune adhésion au syndicat. La jurisprudence souligne encore la nécessité d'une certaine connaissance de la langue française[7]. La loi ajoute une condition d'ancienneté d'un an (entreprise et groupe) sans toutefois exiger que celle-ci soit ininterrompue (plusieurs contrats successifs et distincts suffisent), seul important que la désignation intervienne au sein de l'établissement d'appartenance. L'essentiel est

5. Il n'existe pas de section centrale ou de représentant de la section central : Cass. soc., 22 sept. 2021, n° 20-16981.
6. La condition d'effectif s'apprécie par établissement et le droit est ouvert pour toute la durée du cycle électoral : Cass. soc., 8 déc. 2021, n° 20-17688 B.
7. Cass. soc., 20 oct. 1976, n° 76-60150 P.

donc que l'activité du postulant s'exécute dans un rapport assimilable à celui de la subordination, là où la désignation a vocation à intervenir. La suspension du contrat n'y fait pas obstacle (par ex. mise à pied). La durée d'une année peut être réduite en certaines hypothèses (création ou ouverture d'établissement, etc.).

Remarque

Le salarié choisi par le syndicat afin d'être représentant syndical au CSE doit remplir les conditions de l'éligibilité (v. *infra*, n° 707).

682. Audience personnelle ; notion – S'agissant du délégué, il faut encore que le candidat aux fonctions ait recueilli, au premier tour des élections, au moins dix pour cent des suffrages exprimés dans le collège où il a été présenté au sein de l'un des établissements du CSE (art. L. 2143-3, al. 1er ; cela inclut le délégué supplémentaire). Cette exigence tend à assurer la détermination par les salariés des personnes les plus aptes à défendre leurs intérêts et à conduire les négociations pour leur compte. Elle n'implique pas que le délégué soit élu (ex. ancien titulaire). En outre, il est indifférent que l'auteur de sa désignation ne soit pas affilié à la même confédération que celui qui a soutenu sa candidature. Un syndicat peut d'ailleurs présenter un élu sur la liste d'un autre qui l'accepte car il est seul en mesure d'apprécier l'aptitude de ce dernier à accomplir sa mission.

Pour aller plus loin

En cas de constitution d'une liste commune de syndicats affiliés à des confédérations distinctes, la désignation n'est offerte qu'aux organisations ayant obtenu dix pour cent des suffrages en propre (art. L. 2122-3). Si la condition est réunie pour chaque syndicat, un choix est offert en faveur d'un délégué commun ou non.

683. Audience personnelle ; régime – La condition d'audience personnelle ne peut être ni modifiée ni supprimée (ordre public ; v. aussi, *infra*, n° 748). Le délégué syndical central ne s'y trouve pas soumis à moins qu'il ne soit le délégué syndical d'établissement, à la différence du délégué syndical conventionnel dans le silence de l'accord[8]. Elle se trouve menacée, à l'instar de l'audience du syndicat, en cas de perte de l'autonomie du périmètre de désignation (v. *supra*, n° 552). Elle fonde cependant la (re) désignation du délégué dont le contrat de travail se poursuit au sein de l'entité d'accueil sous certaines conditions afin que la représentation ne disparaisse pas[9]. En revanche, elle survit à l'annulation de l'élection du candidat[10].

684. Audience personnelle ; défaut – Quoiqu'il puisse être représentatif, car réunissant dix pour cent des suffrages, le syndicat n'est pas toujours en mesure de désigner un délégué faute de candidat satisfaisant à l'exigence d'audience ou si les élus qui détiennent celle-ci a renoncé par écrit à leur désignation. S'il y a bien renonciation de

8. Cass. soc., 25 mars 2020, n° 19-11581 P.
9. Cass. soc., 19 févr. 2014, n° 13-14608 P ; Cass. soc., 15 avril 2015, n° 14-18653 P.
10. Cass. soc., 31 mars 2021, n° 19-25713 (violation des règles de mixité des listes).

tous, intervenue avant cette désignation[11], il peut (rien ne l'y oblige) y procéder parmi les autres candidats ayant obtenu moins de dix pour cent des suffrages ou, à défaut, parmi ses adhérents (sans être tenu de solliciter des candidats d'autres listes ; art. L. 2143-3, al. 2)[12], ou encore parmi d'anciens élus atteints par la règle de non-cumul des mandats (v. *infra*, n° 693).

685. Incompatibilités – Sont exclus de la désignation, les salariés qui sont assimilés à l'employeur et notamment les cadres détenant sur un service, un département ou un établissement une délégation particulière d'autorité établie par écrit au niveau même de l'exercice du mandat convoité, que l'intéressé y ait ou non consenti[13]. Il en va encore ainsi des personnes appelées à représenter la direction devant les institutions du personnel[14].

Les salariés mis à disposition peuvent être désignés comme délégué dans l'entreprise d'accueil sous réserve d'être intégrés de manière étroite et permanente à la communauté de cette entreprise et de remplir les conditions pour faire partie de ses effectifs. En tout état de cause, c'est au syndicat que revient l'appréciation de la compatibilité entre les modalités d'accomplissement du travail et l'exercice d'une mission.

3) Formalités de la désignation ou de la révocation

a) Information

686. Contenu – Les nom et prénom de la personne désignée, remplacée ou révoquée, le lieu de désignation et la nature du mandat confié sont portés obligatoirement à la connaissance de l'employeur ou de la personne habilitée par ce dernier là où le représentant doit exercer sa mission sous peine de nullité. Au sein de l'UES, cette information est adressée à chaque dirigeant ou seulement à l'un d'entre eux s'il a été diligenté dans ce but.

Pour aller plus loin

L'extension du mandat syndical d'entreprise au rang de l'UES suppose une nouvelle désignation dont il est exigé qu'elle se produise au moment même où est reconnu ce périmètre.

687. Supports – La loi impose la voie de la LRDAR (le cas échéant électronique), ou celle de la remise contre récépissé dont le contenu fait foi entre les parties. Cette formalité est essentielle afin de déterminer le point de départ de la protection contre le licenciement ou celui de la période due au titre du mandat qui s'achève (v. *infra*, n° 726)[15]. L'identité de la personne désignée, ou révoquée, ainsi que le lieu de

11. Cass. soc., 9 juin 2021, n° 19-24678 P.
12. Cass. soc., 16 sept. 2020, n° 19-15359.
13. Par ex. Cass. soc., 27 janv. 2021, n° 19-23572. Sur la remise en cause de cette exigence à l'égard de l'électorat, v. *infra*, n° 706.
14. Cass. soc., 31 mars 2021, n° 19-25233 P.
15. Il ne s'agit toutefois que d'un simple mode de preuve. En son absence, le syndicat peut encore prouver la connaissance de la désignation par l'employeur (par ex. Cass. soc., 9 sept. 2020, n° 18-23897).

désignation, sont également communiqués à l'inspecteur du travail et portés sur les panneaux d'affichage.

688. Issues – De manière générale, le mandat de syndicaliste prend fin lors du renouvellement des institutions du personnel. Il en est ainsi pour l'élu désigné en cette qualité dans les entités de moins de cinquante salariés (art. L. 2143-6). Il en est encore ainsi pour le représentant syndical au CSE qui n'est pas en même temps délégué syndical, pour le représentant de la section et, bien sûr, pour le délégué syndical. Tout intéressé est alors habilité à faire constater ce fait.

Le mandat du représentant de la section trouve son issue au moment des élections qui suivent la désignation. Si le syndicat n'est pas reconnu représentatif à ce moment, la représentation de la section disparaît. La loi dispose que l'ancien représentant ne peut plus être désigné (quelle que soit la section de rattachement sauf annulation des élections) à l'intérieur du même périmètre de représentation, jusqu'aux six mois précédant la date des élections suivantes (art. L. 2142-1-2)[16]. La section, en revanche, subsiste sous réserve que soit administrée la preuve qu'elle dispose de deux adhérents (au sens des statuts du groupement), ou si le syndicat désigne un autre représentant lorsqu'il existe déjà une adhésion (celle du représentant syndical au CSE, par exemple).

689. Représentativité ; impact – Si le syndicat est déclaré représentatif, un délégué peut être désigné. Cela ne concerne l'ancien représentant de la section que s'il est lui-même candidat aux élections et a réuni sur son nom dix pour cent des suffrages. De la même manière, le mandat du délégué prend fin automatiquement au premier tour des élections suivant sa désignation dès lors que le syndicat qui l'a nommé n'est plus représentatif au niveau où s'exerce le mandat et/ou que le titulaire ne recueille plus dix pour cent des suffrages (cela inclut le délégué qui complète la délégation sans satisfaire à la condition d'audience). Un mandat de représentant de la section pourrait-il s'y substituer immédiatement garantissant ainsi au délégué la qualité de représentant de la section ? La loi ne l'envisage pas (aucun délai de carence n'est prévu) mais ne l'écarte pas non plus.

690. Autres situations – En dehors du renouvellement des institutions, le mandat cesse par la révocation du mandataire, la renonciation de celui-ci ou par la mort naturelle ou civile soit du mandant, soit du mandataire (au sujet des effectifs, v. *supra,* n° 677) ou encore en cas d'annulation de la désignation[17].

b) Contentieux

691. Action – La contestation relative à la désignation des représentants légaux ou conventionnels (au sujet du CSE, v. *infra,* n° 715) est de la seule compétence du TJ (COJ, art. R. 211-3-16) qui statue en dernier ressort (pourvoi en cassation possible). Elle est le fait de l'employeur, ou de salariés, voire d'un autre syndicat et n'est recevable que si elle est introduite dans les quinze jours qui suivent la communication des noms du ou des désigné (en application de la loi et non d'un accord) à

---

16. À moins que celles-ci ne soient organisées en raison de l'annulation des précédentes : Cass. soc., 4 nov. 2020, n° 19-13151 P.
17. Cass. soc., 1er juill. 2020, n° 17-27274 ; sur les effets de l'annulation à l'égard de la protection contre le licenciement, v. *infra*, n° 726.

l'employeur (réception du courrier), lorsque la contestation émane de ce dernier, ou après l'affichage sur les panneaux syndicaux sur le lieu de la désignation, si l'action est engagée par des salariés ou un syndicat. À défaut d'affichage, la preuve de la date de la connaissance incombe à celui qui se prévaut de la forclusion. Par exception, le point de départ du délai est retardé en cas de fraude (v. *infra,* n° 724).

692. Portée – L'annulation entraîne la perte de la qualité de syndicaliste à la date de la décision du juge. Passé ce délai, la désignation est purgée de tout vice sans que l'employeur puisse exciper d'une irrégularité afin de priver le salarié du bénéfice de ses droits et garanties.

Pour aller plus loin

Toutefois, si la contestation repose sur des faits survenus après la désignation (ex. diminution des effectifs) ou si le salarié ne présente plus les conditions requises, un nouveau délai s'écoule.

2. LE COMITÉ SOCIAL ET ÉCONOMIQUE

693. Mandat – Les membres titulaires et suppléants du CSE, du CSEC et des CSEE sont élus pour quatre ans et rééligibles dans la limite de trois mandats au sein de l'entreprise, de l'UES ou de l'établissement (art. L. 2314-33). Seul un accord de branche, de groupe, ou d'entreprise peut prévoir une durée différente comprise entre deux et quatre ans (art. L. 2314-34).

Pour aller plus loin

Ces restrictions (qui ne concernent que les élus : v. Rep. Min. Trav. : JO Sénat, 17 janv. 2019, p. 338) sont écartées au sein des entreprises de moins de cinquante salariés et, sauf stipulation contraire conclue à durée indéterminée du protocole préélectoral, entre cinquante et trois cents salariés (art. R. 2314-26 : le non-renouvellement ne saurait être prévu).

694. Régime – Leurs fonctions prennent fin par décès, démission, résiliation du contrat de travail ou perte des conditions requises pour l'éligibilité (sur l'annulation des élections : v. *infra,* n° 717). Le mandat est conservé en dépit d'un changement de catégorie professionnelle. Il peut être révoqué, sur proposition du syndicat qui a présenté son titulaire, approuvée au scrutin secret par la majorité du collège électoral auquel celui-ci appartient. Des élections partielles sont organisées dans certaines hypothèses limitativement énumérées par la loi (art. L. 2314-10). En cas de cessation ou d'absence, le membre titulaire est remplacé par un suppléant appartenant à une liste présentée par l'organisation qui a soutenu sa candidature.

A - L'initiative des opérations électorales

695. Déclenchement – L'employeur est tenu, par tout moyen permettant de conférer date certaine à l'information, d'annoncer au personnel l'organisation du processus électoral sous peine de nullité de celui-ci (art. L. 2314-4)[18]. En cas d'abstention, il appartient, à tout moment, à un salarié ou aux organisations syndicales intéressées, de formuler une demande en ce sens (art. L. 2314-8 ; v. aussi *infra*, n° 712). Au terme du délai d'un mois, celles-ci sont habilitées à porter le différend devant le juge, à l'instar du salarié[19] (réparation en cas de préjudice ; sanction de l'entrave). Les opérations électorales font l'objet d'un accord.

Procédures de convocation des organisations syndicales (syndicats ou Unions)

– ***Information par tout moyen et invitation à négocier*** : syndicats constitués depuis au moins deux ans au sein de l'entreprise (ou de l'UES) entrant dans le champ géographique défini par leurs statuts et remplissant les critères de respect des valeurs républicaines ainsi que d'indépendance.
– ***Information et invitation par courrier :*** syndicats représentatifs ; ayant constitué une section syndicale ; affiliés à une organisation représentative au plan national et interprofessionnel. Le refus de négocier par l'employeur entraîne la nullité des élections subséquentes : Cass. soc., 28 févr. 2018, n° 17-60112 P.

696. Parties et périmètres – Les organisations intéressées sont, en principe, représentées par le délégué syndical (sans mandat), qui a d'ailleurs qualité afin d'exercer toute action en justice visant à l'organisation des élections, par le représentant de la section ou un salarié (avec mandat). Elles peuvent l'être encore par leurs organes constitués au sein de la branche. La délégation syndicale comprend, sauf accord de l'employeur, jusqu'à trois ou quatre membres selon que l'effectif permet la désignation d'un seul ou de plusieurs délégués.

Le protocole préélectoral peut être conclu au rang de l'entreprise ou au sein de chaque établissement composant cette dernière. Le principe d'égalité de traitement entre les organisations syndicales quant aux moyens alloués par l'employeur en vue des élections professionnelles s'applique dans chacun de ces périmètres.

697. Moment – L'invitation à négocier le protocole préélectoral parvient aux organisations concernées quinze jours avant la première réunion. À l'issue du mandat, elle est adressée deux mois avant le renouvellement. Le premier tour se tient, au plus tard, le quatre-vingt-dixième jour suivant l'invitation du dirigeant. Une simple irrégularité formelle invalide le processus.

Toutefois, dans les entreprises dont l'effectif est compris entre onze et vingt salariés, l'employeur invite les organisations à la condition qu'au moins un salarié se soit porté candidat dans un délai de trente jours à compter de l'information (art. L. 2314-5, al. 5). À défaut, il semble que l'employeur puisse organiser seul les élections.

698. Information – Au seuil de la négociation, il appartient à ce dernier, en vertu de son obligation de loyauté, de fournir aux participants, sur leur demande, les éléments nécessaires au contrôle de l'effectif et de la régularité des listes électorales (ex. registre du personnel).

---

18. Un chef d'établissement est en droit d'y procéder mais seul l'employeur demeure responsable du processus.
19. Préjudice présumé : Cass. soc., 4 nov. 2020, n° 19-12775 P.

Tout manquement à la loyauté, notamment à l'égard de la fourniture de ces éléments, expose le scrutin à la nullité (sur le moment de la contestation, v. *infra*, n° 715)[20].

B - Le contenu et la validité de l'accord préélectoral

699. Règles de base – La négociation porte, au minimum, sur les listes électorales, la fixation des modalités du scrutin ainsi que, éventuellement, la révision du nombre et de la composition des collèges électoraux. La validité du protocole requiert, en principe, un écrit revêtu de la signature de la majorité des organisations syndicales ayant effectivement participé à la négociation ce qui inclut celles qui s'y sont présentées quoiqu'elles aient décidé de s'en retirer (art. L. 2314-6). Cela inclut également (s'il y en a) les organisations représentatives ayant recueilli la majorité des suffrages exprimés (la moitié des voix plus une) lors des dernières élections à la date de signature du protocole[21].

700. Mise en œuvre – Ces règles de validité s'appliquent :

- en vue de la répartition des sièges et des personnels dans les collèges (art. L. 2314-13) et l'indication de la proportion des hommes et des femmes au sein de ces collèges ; mais en l'absence d'accord, alors qu'une organisation syndicale a répondu à l'invitation de l'employeur, et seulement dans cette hypothèse, la DREETS, qui doit être saisie, se livre à la répartition ce qui suspend le processus, sous peine de nullité (délai deux mois ; recours devant le TJ)[22]. Les mandats en cours sont alors prorogés jusqu'à la proclamation des résultats du scrutin ; à défaut de décision dans les deux mois, la question est portée devant le TJ (COJ, art. R. 211-3-15, 1°) dans le délai de quinze jours. Il convient alors d'appliquer un critère de proportionnalité entre l'effectif de chaque collège et le nombre de sièges à pourvoir, tout en prenant en compte les circonstances particulières notamment liées à la composition du corps électoral de l'entreprise et au nombre de collèges. Seules les fonctions réellement exercées sont prises en compte[23]. Lorsqu'aucune organisation syndicale représentative dans l'entreprise n'a pris part à la négociation, l'employeur répartit le personnel et les sièges dans les collèges électoraux ;
- en vue de la fixation des modalités d'organisation et de déroulement des opérations électorales (art. L. 2314-28) ; toutefois, lorsque la double majorité requise n'est pas obtenue, la partie qui y a intérêt peut saisir le TJ d'une demande de fixation de ces modalités (art. R. 2314-2). À défaut, l'employeur y procède.

En dehors de ces hypothèses, la contestation est possible devant le TJ en cas d'atteinte à l'ordre public ainsi qu'aux principes généraux du droit électoral.

---

20. Cass. soc., 9 oct. 2019, n° 19-10780 P.
21. Ou lorsque ces résultats ne sont pas disponibles, la majorité des organisations représentatives dans l'entreprise (majorité en nombre). Si un seul syndicat négocie et signe après convocation de tous les autres, le protocole est valide. Il en va autrement si deux syndicats, dont l'audience n'est pas mesurée, négocient et que l'un d'eux seulement signe (circ. DGT, 27 juill. 2011).
22. Cass. soc., 9 mai 2018, n° 17-26522 P.
23. Cass. soc., 12 mai 2021, n° 19-24476.

701. Thèmes associés – D'autres objets peuvent être ajoutés :
- en vue de modifier le nombre de sièges ou le volume des heures de délégation individuelles (art. L. 2314-1, *in fine*) ;
- en vue de faciliter, s'il y a lieu, la représentation des personnes travaillant en équipes successives ou dans des conditions qui les isolent des autres (art. L. 2314-15) ;
- en vue de déroger aux dispositions légales fixant à trois le nombre de mandats successifs (art. L. 2314-33, al. 2).

Pour aller plus loin

Des stipulations requièrent un vote unanime : la modification du nombre et de la composition des collèges (art. L. 2314-12) ; l'organisation des élections hors du temps de travail (art. L. 2314-27). En l'absence d'accord unanime, il appartient au TJ, saisi d'une contestation sur ce point, d'appliquer les dispositions légales.

702. Portée – Le protocole s'impose aux parties qui l'ont établi. Le syndicat qui ne le signe pas n'est pas réputé y adhérer (sauf présentation de candidats, à moins que des réserves aient été exprimées à ce moment, v. *infra*, n° 715). Il est applicable pour une seule élection (sauf scrutins partiels, reports sur décision du juge ou reconduction) et peut être modifié. Sa dénonciation, toujours possible, échappe aux règles du droit commun.

C - Le déroulement des opérations électorales

703. Moment – Les élections interviennent pour la première fois, soit à l'occasion de la constitution du CSE, soit à la date du renouvellement de l'institution.

1) Collèges électoraux

704. Représentation – L'élection a lieu au sein de collèges électoraux (art. L. 2314-11) dont la finalité est d'assurer une représentation spécifique de catégories de personnels en vertu du principe de participation[24]. Ne sont donc éligibles sur les listes électorales établies pour chaque collège[25] que les salariés qui sont électeurs dans ce collège (v. *infra,* 2).

705. Trois collèges – Les membres du CSE sont élus d'une part, par les ouvriers et employés (premier collège) d'autre part, par les ingénieurs, chefs de service, techniciens, agents de maîtrise et assimilés (second collège) sur les listes de candidats établies par les organisations intéressées au sein de chaque établissement et pour chaque catégorie de personnel. Dans les entreprises occupant cinq cents salariés et plus, les ingénieurs, chefs de service et cadres administratifs, commerciaux ou techniques et assimilés ont au moins un élu selon les mêmes conditions (troisième collège).

---

24. La constitution d'un collège électoral ne peut donc priver une catégorie de salariés de toute représentation : Cass. soc., 16 oct. 2013, n° 13-11324 P (par ex. hypothèse où aucun salarié devant composer le collège n'était éligible).
25. Cass. soc., 3 mars 2021, n° 19-22944 P.

En outre, quel que soit l'effectif, si le nombre des travailleurs appartenant à l'une de ces catégories est au moins égal à vingt-cinq, un collège spécial est constitué[26].

Il doit être attribué à chaque collège au moins un siège. Dans les entités n'élisant qu'un membre de la délégation du personnel, il est mis en place un collège électoral unique regroupant l'ensemble des catégories professionnelles.

2) *Électorat et éligibilité*

706. Électorat – Sont électeurs, au jour du premier tour du scrutin (règle impérative), les salariés des deux sexes, âgés de seize ans accomplis, ayant travaillé trois mois au moins (consécutifs ou non ; sauf dérogation : art. R. 2314-4) et n'ayant encouru aucune des condamnations du Code électoral (capacité présumée : art. L. 2314-18 et s.). Ne sont plus exclus de l'électorat, mais seulement de l'éligibilité (v. aussi *infra*, n° 707) les cadres disposant d'une délégation particulière d'autorité et ceux qui représentent la direction en présence des institutions du personnel (v. *supra*, n° 685)[27].

Pour aller plus loin

Les intérimaires et les salariés portés n'ont pas la qualité d'électeurs dans l'entreprise où ils exercent leur mission. En revanche, la loi ne s'oppose pas à celle des personnels mis à disposition au sein de la communauté de travail utilisatrice s'ils y ont renoncé auprès de leur employeur à la date des élections chez l'utilisateur (art. L. 2314-23 ; sur les conditions, v. art. L. 1111-2, 2°).

707. Éligibilité – La qualité d'éligible repose sur celle d'électeur (règle impérative) ainsi que sur des conditions vérifiées à chaque tour de scrutin : dix-huit ans, activité dans l'entreprise depuis un an au moins, de manière continue ou non. Lorsqu'il exécute sa tâche au sein de plusieurs établissements, le salarié doit être inscrit là où il exerce principalement son activité[28] (à temps partiel, au choix, tous mandats électifs confondus). Quant aux travailleurs dispensés de l'exécution du préavis, ils sont éligibles à l'instar des élus dont le licenciement est nul (v. *infra*, n° 745) ou encore des personnes dont le contrat de travail est suspendu de manière prolongée, même sans rémunération.

Pour aller plus loin

Les salariés mis à disposition ou détachés ne peuvent pas être élus (ou désignés représentant syndical ; art. L. 2314-23, al. 1er). Sont encore exclus de l'éligibilité, les conjoints, concubins, titulaires d'un PACS, ascendants, descendants, frères, sœurs et alliés au même degré de l'employeur (et non de ses délégataires).

3) *Scrutin*

708. Monopole syndical – La loi organise un scrutin de liste à deux tours avec représentation proportionnelle à la plus forte moyenne selon les dispositions d'un même protocole électoral (art. L. 2314-29). Au premier tour, les listes de candidats (séparées

26. L'accord qui modifie le nombre et la composition des collèges ne fait pas obstacle à la création d'un troisième collège.
27. Cons. const., 19 nov. 2021, n° 2021-947 QPC .
28. S'il change d'établissement en cours de période électorale, il peut être amené à voter deux fois.

pour le titulaire et les suppléants) sont établies avec l'accord des intéressés par les organisations invitées à la négociation (ce qui inclut les Unions). Celles-ci, qui disposent d'un monopole de présentation et de propagande (règle d'ordre public), sont seules interlocutrices de l'employeur à ce moment[29]. Elles sont autorisées à présenter des candidatures communes.

Pour aller plus loin

Les organisations se répartissent alors entre elles les suffrages selon des modalités qu'elles déterminent, ou à part égale (art. L. 2122-3). Ces modalités doivent être portées à la connaissance de l'employeur et des électeurs avant le scrutin, sous peine d'ineffectivité (art. L. 2122-3-1 ; sur l'impact de cette règle en matière de désignation syndicale, v. *supra*, n°s 677 et s.).

709. Constitution des listes – Peuvent être inscrits, des adhérents du syndicat ou d'une autre organisation ainsi que des salariés non syndiqués. L'employeur n'est pas autorisé à retirer une liste sans justification (nullité du scrutin). Il peut refuser une candidature s'il invoque les nécessités du vote comme, par exemple, en cas de non-respect de la date de dépôt qu'il a lui-même fixée (mais sans abus). Le panachage des listes est autorisé dans le cadre d'un scrutin de liste avec représentation proportionnelle à la plus forte moyenne et à un tour, sous réserve de la conclusion d'un accord unanime.

710. Mixité des listes – L'inscription d'une femme puis d'un homme satisfait à la double exigence de présentation alternée et de proportionnalité liée à la part de femmes et d'hommes inscrits sur la liste électorale[30]. Elle s'impose lors de la composition de toute liste ne comportant même qu'un seul candidat dès lors que plusieurs sièges sont à pourvoir (art. L. 2314-30 ; hors candidature libre au 2e tour)[31]. Ces dispositions, d'ordre public absolu, sont prescrites à peine de nullité de l'élection de tout élu qui les méconnaît[32] sauf si la liste correspond à la proportion de femmes et d'hommes au sein du collège concerné et que tous les candidats de la liste ont été élus[33]. La

29. Les syndicats affiliés à une même confédération ne peuvent présenter qu'une seule liste par collège : Cass. soc., 24 janv. 2018, n° 16-22168 P (sauf précisions statutaires ou règles d'arbitrage, la première déposée l'emporte).
30. Effectifs connus lors de la négociation du protocole ou existant au moment de l'établissement de la liste sous le contrôle des syndicats : Cass. soc., 12 mai 2021, n° 20-60118. La décision du DREETS n'a donc pas à préciser la répartition des hommes et des femmes dans chaque collège : Cass. soc., 29 sept 2021, n° 20-60246 B.
31. Exigence d'un candidat au titre du sexe sous-représenté : Cass. soc., 11 déc. 2019, n° 18-23513 P. La règle, qui interdit de présenter un candidat du sexe surreprésenté en cas de liste comportant un seul candidat, est conforme à la Constitution : Cass. soc., 27 mai 2021, n° 21-11813 QPC P.
32. Une liste non mixte ne peut être sanctionnée qu'au titre du non-respect du principe de proportionnalité : Cass. soc., 9 sept. 2020, n° 18-10900. Annulation de l'élection des derniers élus du sexe surreprésenté en suivant l'ordre inverse de la liste des candidats et en tenant compte des ratures : Cass. soc., 17 avril 2019, n° 18-60173 P ; sans incidence sur la candidature aux élections professionnelles ou la mesure de l'audience électorale : Cass. soc., 16 déc. 2020, n° 19-18613.
33. Rectification sans élection partielle : Cass. soc., 9 mai 2018, n° 17-60133 P ; cette exception ne s'applique pas entre les listes de candidats.

contestation sur cette question peut être portée devant le juge avant comme après l'élection[34].

711. Second tour – Il est procédé, dans un délai de quinze jours à compter du premier tour, à un second si le nombre des personnes ayant exprimé un vote (hors blanc ou nul) en faveur d'une liste est inférieur à la moitié des électeurs inscrits (absence de quorum), s'il y a absence de candidatures, ou lorsque des sièges n'ont pas été totalement pourvus. À ce moment, les électeurs sont en droit de voter pour des listes autres que celles présentées par une organisation syndicale (absence de monopole). Les candidatures du premier tour doivent être considérées comme maintenues au second (sauf irrégularité). Les listes établies pour les deux tours ne peuvent être modifiées après le premier.

712. Carence – L'employeur est dans l'obligation de formaliser la carence dans la mise en place du CSE par voie de procès-verbal décrivant les diligences accomplies lorsqu'il y a absence de quorum (1er tour), et de candidatures (1er et 2e tours ; art. L. 2314-9). Dans ce cas, la demande en faveur des élections ne peut intervenir que dans un délai de six mois après l'établissement de ce procès-verbal (art. L. 2314-8, al. 2).

Résultats

Sur la base du quotient électoral égal au nombre total des suffrages exprimés des électeurs du collège divisé par celui de sièges à pourvoir, il est attribué à chaque liste autant de sièges que le volume de voix recueilli contient ce quotient. Au cas où il n'a été pourvu aucun siège, ou s'il reste des sièges à attribuer, il est recouru à une affectation sur la base de la plus forte moyenne. Le scrutin est cependant majoritaire s'il n'existe qu'une seule liste. La proclamation des résultats se fait dans l'ordre de présentation des candidats par les listes sauf en cas de ratures (prises en compte au-delà de 10 % des suffrages exprimés en faveur d'une liste).

713. Organisation du scrutin – Le respect des principes généraux du droit électoral doit être garanti (art. L. 2314-26 et s. ; sincérité du vote, isolement, secret, etc.). Lorsque le juge judiciaire, saisi préalablement aux élections, décide de mettre en place un dispositif de contrôle du scrutin, les frais entraînés par ces mesures sont à la charge de l'employeur (art. L. 2314-17).

L'élection a lieu sur le temps de travail, sauf accord unanime contraire (art. L. 2314-27 ; par ex. travail en continu). Les deux tours ne peuvent se dérouler le même jour. Le vote par procuration ou le télé-vote est interdit mais les votes par correspondance et électroniques autorisés (art. R. 2314-5).

Pour aller plus loin

Le vote physique demeure le principe en l'absence d'accord préparatoire d'entreprise ou de groupe, ou encore de décision de l'employeur en l'absence d'accord : Cass. soc., 13 janv. 2021, n° 19-23533 P). Sur le caractère personnel du vote électronique : Cass. soc., 3 oct. 2018, n° 17-29022 P. Sur l'obligation d'assurer la confidentialité du vote : CE, 11 mars 2015, n° 368748 et délib. Cnil 2019-053 du 25 avril 2019.

34. L'annulation du processus électoral en cas de constatation après l'élection est exclue : Cass. soc., 27 mai 2020, n° 19-15974.

714. Résultats du scrutin – Après dépouillement, un procès-verbal est établi portant inscription de toutes les contestations. Il est transmis (ou celui de carence, v. *supra*, n° 712) dans les quinze jours par voie électronique au prestataire agissant pour le compte du ministre du Travail (art. R. 2314-22) ainsi que, sous les meilleurs délais, aux organisations ayant présenté des candidats et à celles ayant participé à la négociation électorale.

715. Contentieux – Les contestations relatives à l'électorat, à la composition des listes électorales ainsi qu'à la régularité des opérations, ce qui inclut la désignation et la qualité des représentants au CSE (mais non celle de syndicat représentatif), sont ouvertes à toute personne intéressée. Un syndicat non représentatif peut agir à ce titre dans l'intérêt de la profession, qu'il ait ou non des adhérents au sein de l'entreprise et sans considération de son ancienneté. Seul importe, en cas de signature du protocole électoral, ou présentation de candidats (non exigée), que des réserves aient été exprimées, au plus tard, lors du dépôt des listes des candidats (même si l'atteinte à l'ordre public est invoquée). Ces contestations relèvent de la compétence du TJ du lieu de dépouillement et de proclamation des résultats qui statue en dernier ressort (pourvoi en cassation seul possible).

716. Délais – La contestation n'est recevable que s'il y est procédé, sur l'électorat, au plus tard, dans les trois jours suivant la publication de la liste et, sur la régularité de l'élection (ex. candidature), dans les quinze jours suivant la proclamation des élus, ou la connaissance des résultats pour les organisations non conviées à la négociation, dès le premier tour (art. R. 2314-24). Ces délais ont le caractère de délais judiciaires dont l'expiration entraîne forclusion, sans exception (par ex. peu important que le tribunal ait été saisi, avant les élections, d'une contestation du protocole préélectoral). Mais en cas de demande anticipée d'annulation du protocole préélectoral, est recevable l'action en annulation des élections lorsque l'irrégularité dudit protocole est de nature à avoir un impact sur le résultat de celles-ci[35].

717. Portée – L'annulation est prononcée en cas d'atteinte aux principes généraux du droit électoral quoique le résultat du scrutin ne s'en trouve pas influencé (par ex. principe de neutralité de l'employeur et de ses représentants ; principe de liberté des candidatures), ou aux règles d'ordre public, lorsqu'il est démontré que l'irrégularité affecte le scrutin au niveau du seul périmètre électoral considéré, ou encore lorsque les irrégularités ont été déterminantes de la qualité représentative des organisations syndicales. Tout manquement à la loyauté est également susceptible de produire un tel effet[36]. La mesure de l'audience impacte ainsi, inévitablement, la fonction du premier tour des élections et rejaillit sur l'ensemble du scrutin même si le résultat ne s'en trouve pas faussé (par ex. faute d'élus). L'annulation entraîne la perte de la qualité à la date de la décision du juge sans effet rétroactif (sur le sort de la protection, v. *infra*, n°s 726 et s.).

---

35. Cass. soc., 12 mai 2021, n° 19-23428 P : il est indifférent que la demande soit rejetée. Le requérant dispose donc d'un choix.
36. Cass. soc., 9 oct. 2019, n° 19-10780 P, préc.

4) Spécificités de l'élection ou de la désignation au second degré

718. Entreprise déconcentrée – L'élection des représentants au CSEC a lieu, en principe, tous les quatre ans (art. L. 2316-10). Il n'y a alors, sauf accord, qu'un seul collège d'électeurs constitué par les élus des différents CSEE en vue de l'élection des titulaires (par des titulaires) et des suppléants (par des suppléants). Le scrutin est majoritaire, sauf accord unanime contraire, uninominal à un tour par lequel chaque électeur vote simultanément pour autant de candidats qu'il y a de sièges à pourvoir. Le CSEC a un intérêt et une qualité à contester les conditions de cette élection (art. L. 2316-9 ; sur la présence d'un représentant du troisième collège, v. art. L. 2316-5 et L. 2316-6).

719. Entreprises regroupées – Les représentants au comité de groupe sont, quant à eux, désignés, et non pas élus pour quatre ans (en principe, v. *supra*, n° 693), par les organisations syndicales[37]. Cette désignation a lieu parmi les élus de ces dernières, titulaires ou suppléants, en cours de mandat aux CSE d'entreprises, ou d'établissements, de l'ensemble des entreprises du groupe et sur la base des résultats des dernières élections (art. L. 2333-2 et L. 2333-3). Le changement d'affiliation syndicale du représentant du personnel élu n'autorise pas une organisation syndicale à mettre fin à son mandat. Les contestations portant sur cette désignation sont portées devant le TJ du siège de la société dominante.

37. Il est indifférent, pour cela, que celles-ci soient représentatives au niveau du groupe tout entier.

CHAPITRE 15

La protection des institutions du personnel et syndicales

720. Statut protecteur – Afin de prémunir le titulaire du mandat de représentation de tout risque de représailles, la loi conditionne la rupture de son contrat de travail à une autorisation de l'administration (art. L. 2411-1 et s.). Dans ses arrêts *Perrier* du 21 juin 1974, la Cour de cassation a posé pour principe que le contrat ne peut jamais faire obstacle à l'exercice du mandat dont est investi le salarié protégé. La voie de l'autorisation du licenciement par l'inspecteur du travail est donc la seule possible.

1. LE CHAMP D'APPLICATION DE LA PROTECTION

721. Emprise – L'extension du régime de protection accordée aux salariés investis de mandat de représentation s'observe à l'égard des décisions de l'employeur qui s'y trouvent soumises et des personnes qui en bénéficient.

A - Les mesures concernées par la protection

722. Champ étendu – Rares sont les hypothèses dans lesquelles la rupture du contrat des titulaires de mandat échappe à la protection légale. Si l'on excepte la démission et le départ à la retraite, ou la fin du détachement, celle-ci s'impose même en cas de force majeure ainsi que durant l'essai. Il est interdit à son bénéficiaire d'y renoncer, par exemple, en sollicitant son licenciement ou en recourant à la rupture conventionnelle (art. L. 1237-15 et L. 1237-19-2, al. 2)[1]. S'il quitte son emploi en prenant acte de la rupture, celle-ci s'analyse soit en un licenciement nul, s'il y a eu manquement de l'employeur aux règles applicables au contrat ou aux exigences propres au mandat, soit en une démission dans le cas contraire[2]. S'il sollicite la résolution judiciaire de son

1. Et seul le juge administratif peut alors examiner la validité de la rupture : Cass. soc., 20 déc. 2017, n° 16-14880 P, préc.
2. Cass. soc., 12 mars 2014, n° 12-20108 P. L'administration du travail ne peut plus alors se prononcer.

contrat, celle-ci produit aussi les effets d'un licenciement nul lorsque les griefs qu'il invoque à cette occasion sont justifiés (sans réintégration, v. *supra*, n° 486)[3]. Il revient alors au juge d'examiner ceux-ci[4]. Selon la jurisprudence, l'autorisation est encore requise lorsque l'entreprise qui cesse ses activités appartient à un groupe (reclassement potentiel). Le juge s'est également prononcé en faveur de la protection lors de la mise à la retraite afin que soit vérifiée l'absence de discrimination. L'autorisation doit enfin être obtenue à l'issue du contrat précaire[5]. Si la demande est rejetée ou si elle n'a pas été présentée, le contrat se poursuit pour une durée indéterminée à son échéance (sans indemnités de requalification). Avant le terme ou lorsqu'une clause de renouvellement est prévue, la protection est accordée quel que soit le motif de recours au contrat.

723. Autres situations – En marge du licenciement des mesures requièrent a mise en œuvre de la protection ce qui étend encore son domaine (par ex. transfert partiel, v. *supra*, n° 49). La révision des conditions d'emploi, quelle qu'en soit la nature (par ex. la mutation), y compris à l'occasion d'un reclassement, commande l'autorisation avant un éventuel licenciement lorsque le salarié s'y oppose. Aucune sanction n'est susceptible d'être prononcée, à ce titre, dès lors que la mesure envisagée affecte le mandat de l'intéressé.

Pour aller plus loin

La solution est aussi appliquée à la clause de mobilité ou à l'activité partielle ainsi qu'au congé de mobilité mais non à la dénonciation d'un usage ou à l'égard d'un dispositif de prise en compte du déroulement de carrière non contractuel (Cass. soc., 5 févr. 2020, n° 18-17925).

B - Les bénéficiaires de la protection

724. Caractère collectif – La protection est accordée à l'ensemble des élus du personnel et autres institutions de représentation de groupe et/ou internationale, ainsi qu'aux syndicalistes, qu'ils exercent ou non d'ailleurs leur mission (art. L. 2411-1 et s.). Mais elle n'a pas pour objet de prémunir les détenteurs de mandats à titre individuel contre les décisions de l'employeur ce qui dissuade, par exemple, de procéder à une désignation ou à une élection dans la seule perspective de faire échouer un licenciement (fraude cause de nullité pour l'avenir).

725. Titulaires et futurs titulaires – La protection concerne les représentants élus, titulaires ou suppléants, en cours de mandat ainsi que les candidats aux élections, au premier tour ou au second tour pendant six mois à compter de l'envoi des listes de candidatures, y compris en cas de report ou de retrait, après la signature du protocole électoral. C'est à l'employeur d'établir que l'envoi ou la remise de la convocation à

3. Cela suppose que la protection soit acquise avant la demande : Cass. soc., 28 oct. 2014, n° 13-19527.
4. À moins que l'inspecteur du travail se soit déjà prononcé : Cass. soc., 11 oct. 2017, n° 16-14529 P ; ou que le salarié n'ait pas demandé sa réintégration en cas d'annulation et même si la saisine du CPH est antérieure à la rupture : Cass. soc., 10 nov. 2021, n° 20-12604 B. Le juge peut accorder réparation si la faute de l'employeur n'est pas entrée dans le champ du contrôle administratif ; v. *infra*, n° 740.
5. Interruption, ou non renouvellement de mission (en cas de prévisions contractuelles), décision de ne plus recourir au travailleur temporaire : Cass. soc., 11 sept. 2019, n° 18-12293 P.

l'entretien préalable (ou la notification de la rupture lorsque cette formalité est exclue ; sans considération d'une information orale antérieure) a précédé la formalisation de la candidature (il importe peu que le mandat n'ait pas été confié ou ait été perdu par la suite).

Pour aller plus loin

Cela inclut les élus de proximité (art. L. 2411-8), le salarié candidat dans un délai de trente jours au sein des entités occupant entre onze et vingt personnes (art. L. 2314-5, al. 5 ; v. *supra*, n° 697), ainsi que ceux de la délégation du CSE interentreprises (art. L. 2411-11). De très nombreuses autres instances ou personnes entrent dans le champ de la garantie (par ex. salariés mandatés pour négocier : art. L. 2411-1, 10° ; conseiller du salarié ou défenseur syndical, etc.). Quant aux instances conventionnelles, elles en bénéficient également dès lors qu'elles sont de même nature que celles instituées par la loi.

Il faut encore étendre ce domaine au premier salarié qui demande une élection (dans un délai raisonnable et de manière sérieuse) à compter de l'envoi de la lettre au moyen de laquelle une organisation syndicale s'associe à lui dans cette démarche, ainsi qu'au travailleur mandaté par un syndicat à cette fin. Le salarié peut enfin solliciter la protection, au titre de l'imminence de sa candidature[6], ou de sa désignation, voire comme demandeur à l'élection à défaut de confirmation syndicale avant la formalité de la convocation à l'entretien. Lorsqu'il est élu en cours de préavis, il bénéficie de la protection à ce titre.

726. Anciens titulaires – Les élus et syndicalistes bénéficient aussi du statut à la suite de l'expiration de leur mandat, par exemple, en cas d'annulation des élections ou de la désignation[7], la disparition de l'institution (par ex. cadre d'implantation), voire la démission ou encore la révocation de leurs fonctions. La garantie est de six mois (élus et élus désignés en qualité de syndicalistes ; représentant syndical au comité sous condition d'ancienneté de deux années dans la mission), ou de douze mois sous ancienneté d'une année (autres syndicalistes ; au sein des entités de moins de trois cents salariés, ces protections se confondent).

Pour aller plus loin

La garantie est due lorsqu'elle est acquise à la date de la convocation à l'entretien quoique la protection soit écoulée à la date où se prononce l'inspecteur du travail (CE, 23 nov. 2016, n° 392059). Le travailleur ne peut plus être licencié au terme de son mandat en raison de faits commis pendant la période et dont l'employeur a eu connaissance à ce moment. Si ces faits se prolongent, le licenciement (ordinaire) est possible. Mais l'évocation de ces faits ne permet pas de valider le licenciement prononcé sans autorisation lorsque cette formalité est requise (Cass. soc., 23 oct. 2019, n° 18-16057 P).

---

6. Par ex. : Cass. soc., 24 nov. 2021, n° 20-17610. Avant la signature du protocole, et avant le premier tour, valable jusqu'au dépôt de candidature pour le second : Cass. soc., 11 oct. 2017, n° 16-10139 P.
7. Cass. soc., 3 avril 2019, n° 17-28880 : annulation judiciaire de la désignation syndicale. Au sujet du représentant de la section syndicale : Cass. soc., 1er juill. 2020, n° 17-27274.

2. LA PROCÉDURE PROTECTRICE

727. Organisation – L'intervention de l'inspecteur du travail s'insère dans la procédure de licenciement ordinaire. Elle s'accompagne d'une consultation du CSE au sein des entreprises de cinquante salariés lorsque ce licenciement concerne un élu ou un représentant syndical au CSE.

A - La consultation du CSE

728. Avis – La consultation se déroule après l'entretien individuel de licenciement si le salarié est élu (ce qui inclut le représentant de proximité) ou syndicaliste du CSE. Lorsqu'il ne revêt pas l'une ou l'autre de ces qualités, la demande d'autorisation est adressée directement à l'inspecteur du travail. Le comité exprime son avis au scrutin secret après audition du travailleur. L'employeur ne participe pas à ses délibérations. Le non-respect d'une formalité de la procédure interne à l'entreprise n'affecte pas la régularité de l'autorisation sous réserve que l'avis du comité ne s'en trouve pas altéré[8]. Cet avis est réputé acquis quoique le salarié accède à un nouveau mandat après sa consultation (art. L. 2421-3).

729. Formalités du licenciement – Outre l'entretien préalable et les formalités que prévoit la convention collective sous le contrôle du juge[9], est rédigée une lettre de rupture visant impérativement l'autorisation sans autre justification que celle qui fonde la décision de l'inspecteur. En l'occurrence, l'indication des motifs durant l'entretien et la réunion du comité s'opposent à tout complément ultérieur (mais un retranchement est possible). Si le licenciement envisagé est fondé sur un motif économique, l'entretien a lieu après la réunion au cours de laquelle les élus sont consultés sur le projet de compression des effectifs. Cet entretien précède l'audition par le comité.

730. Mise à pied – Lorsque le maintien dans l'emploi du travailleur exposé au licenciement est impossible au vu de la gravité des faits, une mise à pied immédiate est autorisée. La loi fixe alors un délai de dix jours pour l'audition du comité. Cette mise à pied, de type conservatoire, se distingue de la mise à pied disciplinaire qui est une sanction. Elle suspend le contrat de travail, prive le travailleur de sa rémunération mais ne lui impose pas de cesser sa mission, à moins qu'il ne se soit rendu auteur d'actes incompatibles avec son accomplissement (par ex. des violences à personne)[10]. Elle ne peut se prolonger que jusqu'à la décision définitive de l'inspecteur du travail. Si celui-ci n'accorde pas ou refuse l'autorisation qui lui a été demandée, ses effets sont supprimés de plein droit avec rétablissement du salarié dans son emploi, sa rémunération et, le cas échéant, son mandat.

---

8. S'agissant des irrégularités affectant cette consultation, seules sont prises en compte celles qui ont eu une influence sur le vote des élus : CE, 4 juill. 2018, n° 397059.
9. CE, 29 mai 2020, n° 418488.
10. Il s'en déduit que son prononcé ne constitue pas, à lui seul, une entrave à l'exercice des missions : Cass. crim., 8 avril 2014, n° 12-85800 P.

B - La demande d'autorisation auprès de l'inspecteur du travail

1) *Formalités et enquête*

731. Support – La demande doit être adressée à l'inspecteur du travail, dans le ressort duquel se situe l'établissement où est employé le salarié, par LRDAR en double exemplaire ou par voie électronique (art. R. 2421-1, al. 4). Cette formalité est accomplie, au plus tard, quinze jours après la délibération du CSE. Le délai est réduit en cas de mise à pied (entre huit jours et quarante-huit heures ; non prescrit à peine de nullité). À la demande, qui comporte les motifs du licenciement envisagé (par référence précise à un document annexe, le cas échéant) et identifie l'ensemble des mandats détenus, est joint le procès-verbal de la réunion des élus.

732. Investigations – L'inspecteur compétent procède alors à une enquête orale et contradictoire qui conduit à l'échange de documents entre les parties et l'audition de témoins dans le respect des droits de la défense mais aussi dans le souci de prémunir les salariés impliqués contre tout préjudice[11]. Il appartient à l'inspecteur de transmettre au travailleur concerné les pièces remises par l'employeur[12]. Le représentant a le droit d'être entendu individuellement, assisté d'un syndicaliste, le cas échéant, à l'instar de l'employeur. L'inspecteur rend sa décision dans le délai de deux mois (art. R. 2421-4, al. 3). Il peut conserver le silence au terme de ce délai à compter de la réception de la demande, ce qui vaut alors refus, ou adopter une décision explicite. Celle-ci doit être notifiée par lettre recommandée avec avis de réception à l'employeur, au salarié, ainsi qu'à l'organisation ayant confié mandat au syndicaliste. La rupture prend effet à la date d'envoi de la lettre de licenciement.

Jusqu'à la délivrance de l'autorisation de l'inspecteur, l'employeur est tenu de verser au salarié sa rémunération en tous ses éléments.

2) *Instruction de la demande*

733. Décision – En présence d'une demande d'autorisation fondée sur une faute disciplinaire, l'inspecteur se livre à un examen approfondi de la motivation de l'employeur. Il lui appartient de s'assurer que la rupture est sans rapport avec les fonctions ou l'appartenance syndicale du salarié (art. R. 2421-16) et que les faits reprochés à ce dernier sont d'une gravité suffisante afin de justifier son licenciement[13].

Lorsque la demande prend appui sur des considérations non inhérentes à la personne, il lui faut encore vérifier que les éléments de la définition légale de la cause économique sont réunis et qu'un reclassement a été recherché puis proposé à compter du moment où le licenciement est envisagé et jusqu'à la date à laquelle il est statué sur cette demande[14].

---

11. Échange dans un délai suffisant : CE, 22 févr. 2012, n° 335200 (sous peine de nullité).
12. Sous la menace d'une annulation de l'autorisation : CE, 19 juill. 2017, n° 389635. Lorsque la demande concerne vingt-cinq salariés compris dans un licenciement économique, le processus est aménagé (art. R. 2421-4 et R. 2421-11).
13. CE, 20 mars 2019, n° 408658.
14. CE, 13 avr. 2018, n° 401767. Il ne peut être imposé par voie de révision des conditions d'emploi : Cass. soc., 17 nov. 2011, n° 10-16353, préc.

734. Portée – Qu'elle soit favorable ou défavorable, la décision de l'inspecteur est, en principe, immédiatement exécutoire[15]. L'autorisation, à l'instar d'une déclaration d'incompétence, crée des droits au profit de l'employeur qui peut alors notifier le licenciement. Mais si l'autorisation administrative a été annulée ou retirée, le salarié est habilité à solliciter sa réintégration dans l'emploi (v. *infra,* n° 745).

3) Recours contre les décisions de l'inspecteur du travail

735. Deux voies – Outre le recours gracieux en vue du retrait de la décision, un recours hiérarchique peut être introduit devant le ministre dans un délai de deux mois dont le respect est apprécié à la date à laquelle lui est présenté le pli contenant le recours (délai franc : CPC, art. 642). Après enquête contradictoire s'il n'y a pas été procédé par l'inspecteur, la décision est examinée par le ministre dont le silence dans le délai de quatre mois vaut rejet, sauf retrait explicite dans les deux mois. Le recours hiérarchique n'a aucun effet suspensif.

Pour aller plus loin

Disposant d'une autorisation, l'employeur est libre de procéder au licenciement en dépit du recours formé par le salarié sous réserve, toutefois, d'un sursis à exécution, ou d'une demande de suspension par la voie du référé sur laquelle il a été statué avant l'envoi de la lettre de licenciement (CJA, art. L. 521-1 ; en l'absence de décision du juge, cet envoi fait échec à la procédure de référé-suspension : Cons. const., 7 juin 2019, n° 2019-787 QPC ; en cas d'atteinte aux libertés, v. CJA, art. L. 521-2).

736. Effets – La décision de l'inspecteur peut être réformée, ou annulée, compte tenu des circonstances de fait et de droit existant à la date à laquelle elle a été prise[16]. En cas d'annulation, le ministre est appelé à se prononcer sur la demande de licenciement à la date à laquelle il se détermine ce qui signifie, par exemple, qu'il n'est plus en mesure de le faire si la période de protection est écoulée. Qu'il y ait eu ou non recours hiérarchique, l'employeur ou le salarié peut attaquer directement la décision de l'inspecteur, ou celle du ministre, devant le TA. Le recours est formé dans un délai de deux mois à compter de la notification à l'intéressé de la décision administrative et n'a pas non plus d'effet suspensif[17]. L'annulation d'une décision de refus de l'inspecteur implique qu'une nouvelle demande soit formulée auprès de l'administration[18]. Quant à l'annulation de la décision d'autorisation, elle ouvre droit à réintégration. Mais s'il est envisagé la rupture du contrat d'un salarié réintégré en raison de l'annulation de la décision ayant ordonné cette réintégration, l'employeur n'a plus à respecter les garanties légales.

---

15. La responsabilité de l'État est engagée : CE, 4 nov. 2020, n° 428198 (refus illégal) ; v. aussi : CE, 7 oct. 2021, n° 430899.
16. CE, 13 avr. 2018, n° 401767, préc. Il apprécie le sérieux des recherches de reclassement jusqu'à la date de cette décision.
17. Faute de notification, l'action demeure enfermée dans le délai d'une année à compter de la décision : CE, 7 févr. 2018, n° 397246. Mais cette règle est écartée à l'égard des recours formé contre une décision implicite de rejet d'une réclamation.
18. Cass. soc., 8 juill. 2020, n° 19-10534, P ; v. déjà : Cass. soc., 10 déc. 1997, n° 94-45337 P. Lorsque le Conseil d'État annule un jugement ayant anéanti une décision ministérielle d'autorisation le licenciement initial retrouve effet : Cass. soc., 10 janv. 1989, n° 86-40284 P.

3. LE CONTRÔLE DU MOTIF DE LICENCIEMENT DU SALARIÉ PROTÉGÉ

737. Compétence administrative – Le juge judiciaire ne peut apprécier l'existence du motif de licenciement lorsque l'administration s'est prononcée sur la demande de l'employeur[19]. Cela inclut, à l'issue de la période de protection, des circonstances ayant fait l'objet d'un refus d'autorisation ou n'ayant pas donné lieu à saisine de l'inspecteur avant ce moment sauf connaissance tardive de l'employeur (v. *supra*, n° 726).

738. Compétence judiciaire – En revanche, le juge judiciaire recouvre sa compétence afin de qualifier le motif au regard du droit aux indemnités de rupture (gravité de la faute), si aucune autorisation n'a été sollicitée, ou si celle obtenue l'a été illégalement, ou encore a été annulée. Il en est également ainsi aux fins d'évaluer l'incidence de la reconnaissance d'une UES quant à la validité du ou des licenciements. Il n'y a d'ailleurs pas d'obstacle à ce que le juge judiciaire apprécie la régularité de la procédure postérieure à la notification de l'autorisation[20]. Sur le plan probatoire, il est fait application des règles du licenciement ordinaire.

A - Le motif personnel

739. Obstacle – Lorsque le licenciement est fondé sur un motif personnel, le juge administratif s'assure que les faits invoqués par l'employeur rendent impossible le maintien du contrat de travail[21]. Différents éléments sont examinés à l'aune des fonctions exercées par le salarié, de l'ensemble des règles applicables à son contrat et des exigences propres à l'exécution du mandat dont celui-ci est investi.

740. Situations – Il peut s'agir :
- d'une insuffisance professionnelle contrôlée sous l'angle exclusif de la réalité de faits en comparaison des aptitudes d'autres travailleurs (v. *supra*, n° 330) ;
- d'une insuffisance médicale compte tenu des caractéristiques de l'emploi occupé ainsi que des possibilités d'assurer le reclassement du salarié dans l'entreprise (exclu en cas d'absence prolongée). Le respect par l'employeur de ses obligations en matière de recherche d'emploi fait l'objet d'un contrôle à la différence de la cause de l'inaptitude[22] ; mais l'autorisation de licenciement donnée par l'inspecteur du travail ne s'oppose pas à ce que le salarié fasse valoir devant les juridictions

---

19. Par ex. en refusant d'examiner la demande d'autorisation du fait de l'absence de protection : Cass. soc., 19 mai 2016, n° 14-26662 P. Mais il peut accorder réparation en cas de faute antérieure de l'employeur : Cass. soc., 29 mai 2019, n° 17-23028 P ; CE, 20 nov. 2013, n° 340591 (discrimination syndicale) ; v. aussi *infra*, n° 740.
20. Mais non antérieure : Cass. soc., 20 sept. 2018, n° 17-11609 P, préc.
21. CE, 5 mai 1976, n° 98647.
22. Sur la prise en compte des préconisations du médecin après la déclaration d'inaptitude : CE, 16 avr. 2021, n° 433905.

judiciaires tous les droits résultant de l'origine de l'inaptitude découlant d'un manquement de l'employeur à ses obligations[23] ;

- d'une mésentente ou d'une mésintelligence, en particulier, à l'égard de personnels dotés de responsabilités ;
- d'une faute d'une gravité suffisante (ce qui n'implique pas la faute grave) constatée dans le délai légal (v. *supra*, n° 267). Ce délai peut être exceptionnellement suspendu, par exemple, si le travailleur a sollicité la résolution judiciaire de son contrat. Il n'est pas interrompu par le licenciement prononcé sans autorisation administrative. Le maintien du salarié à son poste en l'attente de la décision de l'inspecteur n'empêche pas l'employeur d'invoquer la faute d'une gravité suffisante.

Illustrations

La faute peut être retenue en dehors de l'exécution du contrat lorsqu'elle constitue un manquement à une obligation, ou en présence d'un abus dans l'exercice du mandat[24] (en cas de harcèlement moral, v. : CE, 29 juin 2016, n° 387412). La jurisprudence est assez sévère à l'égard du titulaire dont il est attendu qu'il adopte, en toutes circonstances, un comportement adapté[25].

B - Le motif économique

741. Réalité – Depuis l'arrêt *Abellan*[26], il appartient au juge administratif de s'assurer de l'existence du motif économique qu'invoque l'employeur à l'appui de sa demande et de l'absence de toute discrimination à l'encontre du salarié protégé. Les critères de l'ordre des licenciements lui fournissent des indices sur ce terrain, encore qu'ils ne relèvent pas, à titre principal, de son appréciation mais de celle du juge judiciaire. Il en va encore ainsi de la faute commise par l'employeur avant la rupture (par ex. cessation d'activité).

742. Sérieux – À cette occasion, le juge administratif vérifie que le licenciement répond, à la date de son prononcé, aux conditions de l'article L. 1233-3 du Code du travail et qu'une décision de validation ou d'homologation du PSE, le cas échéant, a été délivrée[27]. Sur cet examen, et toujours à ce moment, se greffe celui du reclassement, légal ou conventionnel, lequel inclut, en l'occurrence, l'exigence de survie du

23. Cass. soc., 17 oct. 2018, n° 17-17985 P (par ex. harcèlement moral) ; Cass. soc., 11 sept. 2019, n° 17-31321 P (contestation du caractère professionnel de l'inaptitude) ; sans toutefois que le juge soit en mesure de prononcer la résolution judiciaire du contrat lorsque l'autorisation a été accordée. Mais celle-ci peut être refusée s'il est observé que l'employeur, en faisant obstacle à l'exercice du mandat, a contribué à la dégradation de l'état de santé : avis CE, 21 sept. 2016, n° 396887.
24. Cass. soc., 2 juill. 2015, n° 14-15829 : violence au cours d'une réunion du comité ; CE, 10 juill. 2019, n° 408644 : détournement de la correspondance personnelle d'un collègue au moyen de l'instrument informatique de l'employeur. Cass. soc., 13 janv. 2021, n° 19-20781 : usage des heures de délégation.
25. En cas de grève, lorsque le salarié a joué un rôle prépondérant : CE, 27 mai 2021, n° 433078. La récidive paraît plus largement admise : CE, 14 oct. 2009, n° 309344.
26. CE, 18 févr. 1977, n° 95354.
27. CE, 19 juill. 2017, n° 391849 ; v. sur le cadre d'appréciation : par ex. CE, 29 juin 2020, n° 417940 et n° 423673 : ensemble des entreprises placées sous le contrôle de la même entreprise dominante au sens des articles L. 233-1, L. 233-3, I et II et L. 233-16 du Code de commerce.

mandat[28]. Le travailleur est toujours habilité à refuser le reclassement sans faute de sa part et sans disqualification du motif de licenciement.

C - Le motif d'intérêt général

743. Opportunité – L'inspecteur du travail est en droit de s'opposer à la demande de l'employeur pour des considérations d'intérêt général. Il appartient alors au ministre, ou au juge, de s'assurer que ce refus ne porte pas une atteinte excessive aux intérêts en présence. Cet examen peut conduire à constater que la représentation des salariés dans l'entreprise risque de ne plus être assurée à la suite du licenciement, ou qu'il existe un risque d'atteinte grave à l'ordre public (violences, etc.). En revanche, des considérations liées à l'activité personnelle du travailleur, ou la volonté de maintenir le pluralisme syndical, ne constituent pas le motif d'intérêt général.

4. LES SANCTIONS DU LICENCIEMENT IRRÉGULIER

744. Principe – En la matière, la sanction naturelle est celle de la nullité accompagnée (sauf prise d'acte ou résiliation judiciaire ; v. *supra*, n° 722), d'une réintégration dans l'emploi et le mandat dont seul le salarié est en droit de se prévaloir. Toutefois, le travailleur conserve la possibilité de ne solliciter qu'une simple indemnité, car rien ne l'oblige à être réintégré. Il dispose, en principe, d'une option même après avoir marqué sa préférence pour l'indemnisation. Il faut en outre observer que toute rupture décidée en violation du statut caractérise le délit d'entrave (un an d'emprisonnement et 3 750 euros d'amende ; parfois qualifié de continu : par ex. défaut de réintégration ; v. *supra*, n° 653).

A - La réintégration

745. Situations – La réintégration est un droit pour le salarié protégé soit parce que l'employeur n'a pas sollicité l'autorisation (ex. un mandat non désigné dans la demande), soit parce que, celle-ci obtenue, elle a été par la suite annulée (ou retirée). Le retour dans l'emploi s'impose donc, à moins qu'il ne soit plus possible de manière absolue de proposer au salarié une tâche similaire à celle qu'il exécutait (par ex. disparition de l'entreprise), ou que celui-ci la refuse ce qui ne constitue pas une faute (licenciement pour impossibilité de poursuivre le contrat). Cette réintégration a pour cadre l'entreprise ou l'UES, à l'exclusion du groupe.

746. Absence ou refus d'autorisation – Dans cette hypothèse, le droit à réintégration existe, même si la période de protection est écoulée, et quelle que soit la gravité de la faute commise par le salarié, à moins que celui-ci ait déjà pris acte de la rupture

28. Lorsque le PSE fixant le périmètre de la recherche de reclassement dans le groupe a été homologué par l'administration, l'inspecteur ne peut pas le remettre en cause : CE, 22 juill. 2021, n° 427004.

ou qu'il ait sollicité la résolution judiciaire de son contrat de travail[29]. Il s'exécute, sans limite de délai, dans l'emploi, ou un emploi équivalent, en termes de zone géographique (la même, ou la plus proche lorsque cela est matériellement impossible), de rémunération, qualification et perspectives de carrière. Mais en raison de la primauté du mandat, il ne doit pas s'opposer à l'exercice des fonctions. Le salarié reçoit une indemnisation entre son licenciement et sa réintégration effective compensant la perte de ses revenus (en cumul avec d'autres ressources hors allocations-chômage et indemnités de rupture). Aucune limite de durée n'est établie dans ce contexte, pas même à l'issue de la période de protection pourvu que le travailleur ait exprimé sa volonté avant ce moment (sauf cause non imputable et sauf abus ; en cas d'abus, indemnité égale à la rémunération perçue depuis la date de la demande jusqu'à la réintégration effective)[30].

747. Retrait ou annulation d'une autorisation – Tel est le cas à la suite d'un recours hiérarchique par le ministre compétent d'une décision de l'inspecteur du travail autorisant le licenciement sur demande du salarié dans les deux mois qui suivent la notification de l'annulation (sans aucun report possible)[31]. Il en est également ainsi dans l'hypothèse où, sauf sursis à exécution ordonné par le Conseil d'État, le juge administratif a annulé une décision de l'inspecteur du travail ou du ministre compétent autorisant le licenciement. La réintégration est de droit même si la décision d'annulation fait l'objet d'un appel et quoique la période de protection soit écoulée. En l'attente de son retour dans l'emploi, l'intéressé est en droit d'obtenir une indemnité compensatrice des salaires perdus pourvu qu'il ait bien respecté le délai de deux mois (à défaut jusqu'à l'expiration de ce délai) et que sa demande ait été formulée avant la fin de la période de protection (sauf cause non imputable), sans limite de durée mais, en l'occurrence, de manière non forfaitaire (prise en compte d'autres revenus).

748. Retour dans les fonctions – En ces deux hypothèses, le mandat d'élu est automatiquement retrouvé si l'institution n'a pas été renouvelée. Le salarié est en droit de se porter candidat aux élections, ou peut être désigné en qualité de syndicaliste. Il bénéficie encore de la protection instituée par la loi pendant une durée de six mois à compter du jour où il retrouve sa place au sein de l'entreprise à moins qu'il n'ait acquis de nouvelles fonctions de représentation.

Pour les syndicalistes, la réintégration dans le mandat dépend de la volonté de l'auteur de leur désignation. Le juge se place à la date de la réintégration afin de déterminer si les conditions en sont réunies[32]. Ces diverses incidences doivent être considérées comme provisoires lorsque la réintégration a été ordonnée en référé (toujours possible même en présence d'une contestation sérieuse).

---

29. Cass. soc., 3 oct. 2018, n° 16-19836 P. V. aussi en présence d'une rupture conventionnelle nulle et en l'absence de réintégration : Cass. soc., 17 mars 2021, n° 19-19446.
30. Cass. soc., 7 nov. 2018, n° 17-14716 P. Depuis la date de l'éviction jusqu'à celle du départ à la retraite : Cass. soc., 13 févr. 2019, n° 16-25764 P.
31. Obligation du repreneur en cas de transfert : Cass. soc., 17 nov. 2011, n° 10-10513. Cela n'interdit pas au salarié de préférer l'indemnisation du licenciement illégal et de la solliciter de son auteur.
32. L'exigence d'un score personnel ne fait pas obstacle à la désignation lorsque l'intéressé n'a pu participer à des élections organisées après son licenciement : Cass. soc., 14 nov. 2013, n° 13-11301 P.

B - L'indemnisation

749. Absence ou refus d'autorisation – Si le salarié ne souhaite pas son retour au sein de l'entreprise, il est créancier, au titre de la violation de son statut, de ses salaires bruts correspondant à toute la période de protection en cours, dans la limite de deux ans, durée minimale légale[33] (en pratique, la période qui expire la dernière), à la date de l'envoi de la lettre de licenciement (et non de l'expiration du préavis), ou au jour de la demande de résolution judiciaire. S'ajoute à cette période celle de six mois qui suit la fin du mandat. Il est indifférent que le salarié ne soit pas resté à la disposition de l'employeur (prise d'acte en raison d'un manquement aux obligations contractuelles), ou qu'il parte à la retraite. La jurisprudence plafonne cette réparation dans la limite de la protection accordée aux élus, peu important la durée maximale prévue pour le contrat de travail. Elle admet sa réduction en présence d'une déloyauté du salarié en certaines situations particulières[34]. En toute hypothèse, vient s'ajouter à ces sommes, la réparation du préjudice découlant de l'illicéité ou du caractère discriminatoire de la rupture au moins égale aux six derniers mois de salaires, laquelle n'implique pas le constat de l'absence de cause réelle et sérieuse (octroi de plein droit). Ces versements présentent une nature indemnitaire et forfaitaire (quels que soient les revenus tirés d'une autre activité, par exemple). Ils accompagnent celui des indemnités ordinaires de licenciement (par ex. pour maladie professionnelle), de préavis et de congés payés.

Le salarié est tenu de formuler sa demande durant la période de protection s'il souhaite bénéficier du forfait à moins d'être en mesure de justifier de circonstances indépendantes de sa volonté et sauf abus[35]. Dans le cas contraire, il lui est accordé une indemnité calculée en fonction du préjudice subi.

Une transaction sur ces sommes ne peut être conclue que lorsque la formalité du licenciement a été accomplie ce qui suppose qu'une autorisation ait été accordée par l'administration du travail sous peine de nullité absolue[36].

750. Retrait ou annulation d'une autorisation définitive[37] – Dans ces hypothèses, le salarié concerné a droit à une indemnité correspondant à la totalité du préjudice matériel et moral subi au cours de la période qui s'est écoulée entre son licenciement et la fin du deuxième mois suivant la notification à l'employeur de ces décisions[38]. L'évaluation n'est plus forfaitaire (somme ayant la nature d'un complément de salaire). Elle tient compte des revenus tirés de l'activité, d'une pension de retraite ou des allocations-chômage perçues par l'intéressé. Le salarié peut également prétendre

33. Dans le cas d'un représentant de la section : Cass. soc., 15 mai 2019, n° 18-11036 (le mandat reste valable jusqu'aux premières élections professionnelles qui suivent la désignation) ; Cass. soc., 21 sept. 2017, n° 15-28932 P : en cas de prise d'acte en incluant les primes dues après ce moment. Sur la proposition de création d'une sanction pécuniaire, v. Rapport Cass. 2014.
34. Par ex. titulaires de mandats extérieurs à l'entreprise ayant sciemment dissimulé leur statut : Cass. soc., 8 févr. 2012, n° 10-21198 (absence de fraude) ; la qualification d'escroquerie est écartée : Cass. crim., 14 avril 2015, n° 14-81188 P.
35. Sur l'abus : Cass. soc., 26 mars 2013, n° 11-27964 P (quatre ans sans justifier d'un motif).
36. Cass. soc., 15 mars 2012, n° 10-27065 et Cass. soc., 3 mars 2021, n° 19-20265.
37. Lorsqu'il n'a pas été formé de recours dans les délais, ou lorsqu'aucune voie de recours ordinaire ne peut plus être exercée à son encontre.
38. Date du jugement du TA ou de la décision du ministre mais non celle de la décision confirmative.

aux indemnités ordinaires de licenciement, ainsi que, le cas échéant, à l'indemnité résultant du caractère sans cause réelle et sérieuse[39] ou discriminatoire de celui-ci.

Pour aller plus loin

Une indemnité est due au salarié qui prend acte de la rupture, soit avant tout licenciement, soit après avoir obtenu en justice une réintégration à laquelle l'employeur s'oppose.

39. L'indemnisation par le juge judiciaire dépend alors du motif de l'annulation : Cass. soc., 4 juill. 2018, n° 16-26860 P (impossible en présence d'un motif tiré de la légalité interne de la décision administrative) ; v. ég. Cass. soc., 26 févr. 2020, n° 18-24697.

PARTIE 4

Les droits des salariés dans l'entreprise

751. Scellée par le contrat, la relation de travail entre dans sa phase d'exécution qui place chacune des parties face à ses obligations. Le salarié est tenu d'accomplir la tâche selon les modalités qui ont été définies lors de l'embauche. L'employeur fournit le travail et, en contrepartie, verse le salaire. Ces obligations s'exécutent sous le statut du salariat dont l'application découle des conditions mêmes d'accomplissement du travail subordonné.

En raison d'un caractère impératif nettement affirmé, ce statut puise sa source dans la loi en ses aspects essentiels que sont le salaire, la durée du travail ou encore la santé et la sécurité. Mais il est aussi précisé et complété par les conventions et accords collectifs de travail, bien souvent, sous la pression des salariés à l'occasion de l'exercice de leur droit de grève.

CHAPITRE 16

Le salaire

752. Contrepartie de la tâche – Quoiqu'il constitue un élément important de la relation professionnelle, le salaire ne reçoit en Droit du travail aucune définition précise. Si la loi décrit parfois certains de ses éléments, sa fixation relève, pour l'essentiel, de la négociation.

1 • LE SALAIRE, CONTREPARTIE DU TRAVAIL FOURNI

753. Qualification – Le salaire se distingue d'autres éléments à caractère financier perçus par le travailleur en certaines circonstances particulières. On désigne alors le produit de l'intéressement facultatif (art. L. 3312-1), ou de la participation obligatoire (art. L. 3321-1), ainsi que de certaines variétés de placement à caractère collectif récemment rendus plus attractifs par le législateur (Ord. 2019-766, 24 juill. 2019 et D. 2019-807, 30 juill. 2019) déclinés sous le même régime facultatif (C. mon. fin., art. L. 224-13 ; Plan d'Épargne Retraite d'Entreprise Collectif : Pereco), ou obligatoire (C. mon. fin., art. L. 224-24, al. 1er ; Plan d'Épargne Retraite Obligatoire : Pero), attribution d'actions gratuites dont la durée de détention a été réduite (C. com., art. L. 225-197-1), acquisition d'actions de la société à des conditions avantageuses (*stock-options*), etc.

754. Variété – Ainsi identifié, le salaire revêt diverses formes tandis que sa substance se révèle également très variable.

A - Le principe et les exceptions

755. Synallagmatisme – De l'analyse, qui fonde le salaire sur le caractère synallagmatique du contrat de travail, il ne saurait être déduit que celui-ci présente toujours un caractère contractuel[1]. De la même manière, il ne saurait en être conclu, sans nuance, que si aucun travail n'a été accompli, celui-ci n'est pas dû. D'ailleurs, le salarié trouve parfois dans le comportement de l'employeur une justification à ne pas exécuter sa tâche sans en perdre la contrepartie (v. *supra*, n° 307).

1. Cass. soc., 20 oct. 1998, n° 95-44290 P qui réserve l'hypothèse du SMIC légal, de la convention collective, des usages et des engagements de l'employeur.

De son côté, s'il souhaite se soustraire au versement du salaire, l'employeur est tenu d'apporter la preuve d'un éventuel refus de travailler, de l'absence de toute mise à disposition, ou encore d'une situation contraignante.

Seule l'utilisation du temps de travail à des fins autres que celles pour lesquelles est perçue une rémunération constitue le délit d'abus de confiance[2].

Pour aller plus loin

Les hypothèses dans lesquelles le salaire est dû sans fourniture du travail, même sans faute de l'employeur, sont abondantes et reposent sur des motifs divers (ex. crédits d'heures, congés annuels, etc.).

756. Formes – Il arrive que le montant du salaire soit lié à la quantité de travail fourni (à la pièce), ou à la durée du travail accompli indépendamment de toute autre considération (horaire). Lorsque le calcul dépend de l'apport du travailleur à l'enrichissement de l'entreprise, il est question d'un salaire au pourcentage (guelte, commission, boni, etc.) fondé sur des objectifs raisonnables et compatibles avec le marché. Dans cette hypothèse, il est perçu une rémunération fixe à laquelle s'ajoute une fraction variable.

Pour aller plus loin

Les pourboires, qui constituent parfois la totalité du gain reçu, sont intégralement reversés au salarié en contact avec la clientèle (art. L. 3244-1 et R. 3244-1). Quant à la fixation de la partie variable de la rémunération, elle ne doit pas résulter de la seule volonté de l'employeur : Cass. soc., 9 mai 2019, n° 17-27448 P.

B - Les éléments constitutifs du salaire

757. Régime – Le salaire comprend la rémunération de base ainsi des compléments plus ou moins liés à l'exécution du travail dont il convient de préciser le régime. Il ne faut pas confondre le caractère obligatoire du complément et son identité juridique. Le fait que la somme revête la nature d'un salaire ne signifie pas que l'employeur ne peut la remettre en cause. Ainsi la prime instaurée par la pratique est obligatoire lorsqu'elle réunit les conditions de l'usage ou de l'engagement unilatéral[3]. Il en va de même lorsque le complément trouve son origine dans le contrat. Sa révision obéit alors aux règles qui gouvernent chacun de ces supports.

758. Qualification – Le critère déterminant se situe dans le rapport établi entre le versement du complément et l'exécution de la prestation[4]. Il faut également prendre en considération, à ce titre, les indications fournies par la convention collective ou le

2. Cass. crim., 30 juin 2021, n° 20-81070 B : l'action civile de l'employeur est possible en réparation du dommage causé.
3. Cass. soc., 4 avril 2012, n° 10-18928 (versement aléatoire : pas de salaire). Cass. soc., 1er avril 2015, n° 13-26707 (engagement obligatoire).
4. Cass. soc., 7 avril 2010, n° 07-45322 P : prime de maintien du pouvoir d'achat. Cass. soc., 29 juin 2011, n° 09-71107 P : prime qualitative. Cass. soc., 14 nov. 2012, n° 11-14862 P : complément de métier.

contrat individuel. Sont donc exclus les sommes versées au titre d'un préjudice, ainsi que les éléments purement aléatoires (par ex. une prime « non-accident », une gratification bénévole, etc.), ou encore ceux qu'aucun lien suffisant ne rattache au travail comme les primes d'ancienneté ou d'assiduité, la prime collective de performance à l'instar des parts de carried interest[5]. D'autres éléments obéissent à un régime spécifique, telle la prime de treizième mois et, de manière plus générale, celles ayant une périodicité supérieure au salaire.

Pour aller plus loin

Les remboursements de frais sont aussi exclus de la qualification. En principe, il incombe à l'entreprise de rembourser ceux exposés pour les besoins de son activité et dans son intérêt, sans délai libératoire. Ces frais ne peuvent être imputés sur la rémunération, sauf clause contractuelle prévoyant une somme forfaitaire et sous réserve, alors, du caractère proportionné de cette somme et du respect du SMIC mensuel (Cass. soc., 19 sept. 2013, n° 12-15996 : à défaut, sanction pécuniaire). La preuve de l'existence des frais professionnels incombe au salarié. L'action en remboursement de ces frais échappe à la prescription des salaires.

2. LA FIXATION DU MONTANT DU SALAIRE

759. Cadres – En principe, la fixation du salaire obéit à une négociation. Mais un grand nombre de travailleurs demeure hors du champ de la discussion contractuelle et relève du régime d'une rémunération minimum en application de la loi.

A - La négociation salariale

760. Sources – La détermination du montant du salaire échoit, en priorité, à la discussion des partenaires sociaux (sur le rôle des recommandations patronales en ce domaine, v. *supra*, n° 24). Elle entre dans le champ de la négociation obligatoire (v. *supra*, n° 83) dont sont issus des minima conventionnels (v. *supra*, n° 131) que l'employeur est tenu de respecter. Sur cette base, la fixation du salaire, et de ses modalités d'évaluation, peut être également l'œuvre des parties au contrat (par ex. une clause de variation), ou résulter, partiellement, voire en totalité, de l'usage et de l'engagement unilatéral (sous réserve d'une négociation individuelle en cas de dénonciation).

761. Deux principes – En matière salariale, la négociation est dominée par le principe général d'égalité de traitement et celui, plus spécifique, de non-discrimination qu'il ne faut pas confondre. L'un et l'autre sont érigés au rang de principe fondamental[6]. Mais alors que le principe de non-discrimination se définit par rapport à certains mobiles

5. Cass. soc., 22 sept. 2011, n° 10-18969 (ancienneté). Cass. crim., 15 févr. 2011, n° 10-83988 P ; Cass. soc., 17 oct. 2012, n° 11-15699 (pauses) ; Cass. soc., 12 nov. 2020, n° 18-23986 P (parts de carried interest).
6. Au sujet des discriminations : Cass. soc., 10 déc. 2002, n° 00-42158 P ; en matière d'égalité de traitement : Cass. soc., 13 janv. 2004, n° 01-46407 P.

illicites (art. L. 1132-1)[7], celui d'égalité de traitement se résume dans la formule « à travail égal, salaire égal » qu'expriment d'autres dispositions du Code du travail (art. L. 2271-1 8° et L. 1224-3-2) et qu'évoque encore la règle imposant à l'employeur d'assurer, « pour un même travail ou pour un travail de valeur égale », l'égalité de rémunération entre salariés de sexe différent (art. L. 3221-2). Sont visés par ces principes, les salaires et traitements ordinaires de base ou minimum et indirectement, les compléments en espèces ou en nature, en raison de l'emploi, ce qui englobe aussi les dividendes du travail. Et d'autres dispositions tendent à assurer l'égalité à l'égard de travailleurs soumis à des statuts particuliers (ex. temporaires).

Pour aller plus loin

Lorsque le salarié invoque une atteinte au principe d'égalité de traitement, la durée de la prescription est déterminée par la nature de la créance objet de sa demande (Cass. soc., 30 juin 2021, n° 20-12960 B : exclusion du délai applicable à la discrimination).

762. Rattrapage salarial ; applications – Tout employeur occupant cinquante salariés doit désormais prendre en compte (obligation de résultat) un objectif de suppression des écarts de rémunération entre les femmes et les hommes (art. L. 1142-7 : publication d'indicateurs, plan de rattrapage, v. *supra*, n° 74 ; v. aussi instr. DGT 2019/03 du 25 janv. 2019).

Indicateurs et rattrapage : illustrations

Le calcul prend appui sur des indicateurs dont le nombre dépend de l'effectif de l'entreprise (art. D. 1142-2 et D. 1142-2-1) : écart de rémunération, écart de taux d'augmentations individuelles, écart de taux de promotions, etc. Le résultat correspond à la somme des points obtenus pour chacun des indicateurs en application d'un barème (art. D. 1142-3) en vue d'atteindre la note moyenne de 75 points. Une pénalité financière est encourue (art. L. 1142-10, al. 1 et 2).

763. Périmètre – Les avantages salariaux ne sont licites que s'ils sont accordés par l'employeur à l'ensemble des personnes placées dans une situation identique au sein de l'entreprise et de ses établissements[8] à l'exclusion de l'UES, sauf exception[9], ou du groupe. Il est indifférent qu'il y ait rattachement contractuel des membres de cette collectivité à son chef ou que les salariés soient soumis à la même convention collective. C'est à celui qui invoque une atteinte au principe d'égalité de démontrer qu'il se trouve dans une situation identique ou similaire à celui auquel il se compare[10].

764. Critère – De manière générale, toute différence de traitement doit être fondée sur une raison objective soumise à un contrôle concret de réalité et de pertinence. Le

7. Cass. soc., 17 avril 2019, n° 16-15199.
8. Cass. soc., 3 nov. 2016, n° 15-18444 P. Sur le plan temporel, ce sont les dispositions légales ou conventionnelles en vigueur à la date à laquelle naît un droit qui déterminent ceux du salarié : Cass. soc., 28 mars 2018, n° 16-19260 P.
9. En présence d'un accord collectif commun, ou pour des salariés de l'UES travaillant dans un même établissement : Cass. soc., 8 sept. 2021, n° 19-24771.
10. Cass. soc., 4 avril 2018, n° 16-27703 P.

Code du travail précise, à cet effet, ce qu'il faut entendre par « travail de valeur égale » entre salariés de sexe différent. Appartiennent à cette catégorie les tâches qui exigent des salariés « un ensemble comparable de connaissances professionnelles consacrées par un titre, un diplôme ou une pratique professionnelle, de capacités découlant de l'expérience acquise, de responsabilités et de charge physique ou nerveuse » (art. L. 3221-4). Cela n'implique donc pas des fonctions identiques mais une comparaison effective, peu important l'appartenance à la même catégorie professionnelle, à moins que la différence de traitement résulte des termes mêmes d'un accord. La date d'embauche, la localisation géographique ou le statut juridique (par ex. agents publics privé, forme du contrat de travail) ne suffisent pas à eux seuls, de ce point de vue, lorsque les personnels intéressés accomplissent un travail de valeur égale.

En revanche, peuvent constituer cette raison le parcours professionnel institué par voie d'accord, la réparation d'un préjudice (par ex. du fait du passage à une rémunération fixe), le contexte (par ex. l'urgence à pourvoir un emploi), les perspectives de l'entreprise, la soumission du salarié à une évaluation facultative, les conditions de travail (ex. par ex. dans des zones ou communes touristiques ; v. *infra*, n° 823), la réduction de disparités à la suite d'un transfert d'entreprise[11], etc. Un tel raisonnement n'est pas sans limite car la seule différence de diplôme, en cours d'exécution du contrat, lorsque les fonctions sont les mêmes et en l'absence d'exigence conventionnelle précise, ne se révèle pas probante tandis que les qualités professionnelles ne sauraient être invoquées dès le recrutement.

Pour aller plus loin

Peut être prise en compte la spécificité de la situation des salariés d'une catégorie professionnelle (qualité, expérience et notoriété en application du statut ; degré d'autonomie et de responsabilité, etc.). Peut également être prise en compte la spécificité de la catégorie elle-même : Cass. soc., 9 juill. 2014, n° 13-12121 P.

Le principe d'égalité de traitement ne fait pas obstacle à ce que des salariés embauchés postérieurement à l'entrée en vigueur d'un nouveau barème conventionnel bénéficient d'une évolution de carrière plus rapide dès lors qu'ils ne jouissent à aucun moment d'une classification ou d'une rémunération plus élevée que celle des salariés embauchés antérieurement et placés dans une situation identique ou similaire[12]. Une certaine réduction du champ du principe s'observe, de ce point de vue.

765. Sanction – Est prononcée la nullité de toute clause discriminatoire figurant dans un accord (art. L. 1142-3), voire de toute décision prise à l'encontre d'un salarié qui aurait exercé une défense en justice[13]. Le rétablissement de la situation du travailleur est opéré au vu de sa situation exacte. Des sanctions pénales sont encourues (art. R. 3222-1 et s.). Sur le plan individuel, ce rétablissement ne justifie pas la modification du contrat de travail[14]. La mise en œuvre des principes d'égalité de traitement

11. Cass. soc., 24 juin 2021, n° 19-21772 P.
12. Cass. soc., 5 juin 2019, n° 17-21749 P.
13. En cas de violation du principe « à travail égal, salaire égal : Cass. soc., 16 mars 2016, n° 14-23589 P (nullité admise au titre du droit d'agir en justice).
14. Cass. soc., 28 mai 2019, n° 17-17929 P, préc.

et de non-discrimination soulève cependant des difficultés de preuve. Afin d'éviter que celles-ci ne constituent un obstacle à l'action du salarié, le Code du travail allège la charge de la démonstration (v. *supra*, n° 217). Il permet également au syndicat de se substituer au travailleur sur ce terrain (v. *supra*, n° 521).

766. Présomption – En pratique, les différences de traitement opérées par voie d'accords collectifs entre catégories professionnelles entre salariés d'une même catégorie qui occupent des fonctions distinctes, ou entre des travailleurs appartenant à des établissements différents, sont présumées justifiées[15]. Il appartient à celui qui les conteste de démontrer qu'elles sont étrangères à toute considération de nature professionnelle. Il en va autrement lorsqu'elles résultent d'une décision de l'employeur ou lorsque celui-ci jouit d'une marge d'appréciation sur l'avantage conventionnel (ex. maîtrise personnelle du poste).

Mais, en toute hypothèse, la reconnaissance d'une présomption générale de justification ne saurait être admise sur ce fondement[16]. Et lorsque de telles différences de traitement en raison d'un des mobiles illicites visés par la loi (v. *supra*, n° 213) résultent des stipulations d'une convention ou d'un accord collectif, négociés et signés par des organisations syndicales représentatives, les stipulations concernées ne peuvent être présumées justifiées au regard du principe de non-discrimination[17].

B - Le minimum impératif : le salaire minimum interprofessionnel de croissance (SMIC)

767. Double garantie – La loi a créé le SMIC qui associe la rémunération des travailleurs aux évolutions de la croissance économique (art. L. 3231-2). Mais le SMIC garantit également le pouvoir d'achat des salariés aux rémunérations les plus faibles. Dans ce but, lorsque l'indice national des prix à la consommation atteint un niveau correspondant à une hausse d'au moins 2 % par rapport à l'indice immédiatement antérieur, le SMIC est relevé dans la même proportion à compter du premier jour du mois suivant[18]. Un plancher est établi de sorte que l'accroissement annuel du pouvoir d'achat du SMIC ne peut en aucun cas être inférieur à la moitié de l'augmentation de celui des salaires horaires moyens enregistrés par l'enquête trimestrielle du ministère du Travail (art. L. 3231-8 et R. 3231-2-1). Quant à la participation aux fruits de la croissance, elle passe chaque année par une réévaluation du SMIC avec effet au 1er janvier, d'ailleurs non exclusive d'une évolution en cours d'année (art. L. 3231-6 ; au 1er oct. 2021, le taux horaire s'élève à 10,48 euros soit 1589,47 euros mensuels). L'objectif est ici d'éviter des distorsions durables entre la progression du SMIC et l'évolution des conditions économiques générales ainsi que des revenus.

15. Cass. soc., 26 avril 2017, n° 15-23968 P. En application d'un accord d'établissement : Cass. soc., 20 mars 2019, n° 17-19280. V. ég. CE, 15 mars 2017, n° 389559.
16. Cass. soc., 3 avril 2019, n° 17-11970 P : écartant la présomption sur la base du seul critère de la « présence ».
17. Cass. soc., 9 oct. 2019, n° 17-16642 P.
18. Une telle indexation doit être distinguée des stipulations conventionnelles que la loi prohibe (C. mon. fin., art. L. 112-2 et C. trav., art. L. 3231-3).

768. Champ – Toutes les formes de rémunération sont concernées par le SMIC, y compris les pourboires. Il importe simplement que le salarié soit resté à disposition de l'employeur sans manifester l'intention de ne pas travailler (par ex. les pauses sont exclues, en principe). Des sanctions pénales et administratives sont encourues[19] ainsi que des réparations civiles[20].

769. Calcul – Le SMIC dépend de la durée d'activité en vigueur au sein de l'entreprise. Son application suppose que le salarié travaille sous un planning déterminé. Afin de vérifier que son niveau est atteint, il convient d'écarter tous les compléments de rémunération qui ne peuvent recevoir la qualification de salaire et intégrer ceux revêtant cette qualification (v. *supra*, n° 757) à l'instar des avantages en nature.

Pour aller plus loin

Le SMIC se distingue du minimum garanti (art. L. 3231-12) qui a pour objet l'évaluation des avantages en nature accordés au salarié (3,73 euros au 1er oct. 2021) ; ou encore de la rémunération minimum mensuelle au profit des personnels percevant les plus basses rémunérations afin de corriger les fluctuations de leur activité (art. L. 3232-1).

3. LE PAIEMENT DU SALAIRE

770. Régularité – Contrepartie nécessaire de la relation de travail, le salaire ne saurait être perçu de manière aléatoire. Son versement régulier (art. L. 3242-1) est préservé par la loi des événements susceptibles d'y faire obstacle. Il est versé en argent et/ou en nature (ex. logement, nourriture, véhicule).

A - Les formes et le contrôle du paiement

771. Mensualisation – Le paiement du salaire intervient, en principe, une fois par mois (par chèque ou virement au-delà de 1 500 euros net) sur le lieu et au temps du travail. Un acompte est autorisé à la demande du salarié sous certaines conditions. Quelques catégories de travailleurs échappent à cette périodicité (à domicile, saisonniers, intermittents, temporaires). Leurs salaires sont alors réglés au moins deux fois par mois, à seize jours au plus d'intervalle là encore, en principe. En tous les cas, il appartient à l'employeur de mettre la créance à disposition de son subordonné (sur les modalités : art. R. 3241-1). Le défaut de paiement constitue un trouble manifestement illicite que le juge des référés a le pouvoir de faire cesser.

772. Versement – La question du versement du salaire se pose en cas de mutation ou de suspension du contrat selon que l'absence est ou non assimilée à un temps de travail effectif en vertu de la convention collective, notamment. Toute retenue doit être opérée dans le respect d'une stricte proportionnalité. En cas de rupture du lien

19. En matière de salaire minimal, la loi a institué des obligations ainsi qu'une responsabilité financière à la charge du donneur d'ordre (art. L. 3245-2 et R. 3245-1 et s.). Une responsabilité solidaire est prévue (art. R. 3245-2).
20. Cass. soc., 29 sept. 2021, n° 20-10634 B.

professionnel, c'est l'appartenance à l'entreprise au moment du versement d'un complément salarial qui justifie celui-ci. Une attribution au *prorata temporis* suppose l'existence d'un accord ou d'un usage en ce sens.

773. Justification – Il incombe à l'employeur de délivrer un bulletin de paie qu'il fait parvenir par tous moyens. Celui-ci supporte donc la charge de démontrer que le salaire a été payé qu'il y ait eu ou non délivrance du bulletin dont la remise ne crée aucune présomption de paiement[21]. Il lui est d'ailleurs loisible de justifier qu'un élément de rémunération, qui ne s'y trouve pas mentionné, a été versé. Le défaut de pouvoir de celui qui procède à ce versement est inopposable au salarié.

Un écrit indélébile sous la forme d'une lettre, d'un bordereau, ou établi par voie électronique est recommandé (art. L. 3243-5 ; v. norme Afnor NF Z42-025), sauf opposition du travailleur dûment informé (art. D. 3243-7). Aucune signature n'y figure, en principe (sur les durées de conservation et d'accessibilité : art. L. 3243-4 et D. 3243-8). Des mentions obligatoires y sont portées (art. R. 3243-1). En sont exclues certaines indications (grève, activités de représentation). Tout manquement de l'employeur à l'une de ces règles déclenche des sanctions pénales (art. R. 3246-1) ainsi que des réparations civiles.

B - Les obstacles au paiement

774. Prescription triennale – L'action en paiement du salaire, ce qui inclut la délivrance du bulletin de paie, se prescrit par trois ans (art. L. 3245-1)[22]. Cette règle d'ordre public est opposable au salarié mais également à l'employeur en cas de trop-perçu (sur les causes de suspension et d'interruption : v. C. civ., art. 2233 et s.). Son application suppose que la somme en cause ait la nature juridique d'une créance salariale ou qu'elle soit versée à échéance périodique, qu'il s'agisse de la rémunération de base (ex. heures de délégation) ou d'un autre élément (jurisprudence très permissive : ex. frais professionnels, pensions de retraite complémentaire, etc.). Il importe aussi que le montant de cette somme soit déterminé ou déterminable à partir d'éléments connus du salarié et dont le débiteur est tenu de faire déclaration. En dehors de la prescription, les mécanismes de cession et de saisie sont encore susceptibles d'entraver le paiement.

775. Autres obstacles – La cession est la possibilité offerte au travailleur de se libérer d'une dette en proposant au créancier de percevoir, en ses lieu et place, une partie de son dû. La saisie est la faculté dont dispose le créancier d'obtenir le remboursement de la dette par la perception d'une partie de la somme versée au salarié[23]. En ces domaines, le Code du travail a posé le principe d'un prélèvement limité de la rémunération. Il détermine les fractions cessibles ou saisissables ainsi que les procédures de cession ou de saisie (art. R. 3252-2). En tous les cas, une somme est laissée à la

---

21. Cass. soc., 16 juin 2021, n° 19-25344 ; les éléments servant au calcul doivent être produits : Cass. soc., 1er mars 2017, n° 15-28198.
22. À compter du jour où celui qui l'exerce a connu ou aurait dû connaître les faits lui permettant de l'exercer (art. L. 3245-1), ou, lorsque le contrat est rompu, sur les trois années précédant la rupture du contrat : Cass. soc., 30 mai 2018, n° 16-25557 P.
23. Entre les mains du juge de l'exécution.

disposition du bénéficiaire de la rémunération (revenu de solidarité active d'une seule personne : 565,34 euros au 1er avril 2020).

Enfin, l'existence de deux dettes réciproques entre l'employeur et le salarié favorise l'extinction de celles-ci par compensation (C. civ., art. 1347). Toutefois, en Droit du travail, des règles ont été établies afin de limiter les prélèvements effectués à ce titre.

Pour aller plus loin

Outre l'exigence d'un montant minimal équivalent au SMIC, il est interdit, en principe, de procéder à des retenues compensant des créances de fourniture, sauf en ce qui concerne les outils nécessaires au travail, les matériaux dont le salarié a la garde ou l'usage ainsi que les sommes avancées pour l'acquisition de ces objets (art. L. 3251-2 : règle d'ordre public). Des limites ont été fixées en présence d'avances en espèces (art. L. 3251-3).

C - Les garanties du paiement

776. Insolvabilité – Des règles prémunissent tout travailleur contre le risque de non-paiement des dettes de salaire. Un privilège général sur les meubles (C. civ., art. 2331, 3° : 3e rang) et les immeubles (C. civ., art. 2377, 2° : 2e rang) ainsi qu'un superprivilège ont été établis par la loi (art. L. 3253-1 et s.). En cas d'ouverture d'une procédure collective, une institution de garantie prend en charge le règlement des dettes de l'employeur (art. L. 3253-6 : Association pour la gestion du régime de Garantie des créances des Salariés, « AGS »). Tout dirigeant est tenu d'assurer ses subordonnés contre le risque de non-paiement du salaire, ce qui inclut celui implanté dans un autre État membre de l'Union européenne ou de l'Espace économique européen (art. L. 3253-18-1 et s.).

CHAPITRE 17

La durée du travail

777. Triptyque – Il existe en France une durée légale du travail qu'encadrent des règles, le plus souvent, impératives. Celles-ci ne s'opposent pas, cependant, à ce que des aménagements soient apportés au rythme ainsi qu'au volume d'heures accomplis par le salarié. En ce domaine une place prépondérante est reconnue à la négociation d'entreprise quoique l'accord de niveau supérieur soit plus favorable[1]. En son absence, des dispositions supplétives ont vocation à s'appliquer (art. L. 3111-3 et R. 3111-1).

1 • LA FIXATION DE LA DURÉE DU TRAVAIL

778. Règle impérative – La durée légale du travail s'établit à 35 heures par semaine (art. L. 3121-27). Son champ d'application est étendu (art. L. 3111-1). Seules quelques activités en demeurent exclues (ex. les gardiens d'immeubles d'habitation)[2].

A - La durée légale

779. Négociation éventuelle – La durée légale du travail de 35 heures a pour cadre le temps de travail effectif au cours duquel le salarié se trouve à la disposition de l'employeur. Quoique cette règle soit d'ordre public, rien n'interdit aux parties de négocier le moyen de se soustraire à certaines de ses contraintes.

1) Temps de travail effectif et horaire collectif

780. Définition – La durée d'activité exercée au service de l'entreprise est qualifiée de temps de travail effectif. Elle est définie par la loi comme un « temps pendant lequel le salarié est à la disposition de l'employeur et doit se conformer à ses directives sans pouvoir vaquer librement à des occupations personnelles » (art. L. 3121-1 : règle impérative). Le critère dégagé par cette définition dessine les contours de la subordination dans son vécu quotidien. À ce titre, il ne s'oppose pas à une certaine liberté de mouvement du salarié.

1. Au sein des développements qui suivent, l'accord désigne donc celui conclu au rang de l'entreprise qui est transmis à la commission paritaire de branche (art. D. 2232-1-2) sauf indication contraire.
2. Tout travailleur, même employé par l'armée, doit bénéficier de l'encadrement du temps de travail prévu par le droit de l'Union : CJUE, 15 juill. 2021, aff. C-742/19.

Illustrations

Par ex. en cas de trajet d'un lieu de travail à un autre (Cass. crim., 2 sept. 2014, n° 13-80665 P) ; mais non pour le temps normal de déplacement professionnel afin de se rendre du domicile sur le lieu du travail : art. L. 3121-4, al. 1er (règle impérative), ou du simple fait que le salarié soit astreint de se déplacer à l'intérieur d'une enceinte sécurisée : Cass. soc., 9 mai 2019, n° 17-20740 P.

781. Équivalences – En outre, il ne faudrait pas croire que la durée de travail effectif correspond, en permanence, à des périodes d'activité. Il existe un mode spécifique de décompte d'un temps de travail équivalent pour les emplois comportant des périodes d'inaction (art. L. 3121-13). Ce décompte s'applique, en l'absence d'accord de branche étendu à titre exclusif (art. L. 3121-14), par voie réglementaire à certains secteurs professionnels (art. L. 3121-15 ; par ex. commerces de détail alimentaire) à l'exclusion de quelques salariés (par ex. temps partiel).

782. Astreinte – La durée équivalente ne doit pas être confondue avec l'astreinte qui n'est pas considérée comme un temps de travail effectif puisque le salarié, éloigné du lieu de travail, est libre de vaquer à des occupations personnelles. Au cours de cette période, il lui est demandé d'être en mesure d'effectuer un travail au service de l'employeur (art. L. 3121-9 : programmation dans un délai raisonnable ; négociation possible de la mise en place ainsi que des modalités : art. L. 3121-11 ; en l'absence d'accord : art. L. 3121-12 et R. 3121-3).

783. Horaire collectif – De manière générale, il appartient à l'employeur de définir l'horaire à l'intérieur duquel s'accomplit le travail effectif (art. D. 3171-1 et s.). On parle alors de l'horaire collectif en raison du fait que tous les salariés de l'entreprise s'y trouvent soumis, en principe sans que leur accord soit exigé. Cet horaire collectif a pour cadre la semaine civile (art. L. 3121-32 et L. 3121-35). Arrêté après information-consultation des élus, il est transmis à l'inspecteur du travail puis affiché. Par exception, certains travailleurs y échappent (v. *infra*, nos 798 et s.).

La répartition des heures de travail sur les jours de la semaine est déterminée par voie réglementaire sous réserve des aménagements conventionnels.

2) Durées maximales de travail

784. Semaine de travail – La durée hebdomadaire moyenne de travail, calculée sur une période quelconque de douze semaines consécutives, ne dépasse pas quarante-quatre heures (art. L. 3121-22)[3]. Cette règle est impérative mais assortie d'exceptions : accord collectif ou autorisation administrative dans la limite de quarante-six heures (art. L. 3121-23 et s. ; art. R. 3121-11).

Au cours d'une même semaine, le plafond est de quarante-huit heures (art. L. 3121-20 : règle impérative). En tout état de cause, si le plafond de quarante-huit heures peut être levé en cas de circonstances exceptionnelles sur autorisation administrative (art. L. 3121-21), cela n'a jamais pour effet de porter la durée du travail à plus de soixante heures.

3. Sur l'exigence de décompte par enregistrement pour les salariés ne travaillant pas selon le même horaire collectif, v. art. D 3171-8.

Les élus sont consultés à ces sujets et leur avis transmis à l'inspecteur du travail.

785. Journée de travail – Quant à la durée quotidienne de travail effectif, elle se trouve cantonnée à dix heures (règle impérative)[4]. Un accord peut prévoir un dépassement, en cas d'activité accrue, ou pour des motifs liés à l'organisation de l'entreprise, à condition que ce dépassement n'ait pas pour effet de porter cette durée à plus de douze heures (art. L. 3121-19). Une autorisation peut également être sollicitée de l'administration du travail en un tel contexte (par ex. travaux saisonniers).

L'amplitude de la journée de travail n'excède pas treize heures ce qui inclut les interruptions de l'activité (sauf limitations en matière de travail de nuit ainsi que pour les jeunes travailleurs) mais exclut les équivalences.

La preuve du respect des durées maximales de travail fixées par le droit interne incombe à l'employeur.

Pour aller plus loin

En ce qui concerne les jeunes travailleurs, des dérogations aux durées maximales peuvent être accordées dans la limite de cinq heures par semaine par l'inspecteur du travail, après avis du médecin du travail (art. L. 3162-1, al. 2 ; ex. chantiers d'espaces paysagers).

B - Le travail de nuit

786. Pratique finalisée – La loi encadre très strictement le travail nocturne en définissant les périodes considérées comme telles ainsi que la notion de travailleur de nuit. Cette pratique est soumise à la recherche d'un équilibre entre les impératifs de protection de la sécurité ainsi que de la santé et la nécessité d'assurer la continuité de l'activité économique ou de services d'utilité sociale (art. L. 3122-1 : règle impérative). La jurisprudence interprète strictement ces exigences sous la menace d'une sanction pénale (art. R. 3124-15). La mise en place du travail de nuit requiert la conclusion d'un accord qui est présumé négocié et conclu dans cet objectif (art. L. 3122-15). À défaut, une autorisation de l'inspecteur du travail est imposée s'il a été tenté de négocier loyalement.

Illustrations

Il ne peut être recouru au travail de nuit que de façon exceptionnelle et en considération de la situation propre à chaque établissement. L'existence d'un accord collectif ne suffit pas à fonder ce recours (Cass. crim., 7 janv. 2020, n° 18-83074). Il revient donc à l'employeur de démontrer l'impossibilité d'envisager d'autres aménagements du temps de travail, ou le fait que l'activité économique le requiert (Cass. soc., 24 sept. 2014, n° 13-24851 P, affaire « Séphora »). Et celui qui invoque l'illicéité du travail de nuit doit en administrer la preuve : Cass. soc., 30 mai 2018, n° 16-26394 P.

4. Huit heures pour les jeunes travailleurs ; sauf dérogations de l'inspecteur du travail ou en cas d'urgence.

1) Définitions

787. Travail de nuit – Toute tâche débutant, en principe, au plus tôt à 21 heures et s'achevant au plus tard à 7 heures au cours d'une période d'au moins 9 heures consécutives comprenant l'intervalle entre minuit et 5 heures est considérée comme un travail de nuit (art. L. 3122-2, al. 2 ; règle impérative). Un aménagement de cette période est possible par accord (art. L. 3122-15, al. 4), ou sur autorisation de l'inspecteur du travail après consultation des délégués syndicaux et avis des élus. Des exceptions sont prévues (ex. professions du spectacle et des médias ; commerces de détail alimentaire).

788. Travailleur de nuit – Celui qui accomplit, au minimum deux fois par semaine, selon son horaire habituel, au moins trois heures de son temps de travail quotidien durant la période ci-dessus définie entre dans le champ du travail de nuit (art. L. 3122-5 ; règle impérative). La qualité de travailleur de nuit est encore accordée à celui qui accomplit un nombre minimal d'heures de travail nocturne, comprises dans l'horaire habituel, ce qui inclut des heures non effectivement travaillées, au cours d'une période de référence fixée par accord collectif étendu (art. L. 3122-16) ou, à défaut, par décret (art. R. 3122-8 : 270 heures pendant douze mois consécutifs).

Pour aller plus loin

Le travail de nuit est interdit aux jeunes de moins de dix-huit ans, sauf dérogations au sein de certains secteurs (art. L. 3163-2, al. 4 et 5) ou en cas d'urgence (art. L. 3163-3). Des sanctions pénales sont encourues.

2) Mise en œuvre

789. Impact – Selon la jurisprudence, le passage, même partiel, à un poste de nuit ou à un poste de jour constitue une modification du contrat. Cela signifie que le salarié est toujours en droit de s'y opposer. Cette protection déborde donc très largement celle prévue par la loi (ex. en raison d'obligations familiales impérieuses). Le Code du travail ajoute, cependant, une priorité permettant d'accéder à un poste de jour ou de nuit (art. L. 3122-13 : règle impérative). En outre, une surveillance médicale est organisée. Elle est susceptible de conduire à un transfert d'emploi dans des conditions proches du reclassement (v. *supra*, n° 312).

790. Durées maximales – La durée quotidienne du travail de nuit n'excède pas huit heures (art. L. 3122-6 ; règle impérative). Cette limite est dépassée jusqu'à douze heures en certaines circonstances ou si un accord le prévoit (art. L. 3122-17). Quant à la durée hebdomadaire, calculée sur une période quelconque de douze semaines consécutives, elle se trouve limitée à quarante heures et, à titre exceptionnel, à quarante-quatre heures par accord, ou par voie réglementaire. Des contreparties sont alors accordées. La preuve du respect de ces règles incombe à l'employeur (règles impératives).

C - Le travail en soirée

791. Notion – Les établissements de vente au détail (y compris alimentaire) qui mettent à disposition des biens et des services au sein de zones touristiques internationales (v. *infra*, n° 823) sont en droit de reporter le début de la période de travail de nuit jusqu'à vingt-quatre heures. Il est alors question d'un travail en soirée entre vingt et une heures (début de la période de nuit)[5] et vingt-quatre heures (art. L. 3122-4 : règle impérative) sur la base du volontariat (refus non fautif ; révision du choix offerte).

792. Mise en œuvre – Cette pratique requiert la conclusion d'un accord collectif renfermant un certain nombre de garanties (rémunération doublée, repos compensateur équivalent, etc.).

D - Les heures supplémentaires

793. Cadre – La loi définit le régime des heures supplémentaires effectuées au-delà de la durée de travail effectif[6]. et des temps assimilés dans un cadre hebdomadaire (art. L. 3121-28, L. 3121-29 et L. 3121-30, al. 2)[7].

Ces heures donnent lieu à une majoration de salaire (règles impératives) dont le taux est fixé par accord. Ce taux ne peut être inférieur à dix pour cent (art. L. 3121-33, I, 1°). À défaut d'accord, chacune des huit premières heures ouvre droit à une majoration de vingt-cinq puis de cinquante pour cent pour les heures subséquentes (art. L. 3121-36).

Illustrations

Le cadre dirigeant participant à la direction de l'entreprise (art. L. 3111-2) échappe à ce régime. Les règles relatives à la durée du travail, au travail de nuit et celles relatives au repos quotidien ou hebdomadaire et aux jours fériés ne s'appliquent pas non plus à lui.
Lorsqu'il est recouru de manière régulière à des heures supplémentaires, des conventions de forfait peuvent être conclues.

1) *Régime général*

794. Supports – L'employeur a recours, sauf exception, à un contingent d'heures supplémentaires (règle impérative) fixé par accord (art. L. 3121-33-1 2°). Les conditions ainsi que les modalités de dépassement de ce contingent sont également négociées. L'avis du CSE est requis. Mais la durée de la contrepartie en repos, obligatoire en ce cas, demeure encadrée par la loi (50 % pour les entreprises de vingt salariés au plus ; 100 % au-delà : art. L. 3121-33-1 3° et L. 3121-38). La violation des stipulations conventionnelles expose à une amende pénale[8]. À défaut d'accord (art. L. 3121-33, I,

---

5. Au-delà de vingt-deux heures, celle-ci s'achève à sept heures.
6. Une durée conventionnelle du travail inférieure à la durée légale n'entraîne pas, en l'absence de dispositions spécifiques en ce sens, l'abaissement corrélatif de ce seuil : Cass. soc., 2 juin 2021, n° 20-12578 P.
7. Une période de sept jours consécutifs pour le décompte des heures supplémentaires peut aussi être définie par accord (art. L. 3121-32).
8. Sur le décompte particulier de l'effectif dans ce cas, v. *supra*, n° 47.

2°), un décret détermine le contingent (deux cent vingt heures ; consultation annuelle des élus sur son usage).

795. Dépassement – Certaines heures sont prises au-delà de ces limites (ex. travaux urgents : art. L. 3121-30, al. 3 : règle impérative). Le contingent peut également être dépassé après consultation du CSE. Hors de son cadre légal, la demande d'accomplissement des heures entre dans le domaine de la révision du contrat de travail, à moins qu'il y ait eu contractualisation du principe d'un recours aux heures supplémentaires (au sujet du forfait, v. *infra*, 2).

796. Preuve – En cas de litige relatif à l'existence et au nombre des heures effectuées, le salarié présente au juge des éléments suffisamment précis quant aux horaires réalisés afin de permettre à l'employeur de répondre (art. L. 3171-4)[9]. Le juge forme alors sa conviction au vu de ces éléments et au besoin après toutes les mesures d'instruction qu'il estime utiles.

Pour aller plus loin

Les heures sont prises avec l'accord au moins implicite de l'employeur, ou s'imposent en raison du caractère nécessaire des tâches confiées au salarié. L'enregistrement dans le logiciel du pointage organisé par l'employeur, ainsi informé des heures de travail effectuées, peu importe l'absence d'autorisation préalable, vaut accord à la réalisation de ces heures (Cass. soc., 8 juill. 2020, n° 18-23366).

797. Repos – Il est possible de négocier le remplacement de tout ou partie du paiement de ces heures ainsi que des majorations qu'elles entraînent par un repos compensateur équivalent (art. L. 3121-33-II, 2°). Au sein des entités dépourvues de délégué syndical et non assujetties à l'obligation annuelle de négocier, la décision est prise par l'employeur sous réserve de l'opposition des élus s'ils existent. Les heures remplacées ne s'imputent pas sur le contingent d'heures supplémentaires.

2) Conventions de forfait

798. Écrit – Une fixation de la durée du travail par conventions de forfait est permise. La convention individuelle de forfait est établie par écrit et l'accord du salarié requis (art. L. 3121-55 : règle impérative).

799. Convention en heures sur la semaine ou sur le mois – Cette variété de convention s'adresse à tout travailleur (art. L. 3121-56). Le nombre d'heures doit alors être déterminé. Il est assuré au salarié une rémunération au moins égale à celle reçue compte tenu des majorations pour heures supplémentaires ; le salaire forfaitaire est dû quoique le volume d'heures accomplies soit inférieur au forfait ; il est majoré au-delà.

800. Convention en jours sur l'année – Cette forme suppose la signature d'un accord collectif garantissant le respect des durées raisonnables de travail et de repos (art. L. 3121-58 et s.). L'accord précise la durée annuelle d'activité ainsi que le

9. Sur le contenu des précisions exigées : Cass. soc., 17 févr. 2021, n° 18-15972 P.

nombre annuel de jours travaillés[10] et définit la période de référence du forfait (douze mois consécutifs ; règles impératives). Ce type de convention s'adresse aux cadres définis par l'accord, soustraits à l'horaire collectif (durée légale, heures supplémentaires), et déterminant librement leur emploi du temps à l'instar des salariés dont l'horaire ne peut être prédéterminé. Il est possible au titulaire de négocier individuellement un surcroît d'activité contre majoration de rémunération sous le contrôle du juge (au moins dix pour cent) dans la limite de deux cent trente-cinq jours. L'employeur vérifie régulièrement que la charge de la tâche est raisonnable et permet une bonne répartition du travail dans le temps (art. L. 3121-60 : règle impérative ; un droit à la déconnexion spécifique fait l'objet de la négociation à titre exclusif en ce cas : v. *supra*, n° 83)[11]. Le travailleur doit être auditionné individuellement tous les ans[12] ; la rémunération est alors fixée librement ;

801. Convention de forfait en heures sur l'année – Ce forfait dans la limite de la durée annuelle du travail fixée par l'accord collectif (toujours nécessaire : art. L. 3121-63) s'adresse à certains cadres définis par l'accord et soustraits à l'horaire collectif ainsi qu'à des salariés disposant d'une autonomie dans l'organisation de leur emploi du temps (rémunération égale au salaire de base majoré des heures forfaitisées). Lorsqu'un accord de performance collective modifie le dispositif, l'acceptation du salarié entraîne de plein droit l'application des stipulations de l'accord relatives au dispositif de forfait annuel (v. *supra*, n° 31).

E - Le temps partiel

1) Définition

802. Négociation – Le travail à temps partiel est soumis à un horaire inférieur à celui du temps plein (règle impérative : art. L. 3123-1). À ce titre, il ne doit pas être confondu avec le travail intermittent qui concerne, en vertu d'un accord collectif, des emplois permanents comportant par nature une alternance de périodes travaillées et non travaillées selon un planning préétabli (art. L. 3123-34 : règles impératives).

Le temps partiel peut être mis en place soit par convention d'entreprise ou, à défaut, de branche étendu (art. L. 3123-17). En l'absence d'accord, il peut être institué à la demande de l'employeur ou des salariés après avis du CSE, s'il existe (art. L. 3123-26 ; v. *supra*, n° 66).

Pour aller plus loin

La loi permet l'organisation d'un temps partiel sur une période supérieure à la semaine par voie d'accord d'entreprise ou, à défaut, de branche étendu sous réserve de l'agrément du salarié.

---

10. Cass. soc., 17 janv. 2018, n° 16-15124 P. Deux cent dix-huit au maximum sauf accord individuel et sous conditions. Cass. soc., 4 févr. 2015, n° 13-20891 P. À défaut, paiement d'heures supplémentaires obligatoire : Cass. soc., 5 juin 2013, n° 12-14729.
11. Sur l'exigence d'un suivi des travailleurs : art. L. 3121-64, II et L. 3121-65, I.
12. Sous peine de déloyauté dans l'exécution de la convention : Cass. soc., 12 mars 2014, n° 12-29141 P. La preuve du volume des heures n'incombe spécialement à aucune des parties (même arrêt).

803. Impact – Nul n'est tenu d'accepter le passage au temps partiel, pas plus que de se soumettre au temps plein (règle impérative : art. L. 3123-4). Il s'agit là d'une modification du contrat. La loi instaure une priorité pour les travailleurs désireux d'occuper ou de reprendre un poste à temps partiel ou à temps plein, quelle que soit la forme du contrat choisie (art. L. 3123-3 : règle impérative).

2) Conclusion du contrat

804. Support et preuve – Le contrat à temps partiel est établi par écrit (art. L. 3123-6 : règle impérative). Il peut être conclu avec ou sans terme[13]. À défaut d'écrit, il appartient à l'employeur qui se prévaut d'une durée réduite de démontrer, par tous moyens, certains éléments (durée convenue, possibilité pour le salarié de prévoir le rythme de travail, etc.). S'il n'y parvient pas, les parties sont déclarées liées à temps plein[14]. Cette requalification est soumise au régime de l'action en paiement du salaire (sur le délai, v. *supra*, n° 774).

805. Contenu de l'acte – Le contrat définit la durée hebdomadaire, ou mensuelle, prévue (à l'exclusion des horaires) ainsi que la répartition de cette durée entre les jours de la semaine ou les semaines du mois (sans dérogation possible), y compris lorsque le salarié est autorisé à refuser certaines missions. Sont encore précisés les cas dans lesquels une modification éventuelle est susceptible d'intervenir sous réserve d'une notification accompagnée d'un délai de prévenance (art. L. 3123-11 : règle impérative). À défaut, le travailleur est en droit de refuser celle-ci[15]. En outre, il est en droit de s'y opposer sans faute si le contrat n'a pas prévu les cas et la nature de la modification ou, dans le cas contraire, lorsque ces modifications sont incompatibles avec certaines obligations (familiales, d'enseignement, d'activité salariée ou non ; art. L. 3123-12 : règles impératives).

Le contrat à temps partiel précise encore les modalités selon lesquelles sont communiqués par écrit les horaires de travail pour chaque journée travaillée. Toute modification est alors soumise à l'accord du travailleur. À défaut de clause contractuelle expresse, le changement de l'horaire de la journée de travail relève, en principe, du pouvoir de direction.

3) Durée minimale

806. Principe – La loi institue une durée minimale applicable à tous les salariés à temps partiel (règle impérative : art. L. 3123-7)[16]. À défaut d'accord de branche étendu, celle-ci est fixée à 24 heures par semaine ou à l'équivalent de 24 heures par

---

13. Cette qualification n'est pas liée à la durée du contrat de travail : Cass. soc., 9 déc. 2020, n° 19-16138 P.
14. Cass. soc., 4 mars 2020, n° 18-12052 P (salarié déterminant lui-même ses horaires). Sur le maintien des clauses relatives au terme du contrat : Cass. soc., 10 déc. 2014, n° 13-22422 P. S'impose alors la durée légale ou conventionnelle : Cass. soc., 3 juin 2015, n° 13-21671 P. Mais une requalification en un temps partiel soumis à un autre horaire est possible à la demande du salarié : Cass. soc., 30 avril 2014, n° 12-21041 P, préc.
15. Les changements incessants des horaires de travail sont de nature à provoquer la requalification : Cass. soc., 27 mars 2019, n° 16-28774 P ; dans l'hypothèse d'un temps partiel modulé : Cass. soc., 17 févr. 2021, n° 18-26545 P.
16. Une durée inférieure est fixée de droit à leur demande au bénéfice des étudiants de moins de 26 ans ; v. ég. : art. L. 5132-6, al. 2.

semaine en cas de répartition mensuelle de la durée du travail, ou d'application d'un accord répartissant la durée d'activité sur tout ou partie de l'année (art. L. 3123-27).

807. Exception – Cette exigence est écartée lorsque le contrat présente une durée, au plus, égale à sept jours ou lorsqu'il est conclu pour le remplacement d'un salarié absent, quel qu'en soit le motif (art. L. 1242-2 et L. 1251-6).

En outre, une durée de travail inférieure à la durée minimale peut être fixée à la demande écrite et motivée du salarié (contraintes personnelles : par ex. en cas de handicap ; cumul d'activités) afin d'atteindre une durée globale d'activité correspondant à un temps plein ou au moins égale à la durée minimale par semaine. En ce cas, les horaires doivent être regroupés sur des journées ou des demi-journées régulières ou complètes, le cas échéant, en application d'un accord de branche étendu ou d'entreprise. Les élus sont informés sur le sujet.

4) Interruptions de l'activité

808. Principe – L'horaire du salarié à temps partiel ne peut comporter, au cours d'une même journée, plus d'une interruption d'activité ou une interruption supérieure à deux heures (à défaut d'accord : art. L. 3123-30). Des aménagements à cette règle sont cependant possibles.

809. Aménagements – Ils supposent la conclusion d'un accord d'entreprise ou, à défaut de branche étendu, renfermant impérativement certaines garanties (art. L. 3123-23). Le dépassement de ces limites ne peut être assimilé à du temps de travail effectif mais ouvre droit à réparation.

5) Dépassement de la durée du travail

810. Limite – Le volume d'heures accompli en sus de la durée normale est circonscrit par la loi (art. L. 3123-9 : règle impérative). Il est alors question d'heures complémentaires qui ne peuvent excéder, cours d'une même semaine, d'un même mois, le dixième de la durée contractuelle (hebdomadaire ou mensuelle) dans la limite de la durée légale ou conventionnelle du travail (à défaut d'accord v. art. L. 3123-28). Un accord d'entreprise ou, à défaut, un accord de branche étendu, est susceptible de porter cette limite au tiers de la durée prévue au contrat (art. L. 3123-20).

811. Mise en œuvre – Une majoration de salaire est accordée pour chacune de ces heures complémentaires (art. L. 3123-8 : règle impérative).

Le refus d'effectuer des heures complémentaires au-delà de ces limites ne constitue pas une faute, ou un motif de licenciement. Il en est encore ainsi du refus d'accomplir des heures, à l'intérieur de celles-ci, si le salarié est informé moins de trois jours avant leur programmation (art. L. 3123-10 : règle impérative).

L'exécution régulière d'heures complémentaires conduit à la révision de l'horaire contractuel (art. L. 3123-13 : règle impérative).

Pour aller plus loin

Le dépassement du volume complémentaire ouvre droit à des dommages et intérêts en sus du paiement du salaire au taux normal ainsi qu'à la requalification en temps plein lorsque la durée légale ou conventionnelle de travail est atteinte (Cass. soc., 15 sept. 2021, n° 19-19563 B). Ces règles sont en outre prescrites sous la menace de sanctions pénales.

6) Statut du salarié

812. Égalité de traitement – Les salariés à temps partiel, à l'instar des travailleurs intermittents, bénéficient des droits reconnus aux temps complets par la loi, les accords collectifs d'entreprise ou d'établissement ainsi que les usages et les engagements de l'employeur sous réserve, en ce qui concerne les droits conventionnels, de modalités spécifiques prévues par l'accord (art. L. 3123-5 : règle impérative). Prime ici, en principe, la règle de l'égalité proportionnelle avec correction des écarts arithmétiques. La mise en œuvre de cette égalité de traitement conduit parfois à aménager les effets du temps partiel dans un sens plus avantageux.

2. L'AMÉNAGEMENT DE LA DURÉE DU TRAVAIL

813. Négociation d'entreprise – Il existe un mode unique d'aménagement négocié de la durée du travail où l'accord d'entreprise prime l'accord de branche (art. L. 3122-2). Lorsque la demande de modification d'horaire ou de rythme de travail émane du salarié, sont alors pris en compte les besoins de flexibilité exprimés par ce dernier et ceux de l'employeur. À côté de la pratique traditionnelle des horaires individualisés a été étendue celle de la répartition des horaires sur tout ou partie de l'année. Ces aménagements doivent être mis en œuvre dans le respect du principe de protection de la sécurité et de la santé.

A - Les horaires individualisés

814. Adaptation – Afin de répondre aux demandes de certains travailleurs, les employeurs sont autorisés à aménager des horaires individualisés (ou variables) organisés autour d'une présence obligatoire au sein de l'entreprise. Cette pratique est mise en place lorsque plusieurs salariés sont concernés, sous réserve de l'opposition du CSE, sur simple information de l'inspecteur du travail (art. L. 3121-48). Au sein des entreprises qui ne disposent pas d'un CSE, en revanche, le recours aux horaires variables doit être autorisé par l'administration après agrément des personnels concernés (règle impérative). Dans ce cadre, les heures de travail effectuées au cours d'une même semaine au-delà de la durée hebdomadaire légale ou conventionnelle ne sont pas considérées comme des heures supplémentaires, pourvu qu'elles résultent d'un libre choix du salarié.

815. Report – Un accord collectif prévoit les limites et modalités du report d'heures d'une semaine à une autre sans que celles-ci n'affectent le nombre des heures supplémentaires (art. L. 3121-51 ; à défaut d'accord, v. art. R. 3121-30).

B - L'aménagement de la durée du travail jusqu'à trois ans

816. Période – Un accord d'entreprise peut également aménager la durée du travail afin de repousser le décompte des heures supplémentaires à l'issue d'une période prédéterminée dite « de référence » (art. L. 3121-41). Cette période est de trois années si un accord de branche l'autorise. À défaut, sa durée est d'une année (art. L. 3121-44). Mais l'absence de toute négociation collective ne s'oppose pas à la mise en œuvre du dispositif. En une telle hypothèse, l'employeur peut y recourir sur une durée réduite (neuf semaines pour les entreprises de moins de 50 salariés ; quatre semaines pour les autres : art. L. 3121-45).

817. Seuil – Une limite hebdomadaire supérieure à 35 heures au-delà de laquelle les heures de travail accomplies au cours d'une même semaine constituent des heures supplémentaires rémunérées avec le salaire du mois considéré doit être prévue lorsque la période est supérieure à un an (règle négociée). Ces heures n'entrent pas dans le décompte des heures travaillées en fin de période.

Un délai de prévenance raisonnable est imposé en cas de changement de répartition de la durée du travail (art. L. 3121-42 : règle impérative).

Pour aller plus loin

Le dispositif de modulation prévu par accord collectif ne constitue pas une modification du contrat de travail pour les salariés à temps complet[17].

3. LES REPOS

A - Les pauses

818. Vingt minutes – Aucun temps de travail quotidien ne peut atteindre six heures (consécutives ou non) sans qu'une pause de vingt minutes consécutives soit accordée (art. L. 3121-16 : règle impérative), sauf dispositions conventionnelles plus favorables (art. L. 3121-17 ; au sujet des jeunes travailleurs ainsi que des stagiaires, v. art. L. 3162-3)[18]. Cette période est exclue du décompte.

819. Régime – Le temps de pause ne constitue pas, en principe, un travail effectif et n'a pas à être rémunéré, sauf accord contraire (par ex. veilleur de nuit) ou, à défaut d'accord, sauf stipulation contractuelle (art. L. 3121-8, 1°). Il en va autrement s'il est établi que, pendant la pause, le salarié demeure à la disposition de l'employeur afin de se conformer à ses directives sans pouvoir vaquer librement à ses occupations personnelles[19]. La seule obligation de ne pas quitter les lieux ne suffit pas, à cet égard. C'est à l'employeur d'apporter la preuve de l'usage de la pause (quelles que

17. Cass. soc., 17 nov. 2021, n° 19-25149 B.
18. Entre deux périodes de travail effectif : Cass. soc., 20 juin 2013, n° 12-10127 P (pause déjeuner).
19. Le port d'une tenue obligatoire est indifférent : Cass. soc., 15 oct. 2014, n° 13-16645.

soient les stipulations de la convention collective). Toute privation requiert la démonstration d'une impossibilité effective[20].

B - Le repos quotidien

820. Onze heures – Le salarié bénéficie d'un repos quotidien d'une durée minimale de onze heures consécutives (art. L. 3131-1 sauf urgence : règle impérative). Un accord est habilité à aménager cette règle, notamment, pour des activités caractérisées par la nécessité d'assurer une continuité du service, ou par des périodes d'intervention fractionnées (art. L. 3131-2 ; par ex. dans le secteur des transports). À défaut, un décret définit les dérogations en cas de surcroît exceptionnel d'activité (art. L. 3131-3). Les jeunes travailleurs bénéficient de douze heures consécutives de repos (quatorze heures s'ils ont moins de seize ans). Des sanctions pénales et administratives sont encourues (v. *infra*, n° 857). Une réparation peut être accordée. La preuve incombe à l'employeur.

C - Le repos hebdomadaire minimal de 35 heures consécutives

821. Principes – Il est interdit de faire travailler un salarié plus de six jours par semaine (art. L. 3132-1), tandis qu'un repos hebdomadaire de vingt-quatre heures consécutives est accordé le dimanche (deux jours consécutifs pour les jeunes travailleurs sauf dérogation : art. L. 3164-2). Ce temps s'ajoute au repos quotidien de onze heures. Le Code du travail prévoit, cependant, de nombreuses dérogations au repos du dimanche.

822. Dérogations permanentes – On désigne ici des dérogations de droit en raison de contraintes particulières découlant de l'activité principale de l'entreprise (art. L. 3132-12 et s. et R. 3132-5 ; hôpitaux, hôtels, commerce de bricolage, etc.) ce qui inclut le commerce de détail alimentaire (à partir de 13 heures ; ou parfois après 13 heures : art. L. 3132-25-5). Le repos hebdomadaire est alors accordé par roulement.

823. Dérogations temporaires – Ces dérogations requièrent la conclusion d'un accord d'entreprise, ou à défaut, de branche (art. L. 3132-25-3). Des contreparties doivent être prévues (salaire, emploi, conciliation entre la vie professionnelle et personnelle, prise en compte l'évolution de la situation personnelle, préservation du droit de vote, etc.) ainsi qu'une compensation déterminée (art. L. 3132-25-3, II, al. 2)[21]. L'agrément écrit du salarié est exigé (refus non fautif). Le repos hebdomadaire est alors donné par roulement pour tout ou partie du personnel. Ces dérogations concernent :

- des entreprises au sein desquelles le repos simultané, le dimanche, de tous les salariés serait préjudiciable au public ou compromettrait le fonctionnement normal de l'activité, principale ou accessoire (art. L. 3132-20) ; cette dérogation, accordée par le préfet, est limitée à trois ans au plus (proposition obligatoire d'un retour au repos tous les ans à chaque salarié) ;

---

20. Cass. soc., 15 avril 2015, n° 13-28715 P.
21. Au sein des entreprises de moins de onze salariés, en l'absence d'accord, la dérogation requiert la consultation des salariés et leur approbation à la majorité (art. L. 3132-25-3, II, al. 5).

– des entreprises de vente au détail qui mettent à disposition des biens et des services au sein de zones géographiques particulières (changement d'avis possible des salariés; art. L. 3132-24; une adaptation du champ de ces règles est programmée : projet de loi n° 2412).

Pour aller plus loin

Il s'agit :
– de zones touristiques internationales sur délimitation par le Ministre chargé du travail et celui du tourisme et du commerce (sur les critères : art. R. 3132-21-1 ; par ex. ZTI « Paris La Défense ») après avis du maire ainsi que des organisations professionnelles (sur le report de la période de nuit au sein de ces zones, v. *supra*, n° 791) ;
– de zones commerciales caractérisées par une offre et une demande potentielle particulièrement importantes (art. L. 3132-25-1) ;
– de zones touristiques caractérisées par une affluence particulièrement importante de touristes (art. L. 3132-25) ;
– des gares qui ne seraient pas incluses au sein d'une zone internationale et qui connaissent une affluence exceptionnelle de passagers (A. 9 févr. 2016).

824. Autres situations – Certaines dérogations sont accordées par le maire de la commune, y compris à Paris (art. L. 3132-26 et L. 3132-27). Au sein des établissements de commerce de détail, le nombre des repos concernés ne peut alors excéder douze par an. Des garanties sont accordées (rémunération doublée, compensateur équivalent, préservation du droit de vote) tandis que l'accord du salarié est requis (art. L. 3132-26 et s.).

Des dérogations conventionnelles sont aussi admises (art. L. 3132-14 et L. 3132-16 : par ex. travail industriel en continu des équipes de suppléance pour raisons économiques) ; des circonstances exceptionnelles peuvent justifier celles-ci (art. L. 3132-4 et s. : travaux urgents, activités saisonnières, défense nationale, etc.). Une dérogation au repos hebdomadaire est parfois autorisée dans ce cadre (ex. nettoyage et maintenance industriels, etc.).

825. Contrôles – Ce régime est strictement encadré par la loi. Sa violation est exposée à une amende pénale ainsi qu'à une sanction administrative appliquée autant de fois qu'il y a d'infractions relevées et de salariés concernés (v. *infra*, n° 857). Elle justifie l'action en justice des syndicats sur le fondement de l'atteinte à l'intérêt de la profession (v. *supra*, n° 519). À cette occasion, ceux-ci sont autorisés à produire en justice les documents nécessaires au décompte de la durée de travail, des repos compensateurs acquis et de leur prise effective, accessibles à la consultation du CSE[22].

826. Exécution – Lorsqu'un accord est intervenu, le préfet peut, par arrêté, sur la demande des syndicats intéressés, ordonner la fermeture au public des établissements de la profession ou de la zone géographique concernée pendant toute la durée du repos (art. L. 3132-29 et s.).

Par ailleurs, l'inspecteur du travail est en droit de saisir en urgence le président du TJ afin que soient ordonnées des mesures propres à faire cesser l'emploi illicite (art. L. 3132-31 :

22. Cass. soc., 9 nov. 2016, n° 15-10203 P. Au sujet de la production de tickets de restauration qui porte une atteinte excessive à la vie personnelle : Cass. soc., 27 mars 2019, n° 17-31715 P.

sous astreinte)[23]. Le travailleur peut aussi prétendre à la réparation du préjudice découlant de l'atteinte à sa vie personnelle et s'opposer à la révision de son contrat qui résulte de la situation[24]. Quant aux entreprises exerçant un commerce similaire à proximité, elles sont fondées à solliciter la cessation de l'irrégularité du fait de la rupture d'égalité qui en découle.

4. LES JOURS FÉRIÉS

827. Inventaire – Le Code du travail prévoit que certains jours de l'année sont fériés (art. L. 3133-1 : règle impérative). Il s'agit du 1er janvier, du lundi de Pâques, du 1er mai (fête du travail), du 8 mai (armistice), de l'Ascension, du 14 juillet (fête nationale), de l'Assomption, de la Toussaint, du 11 novembre et du jour de Noël. Ces jours sont chômés en application d'un accord d'entreprise (art. L. 3133-3-1) ou, à défaut, sur décision de l'employeur. Le versement du salaire des travailleurs mensualisés est alors prévu par la loi sous la seule condition d'une ancienneté de trois mois (art. L. 3133-3 : inclus les saisonniers ; exclus les temporaires).

828. Fête du travail – En revanche, le 1er mai est un jour obligatoirement férié et chômé pour tous les travailleurs (art. L. 3133-4). Il ne peut être une cause de réduction des salaires. Au sein des établissements qui, en raison de la nature de leur activité, ne sont pas en mesure d'interrompre le travail, un doublement de l'heure de travail est offert (sous la menace de sanctions pénales et administratives).

Pour aller plus loin

Hors 1er mai, l'obligation de repos ne s'impose que pour les apprentis et les moins de dix-huit ans (art. L. 3164-6, sauf exceptions). Lorsque le jour férié est un jour habituel de repos, la loi ne prévoit aucune possibilité de report, sauf stipulations conventionnelles plus favorables (sur l'attribution de jours en cumuls : Cass. soc., 22 oct. 2014, n° 12-19587 P).

5. LES CONGÉS ANNUELS

829. Droit fondamental – Le droit au repos et aux vacances a été proclamé « *objectif national* » par le législateur (art. L. 3141-1). Il est érigé de « principe essentiel du droit social de l'Union ».

---

23. Cass. soc., 22 janv. 2014, n° 12-27478 P, préc. : le seul fait que des entreprises fassent travailler leurs salariés ne justifie pas la méconnaissance par l'employeur de ses devoirs en application du principe de la liberté de la concurrence.
24. Mais il ne peut plus réclamer le bénéfice des contreparties prévues par l'accord : Cass. soc., 17 févr. 2021, n° 19-21897 P.

A - La détermination du congé

830. Calcul – Le congé est déterminé à raison de « deux jours et demi » ouvrables par mois de travail sans que sa durée totale puisse excéder trente jours ouvrables (art. L. 3141-3). Des congés supplémentaires sont parfois accordés en vertu de la loi ou d'un accord (v. par ex. art. L. 3141-8 et L. 3141-10).

Pour aller plus loin

Sur l'équivalence des quatre semaines ou vingt-quatre jours de travail en vue de la détermination du congé, v. art. L. 3141-4. Certaines périodes de suspension du contrat sont assimilées au travail effectif en ce cas (ex. congés payés ou de maternité ; période de suspension pour cause de maladie professionnelle ; au contraire : dispense d'activité en application d'un PSE, période d'éviction en cas de nullité de la rupture, etc.).

831. Base – Pour l'acquisition des congés une période de référence est fixée du 1er juin au 31 mai de l'année suivante (art. R. 3141-3) à défaut d'accord collectif en établissant une autre (ex. année civile).

B - L'exécution du congé

832. Principe – Le droit au congé s'exécute en nature et ce, dès l'embauche (art. L. 3141-12 : règle impérative ; pour une exception, v. *infra*, C). Toute activité professionnelle est interdite au salarié à ce moment. Le report du congé est normalement exclu sauf en cas de maternité (art. L. 3141-2), ou d'absences liées à la maladie, un accident ou une maladie professionnels avant les congés[25]. L'employeur est tenu de favoriser l'exercice de ce droit. S'il s'y oppose, une réparation est due nonobstant le prononcé de sanctions pénales. Selon la CJUE, le report et le cumul des droits au congé annuel payé non exercés s'impose en ce cas[26]. Il incombe à l'employeur de démontrer qu'il a respecté ses obligations à l'égard du congé légal ou conventionnel[27].

833. Période – La période de congé payé est fixée par accord d'entreprise (art. L. 3141-15). Elle comprend, dans tous les cas, celle du 1er mai au 31 octobre de chaque année (art. L. 3141-13 : règle impérative). À défaut d'accord, elle est établie à l'initiative de l'employeur (selon les usages) après consultation du CSE. Le congé ne dépassant pas douze jours ouvrables est continu. Pris une seule fois, il n'excède pas vingt-quatre jours ouvrables (sauf exception : ex. présence au sein du foyer d'une personne en perte d'autonomie ; règles impératives).

---

25. Cass. soc., 21 sept. 2017, n° 16-24022 P : période de report supérieure à celle de référence sans limite de durée. Au cours des congés, le salarié ne peut rien exiger de plus : contra, CJUE, 21 juin 2012, n° 78/11 qui impose au droit français d'évoluer sur ce point.
26. Droit au report illimité de tous les congés annuels payés ou à leur remplacement par une indemnité financière à la fin de la relation de travail : CJUE, 29 nov. 2017, n° C-214/16.
27. Cass. soc., 29 sept. 2021, n° 19-19223.

834. Ordre des départs – Il en est encore ainsi de l'ordre des départs après avis, le cas échéant, du CSE, selon différents critères (règles impératives ; ex. durée des services ; activité chez un ou plusieurs autres employeurs ; présence au sein du foyer d'un adulte handicapé ; art. L. 3141-14 et L. 3141-16). Cet ordre n'est plus modifiable moins d'un mois avant la date prévue, sauf circonstances exceptionnelles. Il s'applique aux congés reportés[28]. Le salarié dont le congé est disponible peut faire don de jours de repos sous certaines conditions (par ex. art. L. 3142-25-1).

Pour aller plus loin

Sur le fractionnement du congé principal d'une durée supérieure à douze jours ouvrables et, au plus, égale à vingt-quatre jours ouvrables v. art. L. 3141-19 et s. Les modalités de fractionnement (obligatoire) de la cinquième semaine de congés payés n'entrent pas dans ces prévisions.

C - L'indemnisation du congé

835. Évaluation – L'indemnité afférente au congé est égale au dixième de la rémunération totale perçue par le salarié au cours de la période de référence (art. L. 3141-24). Elle ne peut être inférieure au montant de la rémunération versée pendant le repos s'il y avait eu activité (salaire et divers avantages, y compris ceux dont l'intéressé ne continue pas à jouir pendant le congé dont l'indemnité de l'année précédente)[29]. Des stipulations ou des usages aménagent souvent des indemnités d'un montant plus élevé. Lorsque le contrat de travail est résilié avant que la totalité du droit au congé ait pu être liquidée[30], le salarié reçoit une indemnité compensatrice (en cas de trop-perçu, v. art. L. 3141-29 ; au sujet du salarié précaire ; v. *supra*, n° 494). Le point de départ de la prescription en la matière doit être fixé à l'expiration de la période légale ou conventionnelle au cours de laquelle les congés auraient pu être pris. Ces règles sont impératives.

Pour aller plus loin

Lorsque le maintien en activité d'un établissement n'est pas assuré pendant un nombre de jours dépassant celui fixé pour les congés légaux annuels, une indemnité est versée (art. L. 3141-31).

836. Compte épargne-temps – Il est offert au salarié de capitaliser des droits à congé rémunéré ou à formation, ou encore de bénéficier, à tout moment, d'une rémunération, immédiate, ou différée, en contrepartie des périodes de congé (ex. cinquième semaine de congé), ou de repos (ex. repos compensateurs) non pris (art. L. 3151-1). Ce compte est mis en place sur la base du volontariat, en principe. Ses conditions d'alimentation et de fonctionnement sont définies par accord d'entreprise (art. L. 3152-1).

---

28. Cass. soc., 8 juill. 2020, n° 18-21681 P.
29. Sur la possibilité et les conditions de l'inclusion de l'indemnité de congés payés dans la rémunération forfaitaire : Cass. soc., 13 oct. 2021, n° 19-19407 B.
30. Quel que soit l'auteur de la résiliation : CJUE, 20 juill. 2016, n° C-341/15.

La destination des sommes recueillies est très variable : indemnisation d'un congé (ex. sabbatique), compensation d'un temps partiel, financement d'une formation, alimentation d'un plan d'épargne salariale, rachat d'années d'études, etc.

CHAPITRE 18

La santé et la sécurité

837. Protection – Une réglementation précise de la santé et de la sécurité au sein de l'entreprise tend à préserver les salariés contre toute atteinte à leur vie et leur intégrité physique ou morale. En application de cette réglementation, l'employeur est tenu d'une obligation de sécurité sous le contrôle étroit de l'administration du travail et la menace d'une lourde responsabilité[1].

1 • L'OBLIGATION DE SÉCURITÉ DE L'EMPLOYEUR

838. Devoirs – L'obligation de sécurité domine la mise en œuvre des règles relatives à la santé au sein de l'entreprise. Elle prend appui sur l'ensemble des devoirs que la loi met à la charge de l'employeur (art. L. 4121-1 et s.) à l'exécution desquels est associé le salarié.

A - Les fondements généraux de l'obligation de sécurité de l'employeur

839. Prévention – Les mesures imposées par la loi à l'employeur comprennent des actions d'évaluation et de prévention des risques professionnels en fonction du sexe, ce qui inclut désormais le harcèlement ainsi que les agissements sexistes (art. L. 4121-1). La capacité des salariés à mettre en œuvre les précautions que ceux-ci requièrent est également prise en compte à ce titre. Cela recouvre, notamment, le choix des procédés de fabrication, l'aménagement des lieux de travail et a été récemment étendu à l'organisation du travail (ANI du 9 déc. 2020 et loi n° 2021-1018).

Les résultats de ces actions sont transcrits dans un document unique d'évaluation (DUERP) qui répertorie l'ensemble des risques professionnels et assure la traçabilité collective de l'exposition des salariés à ces risques (art. L. 4121-3-1, al. 1er : conservation pendant 40 ans).

1. Sont concernés les établissements industriels, commerciaux et agricoles et leurs dépendances, « de quelque nature que ce soit » (art. L. 4111-1 et s.) ainsi que les établissements publics qui emploient du personnel dans les conditions du droit privé (art. L. 4111-1 2°, sous réserve d'adaptations ; sur quelques exclusions, v. art. L. 4111-2).

Le DUERP est remis à jour tous les ans (art. L. 4121-3-1 et R. 4121-2 ; au sein des entreprises de moins de onze salariés, v. art. L. 4121-3-1, al. 8) ou, lorsque les circonstances l'imposent[2]. Le CSE est consulté à son sujet (art. L. 4121-3, al. 3).

Sur ces bases, l'employeur établit un programme annuel de prévention (art. L. 4121-3-1, al. 3 : mesures prises, calendrier, ressources affectées, etc. ; sur le rôle du CSE, v. *supra*, n°s 602 et 610).

840. Réglementation – Incombent encore à l'employeur de nombreuses initiatives (information et formation) ainsi que, de manière générale, la mise en place d'une organisation et de moyens adaptés (art. L. 4121-2). Il existe, sur ce terrain, un grand nombre de règles spécifiques (par ex. éclairage, aération ou ventilation, activités dangereuses, etc. ; au sujet des installations sanitaires, de restauration et d'hébergement soumises à des seuils spécifiques, v. art. L. 4228-1). La loi commande également aux dirigeants d'entreprises intervenant sur un site d'activité commun, ou en cas de sous-traitance, de coordonner leurs efforts en la matière (art. L. 4121-5).

841. Portée – De cet ensemble de dispositions, il se déduit, à la lumière des principes généraux (Constitution du 27 octobre 1946, préambule, § 11 ; Dir. 89/391/CEE du Conseil, 12 juin 1989 et art. 31, § 1, Charte des droits fondamentaux de l'Union européenne), que tout dirigeant est débiteur envers tout salarié qu'il emploie (par ex. un simple préposé occasionnel) d'une obligation légale de sécurité dont il est tenu d'assurer l'effectivité[3].

842. Preuve – En conséquence, lorsque le travailleur invoque, par exemple, une inobservation des règles de prévention et de sécurité à l'origine d'un accident du travail, il appartient à l'employeur de démontrer que la survenance de cet accident est étrangère à tout manquement à son obligation. Mais l'éradication totale du risque étant hors de sa portée, il est admis que lorsqu'ont été mises en place des mesures effectives de prévention, il peut démontrer qu'il n'a pas manqué à ses devoirs[4].

Pour aller plus loin

Le champ d'application le plus large a été donné à ce régime (par ex. maladies contractées du fait des produits fabriqués : Cass. ass. plén., 2 avril 2021, n° 18-19814 P et Cass. soc., 13 oct. 2021, n° 20-16619 B ; mise en danger : Cass. crim., 19 avril 2017, n° 16-80695 P ; accidents du travail et risques psycho-sociaux, harcèlements, menaces terroristes, violences au travail ; à l'occasion d'un PSE, v. *supra*, n° 411).

2. En l'absence de « DUERP » ou en cas d'insuffisance de son contenu, une faute caractérisée peut être imputée à l'employeur : Cass. crim., 6 sept. 2016, n° 14-86606. Et le salarié peut aussi prétendre à réparation sur preuve d'un préjudice : Cass. soc., 25 sept. 2019, n° 17-22224.
3. Cass. ass. plén., 24 juin 2005, n° 03-30038 P ; Cass. soc., 28 févr. 2006, n° 05-41555 P ; CE, 19 oct. 2020, n° 444809 ; dans le cas d'un simple particulier employeur : Cass. 2e civ., 8 avril 2021, n° 20-11935 P.
4. Cass. soc., 25 nov. 2015, n° 14-24444 P ; Cass. ass. plén., 5 avr. 2019, n° 18-17442 P ; à défaut : Cass. soc., 17 mars 2021, n° 19-15721.

B - La mise en œuvre de l'obligation de sécurité de l'employeur

843. Assistance – L'employeur est invité à réunir les moyens que requiert la mise en œuvre de ses devoirs. À ce titre, il est tenu de s'entourer de salariés pourvus de la compétence nécessaire en matière de sécurité. À défaut, il est invité à faire appel, après avis du CSE ou des élus du CSE, aux intervenants en prévention des risques professionnels appartenant au service de prévention et de santé, ou encore à un expert d'organismes désignés dans ce but (art. L. 4644-1, al. 1er et art. R. 4644-1 ; ANACT, OPPBTP, etc.). Mais le recours à ces personnes ne l'exonère pas de sa responsabilité (Circ. DGT 13 du 9 nov. 2012).

844. Information – De manière générale, la représentation du personnel est consultée au sujet de la prévention dans l'entreprise tandis que chaque travailleur est informé de la manière la plus exhaustive et la plus actualisée possible (art. L. 4141-1) sur les risques pour sa santé et sa sécurité (art. R. 4141-3-1). Cette information est délivrée lors de l'embauche et tout au long de l'exécution du contrat de travail.

845. Fiche individuelle – L'employeur est également tenu d'établir et communiquer annuellement une fiche individuelle de prévention des expositions pour chacun de ses salariés que menacent un ou plusieurs facteurs de risques professionnels[5]. Cette fiche confidentielle (art. L. 4161-1) est associée au compte professionnel de prévention (C2P) permettant, notamment, le financement d'une majoration de durée d'assurance vieillesse (art. L. 4163-7) et servant aussi à abonder le CPF (v. *supra*, n° 236).

Pour aller plus loin

Le service de prévention et de santé au travail (art. L. 4622-7 et s.) est évidemment associé à la lutte contre les accidents à travers ses différentes missions de conseil et de surveillance. En présence d'un risque, il appartient au médecin de proposer les mesures que l'employeur est tenu de prendre en considération.

C - La participation des travailleurs au rétablissement des conditions de santé et de sécurité

846. Obligation – Conformément aux instructions qui lui sont données par l'employeur, tout travailleur est invité à prendre soin, en fonction de sa formation et selon ses possibilités, de sa sécurité et de sa santé ainsi que de celles des autres personnes concernées du fait de ses actes, ou de ses omissions au travail (art. L. 4122-1). Si cette disposition n'affecte pas le principe de la responsabilité des chefs d'établissement (pas d'exonération même partielle à ce titre), le salarié est susceptible d'être sanctionné en raison d'un manquement à ses obligations.

5. Les seuils sont fixés sur la base de facteurs de risques regroupés en trois catégories (art. D. 4161-2) : contraintes physiques marquées, environnement physique agressif, rythmes de travail.

Pour aller plus loin

Dans l'appréciation de ce manquement sont susceptibles d'être prises en compte les formations reçues par le salarié en matière de sécurité et que recense désormais le passeport de prévention (art. L. 4141-5).

847. Droit – Dans cette même vue, le salarié est titulaire d'un droit d'alerte et de retrait qui le conduit à signaler immédiatement toute situation de travail « dont il a un motif raisonnable de penser qu'elle présente un danger grave et imminent pour sa vie ou sa santé » ainsi que toute défectuosité qu'il constate dans les systèmes de protection (art. L. 4131-1, al. 1er et 2). Encore faut-il qu'il y ait danger lequel relève de sa seule appréciation[6]. Mais il suffit que le risque provienne de la mise en situation (par ex. le contact de produits chimiques). L'exercice du droit de retrait n'est possible que durant l'exécution du contrat (aucune formalité n'est requise).

848. Garantie – Aucune retenue de salaire ou aucune sanction (nullité du licenciement) ne peut être prise à l'encontre d'un travailleur qui s'est retiré d'une situation de travail dangereuse à juste raison, pourvu que la faculté de retrait soit exercée de telle manière qu'elle ne puisse créer pour autrui une nouvelle situation de risque. L'auteur de l'alerte qui agit avec l'intention de nuire encourt les peines de la dénonciation calomnieuse (C. pén., art. 226-10).

2. LE CONTRÔLE DE L'OBLIGATION DE SÉCURITÉ DE L'EMPLOYEUR

849. Mise en demeure – En principe, toute injonction émanant de l'inspecteur du travail aux fins d'obtenir de l'employeur qu'il se conforme aux prescriptions de la loi, est précédée d'une mise en demeure (art. L. 4721-4). Celle-ci est faite par écrit, datée et signée. Elle indique les infractions constatées et fixe un délai, qui ne peut être inférieur à quatre jours, à l'expiration duquel celles-ci doivent avoir disparu (art. L. 4721-6).

Lorsqu'il est manqué aux principes généraux de prévention ou à l'obligation générale de sécurité, le DREETS, sur le rapport de l'inspecteur du travail constatant une situation dangereuse, est également habilité à procéder dans les mêmes formes à l'encontre des chefs d'établissement (art. L. 4721-1). Cette mise en demeure fixe un délai d'exécution tenant compte des difficultés de réalisation. Si, à l'expiration de ce délai, il est observé que la situation dangereuse n'a pas cessé, un procès-verbal peut être dressé. Semblable mise en demeure est encore prévue avant tout arrêt temporaire d'activité lorsque l'inspecteur constate que les salariés sont exposés à une substance nuisible quel que soit le secteur d'activité concerné (art. L. 4721-8). De lourdes sanctions sont encourues en cas de non-respect des décisions prises par l'inspecteur à ce titre, ou par la DREETS[7].

6. Ce qu'il appartient au juge de mettre au jour : Cass. soc., 20 nov. 2014, n° 13-22421.
7. Pénale : art. L. 4741-3-1 (emprisonnement d'un an et amende de 3 750 euros) ; administrative : art. L. 4722-1 (10 000 euros d'amende).

Pour aller plus loin

Le chef d'établissement, qui conteste la décision de l'inspecteur, peut saisir d'un recours le DREETS. Il en est encore ainsi à l'encontre de la décision de ce dernier qui peut être portée devant le ministre. Tout refus opposé au recours doit être motivé. La contestation de la réalité du danger est présentée au juge administratif.

850. Procès-verbal – Les inspecteurs du travail sont habilités à constater tout manquement de l'employeur après une mise en demeure infructueuse[8]. Est alors rédigé un procès-verbal accompagné d'une information précise sur les faits reprochés, les poursuites ainsi que les sanctions pénales susceptibles d'en découler (art. L. 8113-7 ; v. instr. DGT n° 11 du 12 sept. 2012). Exceptionnellement, les organes de contrôle sont autorisés à dresser sur-le-champ le procès-verbal lorsque les faits qu'ils constatent présentent un danger grave ou imminent (art. L. 4721-5).

3. LES CONDITIONS DE LA RESPONSABILITÉ DE L'EMPLOYEUR ET DE L'ENTREPRISE

851. Faute personnelle – L'employeur est tenu de veiller personnellement et à tout moment à la stricte et constante exécution des dispositions édictées par le Code du travail en vue d'assurer la santé et la sécurité des travailleurs. Il est donc responsable non seulement de ses propres infractions à la réglementation du travail, ou aux dispositions générales du Code pénal, mais également de celles de ses subordonnés. La loi consacre le principe de sa faute personnelle (art. L. 4741-1 et L. 4741-9) dont découle une responsabilité à laquelle il lui est difficile de se soustraire. La responsabilité de l'entreprise est parfois exposée à cette occasion.

A - La faute personnelle

852. Imprudence – Le juge est invité à déterminer que l'auteur des faits a accompli les diligences normales « compte tenu, le cas échéant, de la nature de ses missions ou de ses fonctions, de ses compétences ainsi que du pouvoir et des moyens dont il disposait » (C. pén., art. 121-3, al. 3). Le dommage révèle par lui-même un défaut de diligences que la qualité d'employeur soustrait à l'alibi d'une faiblesse de moyens ou d'une incompétence. Et si l'article 121-3, alinéa 4 du Code pénal a soumis la responsabilité des décideurs, personnes physiques, qui se sont rendues auteurs d'un dommage de manière indirecte, à la démonstration d'une faute aggravée, cela n'a pas eu pour effet de réduire celle de l'employeur.

8. Mais il revient au seul Ministère public le soin d'apprécier la suite à réserver à ceux-ci. Sur les formes et la valeur du procès-verbal, v. CPP, art. 430.

B - L'exonération éventuelle

853. Transfert de responsabilité – La faute de la victime ne produit un tel effet que lorsqu'elle constitue la cause exclusive de l'accident en raison de la violation du devoir contractuel d'obéissance. En pratique, la délégation de pouvoirs (v. *supra*, n° 35), associée ici à un transfert de responsabilité pénale, est le plus souvent invoquée. La loi l'envisage d'ailleurs expressément dans le cadre du rapport de subordination qui favorise un contrôle du délégant sur la mission du délégataire (art. L. 4741-1).

854. Conditions – Il importe que ce dernier jouisse d'une indépendance technique dans l'accomplissement de ses prérogatives ce qui exclut qu'il y ait concurrence entre plusieurs salariés à l'égard d'un même domaine de décision, ou même immixtion de l'employeur à l'intérieur de ce champ. Surtout, des aptitudes doivent lui être reconnues que résume la triple exigence de « compétence, d'autorité et de moyens » nécessaires à l'exercice de ses responsabilités[9]. Le périmètre de la délégation s'étend à l'entreprise ou à des parties de celle-ci, voire sur un regroupement d'entreprises en vertu d'un accord[10]. De son contenu sont écartées les prérogatives ressortissant au pouvoir de direction de l'employeur (par ex. établissement du bilan social ; v. *supra*, n° 629).

Pour aller plus loin

La délégation survit au changement d'employeur (par ex. dans le cas d'une fusion-absorption : Cass. crim., 25 nov. 2020, n° 18-86955 P). Elle produit un effet exonératoire sur le plan pénal mais non à l'égard de la responsabilité civile (art. L. 4741-7). Elle peut s'accompagner d'une subdélégation sans autorisation du délégant initial mais à l'intérieur d'un champ de prérogatives définies en contemplation des aptitudes du délégataire secondaire.

C - La responsabilité de l'entreprise personne morale

855. Incarnation – Au sein de l'entreprise sociétaire le représentant que vise l'article 121-2, al. 1er du Code pénal est le titulaire de la délégation de pouvoirs consentie par l'organe de la personne morale qui engage, en raison de sa faute personnelle, la responsabilité de celle-ci sans pour autant se soustraire lui-même à toute poursuite (C. pén., art. 121-2, al. 3). Il importe que ce représentant ait accompli l'infraction car en matière de santé et de sécurité celle d'un simple préposé ne suffit pas[11].

856. Imputation – Le groupement ne bénéficiant pas des dispositions favorables de la loi en cas de dommage indirect (v. *supra*, A), il est possible qu'il soit poursuivi alors que la personne physique échappe à la condamnation. Mais, en tous les cas, il doit avoir tiré profit de l'infraction commise « pour son compte » (C. pén., art. 121-2)[12].

---

9. Cass. crim., 1er déc. 2015, n° 14-84304. Exigence parfois rappelée par la loi : art. R. 4511-9.
10. Par ex. Cass. crim., 23 nov. 2010, n° 09-85115 P (société en participation).
11. Cass. crim., 13 mai 2014, n° 13-81240 P ; au sein du groupe de sociétés : Cass. crim., 16 juin 2021, n° 20-83098 P.
12. Cass. crim., 2 sept. 2014, n° 13-82398.

D - Les sanctions

857. Sanctions pénales – L'employeur, personne physique ou morale, ou le préposé qui, par sa faute personnelle, a enfreint les règles relatives à la santé et à la sécurité est puni d'une amende appliquée autant de fois qu'il y a de salariés de l'entreprise concernés par la ou les infractions relevées (art. L. 4741-1 : 10 000 euros ; au quintuple à l'égard de l'être moral). Des peines sont, en outre, encourues par les personnes physique et morale en cas d'accident corporel (C. pén., art. 221-6, 222-19 et 222-20), ainsi que de mise en danger de la vie d'autrui (C. pén., art. 223-1).

D'autres sanctions particulières sont parfois prévues (affichage du jugement et/ou publication dans la presse, fermeture, interdiction d'exercice, etc.). Il arrive également que l'entreprise soit soumise à l'exécution d'un plan de sécurité (art. L. 4741-11).

858. Sanctions administratives – Surtout, la loi autorise l'administration à prononcer des amendes administratives en présence de certaines infractions atteignant le socle de base de la protection des salariés (par ex. amende de 4 000 euros, portée à 8 000 en cas de nouveau manquement de même nature dans les deux ans : art. L. 8115-1, 5°). Un tel prononcé, exclusif de toute poursuite pénale, requiert le rapport préalable de l'inspecteur du travail (art. L. 8115-1, al. 1er ; et non un procès-verbal) puis une décision du DREETS qui prend en compte le comportement de l'agent, notamment sa bonne foi, ses ressources ainsi que ses charges. Un recours non suspensif contre cette décision peut être formé devant le TA (art. L. 8115-6). Le prononcé de l'amende est parfois précédé d'un avertissement adressé par le DREETS sur le rapport de l'inspecteur du travail[13].

4. L'INSTANCE DE REPRÉSENTATION DES SALARIÉS EN MATIÈRE DE SANTÉ ET DE SÉCURITÉ

859. Instance unique – Les questions de santé, de sécurité et des conditions de travail entrent dans le champ des compétences du CSE depuis la disparition du CHSCT (art. L. 2312-9).

A - Les missions générales

860. Contenu – La délégation du personnel au CSE est en charge de la promotion de la santé, de la sécurité et des conditions de travail au sein de l'entreprise (art. L. 2312-5, al. 2 ; v. *supra*, n° 602). Lorsque celle-ci atteint le seuil de cinquante salariés, il revient à l'instance personnifiée du CSE de formuler, à son initiative, et d'examiner à la demande de l'employeur, toute proposition de nature à améliorer les conditions de travail,

---

13. Le taux de l'amende est majoré de 50 % en cas de nouveau manquement constaté dans un délai d'un an à compter du jour de la notification d'un avertissement concernant un précédent manquement de même nature.

d'emploi et de formation professionnelle des salariés, ainsi que leurs conditions de vie dans l'entreprise (art. L. 2312-12).

861. Modalités – Une consultation du CSE, en principe, doit être organisée tous les ans sur ces questions (art. L. 2312-26 ; v. *supra*, n° 610).

Pour aller plus loin

Cela vise, mais pas exclusivement (« notamment »), les femmes enceintes, ainsi que les effets de l'exposition aux facteurs de risques professionnels. Le CSE peut susciter toute initiative qu'il estime utile et proposer notamment des actions de prévention du harcèlement moral, du harcèlement sexuel et des agissements sexistes définis à l'article L. 1142-2-1 (tout refus de l'employeur doit être motivé). Il est tenu de désigner un référent en ces matières.

La consultation du CSE est en outre requise sur tous les projets importants en matière de santé, de sécurité et des conditions de travail (art. L. 2312-8, al. 5 ; v. *supra*, n° 611). Cette formulation très générale permet d'envisager sa saisine en de nombreuses circonstances (par ex. licenciement, nouveau système de classification, restructuration, tests de dépistages débouchant sur des sanctions, etc.).

862. Information dédiée – Le CSE reçoit les informations qui lui sont nécessaires pour l'exercice de ses missions (art. L. 2312-26 et s.). Celles qui présentent un caractère récurrent sont placées au sein de la base de données unique (v. *supra*, n° 628). Dans le cadre de la consultation annuelle, l'employeur présente également au CSE un rapport écrit dressant le bilan de la situation au sein de l'entreprise ainsi que des actions menées au cours de l'année écoulée assorti du programme de prévention des risques professionnels et d'amélioration des conditions de travail (v. *supra*, n° 839).

Il appartient à l'employeur de motiver le défaut de réalisation d'une mesure dont il a eu l'initiative ou que le comité a proposée. La mise en œuvre de ces obligations est susceptible d'avoir un impact au seuil de l'obtention de marchés publics, de subventions, ou des avantages sociaux et fiscaux.

863. Investigations – Le CSE procède, à intervalles réguliers, à des inspections ainsi qu'à des enquêtes et analyses (art. L. 2312-13). Ces initiatives doivent être prises au rythme de ses réunions annuelles sur les questions de santé, sécurité et conditions de travail (v. *infra*, B). Il lui est également loisible d'y procéder en matière d'accidents du travail ou de maladies professionnelles ou à caractère professionnel[14].

Un membre de la délégation du personnel exerce les droits d'alerte en situation de danger grave et imminent ainsi qu'en matière de santé publique et d'environnement (art. L. 2312-5 et L. 2312-60).

Enfin, lors des visites de l'inspecteur du travail, la délégation du personnel au CSE est informée de cette présence par l'employeur et peut présenter ses observations (art. L. 2312-10).

---

14. Par exemple, le comité peut demander à entendre le chef d'une entreprise voisine dont l'activité expose les travailleurs de son ressort à des nuisances particulières. Il est informé des suites réservées à ses observations.

B - Le fonctionnement

864. Droit – En matière de santé et de sécurité, le CSE est habilité à créer des commissions chargées de l'accompagner dans l'exercice de ses prérogatives.

1) Commissions santé, sécurité et conditions de travail

a) Organisation

865. Situations – Des attributions du CSE sont susceptibles d'être confiées à une ou des CSSCT dont la mise en place est obligatoire au sein des entreprises ou établissements d'au moins trois cents salariés ou présentant un risque spécifique (art. L. 2315-36 ; par ex. installations nucléaires : sans condition d'effectif, v. FAQ CSE 117, minist. trav., avril 2020, n° 100).

Les entreprises occupant 300 salariés disposent d'une commission centrale peu importe les effectifs des établissements qui les composent (art. L. 2316-18). Ces établissements demeurent parallèlement soumis à la même obligation au seuil de 300 salariés.

En outre, l'institution d'une CSSCT est imposée, sous ce seuil, par l'inspecteur du travail[15] lorsque cette mesure est nécessaire, notamment en raison de la nature des activités, de l'agencement ou de l'équipement des locaux (art. L. 2315-37).

866. Négociation – Un accord d'entreprise est requis pour la mise en place et l'organisation du fonctionnement de la CSSCT (v. *supra*, n° 585 ; art. L. 2315-41 : moyens alloués, formations accordées à leurs membres, v. *infra*, n° 874, etc.). En l'absence de délégué syndical, l'accord est conclu entre l'employeur et la majorité des membres de la délégation élue du CSE (art. L. 2315-42 ; à défaut d'accord, par le règlement intérieur du CSE : art. L. 2315-44, al. 1er).

Lorsque la mise en place est facultative, un accord peut préciser le nombre et, dans ce cas, le périmètre des commissions (art. L. 2315-43). En l'absence de toute négociation, l'employeur est habilité à déterminer ces éléments (art. L. 2315-44, al. 2) tandis que le règlement intérieur du CSE en réglemente les conditions de fonctionnement.

b) Missions

867. Délégation – La commission se voit confier, par délégation du CSE, certaines attributions en matière de santé, de sécurité et des conditions de travail à titre exclusif. Cette dévolution est limitée à un double titre. D'abord, le CSE n'est jamais en mesure de déléguer la totalité de ses missions. Surtout, parmi celles-ci, certaines sont formellement écartées de la dévolution (par ex. recours à un expert ou attributions consultatives : art. L. 2315-38 ; admis : des enquêtes). La commission ne se voit reconnaître aucun pouvoir de décision faute de personnalité juridique.

---

15. Entreprises de cinquante salariés et plus, établissement en deçà de ce seuil, le cas échéant. Une telle décision peut être contestée devant le DREETS ou devant la juridiction administrative (recours non suspensifs).

868. Composition – L'employeur ou son représentant la préside (art. L. 2315-39). Elle comprend au minimum trois représentants du personnel élus[16]. Ceux-ci sont désignés par le CSE parmi ses membres, par voie de résolution, pour une durée qui prend fin avec celle des mandats d'élus.

Pour aller plus loin

Les membres de la commission sont soumis au secret professionnel et à l'obligation de discrétion (art. L. 2315-39, *in fine*).

2) Soutiens matériels et intellectuels

a) Réunions

869. Fréquence – Au moins quatre des réunions annuelles du CSE portent en tout ou partie sur des questions de santé, sécurité et conditions de travail, et plus fréquemment en cas de besoin, notamment dans les branches d'activité présentant des risques particuliers (art. L. 2315-27, al. 1er). Certaines circonstances peuvent justifier la tenue de réunions supplémentaires (ex. accident, événement grave lié à l'activité de l'entreprise ou sur la sollicitation de deux de ses membres : art. L. 2315-27, al. 2).

En cas de défaillance de l'employeur, le CSE est convoqué par l'inspecteur du travail, à la demande de la moitié de ses membres représentants du personnel (art. L. 2315-27, al. 3).

870. Participants – L'inspecteur et le médecin du travail ainsi que l'agent des services de prévention des organismes de sécurité sociale sont informés de la tenue des réunions. Ces personnes sont également associées à celles de la commission compétente en la matière.

b) Expertises

871. Risque grave – Le CSE est en droit de faire appel à un expert en certaines circonstances mettant au jour des problèmes liés à l'hygiène et la sécurité (art. L. 2315-94 : expert « habilité », v. *supra*, n° 662). Il en est ainsi en présence d'un risque grave, identifié et actuel, même si l'exposition des personnels a cessé[17], révélé ou non par un accident du travail, d'une maladie professionnelle ou à caractère professionnel. Le recours à l'expert est alors placé à la charge financière de l'entreprise (art. L. 2315-80, al. 2).

872. Projet – Le recours est également offert en cas de projet important modifiant les conditions de santé et de sécurité ou les conditions de travail, sans qu'il y ait lieu de distinguer que ce projet procède d'une décision unilatérale de l'employeur ou d'un

16. Dont au moins un représentant du collège des ingénieurs, chefs de service, techniciens et agents de maîtrise, ou le cas échéant du collège des ingénieurs, chefs de service et cadres administratifs commerciaux ou techniques. Il peut s'agir de représentants de proximité.
17. Sur le caractère préalable à l'expertise : Cass. soc., 25 nov. 2015, n° 14-11865 P (simple pénibilité insuffisante à elle seule ; sur la réalité du risque : Cass. soc., 22 févr. 2017, n° 15-10548 P).

accord d'entreprise (art. L. 2315-94, al. 3)[18]. La décision de recourir à l'expertise ne doit alors être ni prématurée ni tardive. Quant à sa nature, la mesure envisagée revêt une certaine importance ce qui laisse une marge d'appréciation. Mais, en cette hypothèse, l'expertise du CSE est placée en partie à la charge des élus (art. L. 2315-80, al. 3).

En toute hypothèse, le CSE peut faire appel, à titre consultatif et occasionnel, au concours de toute personne de l'entreprise qui leur paraîtrait qualifiée.

Pour aller plus loin

Il a été jugé que l'instance de représentation du personnel au sein de l'ETT peut faire appel à un expert agréé afin d'étudier la réalité du risque et les moyens éventuels de remédier à celui-ci au sein de l'entreprise utilisatrice lorsque les élus de cette entreprise ne font pas usage de leur droit et ce au titre de l'exigence constitutionnelle du droit à la santé des travailleurs (Cass. soc., 26 févr. 2020, n° 18-22556 P).

c) Autres moyens

873. Crédit horaire – Les membres du CSE conservent leur rémunération durant l'exercice de leur mission. Le volume du crédit qui leur est accordé peut être dépassé en cas de circonstances exceptionnelles (v. *supra*, n° 642)[19]. Est rétribué, en sus de ce crédit, le temps qu'ils consacrent aux enquêtes menées après un accident du travail grave ou des incidents répétés ayant révélé un risque grave, ou une maladie professionnelle ou à caractère professionnel grave. Il en est également ainsi du temps dédié à la recherche de mesures préventives (en cas de danger grave et imminent : art. L. 4132-2). Le temps passé aux réunions de la CSSCT est rémunéré en toute hypothèse.

874. Formation – Les membres du CSE jouissent en matière de santé et de sécurité d'un droit à une formation rémunérée par l'employeur[20] d'une durée de trois jours quelle que soit la taille de l'entreprise (art. L. 2315-18 et R. 2315-9 ; v. *supra*, n° 652). Les élus de la CSSCT bénéficient d'une formation adaptée d'une durée de trois jours (moins de trois cents salariés), ou de cinq jours (plus de trois cents ; sur la négociation et à défaut ; v. *supra*, n°s 865 et s.).

875. Protection – Leur mission est placée sous la protection du délit d'entrave (v. *supra*, n° 653 ; par ex. lorsque n'est pas mis à leur disposition le document unique relatif à l'évaluation des risques : art. R. 4121-4, 2°).

18. Il est indifférent que la mise en œuvre du projet ait déjà débuté : Cass. soc., 14 mars 2018, n° 16-27683. Par ex. modification du rattachement hiérarchique des salariés : Cass. soc., 21 juin 2016, n° 14-29745. En revanche : Cass. soc., 12 avr. 2018, n° 16-27866 (conséquences-mineures). L'expert n'a alors accès qu'à l'établissement de désignation : Cass. soc., 26 juin 2013, n° 11-28946.
19. Sur leur liberté de circulation : Cass. soc., 9 juill. 2014, n° 13-16151.
20. Par l'opérateur de compétence (OPCO) au sein des entreprises de moins de cinquante salariés (art. L. 2315-22-1).

CHAPITRE 19

Le droit de grève

876. PFRLR – Le droit de grève s'exerce dans le cadre des lois qui le réglementent (Const. 27 oct. 1946, Préambule, § 7). Il est la manifestation d'une liberté à laquelle seules des restrictions justifiées par la protection des intérêts essentiels de l'entreprise et de ses partenaires peuvent être apportées. Ce principe, ainsi que ses limites, ont été étendus, sous quelques réserves, aux fonctionnaires[1] (L. n° 48-1504, 28 sept. 1948 pour les personnels de police, art. 2) ainsi qu'à certains travailleurs indépendants (art. L. 7342-6).

877. Immunité – L'article L. 2511-1 du Code du travail consacre le droit de tout travailleur subordonné à la grève en prémunissant ce dernier contre la riposte de l'employeur : « L'exercice du droit de grève ne peut justifier la rupture du contrat de travail, sauf faute lourde imputable au salarié ». Il revient au juge de définir, dans le silence de la loi, les modalités d'accomplissement collectives de ce droit.

1 • LA SUSPENSION DU CONTRAT DE TRAVAIL DU GRÉVISTE

878. Portée – La suspension du contrat de travail pour fait de grève n'affecte que les salariés qui participent à l'action collective. Elle ne produit ses effets que sous certaines conditions auxquelles ceux-ci doivent se soumettre.

A - La détermination des salariés en grève

879. Critère – Il est parfois délicat de désigner parmi les travailleurs ceux qui sont effectivement grévistes. La preuve incombe à l'employeur. Le problème qui se pose alors est celui du concours des situations de suspension du contrat de travail dans le contexte particulier d'une interruption collective de l'activité (ex. maladie, congés, mise à pied, etc.). Le critère est ici chronologique et déclenche une présomption de non-participation que l'employeur est en droit de renverser à moins que la suspension ne découle de sa décision personnelle[2] en cours de grève privant le salarié de son libre

1. CE, 7 juill. 1950, n° 01645, « Dehaene » ; sur le droit de l'autorité administrative de fixer les limites pour l'organisation du service sous le contrôle du juge : CE, 12 avril 2013, n° 329570.
2. Mais le travailleur est seul à pouvoir démontrer qu'il n'a pas été gréviste pendant la totalité de la durée du mouvement auquel il s'est associé : Cass. soc., 5 févr. 2002, n° 99-43898 P.

arbitre ce qui infléchit quelque peu le critère (par ex. régime de la mise à pied en cours de grève primant celui de la grève)[3].

B - Les conditions de la suspension du contrat de travail

1) Cessation totale et collective du travail effectif

880. Objet – La cessation d'activité n'est envisageable que durant une période de travail effectif (par ex. exclusion des pauses). En outre, selon la jurisprudence, seule l'inexécution totale des obligations principales du contrat peut être analysée comme une grève à l'exclusion d'un accomplissement volontairement défectueux ou du manquement à quelques obligations particulières[4]. C'est ainsi que des diminutions du rythme de travail échappent à la qualification (on parle cependant, à tort, de grève : action perlée ou du zèle). La preuve du caractère défectueux du travail incombe à l'employeur.

881. Auteur – Le droit de grève est un droit individuel qui s'exerce collectivement ce qui implique qu'il ne peut être le fait d'un salarié isolé à moins que celui-ci ne s'associe à un mouvement de plus grande ampleur, ou qu'il soit le seul travailleur de l'entreprise. Il n'est cependant pas nécessaire que la grève concerne la majorité du personnel.

2) Cessation concertée du travail

882. Expression – La volonté de faire grève résulte de la présentation de revendications portées à la connaissance de l'employeur (sauf participation à une action d'ampleur nationale dont les motifs sont connus). Au sein du secteur privé, le mouvement peut débuter dès ce moment, quelles que soient les modalités de l'information, avant toute réponse du dirigeant.

883. Disqualification – La présentation des revendications constitue l'indice du caractère concerté de l'action. Elle en souligne la dimension collective. À défaut, il pourrait y avoir un arrêt de travail et non une grève. Tel est le cas lorsque l'employeur est contraint de recueillir l'information auprès des intéressés. La jurisprudence, d'ailleurs, disqualifie les actions par lesquelles les salariés s'accordent unilatéralement satisfaction (grève d'autosatisfaction), sauf s'ils présentent dans le même temps des demandes concertées d'une autre nature (par ex. prise d'une journée de congé accompagnée d'un souhait d'augmentation de salaire).

3) Revendications à caractère professionnel

884. Contenu – Il n'y a pas grève sans revendications professionnelles. Sont considérées comme telles, des demandes relatives aux conditions de travail, au salaire, ou à l'exercice des droits collectifs dans l'entreprise. L'expression d'une crainte peut également constituer une justification. En tout état de cause, les revendications doivent être propres aux grévistes. Il en est ainsi lorsqu'un salarié menacé de licenciement, au

---

3. Cass. soc., 17 déc. 2002, n° 00-40633 P.
4. Cass. soc., 11 juill. 2016, n° 14-14226 P.

soutien duquel une grève de solidarité est déclenchée, expose des revendications communes à l'ensemble de la collectivité du personnel[5].

885. Faisabilité – La capacité de l'employeur à satisfaire les demandes qui lui sont présentées est d'ailleurs sans incidence sur la légitimité de la grève. Cette importante précision d'origine jurisprudentielle élargit le champ de la revendication professionnelle à l'égard des actions de solidarité externes à l'entreprise[6] et de certains mouvements politiques (par ex. la grève contre la politique sociale du gouvernement).

886. Légitimité – Nul ne peut se substituer aux grévistes dans l'appréciation de la légitimité de leurs revendications. Cette analyse traduit l'option du juge français qui ne voit pas dans la grève un ultime recours à la différence de son homologue européen[7]. Il demeure, cependant, une possibilité de censure sous la forme d'un contrôle judiciaire de l'abus de droit. Mais il a été admis que la simple sollicitation d'un engagement de la direction, ou celle portant sur la présence d'interlocuteurs à la table des négociations d'entreprise que la loi n'interdit pas, ne constitue pas une revendication abusive. Il en est encore ainsi lorsque les grévistes formulent une demande erronée sans que l'employeur ne leur en ait indiqué le fait.

Pour aller plus loin

Cette dernière solution laisse entrevoir que le manque de dialogue constitue un facteur atténuant de l'attitude des grévistes. L'abus dans le droit de revendiquer suppose donc que le salarié manifeste une intention de nuire à l'entreprise sans aucune perspective de résultat.

4) Incidence de l'absence d'une condition

887. Faute – En l'absence de concertation des volontés fondée sur des revendications de nature professionnelle, l'arrêt de travail ne peut pas être qualifié de grève. Tout salarié qui y participe se rend auteur d'une faute disciplinaire susceptible de donner lieu à sanction[8]. La retenue pratiquée sur le salaire est alors illicite (art. L. 1331-2). En revanche, l'abus dans le droit de revendiquer n'affecte pas l'authenticité de la grève si la revendication demeure professionnelle car il est indifférent que l'employeur ait la capacité de la satisfaire (v. *supra* 3).

C - L'exercice de la grève

888. Critère – Les modalités de la grève varient en fonction du secteur au sein duquel celle-ci est déclenchée. Mais quel que soit ce secteur, elles doivent être dépourvues d'abus.

---

5. Cass. soc., 2 juill. 2014, n° 13-12562 P (salariés grévistes sanctionnés à l'occasion d'une grève ayant donné lieu à des actes d'intimidation et de violence de la part de l'employeur).
6. De son côté, la Cour européenne des droits de l'homme valide l'interdiction de la grève de solidarité : CEDH, 8 avril 2014, n° 31045/10.
7. CJCE, 11 déc. 2007, n° C-438/05, « Viking » ; CJCE, 18 déc. 2007, n° C-341/05, « Laval ».
8. Cass. soc., 30 juin 2015, n° 14-11077 P, préc. : défaut d'information relative aux revendications.

1) *Secteur privé et secteur public*

889. Secteur privé – Le déclenchement de l'action n'est subordonné à aucune procédure préalable ni à aucun mot d'ordre syndical au sein de l'entreprise privée. Le choix du moment n'affecte en rien sa licéité, à moins qu'il n'entraîne une totale désorganisation de cette dernière. La jurisprudence dénie tout effet, à l'égard des salariés, aux clauses conventionnelles qui imposent une tentative de conciliation ou qui instituent un préavis de grève, ainsi que les engagements individuels dits de prévention. Tant que se maintient la cessation du travail, il y a grève ce qui valide la pratique des grèves dites de minorité.

890. Secteur public – L'annonce du mouvement au sein de fonction publique, en revanche, ne peut être l'œuvre que d'un syndicat représentatif au plan national (art. L. 2512-2), par la voie du dépôt d'un préavis de cinq jours (délai franc) durant lequel chaque partie a le devoir de tenter la négociation. Il s'agit là d'une formalité essentielle qui impose l'indication des demandes des grévistes ainsi que celle de la durée, limitée ou non, de l'action. Toutefois, la jurisprudence a peu à peu vidé cette finalité de son contenu.

891. Portée – Il a été jugé qu'un préavis unique peut porter sur des arrêts de travail d'une durée limitée étalés sur plusieurs jours. Il a été également admis que des préavis successifs renfermant des motifs identiques sont susceptibles d'être déposés par le même syndicat si la loi ne l'interdit pas et s'il n'y a pas eu atteinte au devoir de négocier. Cette dernière exigence est d'ailleurs dépourvue de portée puisque l'identité de motif conduit à une superposition des préavis et de la grève. Surtout, la présentation du préavis n'impose ni la mise en œuvre effective de l'action, qui relève de la libre appréciation du syndicat représentatif, ni le respect de la durée indiquée[9]. C'est d'ailleurs au syndicat qui a déposé le préavis qu'il appartient de mettre fin au mouvement. Quant aux agents, ils demeurent également libres de se déterminer tardivement, pourvu qu'ils s'associent ou se désolidarisent à chaque prise de service et non en cours d'activité. L'absence de grévistes est donc indifférente, à ce titre.

Pour aller plus loin

Il a été légiféré sur le service minimum au sein des transports publics de personnes (C. transp., art. L. 1324-2 et s.). Aucun préavis fondé sur le même motif et par le même syndicat ne peut plus y être déposé avant l'écoulement du délai de négociation de huit jours francs et avant celui de cinq jours francs du préavis, soit treize jours au total. Les agents disposent de 48 heures, afin de se déclarer au seuil de la cessation d'activité, et de 24 heures afin de renoncer à celle-ci.

2) *Abus du droit de grève*

892. Manifestations – Certaines formes d'action collective sont interdites dans le secteur public. L'article L. 2512-3 du Code du travail prohibe les cessations du travail par échelonnement successif (grève tournante) qui consistent en des arrêts d'activité étendus à une catégorie ou un secteur professionnel, selon un planning préétabli.

9. Cass. soc., 8 déc. 2016, n° 15-16078 P.

Cette restriction doit se concilier avec la liberté reconnue aux agents de s'associer à la grève. Au sein du secteur privé, la grève tournante est autorisée sous réserve de l'abus. Telle est encore la solution adoptée au sujet de la grève bouchon qui se circonscrit à un niveau stratégique de la production. Tel est enfin le sort de la grève répétée pourtant très préjudiciable.

893. Gravité – Quelle que soit la forme donnée au mouvement, la jurisprudence tend à considérer que le critère de l'abus réside dans le risque de désorganisation totale de l'entreprise et non de la production qui se traduit pour l'employeur par une simple élévation du coût du travail ou une perturbation « normale » du service[10]. En général, les juridictions adoptent une conception assez restrictive de l'abus (par ex. des actions consistant à bloquer l'accès aux sites et le système d'information, à couper le courant électrique, etc.). L'occupation du lieu de travail ne rend pas d'office la grève abusive dans le secteur privé. Mais au sein du secteur public, le Conseil d'État a jugé que les locaux administratifs ne peuvent être utilisés à des fins autres que celles correspondant aux besoins du service. Quant aux piquets de grève qui bloquent l'accès de l'entreprise aux salariés ou aux marchandises, ils ne caractérisent l'abus que s'il y a obstruction totale. Il en est de même lorsqu'ils s'accompagnent de violences. Ces actes constituent d'ailleurs l'atteinte à la liberté du travail (C. pén., art. 431-1) ainsi qu'une faute lourde chez leurs auteurs, dès lors qu'un acte précis peut être reproché à ces derniers.

894. Expulsion – Dans le secteur privé, l'employeur est en droit de demander au président du TJ une ordonnance d'expulsion par la voie du référé (CPC, art. 809). Au sein du secteur public, celle-ci est prise par le juge administratif (CJA, art. L. 521-1 et s. ; CGCT, art. L. 2216-3). L'intervention est obtenue soit parce que l'occupation empêche le fonctionnement normal des dispositifs destinés à assurer la sécurité, soit parce qu'elle constitue une atteinte à la liberté du commerce et de l'industrie, ou à la liberté du travail. Il arrive que le juge n'accède à la demande qui lui est présentée qu'après avoir procédé à la désignation d'un mandataire de justice chargé de recueillir des informations sur le conflit (ou parfois d'obtenir un accord : CPC, art. 31). Lorsqu'il n'est pas possible à l'employeur d'identifier les grévistes et qu'il y a urgence, la jurisprudence autorise le recours à la procédure d'ordonnance sur requête (CPC, art. 493 et 812, al. 2).

Pour aller plus loin

L'usage de cette procédure suppose, en outre, l'existence de moyens de défense communs aux grévistes présentés par des dirigeants de fait.

895. Exécution – Dès qu'il dispose d'un titre exécutoire, l'employeur est en droit d'obtenir l'éviction des grévistes qui, en résistant, se rendent auteurs d'une faute lourde à compter de la notification de l'expulsion, ou de la date fixée par le juge pour l'évacuation. Il reste que l'autorité administrative n'est aucunement tenue d'intervenir lorsqu'elle estime qu'il y a danger pour l'ordre et la sécurité. Elle expose sa responsabilité à ce titre (v. par ex. CGCT, art. L. 2216-3).

10. Cass. soc., 16 janv. 2019, n° 17-22701 : la preuve incombe à l'employeur.

3) Riposte de l'employeur

896. Interdiction – La grève peut conduire l'employeur soit à stopper son activité, ce qui prend le nom de lock-out, soit, au contraire, à forcer son exécution, on vise alors la pratique de la réquisition. La loi européenne consacre le droit au lock-out (v. l'accord sur la politique sociale du 7 févr. 1992, art. 2 § 6). Le Code du travail français évoque simplement la fermeture de l'entreprise (art. R. 5122-8). Il est vrai que le lock-out, susceptible d'être identifié à une grève patronale, se présente surtout comme une arme destinée à paralyser l'action ouvrière. C'est pourquoi, la jurisprudence l'a estimé illicite lorsqu'il constitue une entrave à l'exercice du droit de grève. Qu'elle ait pour objet de la prévenir, ou de riposter à son déclenchement, cette pratique constitue donc un manquement de l'employeur à ses engagements contractuels. Les salariés victimes de la privation de travail sont en droit de solliciter des dommages et intérêts évalués par le juge et/ou d'obtenir le constat judiciaire la rupture de leur contrat à ses torts. La possibilité de faire ordonner une reprise du travail demeure cependant incertaine.

Pour aller plus loin

Sur le plan pénal, l'employeur peut être poursuivi pour défaut de consultation du CSE avant la fermeture ou au titre de l'entrave à la liberté syndicale, voire encore pour discrimination syndicale en cas de mot d'ordre d'une organisation ouvrière.

897. Tolérance – Toutefois, le lock-out redevient licite lorsque la décision de l'employeur se fonde sur certaines circonstances qui s'apparentent à la situation contraignante. Dans ce cas, c'est moins la décision de fermeture de l'entreprise qui est prise en compte que les événements situés en amont de celle-ci, par hypothèse, étrangers à la volonté de son chef, ou dépassant ses capacités de résistance (par ex., voie de fait, situation d'insécurité ou d'atteinte aux personnes, défaut de soumission à l'autorité). Il appartient alors à l'employeur de démontrer qu'il s'est trouvé dans l'impossibilité absolue de faire travailler les salariés notamment du fait du refus de la force publique de prêter son concours en vue de l'expulsion, ou pour la préservation de la sécurité des personnes et des biens[11]. Le lock-out, à l'instar de la grève, suspend le contrat de travail. Les travailleurs qui le subissent ne peuvent plus prétendre au maintien de leur salaire (v. *supra*, n° 303). Quant à la réquisition, elle ne relève pas de la compétence du juge. Sa mise en œuvre semble d'ailleurs interdite à l'employeur en application du règlement intérieur de l'entreprise, y compris pour des raisons de sécurité, sauf dispositions légales spécifiques[12]. Un huissier est également hors de sa mission, en l'occurrence. Seul le préfet est habilité à requérir tout bien ou service ainsi que toute personne en cas d'urgence et dans le respect du principe de proportionnalité (CGCT, art. L. 2215-1), quel que soit le secteur d'activité concerné.

---

11. Cass. soc., 18 janv. 2017, n° 15-23986 ; Cass. soc., 20 avril 2017, n° 15-16779.
12. Conseil d'État l'admet dans le respect du principe de proportionnalité : CE, 27 juill. 2005, n° 254600 (clause du règlement intérieur).

4) *Effets de la grève sur le contrat de travail des salariés non-grévistes*

898. Obligation – L'employeur doit s'efforcer de fournir du travail à ceux qui ne participent pas au mouvement par la voie de l'aménagement des horaires, du recours aux heures supplémentaires, ou des mutations internes. Est cependant prohibée la récupération des heures perdues, sans majoration de salaire à la différence des heures supplémentaires, en raison d'un mouvement propre à l'entreprise (art. L. 3121-50).

Pour aller plus loin

Il n'est pas interdit d'assurer la continuité de la production en affectant aux postes des grévistes des non-grévistes, en embauchant du personnel, ou même en recourant à des tiers bénévoles. Le remplacement ne peut cependant se réaliser au moyen de la conclusion de contrats précaires (art. L. 1242-6, L. 1251-10 et L. 1248-3). Sous CDI, elle est toujours possible, quoique la fin du conflit ne soit pas un motif réel et sérieux de licenciement. Le fait pour les grévistes de s'opposer à leur remplacement est constitutif d'une faute lourde.

899. Salaire – En principe, l'employeur est tenu de rémunérer les salariés non-grévistes restés à sa disposition, ce qui n'impose pas à ces derniers de demeurer sur le lieu de travail. Lorsque la tâche ne peut plus être accomplie, le recours à l'activité partielle est envisageable à condition que la grève soit extérieure à l'établissement (v. *supra*, n° 302). Seule une situation contraignante rendant impossible la fourniture du travail justifie le non-paiement de la rémunération (v. *supra*, 4).

5) *Issue de la grève authentique*

900. Règlement du litige – Le législateur a rénové les dispositifs visant à la résolution pacifique des conflits collectifs (art. L. 2522-1 et s.). Il a également prévu que l'inspecteur du travail intervient en liaison avec le préfet, informé par les parties, en vue de rechercher une solution amiable au litige (art. R. 2522-1). Parallèlement, se sont développées d'autres formes de négociation qui relèvent du régime ordinaire en entreprise[13] ou de celui des engagements unilatéraux de l'employeur (v. *supra*, n° 24)[14].

901. Incidences – Quelle que soit leur nature, les accords qui en résultent prévoient souvent le paiement des jours de grève, ou la renonciation à des sanctions. Ils s'appliquent à tous les salariés en vertu du principe d'égalité de traitement, y compris aux non-grévistes, sous la réserve que les uns et les autres respectent les conditions qu'ils renferment (par ex. la reprise du travail). Les parties intéressées sont en droit de solliciter leur exécution devant le juge (par ex. un CSE qui a négocié). L'accord de fin de conflit « atypique » peut primer un accord collectif ordinaire au sein de son périmètre d'application[15].

---

13. Cass. soc., 28 févr. 2018, n° 15-26260.
14. Cass. soc., 20 juin 2018, n° 16-24581.
15. Mais la présomption de justification en matière d'égalité de traitement s'applique alors aux seuls avantages issus des accords typiques : Cass. soc., 30 mai 2018, n° 17-12782 P.

2. LA PORTÉE DE LA SUSPENSION DU CONTRAT DE TRAVAIL

902. Enjeux – La cessation du travail pour fait de grève affecte le salaire de ceux qui s'y livrent mais ne les expose qu'exceptionnellement à la sanction disciplinaire à ce titre.

A - Le sort du salaire en temps de grève

1) Principe du non-paiement

903. Non-discrimination – L'article L. 2511-1, al. 2 du Code de travail interdit toute discrimination en matière de rémunération ou d'avantages sociaux fondée sur l'exercice du droit de grève. Comme le salaire est la contrepartie de l'exécution de la prestation, il n'est pas dû dans un tel contexte, sans faute de l'employeur, y compris le 1er mai, et quoiqu'il y ait des jours fériés, chômés et payés au cours de la période de grève.

904. Proportionnalité – Le principe qui gouverne le calcul de la retenue est celui de proportionnalité prenant pour base l'horaire mensuel de travail des salariés. Toute retenue excédant la durée de l'arrêt d'activité constitue une sanction pécuniaire interdite par l'article L. 1331-2 du Code du travail. Tout travail accompli avant le mouvement, ou après pour la remise en marche des machines et durant son exécution (ex. maintenance), doit être intégralement payé. À l'opposé, la mauvaise réalisation de la tâche constitue un acte d'indiscipline et non une grève. En conséquence, l'employeur n'est pas autorisé à la sanctionner par une retenue pratiquée sur le salaire. Mais il peut le faire par un autre moyen.

905. Accessoires de salaires – Quant aux primes pour absences non assimilées à un travail effectif, leur réduction ou leur suppression n'est possible qu'à la condition d'intervenir dans les mêmes proportions pour tous les salariés, quel que soit le motif de cette suppression ou de cette réduction. La pratique des primes liée au surcroît d'activité au bénéfice des seuls non-grévistes est admise sur la base du constat objectif d'un alourdissement des tâches.

906. Secteur public – La grève prive de sa rémunération le fonctionnaire qui participe au mouvement en l'absence de service fait (art. L. 2512-5). Pour les personnels de l'État et des établissements publics de l'État à caractère administratif, il convient d'appliquer la règle du trentième indivisible à chaque jour compris entre le premier et le dernier inclus d'absence ou de défaut d'exécution de certaines obligations statutaires, même si aucun service n'avait à être accompli certains jours (sauf congés payés autorisés avant la grève). Lorsque la tâche est exécutée dans des conditions défectueuses, le prélèvement pour service non fait ne peut être opéré (s'agissant des transports terrestres réguliers de voyageurs, v. C. transp., art. L. 1324-11).

Pour aller plus loin

Constitue une discrimination indirecte la mesure prenant en compte le degré de mobilisation des salariés selon le service et ses conséquences sur le fonctionnement de l'entreprise et qui ne peut être justifiée par des éléments objectifs dès lors que le retard observé dans la réalisation des tâches est inhérent à la grève : Cass. soc., 9 juill. 2015, n° 14-12779 P.

2) Exception : maintien du salaire

907. Contrainte – L'employeur est tenu de verser une compensation indemnitaire de la perte du salaire des grévistes lorsque ceux-ci se sont trouvés dans une situation contraignante telle qu'ils ont été obligés de cesser le travail pour faire respecter leurs droits essentiels, directement lésés par suite d'un manquement grave et délibéré à ses obligations (par ex. un défaut de paiement de la rémunération). Il en est encore ainsi en cas de service minimum, ou de maintenance pour raison de sécurité.

B - Le sort du devoir d'obéissance en temps de grève

908. Immunité – Selon la jurisprudence, un salarié ne peut être licencié ou sanctionné, à raison d'un fait commis au cours de la grève à laquelle il se joint, que si ce fait est constitutif de faute lourde[16]. La règle étend le domaine d'application du pouvoir disciplinaire de l'employeur en temps de grève au-delà des restrictions posées par l'article L. 2511-1 du Code du travail. Ainsi, le fait reproché s'entend de tout acte commis à l'occasion du mouvement et non pas seulement de la participation à celui-ci (ex. contestations de sanctions prises contre les grévistes)[17]. Surtout, en présence d'un acte fautif, l'employeur n'a pas le choix exclusif du licenciement mais peut opter pour une sanction de moindre portée. Lorsque le salarié est protégé, la procédure d'autorisation doit être mise en œuvre (v. *supra*, n° 720).

Pour aller plus loin

Ces solutions ne sont cependant pas sans limites car la participation à une grève étrangère à l'entreprise peut constituer un trouble manifeste au sein de cette dernière et justifier un licenciement non-disciplinaire, v. *supra*, n° 251.

909. Régime – La sanction en temps de grève repose donc obligatoirement sur une faute lourde. À défaut, elle est nulle de plein droit (art. L. 2511-1, al. 3 et L. 1132-4). La date d'engagement de la procédure est également indifférente à cet égard. Lorsque le salarié prétend que la décision disciplinaire est intervenue en raison de sa participation au mouvement, il revient à l'auteur de la sanction de prouver que celle-ci est justifiée par des éléments objectifs étrangers à l'exercice de la grève. Une condamnation de l'employeur suppose la mise en évidence de faits précis de nature à décourager

---

16. Cass. soc., 8 juill. 2009, n° 08-40139 P.
17. Cass. soc., 5 juill. 2018, n° 16-21563 : actes de déstabilisation de collègues destinataires de propos déplacés vis-à-vis de la hiérarchie. V. toutefois en l'absence de toute participation : Cass. soc., 29 sept. 2021, n° 20-12259.

les travailleurs de faire valoir leurs droits. En cas de licenciement, la nullité autorise le juge des référés à ordonner la poursuite du contrat de travail qui n'a pu être valablement rompu, ainsi que la réparation forfaitaire du préjudice subi jusqu'au retour effectif. Cette poursuite de la relation est envisageable même si le site d'activité a été fermé, lorsque des postes sont disponibles, et quoique le travailleur ait retrouvé un emploi. Il est loisible à ce dernier de lui préférer une indemnisation (v. *supra*, n° 355).

910. Critère – La jurisprudence n'a pas défini ce qu'il convient d'entendre par faute lourde au sens de l'article L. 2511-1 du Code du travail. Il ressort des arrêts de la Chambre sociale que le fait fautif doit être imputable au salarié. Il doit, en outre, présenter de graves répercussions sur le fonctionnement de l'entreprise au point de contribuer à la désorganisation totale de celle-ci[18] ou consister en des actes de violences (physiques, car des injures ne suffiraient pas), une entrave à la liberté du travail[19], des séquestrations, voire des dégradations de biens, ces actes relevant par ailleurs de qualifications pénales. Il est tenu compte de l'attitude de l'employeur, en l'occurrence (au sujet du salarié protégé, v. *supra*, n°s 740 et s.).

911. Secteur public – Les conséquences de la violation de l'exigence de préavis dans la fonction publique, ou de son détournement, sont appréciées au vu de l'intention réelle des grévistes et de leur connaissance de la condition posée par la loi, ce qui suppose que l'employeur ait attiré leur attention avant tout déclenchement sur l'illégalité du mouvement[20]. Il en va différemment au sein du secteur des transports où le manquement à l'obligation de négociation imprime automatiquement un caractère fautif à la participation de l'agent[21].

3. LES RESPONSABILITÉS ENCOURUES DU FAIT DE LA GRÈVE

A - La responsabilité civile

912. Dommage anormal – La grève entraîne un préjudice inhérent à la nature du mouvement. Lorsqu'un dommage distinct de ce préjudice normal survient, une responsabilité peut être recherchée. Le constat s'impose s'il y a perte de salaire consécutive à l'organisation d'une action illicite, entrave à la liberté du travail ou encore, s'il y a atteinte à l'image de l'employeur. Tel peut être le cas lorsque le mouvement cause un dommage aux syndicats, comme la perte de cotisation ou l'atteinte à l'intérêt collectif de la profession.

913. Responsable – En temps de grève, est exposée la responsabilité de l'employeur mais aussi celle des grévistes, ou des groupements professionnels. Cela suppose qu'un

---

18. Cass. soc., 9 mai 2012, n° 10-26497 ; Cass. soc., 10 févr. 2021, n° 19-18905. Sur le caractère insuffisant de l'intention de nuire : Cass. soc., 8 févr. 2012, n° 10-14083 P.
19. Par ex. occupation du navire par les grévistes empêchant celui-ci de prendre le large : Cass. soc., 8 oct. 2014, n° 13-18873 P.
20. Cass. soc., 11 janv. 2007, n° 05-40663 P. C'est à l'employeur de démontrer le caractère abusif de l'exercice du droit de grève et l'illicéité du mouvement : Cass. soc., 4 juill. 2012, n° 11-18404 P.
21. Cass. soc., 30 janv. 2013, n° 11-22979 P.

fait puisse être reproché à la personne physique ou morale poursuivie[22]. Les actions entre salariés, ou entre salariés et employeurs, sont de la compétence du CPH. Quant à celles qui mettent en cause les syndicats ou leurs représentants, elles relèvent du TJ

B - La responsabilité pénale

914. Fondements indirects – Le droit de grève n'est pas sanctionné pénalement. Ne sont donc susceptibles d'être réprimés dans le contexte d'un conflit collectif que des actes portant atteinte à l'exercice des fonctions syndicales, ou du mandat des représentants du personnel, voire à l'intégrité physique ou morale des acteurs de la grève, soit par des salariés, soit par l'employeur.

915. Liberté du travail – Quant aux grévistes et aux syndicats (C. pén., art. 121-2), leur responsabilité peut être recherchée sur le fondement du délit d'atteinte à la liberté du travail lequel prohibe la grève forcée (C. pén., art. 431-1) et ne donne lieu à réparation civile qu'au profit des seuls salariés à condition qu'il y ait eu réelle volonté d'empêcher le travail. À défaut, ne pourrait être constaté qu'un simple trouble porté à l'activité professionnelle.

C - La responsabilité contractuelle à l'égard des clients

916. Irrésistibilité – En certains cas exceptionnels, la force majeure libère l'employeur de ses obligations contractuelles, notamment à l'égard de sa clientèle. Cela suppose que soient parfaitement démontrés le caractère imprévisible du mouvement et, surtout, l'impossibilité de donner satisfaction aux grévistes mettant en évidence l'irrésistibilité des circonstances[23].

22. Cass. ch. mixte, 30 nov. 2018, n° 17-16047 P.
23. Cass. com., 16 juin 2015, n° 13-24698 et CJUE, 17 avr. 2018, n° C-195/17, « Helga ». En revanche : CJUE, 16 mars 2021, aff. C- 28/20 (une grève de pilotes exonère la compagnie d'indemniser les passagers). V. ég. CJUE, 16 mars 2021, aff. C-28/20 : la grève ne constitue pas, en principe, une circonstance extraordinaire.

Bibliographie

• *Manuels de Droit du travail général*

BOUTON (J.), MRAOUAHI (S.) et DUQUESNE (F.), *Droit du travail*, 1re éd. 2020, Gualino-Lextenso.

ANTONMATTEI (P.-H.), *Droit du travail*, 1re éd., 2021, LGDJ-Lextenso.

TEYSSIE (B.), CESARO (J.-F.) et MARTINON (A.), *Droit du travail, Relations collectives*, t. 2, 12e éd., 2020, LexisNexis.

• *Ouvrage de droit pénal du travail*

LAPÉROU-SCHENEIDER (B.), *Droit pénal du travail*, 1re éd., 2021, Gualino-Lextenso.

• *Repères en Droit de la sécurité sociale*

GRANDGUILLOT (D.), *L'essentiel du droit de la sécurité sociale*, 21e éd., 2022, Gualino-Lextenso.

Index

100 %

PAPIER INTÉRIEUR
100 % RECYCLÉ

L'ouvrage que vous tenez entre vos mains est imprimé sur

papier 100 % recyclé.

Acteur de la transmission du savoir tout en étant toujours plus respectueux de l'environnement, Lextenso décide d'être le 1er éditeur juridique français à imprimer ses ouvrages sur du papier recyclé.

Cette évolution marque **une nouvelle étape dans la démarche écoresponsable** que nous avons initiée il y a plus de 5 ans : nous utilisons du papier d'origine européenne, issu de forêts gérées durablement et de sources contrôlées, des encres végétales et avons choisi d'imprimer en Europe (à moins de 500 km).

À l'horizon 2025, **notre ambition est d'éditer 80 % de nos ouvrages sur du papier recyclé.**

PEFC™
10-31-1316
PEFC recyclé
Ce produit est issu de sources recyclées et contrôlées.
www.pefc-france.org

IMPRIM'VERT®

Imprimé en France sur des papiers provenant exclusivement de l'Union européenne et issus de forêts gérées durablement par Dupliprint, 733 rue Saint-Léonard, 53100 Mayenne

Papier intérieur 100% fibres recyclées

Ce livre est imprimé sur un site sous management environnemental certifié AFAQ ISO 14001
Achevé d'imprimer en janvier 2022
Numéro d'impression : 2970000P
Dépôt légal : janvier 2022